U0901979

欧华社会调查考察访谈录

Europe - China Social survey and investigation Interview Record

章志诚　沈立新　著

中国文史出版社

图书在版编目（CIP）数据

欧华社会调查考察访谈录 / 章志诚，沈立新著．
北京：中国文史出版社，2024. 10. -- ISBN 978-7-5205-5004-8
Ⅰ．D634.35
中国国家版本馆 CIP 数据核字第 202479SN08 号

责任编辑：詹红旗

出版发行：中国文史出版社
社　　址：北京市西城区太平桥大街 23 号邮编：100811
印　　装：温州市北大方印务有限公司
经　　销：全国新华书店
开　　本：889mm × 1194mm 1/16
印　　张：27
字　　数：297 千字
版　　次：2024 年 12 月北京第 1 版
印　　次：2024 年 12 月第 1 次印刷
定　　价：88.00 元

歐華社會調查考察訪談錄

黄學規敬題

西班牙马德里

2000 年 6 月 26 日上午，章志诚（左）、沈立新（右）在西班牙马德里西班牙华侨华人妇女联合会会长叶玉兰开设的“明峰酒家”摄影留念。

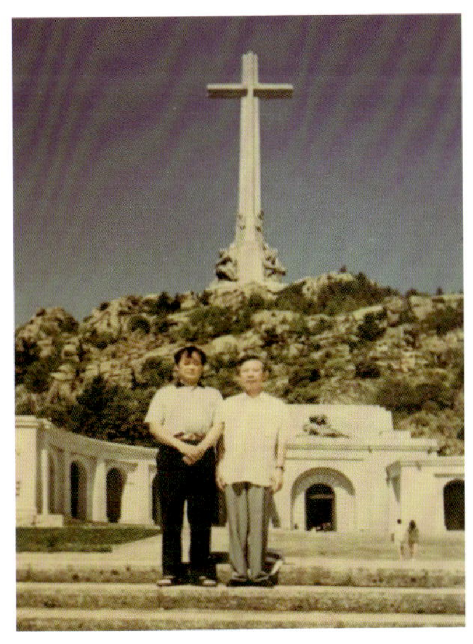

2000 年 6 月 28 日上午，沈立新（左）、章志诚（右）参观“西班牙内战时期革命者牺牲的墓屋”，在门口合影留念。

1996年10月，马德里华侨华人协会中文学校创办时，叶玉兰代表校长在开学典礼上讲话

西班牙马德里中文学校四（2）班师生

国务院侨办国外司司长雷振刚为马德里华侨华人协会中文学校颁奖

2009 年 10 月 1 日，叶玉兰参加中华人民共和国成立 60 周年庆典活动

白品洲全家福

2014年叶玉兰参加澳门中国侨联活动和林军主席合影

2014年10月国务院侨办，中国海外交流协会为叶玉兰等老侨领颁发“服务华社荣誉人士”奖

荣誉证书

叶玉兰

积极参与侨界公益事业，用善举爱意传递温暖，将慈善理念播撒四海，在首届（2023年度）侨界公益贡献表彰活动中获授：

侨界公益人物

荣誉称号，以资鼓励。

《世界侨报》社　　侨界公益贡献表彰活动组委会

2024年5月12日

2024年5月12日《世界侨报》为叶玉兰颁发“侨界公益人物”奖

2000 年 7 月 1 日上午，颜月华（左）、沈立新（中）、章志诚（右）参观西班牙格拉纳达皇宫并合影留念

2000 年 7 月 1 日上午，沈立新参观西班牙格拉纳达皇宫留影

2000 年 7 月 4 日上午，章志诚（左）、沈立新（中）、王绍基（右）参观浙江省温州市鹿城区旅西班牙马德华侨音乐家王绍基开设的公司，并在其公司门口合影留念

2000年7月8日上午，沈立新（左一）、张小荣（左二）、杨若星（右二）、章志诚（右一）参观巴塞罗那两条服装街合影留念

2000年7月9日上午，章志诚（左）、沈立新（右）参观巴塞罗那奥运村主会场及附近城堡等摄影留念

意大利都灵

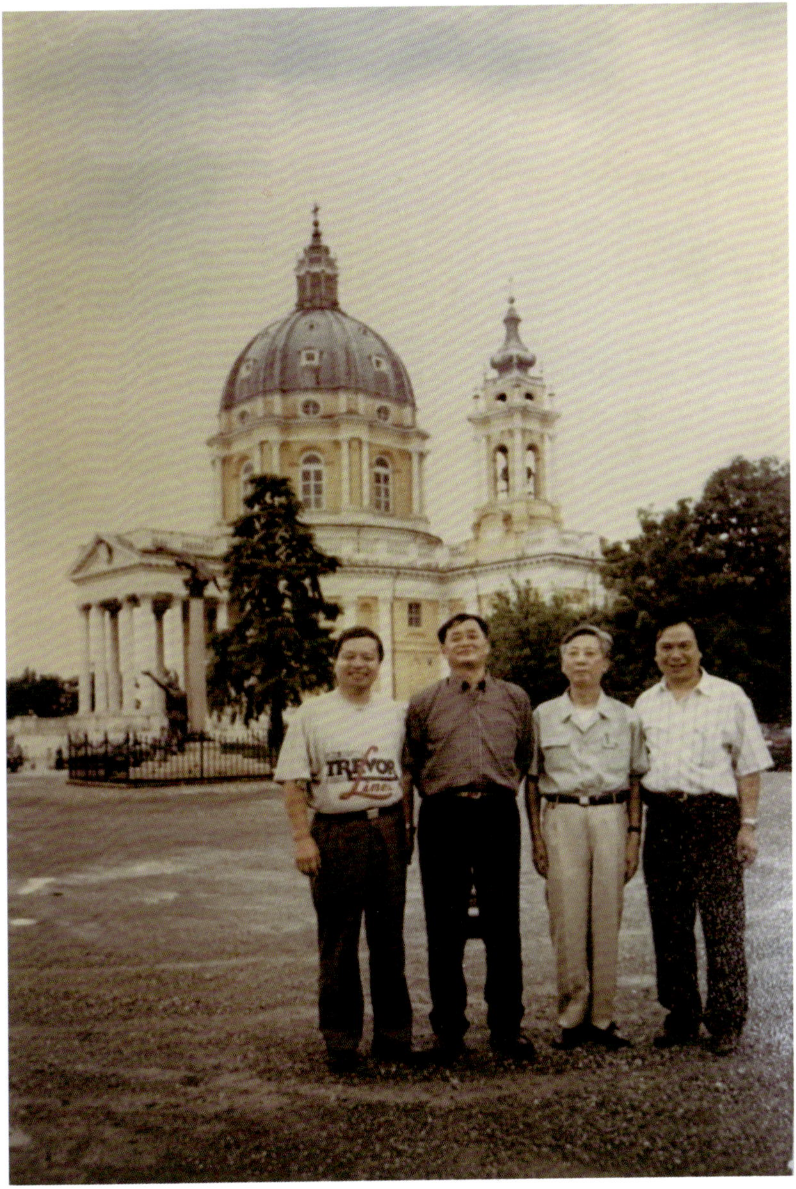

2000 年 8 月 5 日，余序浪（左一）、沈立新（左二）、章志诚（右二）、余序闹（右一）在都灵风景名胜区合影留念

荷　兰

2000 年 9 月 5 日上午，荷兰鹿特丹侨领胡永央与沈立新在鹿特丹郊区风车房前合影留念

2000 年 9 月 5 日，沈立新在荷兰鹿特丹郊区风车旁边留影纪念

1985 年 1 月，夏俊杰与夫人陈宝玉赴台北市，持方介堪的委托信和他赠送的珍贵物品，登门求见张大千先生，并合影留念

比利时

2000年9月17日，沈立新先生在比利时凭吊滑铁卢古战场前面摄影留念

徐桂娥女士、白植通及其子孙五代人在上海楼饭店合影

白植通长子白品洲在中国北京开设的“福奈特公司”

法　国

2000年9月27日下午，采访浙江省乐清市旅法国巴黎华侨叶星球先生（左二）（照片是作者回国后提供的）

2000年9月28日，沈立新（右）、章志诚（左）赴法国西北部亚眠省考察“一战”华工墓园，合影纪念

2000年9月29日上午，章志诚参观法国巴黎十三区“陈氏百货商场”和“一战华工纪念碑”并在碑前留影纪念

序 言

一位百岁学者的厚重奉献：致敬章志诚先生

李明欢

刚刚过去的2024年五一节长假，一直宅家，认真拜读了章志诚先生发来的他新近完成的大作的打印稿:《欧华社会调查考察访谈录》(以下简称《访谈录》)。章志诚先生1928年出生，如今已是96岁高龄，实在称得上是一位百岁学者了！阅罢章志诚先生的大作，滚滚思绪如浪涛翻涌，心情一时难以平静，与章志诚先生近30年的交往历历在目。

1996年10月，在欧洲研究华侨华人社会近十年后，我有幸获得荷兰阿姆斯特丹大学的资助，前往欧洲新华侨最重要的祖籍地之一温州侨乡进行实地调查。动身前往温州之前，基于文献梳理的准备工作，我知道温州有位章志诚先生对当地侨乡做过调研，于是提笔给素不相识的章志诚先生发去了一封信，恭请章志诚先生对我即将要进行的温州侨乡调查给予指教。很快我就收到了章志诚先生的回信，信中给出了许多有益的建议，并表示乐意引领我深入温州乡村调研，真是令我喜出望外。在我随后为期近一个月的第一次温州调研中，章志诚先生为我规划路线，引荐被访者，令我受益良多，得以事半功倍。

在那之后的近30年间，我和章志诚先生一直保持书信、电话联系，其间不仅时常在报章上拜读到他关于温州侨史研究的新作，还陆续收到他专门寄来的《温州华侨史》（1999年）、《章志诚集》（2011年）等厚重的专著，获益颇丰。

数月前，章志诚先生打电话给我，告知他已经将2000年历时四个多月深入欧洲8国45城考察调研的资料整理成书，准备交付出版。闻此喜讯，我真是既感动，又敬佩。感动的是章志诚先生在年近百岁之际仍然初心不改，致力于已经为其奉献了一生的侨史研究事业，佩服的是百岁老人依然思路清晰，精神矍铄，而且笔耕不辍！

《访谈录》不仅是一部客观记录欧洲华侨华人生活状态和社会变迁的著作，字里行间更凝聚着章志诚先生对欧洲华侨华人这个特殊群体的真诚关怀和深情厚谊。阅读此书，如同跟随章志诚先生的脚步，穿越时空，回到21世纪初那个充满挑战和机遇的时代，感受那些走出浙南乡村、步入欧洲都市的新移民们勇敢追梦、辛勤拼搏的喜怒哀乐。他们的人生故事，或许曲折坎坷，或许平淡无奇，但都是最真实、最生动的历史见证。

细读一篇篇访谈录，那些我熟悉和不熟悉的身影恍然眼前。通过章志诚先生的笔录，我们看到了一个多元而复杂的华人社群，看到他们如何在陌生的异国他乡立足扎根，如何在与当地社会的多元互动中步步前行，又如何将对家乡和祖国的深深眷恋化为扎扎实实的行动。这些真实的访谈记录，不仅丰富了我们对欧洲华侨社会的认知，更为后辈年轻学人提供了宝贵的研究素材。

2000年和章志诚先生一起前往欧洲调研的沈立新先生也曾经长期在侨史学界耕耘，不幸已经去世多年。章志诚先生不忘老朋友的嘱托，在耄耋之年以一己之力历时多年完成了访谈录的整理汇编工作，并专门著文说明老朋友的贡献，在作者栏列上老朋友的姓名，撰写情真意切的回忆文稿，彰显了学者之间的深情厚谊。

这部厚重的《访谈录》，不仅是对既往历程的回望与总结，也是对未来前景的探索与思考。章志诚先生先后两次来电，嘱我为其作序。我虽然才疏学浅，但恭敬不如从命，谨以拙文致敬学术前辈，恭祝鹤发童颜的章志诚先生学术青春永驻！

是为序。

作者系厦门大学公共事务学院教授
暨南大学华侨华人研究院特聘教授
世界海外华人研究学会会长
中国华侨历史学会副会长

出版说明

一、本书定名为《欧华社会调查考察访谈录》。

二、本书调查考察访谈时间：2000 年 6 月中旬至 10 月中旬；走访西班牙、意大利、奥地利、德国、荷兰、比利时、法国、葡萄牙 8 国 45 座大中城市和 244 位华侨华人、暂未获居留证者和侨团侨领。

三、本书根据上述 8 国华侨华人及暂无居留证者和侨团侨领的口述第一性资料进行整理，求实存真，不加褒贬。

四、凡口述者涉及所在国城市的地名，除可考的用英文字母标注外，对其他《世界地图集》《世界地名词典》中找不到的城市名称，均遵照口述者的原始记录地名书写，只加说明，不标英译。

五、本书采用篇、章、节编排，对被调查考察的每个国家均按 2000 年 1 月李绍明主编的《世界地图集》简介的每个国家为主，并注明该国国体是“共和国”“联邦共和国”还是“王国”，以及该国与中华人民共和国建立外交关系的年、月、日；被调查考察访谈的上述 8 国的大中城市，均参考、引用 1981 年 1 月上海辞书出版社出版的《世界地名词典》。

六、本书遵照上海社会科学院原欧华所沈立新先生生前的再三嘱咐：本书署名：章志诚名字放前，沈立新名字放后；凡沈立新先生撰写的文章均署其名字。

七、本书对被调查考察访问的对象，一般均记其年、月、日，星期几、气候及具体时间，以示作者调查考察及访谈记录的真实性、可靠性。

八、本书对被调查考察访谈的欧洲 8 国华侨华人及暂无居留证者和侨领提供的报刊资料（非正式国家出版物），使用时均持慎重态度。

目　录

CONTENT

综　述

2000年6月中旬，我们应欧洲西班牙华侨华人协会的邀请，去欧洲对华侨华人的历史与现状，进行全面调查考察，于同年10月中旬回国。在这4个月中冒着炎炎盛夏，马不停蹄奔波于欧陆各城市，足迹遍及西班牙、意大利、奥地利、德国、荷兰、比利时、法国和葡萄牙8国，走访大中城市45座，采访244位华侨华人及暂无居留证者；同时也和中国驻当地大使馆及部分外国移民局官员进行座谈，获得大量第一手资料和数据，收获颇大。从深度和广度上讲，这次学术考察活动时间之长、地域范围之广、采访人数之多、涉及门类之细、内容之丰富多彩，属实少见。由于日程安排得紧，节奏较快，异常辛苦劳累，一直坚持到最后完成任务为止。欧洲各国侨领对我们的考察活动都很重视，给予周详安排，提供吃住，迎来送往，从各方面给予支持和关心，使这次调查考察得以顺利进行和圆满结束。经初步归类梳理后，这次考察范围和涉及的内容大致有如下几个方面：

华侨移民家族的形成与名门望族的涌现

我们在调查考察访问8国欧华社会中，接触到许多旅欧老华侨，了解到中国移居欧洲谋生、创业的华侨家族的产生、形成和发展的历史；同时，也看到在这些华侨家族中，涌现了一些华侨名门望族。

一般规律是：中国人移居欧洲各国谋生、创业，是一人或跟随同乡及邻乡亲朋戚友出国做行商小贩或做苦力，经过多年拼搏、磨难站住脚跟并能独立创业之后，其第二代或直接或通过各种渠道赴欧洲各国接替或协助父辈创业，发展经济；继之，其在中国老家的第三代以及其家族陆续分赴欧洲协助祖父辈扩大经济实体，久而久之，便产生、形成和发展华侨家族。据我们调查考察八国欧华社会中，看到浙江省温州市城区旅比利时安特卫普何碎凤女士，她，1948 年 10 月 10 日出征，52 岁赴比利时安特卫普谋生、创业的 27 年间，共带出亲属系统 44 人在欧洲创业。又如，浙江省青田县汤垟乡旅奥地利维也纳华侨高厚铭先生，1979 年 11 月，到维也纳谋生、创业立足之后，仅两年时间，就带出全家族 130 多人，分布欧洲各国创业。再如，浙江省瑞安县（市）永安乡呈店村廖巧明，1951 年出生；妻子 1954 年出生。其祖父廖安静于 1920 年赴法国从事行商小贩；其父亲廖文虎于 1963 年赴意大利开设中餐馆。随着经济事业的发展，急需帮手。廖巧明把全家族包括表兄弟共计 300 余人申请出国创业，他（她）们分布在博洛尼亚、博洛尼亚郊区、罗马和米兰等大中城市，或开设中餐馆，或开设贸易公司。

我们在调查考察访问八国欧华社会中，还看到旅欧华侨家族发展中，涌现了若干侨界名门望族。如浙江省青田县油竹乡白植通及其胞弟白植崇与其夫人叶玉兰，他们都是欧洲著名的侨领。白植通先生的长子白品洲于 1970 年 9 月，考入列日市“比利时皇家美术学院”学习油画。他在该院攻读六年美术后，又赴美国加州美术学术学院进修了六个月。他继承父业，经营“上海楼饭店”后又赴中国北京开设“福奈特公司”，经营洗衣业，形成相当规模，在全国 300 多个城市开设洗衣店 1800 多家，成为侨界的名门望族。又如，浙江省文成县玉壶镇中村胡允迪先生，他于 1934 年初从上海乘轮船到意大利热那亚，转赴都灵，开始以挈卖领带为生，省吃俭用，经过八年艰苦奋斗，于 1942 年寄钱回家，在玉壶街尾建造了一幢 5 间 2 层楼房。1947 年，胡先生回国定居。1950 年，胡先生再度赴意大利都灵，在同乡的帮助下，开设一间皮革商场，获利颇丰，于 1963 年在家乡再兴建一幢钢筋水泥结构 5 间 3 层的豪华洋房。

胡允迪先生在意奠下了基础，于 1958 年起携带眷属赴意大利。现居海外的有长子胡立松，4 位孙儿夫妇及其曾孙，4 位孙女夫妇及其曾外孙，儿女胡金翠夫妇及其外孙四代同堂，全家共计 46 人（胡允迪夫人于 1997 年在家乡逝世），分居在意、荷、法三国，成为都灵侨界的名门望族。再如，浙江省瓯海区瞿溪镇人胡绍科，祖籍文成县玉壶镇，后迁居瑞安县（市）桂峰乡黄坦坑村。其父胡克芬，1920 年东渡日本谋生，苦干 17 年。1937 年七七卢沟桥事变发生后，日本帝国主义全面发动侵华战争。胡克芬返回家乡，身无分文。胡绍科叔父胡克林，是著名侨领。1950 年，胡绍科小学毕业后，随家迁居永嘉县（今属瓯海区）瞿溪镇。1955 年毕业于永嘉济时中学。1958 年 7 月，考入温州师范学院体育专科就读。1961 年，他任温州华侨中学体育教师，兼任温州市侨联常委，浙江省侨联第二、第三届委员。1974 年 3 月，胡绍科由他叔父胡克林先生帮助，赴意大利佛罗伦萨创业。由于居留证办不来，他在佛罗伦萨待了半年之久，转赴荷兰经营中餐馆，并加入荷兰国籍。不久，他被选为荷兰华侨华人总会副会长。他在荷兰爱尔唐福（华侨口译地名）开设两家中餐馆，一家叫“长城酒家”，一家叫“亚洲酒家”。后来，他将这两家酒家卖给别人开设，1978 年，他夫人赵月娥，1940 年出生，浙江省文成县人，曾在家乡教过书、当过会计，具有一定的工作能力。她到荷兰爱尔唐福协助胡绍科经营餐馆业。1986 年，胡绍科重返意大利佛罗伦萨，开设“北京饭店”和“中国城大酒家”，持荷兰护照。

胡绍科先生的子女及其女婿、儿媳妇在欧洲许多国家经营餐馆业，个个业绩卓著：他长女海平、女婿张建华在佛罗伦萨经营“北京饭店”；次女海芽、女婿戴国强在荷兰爱尔唐福经营“中国酒家”“皇城酒楼”；三女海燕、女婿陈云国在德国经营“利园酒家”；幼女海英、女婿苏立群在佛罗伦萨经营“中国城酒楼”；幼子永锷、儿媳占淑珍在德国经营“凤凰酒楼”。足见，胡绍科先生的家族阵营庞大，经济实力雄厚，可称侨界的名门望族。

总观欧华社会，侨界名门望族的不断涌现，分布面广，影响力大，为促进中欧政治、经济、文化交流等方面起了有益的作用。

华侨华人社团大幅度增加

自20世纪90年代以来，华侨华人社团增加更快，如今，新老华侨华人社团不计其数，规模大小不一。侨团中既有少说多做，勤勤恳恳办实事，竭力为侨胞谋福利的“名牌”侨团；也有只说不做，有名无实的“空架子”侨团。各侨团之间既有团结合作、相互支持的一面，又有不断摩擦、互相拆台、纷争不断的一面。但总的来说是趋向联合。侨团的社会功能也已发生新的变化，除原先的联络乡谊、互帮互助、谋求社会福利外，更多的是积极为融入主流社会服务，以务实开放的态度，经常与居留地政府沟通，争做居留国少数民族，与侨居国人民友好相处。大多数华人都愿意留在海外发展，做“落地生根”派，并不断调整作为永久居民的心态。许多侨团转变观念，以商养会，以商促会，并已成为日常会务的重要内容和促进侨团发展的新路子。各侨领的文化素质较高，大都很年轻，思路清晰，朝气蓬勃，充满活力。各个侨团都坚持一个中国原则，期盼海峡两岸早日实现和平统一。近年来各国相继成立“和平统一促进会”的团体，愿为祖国和平事业做出新贡献。在考察中发现，新移民（指20世纪70年代末80年代初以来移居海外者）已逐渐成为欧华社会的中坚力量。这些人在出国前有的是监管干部或企业负责人、文教卫生工作者、科技专业人士，有的是留学生，层次高，观念新，精力充沛，具有开拓精神，令人刮目相看。还遇到一些新的移民是带资来海外谋求发展的，所办企业和公司起点较高。

华人经济的发展与行业门类

欧洲华侨原先赖以生存的行业很狭窄，有所谓“三刀”（菜刀、剪刀、剃头刀）走天下的说法；一些人以挈卖小百货为生，或者开小餐馆，经营老外的皮革加工、自设小皮包制造作坊等，经济单一，行业狭窄，实力很小，生活困难。随着中国实行改革开放国策，华人人数不断增加，华人经济步入了新的发展期。如今华人的行业门类不断开拓，向多元化方向发展。虽然欧洲各国国情不同，但餐馆业仍然是欧洲华人的主要经济支柱，龙头地位不可动摇。与此同时，皮革加工、服装加工、进出口贸易、服装批发、装饰品批发、超级市场、百货商店等不断增加，有的已成相当规模，在一些城市中已形成华人某一行业集中的专业性街区，如巴黎 11 区的 4 条服装街、庙街（RUE DE TEMPLE）的皮革制品店，马德里拉瓦批司的服装、皮革批发公司，巴塞罗那的两条服装批发街和意大利罗马的华人服装批发街等，在当地闻名遐迩，颇有影响。此外，欧洲华人也已开始涉足一些新的行业范围，以新的经营理念从事诸如保险、金融、房地产、电脑、旅行社、金银首饰、会计事务所、律师事务所等。例如，意大利米兰华人季朝晖与其夫人胡夏怡联合开设一家会计律师事务所，帮助华侨尽快地融入意大利经济社会，为客户提供最完善、最专业的高质量服务，竭力维护客户在意大利的合法权益，受到意大利政府的好评。又如 1995 年 2 月创建的法国兴业金融集团，其旗下有兴业、瑞通和运通三家公司，经营面向法国华侨华人，主要业务有汇款、货币兑换、外汇买卖、银行贷款、黄金买卖和金币纪念币交易等。欧洲华侨华人的整体经济力量不断增加，前景乐观。

除此以外，欧洲华人的经济发展正加快当地化和国际化的进程，华商企业运营的网络已进一步扩大，不单是华人企业之间互相合作，还与居留国当地工商网络及跨国公司取得密切联系。为适应信息化时代需要，华人的电子商务的新经济模式也开始启动，即买卖双方通过网络，以扩大商品的交易区域，把握交易时机，增加产品与资金流动速率，以获得更多利润。

华文教育与华文报业

为使自己后代不忘中华文化，为了便于家庭之间、亲友之间的沟通和择业方便，欧洲华侨华人对于华文教育都异常重视，相继办起不少中文学校，大抵中等以上城市，华侨华人居住集中和条件较好的地方都有中文学校和中文班；一些条件较差的地方，华侨华人社团也在想方设法积极创造条件办校。一些城市的华侨华人长期坚持不懈，华校办得很出色，如旅荷华人联谊会中文学校创办于 1979 年，已有 20 余年历史，目前有 18 个班级、500 余名学生，还开设初中班。马德里中文学校在校学生达 350 多名，且有 10 来名外国学生。经费困难，师资不足，校舍难找等，在一定程度上困扰华文教育的发展。许多华侨华人意识到，在中国经济腾飞、市场广阔和合作交流领域不断扩大的背景下，其子女在掌握居留国语言的基础上，再学好中文就如虎添翼，在谋生和发展机遇上就大有优势。没有共同的语言和乡音，仅靠外语作亲情和乡情的交流，也多少欠亲切感，回到故土寻亲访友，寻根怀旧也会因为不方便而感到自惭。最近几年来，许多中文学校常利用每年暑假举办夏令营，组织学生回中国旅游参观，亲近中华文化，收到良好的效果。

随着欧洲华侨华人人口的增加，社团如雨后春笋般出现，随着社团会务的改良，各国的华文报业进入大发展时期。除了在全欧洲有影响的几家大报如《星岛日报》《欧洲时报》《欧洲日报》等几家大报外，凡华侨华人聚居较集中的城市，都办有一份或数份华文报，有的国家竟有数十家华文报纸，如匈牙利就有 9 份华文报和 1 份华文杂志，报纸的版面也多，往往都有十几版或二十多版。报纸上刊载的广告很多，有的干脆以刊载广告（90% 以上篇幅）为主，这从一个侧面反映出华侨华人经济繁荣兴旺的局面。除了定期出版颇具规模的正规侨报外，各国很多华人同乡会也常创办同乡报、月报不定期出版，免费供会内乡亲取阅，颇受欢迎。海外华文报业的繁荣，也与华侨华人在安居乐业后怀念故土的寻根意识有关，也是一种文化人乡愁的积淀。

社区民俗

欧洲华侨华人在作入地生根打算，获得居留权以后，既热爱居留地国家，认同当地社会文化，同时也热爱自己的故国家园，保留和弘扬中华文化始终不渝。我们对华侨华人的宗教信仰、丧葬礼俗、婚姻与生育观念、传统节日庆典等仔细进行考察。欧洲有许多以天主教为国教的国家，华人入乡随俗，自然有信天主教的，也有信仰基督教和佛教的。如果按人口比例计算，华侨华人信教者非常少。我们曾先后两次应邀出席华人子弟的婚礼，一次喝婴孩的“满月酒”，喜庆气氛浓郁。与中国大陆不同，欧洲华人子弟结婚年龄偏早，大多数 20 岁出头就结婚，普遍存在“多子多福”的重男轻女观念。每逢中国传统佳节，如春节、元宵节、端午节、中秋节时，常举办节庆活动，华人社区喜气洋洋，热闹非凡。许多华人都说：“在这里过春节，比家乡热闹多了！”通过考察深深感到华人民俗文化的保存形态，确实已成为浓缩的民族精神和文化精华，独具魅力，越来越受到居留国人民的重视和欢迎。

唐人街

和世界各地一样，欧洲国家的一些城市，也存在唐人街（也有人称中国街、中国城）。我们先后对巴黎 13 区、19 区唐人街，对荷兰阿姆斯特丹和鹿特丹唐人街，比利时安特卫普唐人街进行考察。有些城市的华人街区，虽然没有得到当地政府的支持和承认，外界也鲜为人知，但真正意义上的唐人街却一直存在着，当地华侨华人也都说这是中国街，例如在意大利米兰和普拉托等，那里的华侨华人商店鳞次栉比，中文店招牌广告也很醒目，充满中华风情，在街头来往行人中也以华侨华人为多数。唐人街的发展和繁荣，凝聚着数代华人的心血，也可以说是华人努力融入当地社会，并逐渐得到所在国人民认同的见证。阿姆斯特丹将择新址建大型、现代化的新唐人街，安特卫普改建和美化唐人街的工程也在进行之中，唐人街的不断扩大和发展，折射出当地华人社会安居乐业和繁荣兴旺之光。需要指出的是，今天的唐人街已不单是华人聚居区和旅游观光区，已变成华人实力较雄厚的经济基地，以适应华人人口不断增加的需要，为华人社区服务。

搜集和寻访华人史迹

为了缅怀先人和重温华人赴欧的历史，曾对一些城市中华人最先落脚谋生的街区，对华人当年上岸码头的遗迹，对历史悠久的中餐馆等，进行仔细考察和核查。例如，曾对地中海沿岸、意大利最大商港热那亚的码头进行考察，20 世纪 30—40 年代时，许多老华侨都从法国马赛或意大利热那亚码头上岸。也对华人公墓和纪念碑等一一寻访。例如，在意大利米兰曾花近 2 个小时，寻找著名爱国华侨胡锡珍墓碑；又在法国青田同乡会的热情支持帮助下，祭拜位于巴黎 13 区的“一战”华工纪念碑、位于法国西北部亚眠省诺埃尔小镇上“一战”华工墓园，拍摄不少照片。在考察活动中，对如今仍健在的老华侨非常重视，想尽一切办法寻访多位八旬以上老人当面采访，其中最年长者已 99 岁，他们是欧华社会的开拓者和华人社会兴衰变迁的见证人。经过采访所“抢救”取得的一些资料，弥足珍贵。

在这次调查考察欧华社会活动中，我们受邀请出席两次国际学术研讨会，特介绍如下：

一、参加欧华联会第 8 届年会

欧洲华侨华人社团联合会（简称欧华联会）第 8 届年会，于 2000 年 8 月 19 日—22 日在奥地利首都维也纳举行。会议的三大议题为：促进海峡两岸早日实现和平统一、促进中国中西部开发、完善欧华联会机构。来自欧洲、澳大利亚、非洲及中国大陆、香港、澳门、台湾等 20 余个国家和地区的近 400 位代表与会。全国政协副主席万国权、海峡两岸关系协会副会长张金城、国务院侨办副主任刘泽彭、中国侨联副主席李祖沛、全国政协港澳台侨联络局局长乐美真、中国和平统一促进会秘书长王北新、中华海外联谊会副秘书长王克斌等人率团出席大会。除此以外，中国部分省市侨办、重要的新闻媒体单位、大专院校和社科院的专家学者也应邀与会。

欧华年会是欧洲华侨华人社团一年一度最重要的集会。作为第一届的成立大会于 1992 年 5 月 8 日在阿姆斯特丹举行，此后每年一次，轮流在欧洲各国举行。成立大会时全国政协副主席钱伟长率团到会庆祝，此后每一届年会中国政府均派代表团出席。欧华联会为非营利性组织，其宗旨为加强欧洲华人社团之间的联系，促进彼此的了解与合作，不论其宗教信仰、政治观点如何，也不论来自何地和文化风俗差异，力求以团体的力量争取旅欧华人的共同利益；为提高华人的政治、经济和社会地位而努力。一般都是团体会员，凡经注册，具有合法地位的欧洲各华人社团，赞同该会宗旨和遵守该会章程者，经提交入会申请表和交纳会费后均可成为联会成员。

欧华联会成立 8 年多来，从无到有，从小到大，得到很大发展，已从最初的 16 个社团发展到今日 21 个国家的 105 个社团，其影响也越来越大。该会自成立至今，在增进欧洲华侨华人社团之间的团结协作、促进欧洲各国与中国的经贸合作和文化交流、提高华侨华人在欧洲的地位方面，均发挥积极作用，做出很大贡献。我们作为来自上海、温州的学者，应邀首次出席欧华年会，在会上结识许多欧洲侨领，进行重点采访，并与学术界同行展开探讨，还收到一大批书报资料，收获颇丰。

经过第七届欧华联会常务理事扩大会议修订章程后，规定每一届年会按国家名称的首个英文字母排列，轮流出任主办国，因此第 8 届顺理成章由奥地利承办，2001 年 8 月第 9 届将由比利时承办。

二、参加柏林和统会

由欧洲中国和平统一促进会举办的“全球华侨华人推动中国和平统一大会”，2000 年 8 月 26—27 日，在柏林洲际大饭店举行。来自世界 64 个国家和地区的 632 名代表与会。这次大会的宗旨是以中国早日实现统一大业及维护领土主权完整为目标，联络世界各地有志于促进中国统一的同胞，大力推崇中华民族伟大理想的博大智慧，推进反“台独”、求统一和平和创世纪千秋大业。中国大陆各党政机关及学术团体共有 80 位代表，台湾地区有 120 人与会。来自世界各地黄皮肤、黑头发的炎黄子孙，济济一堂相聚柏林，共同发出一个心声：反对“台独”，坚持一个中国和早日促成两岸的和平统一。这次大会地域范围之广和出席人数之多，可谓盛况空前。会场两侧的巨幅标语为“实现中国和平统一是全球中华儿女的共同愿望”“一个繁荣富强的中国是我们共同的历史使命”，充分表达了大会坚持反独促统和振兴中华的立场。

大会主席为来自匈牙利的华人、“欧洲中国和平统一促进会”主席张曼新先生，大会的两位名誉主席为全国政协副主席、中国和平统一促进会主席万国权，台湾海峡两岸和平统一促进会会长、前“立法院长”、中国国民党“中央评议委员会”主席团主席梁肃戎先生。

为配合柏林和统会的召开，欧洲各华人社团均精心准备，全力以赴予以支持。自 2000 年年初起，欧洲各国华侨华人相继成立起反“台独”、促进两岸和平统一的协会（简称和统会），这样就为柏林会议取得圆满成功奠定了基础。大会于 8 月 25 日报到，26、27 日这两天的会议非常紧凑，始终围绕着“在一个中国原则下推进两岸关系发展”“两岸经贸文化等领域的交流与合作”和“海外华人在促进中国和平统一中的作用”三大主题，展开讨论，会议气氛非常热烈。为了扩大国际影响，让世界上更多人了解中国人民的强烈愿望，大会还向联合国秘书长、安理会常任理事国和欧盟领导人致函，期待国际社会支持中国早日实现和平统一。

安排上台宣读论文和要求即兴发言的人太多了，后来只好规定发言时间由 8 分钟减至 5 分钟。27 日晚上大会在一致通过“全球华侨华人推进中国和平统一大会共同声明”后闭幕。这次大会有如下三个特点:

（1）与会人数多。来自世界 64 个国家和地区的 632 名代表与会，还有 60 多位来自世界各地的报社、电视台记者，人数多，规模大，可谓盛况空前。

（2）影响力大。柏林会议期间，可以说是海峡两岸人民关注柏林，全球华侨华人注视柏林，全世界的目光也聚焦在柏林。

（3）收到论文资料多。其内容围绕着台湾自古以来就是中国的一部分，反对“台独”，坚持一个中国原则，和平统一，海外华侨华人在促进两岸和平统一中的作用等问题，共收到各类论文资料数百篇。台湾地区代表携带的论文也很多，内容丰富。

2000 年国庆前夕，“欧洲中国和平统一促进会”还组织起一个名为“中国和平统一之旅”访问团访问中国。访问团一行 38 人到达北京后，9月28日中午11时，全国政协副主席兼中共中央统战部部长王兆国在统战部礼堂接见全体团员时，对柏林会议的成功及产生的巨大影响给予高度评价。同日下午3时半，钱副总理在中南海紫光阁会见访问团全体成员时，也对柏林大会坚持反对“台独”和支持中国和平统一作出的努力表示赞赏，这对广大华侨华人是个很大鼓舞。借着这股浩荡东风，第二届全球华侨华人推动中国和平统一大会，于2000年11月中旬在美国首都华盛顿举行，第三届大会将于2001年适当时间在日本举行。

我们作为正式代表，应邀出席柏林和统会，在会上会见一些老朋友，也结识很多新朋友。近代以来的华侨史表明，每当祖国有难或处于兴衰存亡的历史关键时刻，海外华侨华人总是挺身而出，全力以赴，捍卫祖国的独立、领土和主权完整，维护祖国的荣誉和尊严，柏林会议再次证明了这一点。

除参加上述“两项”重要会议外，应去调查考察采访的一些重要城市，如比利时王国的烈日市、法兰西共和国巴黎北部近郊欧贝维利耶市，尚未成行。原因是，因旅欧调查考察访问欧华社会的时间到期，故回国后加以补救，即通过各种方式，或电话联系采访，或待他们回国时，前往他们家（住青田县或温州市鹿城区）中采访，撰写访谈录，补入本著作。

（此文原标题是：“赴欧洲学术考察活动综述”，原载《乡情绵绵不断——华侨华人研究文集》，中国华侨出版社，2016年4月版，第180—187页。今将该文作为《欧华社会调查考察访谈录》的“综述”。章志诚补充了“华侨移民家族的形成与名门望族的涌现”一段。）

第一篇　西班牙王国[①]

西班牙，位于欧洲西南部伊比利亚半岛上，隔直布罗陀海峡与非洲摩洛哥相望。领土包括地中海的巴利阿里群岛和大西洋上的加那利群岛等。面积 505925 平方千米。

人口 3970 万。有西班牙人（占人口 2/3）、加泰罗尼亚人、巴斯克人和加里西亚人等。西班牙语为官方语言。94% 的居民信奉天主教。

首都马德里，人口 379.2 万，全国政治、经济、文化中心。重要城市：巴塞罗那；人口 168 万，最大商港和工业城市；瓦伦西亚：人口 77.7 万，文化古城；塞维利亚：人口 78 万，西南部工商业中心。

1973 年 3 月 9 日，与中华人民共和国建立外交关系。

第一章　马德里华侨华人社会

马德里（Madrid），西班牙中部的省，位于梅塞塔高原中部。面积 7.995 平方公里。人口 379.2 万（1970）。首府马德里，也是全国首都。全国政治、经济、文化和陆空交通中心。有机械、汽车、飞机制造、光学仪器、电工器材、化学、塑料、食品等工业。有大学、科学院多所。

---

① 李绍明主编:《世界地图集》，中国地图出版社，2000 年 1 月版，第 32—33 页。

文化和建筑遗迹著称。[①]

2000 年 6 月 26 日至 29 日，我们先后拜访或采访西班牙侨团负责人及侨团工作人员，考察拉瓦批斯西角区、参加“促统会”成立大会以及华侨青年婚礼等活动。

第一节　拜访西班牙华侨华人协会正副会长、秘书长

6 月 26 日，星期一，晴天，上午 11 时许，我们随西班牙华侨华人妇女联合会（以下简称“西华妇联会”）会长叶玉兰女士，前往西班牙华侨华人协会（以下简称“协会”）拜访会长、副会长及侨团工作人员。我们在协会办公室向会长、副会长谈了这次来欧的目的、调查考察的基本内容等。协会副会长徐松华向我们简单地介绍了协会的历史与现状后，便率领我们去“明峰酒家”吃中饭。晚上，协会请我们去另一家酒家吃晚饭。参加人员有协会会长叶碎友、副会长陈建欣、徐松华、叶玉兰及协会秘书长徐孟斌等人。席间，我们再向协会领导人重述了这次来欧洲的目的和要求，并向他们对我们的盛情接待与精心安排，表示衷心的感谢！

协会副会长徐松华对我们从祖国大陆不远万里来到西班牙及欧洲其他国家调查考察欧华社会的历史与现状，表示热烈的欢迎与大力的支持。接着，他向我们谈了西班牙温（州）、青（田）旅西班牙华侨华人社团之间的矛盾与斗争。他举例说：“为了促进祖国和平统一，协会决定成立西班牙和平统一促进会，并决定于 6 月 29 日晚召开成立大会。届时将邀请中国驻西班牙大使参加，并安排侨界有关著名人士发言，大造声势。这本来是件大好事。然而，另一个温、青侨团获悉本协会要召开‘和统会’成立大会的消息，遂抢先于 6 月 28 日晚召开

① 《世界地名词典》，上海辞书出版社，1981 年 1 月版，第 58—59 页。

‘和平统一促进会’成立大会。这一情况，充分表明旅西华侨华人社团的严重分裂的情况。”

徐副会长讲述温、青籍华侨社团出现的这些情况后，协会会长叶碎友、副会长陈建欣、叶玉兰等都发表了“欢迎词”，并轮流举杯祝愿我们这次调查考察欧华社会取得圆满成功。席间，我们一次又一次地向他们表示感谢！并表明我们的决心：一定不负众望、不负重托，努力把这次调查考察欧华社会的任务完成好！

第二节 考察拉瓦批斯西角区

6 月 27 日，星期二，晴天，上午 10 点 30 分，我们乘地铁到了马德里广场地下室开设的食品公司和东方书店。食品公司经营的食品，有中国的食品，也有菲律宾、泰国、日本、朝鲜等国的食品；还有与食品公司相连的东方书店出售的中国各类书籍。我们围绕书架，走马观花地打了一眼，这里的书籍几乎比国内的小新华书店出售的书籍、杂志还要多。这家公司与东方书店的老板，就是西班牙华侨华人协会副会长徐松华先生。我们请徐副会长派协会秘书带领我们去拉瓦批斯参观小商品市场。徐副会长同意我们的要求，即派协会秘书小胡（浙江省温州市文成县人）领路，乘坐 147 路公共汽车到了马德里西角区拉瓦批斯。首先我们巡视了几条小巷，然后，走进小商品批发店，询问温州、青田籍侨胞经营情况。一位小青年叫李铁，其父叫李汝龙，浙江省瑞安市仙岩镇河口塘（今属温州市瓯海区）人，他的店面不大，仅有 36 平方米，专营皮包、皮夹及其他杂货。李铁说：“我们到这里开店已有 7 年之久。这个区域，是西班牙马德里古老的区域之一。几年前，这里一直是孟加拉国人占据的地盘，而温州人、青田人陆续到这里开店，经营价廉物美的小商品之后，他们在市场竞争中节节败退，把开设的商店、商场，陆续出售给温州人或青田人。现在，这里经营的商品，绝大部分是从中国进口的商品。据统计，拉瓦批斯有批发商店（场）128家。过去，一天营业额达10多万美元。”

我们问：“这个区的社会秩序如何？”李铁说：“这个商品批发区社会秩序非常混乱，经常有非洲来的暴徒，三五成群，趁人不防之际，突然以暴力劫走客人的钱物！今天早晨8时许，正是你们来这里之前，一个浙江文成籍的侨胞，从西班牙南部一个小城镇带着30万西班牙币准备到这里购买批发商品，不料被来自非洲的劫贼抢去居留证、银行卡等，他的身上还被捅了一刀，鲜血直流。暴徒如此疯狂，明目张胆，扰乱市场，破坏社会治安，理应受到严惩的。然而，我们多次向有关部门反映，都得不到解决！”

听了李铁的一番苦诉，令我们心里很不安，感到中国人、自己同乡不远万里来到这里谋生、创业极不容易。然而，他们的人身安全都得不到保障！

我们向李铁了解情况后，又到一家服装批发商店了解情况。这家服装批发商店的老板叫徐居平（又名观平），浙江省青田县章旦乡人。我们问他何时出国？何时来到拉瓦批斯的？徐居平先生说：“1983年，我到意大利一家皮鞋厂做工，第二年12月从意大利到西班牙马德里一家中餐馆当洗碗工。在这家中餐馆当洗碗工当了5个月，于1988年在马德里开设一家‘天安大酒店’，生意红火，获得颇丰。1994年不幸，餐馆发生一场大火，我被大火严重烧伤，餐馆被烧毁，无法开业。”

徐居平先生被大火烧伤治愈后，又鼓起勇气，克服重重困难，东山再起，从1996年下半年开始，从经营中餐馆转为经营进出口服装。1997年，是徐居平经济翻身的一年。他说：“1997年发货贸易额达400余万美元，尔后，每年贸易额持续增长，如果没有摩洛哥人抢劫干扰，我早已成为千万富翁了！”我们对徐居平先生的顽强拼搏、艰苦创业精神，十分钦佩！

徐居平先生向我们叙述自己来意大利、西班牙那段艰难、曲折历程后，还心情沉重地向我们诉说：“西班牙新闻媒体报道，污蔑华侨在西班牙搞黑社会活动。对此，我们华侨非常气愤，曾向中国驻西班牙领事馆作了反映，要求澄清事实，这是其一；其二，90 年代初，拉瓦批斯一天发生 10 多起公开抢劫事件，其中 80% 是非洲人，南美洲人也有。不过，他们的抢劫历史不长，只有两年左右。令人愤慨的是，西班牙政府则偏向非洲人。典型的是，有个摩洛哥人在拉瓦批斯抢劫 80 余次，西班牙警察把他抓来关了几个小时就放他走了。这是前几年发生的事。而今年 5 月 8 日下午 2 时左右，有 30 多个摩洛哥人来抢劫华侨钱物，我们华侨同他们打起来，结果，有 3 个侨胞被西班牙警察带走。对此，我们举行罢工、抗议，要求西班牙政府惩治犯罪分子，保护中国人经商的人身安全。结果，有 6 个华侨被西班牙警察抓去，而抢劫华侨钱物的摩洛哥人仅有两人被关押。徐居平先生对西班牙当局很有意见，要求我们回国后向中国外交部门反映。徐居平先生还对我们说："摩洛哥人不但抢劫中国人的东西，而且还抢劫日本人、美国人、德国人的钱物。"

下午 3 时许，我们从拉瓦批斯坐公共汽车回来，先到马德里广场地下室会见协会副会长徐松华先生。徐松华先生向我们介绍了他自己的生活阅历。听他自我介绍后，我们向他汇报了今天参观考察拉瓦批斯小商品市场的概况和华侨反映的问题。

第三节 参观西班牙一个墓地

6 月 28 日，星期三，晴天，上午 9 时许，西班牙华侨华人协会副会长陈建欣先生驾车，把我们带到西班牙内战时期革命者牺牲的墓地参观。他是浙江省青田县阜山乡陈宅村人。1962 年秋毕业于青田华侨中学初中部。他的父亲是旅居德国（当时的西德）的老华侨。1965 年，徐建欣先生到温州市区（今温州市鹿城区）书堂巷兴建了一座新房，把全家从青田县迁居温州市区居住。他到温州市广播器材厂工作，曾任车间主任。1974 年 8 月，经温州市政府有关部门批准出国。当时，西德政府对外来移民控制甚严，使陈建欣无法移居西德，只得绕道荷兰，去一个亲戚开设的酒店里做管理工作。经过三年的艰苦奋斗，再申请把妻子和三个孩子从温州接到荷兰。1978 年，陈建欣先生把几年来打工积蓄起来的钱，在荷兰鹿特丹市开设一家“广南酒楼”。1983 年，他和朋友合资在西班牙马德里开设一家“中国城酒家”，获利甚丰。1986 年，他把在荷兰的“广南酒楼”转让给别人开设，将全家从荷兰迁至西班牙马德里定居。1987 年，他独资开设一家“京城酒家”，座位 150 多个。陈建欣和长子陈海晓讲究卫生，改善经营方法，提高烹饪技术，做到优质服务，热情接客，使顾客用餐满意，受到来客的好评。

我们坐在他车里，他边开，和我们边聊，不知不觉地到了西班牙内战时期的墓地门口。他自掏腰包购买了三张参观门票，凭着门票把车子开进墓地游览区。墓地游览区面积很大，到处都是树木。我们环视了四周，见到树林南侧一条平坦的公路上，车子进进出出，游客接连不断。陈建欣先生开了六七分钟，即到了一座高大的教堂式的房屋。这就是在墓地上兴建的、供人参观的墓屋。在墓屋南面是广阔的停车场。墓屋东面是个广场，供游客游玩、拍照；在墓屋后的一座小山丘上耸立着一根雄伟而高大的石柱。在石柱顶端横着一个“十字架”。陈建欣先生把车子驶进停车场，选好位置、停好小车后，带我们进入墓屋。西班牙内战中牺牲的革命英雄就埋葬在这座墓屋的两旁和地上，每天有十多个穿白衣的牧师在这里祈祷。我们坐在长椅上休息片刻，遂返回墓屋门口，拍了几张照片作留念。

参观完墓地回来，陈建欣先生把我们带到他长子陈海晓开设的“美食城”吃中饭。陈建欣先生向我们介绍：“美食城于 1978 年 2 月开设，规模不大，装潢精美，别具一格。这家酒店开张那一天，搞得热热闹闹，西班牙电视台、新闻记者和各界人士均到场，并作了中餐烹调技术的精彩表演，借此扩大影响，提高‘美食城’在西班牙餐饮业中的知名度。”吃罢中饭，我们休息片刻。陈建欣先生非常客气，又驾车把我们送到他开设的“京城酒家”喝茶，并以贵宾相待我们，给我们留下了十分难忘的印象。

下午3点左右，热情好客的陈建欣先生，又叫其子驶车把我们从“京城酒家”送到协会副会长叶玉兰和其丈夫白植崇开设的“明峰酒家”。下午4点30分，正是叶玉兰女士下班的时候。叶玉兰女士陪同我们到她家里休息。

晚上7时，“明峰酒家”开始营业，她又邀我们到“明峰酒家”吃晚餐。

今天的活动，虽然有些疲劳，但我们的获益不小，既参观了西班牙内战时期的革命英雄烈士墓，又实地考察了几家中餐馆。

第四节　采访浙江省青田县旅马德里侨领陈迪光先生

6月29日，星期四，晴天，上午8点30分，我们采访原青田同乡会会长陈迪光先生及其夫人周玲月女士。1981年8月，我长女自费留学西班牙时，曾到陈先生开设的中餐馆打工半年之久。他的爱人周玲月与我爱人杨媚媚在温州市瓦市小学是同事（教师）。因此，我们来西班牙调查考察欧华社会，理所当然地要采访这位德高望重的陈迪光先生及其夫人周玲月女士。

上午10时许，我们来到陈迪光先生开设的“长城酒家”。这家酒店规模较大，拥有200多个座位。陈先生及其夫人工作繁忙，见我们来访问他俩，非常高兴，热情地接待我们。陈先生向我们介绍了自己的经历和来西班牙后创业的历程：

陈迪光，浙江省青田县阜山乡岗下村人。1937年7月10日出生。他出世这天，正是“七七”卢沟桥事变发生的第三天。当时日本帝国主义已全面发动侵华战争，中华民族危机空前严重。刚刚做父亲的陈育仁先生，家境贫寒，又临国难当头，感到养活妻儿十分困难。为摆脱贫困，陈育仁先生丢下可爱的儿子，离乡背井，漂洋过海，来到西班牙马德里谋生。而陈迪光先生有个叔叔叫陈志彬（斌），是20世纪20年代侨居西班牙的老华侨。中国人到西班牙谋生的时间很早。在清末民初，就有山东籍的马戏班人员到这里卖艺。而“继山东籍的侨民之后，在第一次世界大战（1914—1918）前后到西班牙来的，多半是浙江青田籍的侨民。他们和葡萄牙侨民相似，以挈卖首饰、领带、青田石为生；另有少数湖北籍的侨民挈卖纸花。”陈志彬会要技艺。后来，他自己独立创业，办了一个马戏班和娱乐场，并娶了一个西班牙人玛诺丽塔为妻。20 世纪 60 年代时，“陈氏马戏班在西班牙极受欢迎，台柱子玛诺丽塔和陈志彬在演艺界大红。陈迪光的父亲陈育仁当年出国，就是投靠陈志彬先生的。”

陈迪光说，他小学毕业后考入青田县立中学初中部就读。该校毕业后，考入温州一中（今温州中学）。1957 年夏，考入江苏省苏北农学院畜牧兽医系。毕业后，他被分配到中国农学院工作。他的爱人周玲月从丽水师范学校毕业后一直在温州市瓦市小学执教。陈迪光先生曾多次向北京人事部门要求把他的爱人从温州市调到北京市工作，但这个要求始终得不到解决。正在他思想苦恼、烦闷之际，接到了西班牙叔叔陈志彬的来信，叫他到西班牙看看。陈迪光即刻借此机会向本单位领导申请出国探亲。他的申请要求，很快获得本单位领导的批准。

1974 年 8 月，陈迪光来到西班牙马德里。当时这里还没有温州人，只有广东人，而中餐馆也寥寥无几。1976 年，陈迪光在马德里开设一家“长城酒家”。其时，全马德里只有 29 家中餐馆。而到了 2000 年 5 月，仅 24 年间，中餐馆跃至 600 余家，西班牙全国有 2000 余家。陈迪光先生说：我刚到这里，华侨极少，中国驻西班牙大使馆每月放一次电影时，没有人去看，只请了我的一个 7 岁孩子去看。可现在，就与以往的情况大不相同了。随着中国移居西班牙的人数不断增加，西班牙人见中国人如潮水般地涌进来，有点害怕了。他们害怕自己的“饭碗”被中国人“抢走”。

陈迪光先生来西班牙马德里后，经营餐馆业，经济实力逐步增强。他对我们说：“西班牙华侨华人协会副会长陈建欣与我是同乡，他同我的关系很好。1980 年，陈建欣来我店帮忙，餐饮生意兴隆，顾客盈门。

1983 年，他和我合股开设‘中国长城酒家’。1984 年，他又带一个朋友厉仲超来参股，使‘中国长城酒家’变成三人合股的大酒家。”

陈迪光先生是个经营管理餐馆业的能人，也是青田籍在西班牙的第二代华侨。他一家自 1976 年 1 月至 2000 年 5 月，先后开设的中餐馆（含 5 人合股开设的中餐馆）就达 10 家之多，而且每家中餐馆的座位均在 150 个以上，可谓是西班牙中餐馆业的翘楚。

陈氏的中餐馆业对西班牙的社会经济发展作出了重大贡献：一是解决了西班牙许多人的劳动就业问题；二是为西班牙政府提供了不少税收；三是繁荣了西班牙的社会经济；四是为西班牙政府增加了社会保险金。总之，中餐业在西班牙的发展，对西班牙人民与社会都十分有益。

我们问陈迪光先生："目前中餐馆是否处于饱和状态？"他说："目前中餐馆似乎太多了，互相之间竞争非常激烈，竞争不过的一些中餐馆因亏本而关闭改行经营其他行业去了。如经营皮包、皮夹、礼品等等。"我们又问："东南亚的金融风波对西班牙有否影响？"他回答："对欧洲没有什么影响。拿西班牙来说，2000 年上半年工人的失业率由 1999 年上半年的 26% 下降至 9%。这表明，东南亚的金融风波对这里影响不大。"

陈迪光先生一家热情好客。他请我们到他的“中国长城酒家”吃午餐。吃罢中餐，他又驾车把我们送到“中国长城酒家”参观，使我们了解“中国长城酒家”经营的规模与中餐馆的优良设备。参观后，陈先生又亲自驾车把我们送到叶玉兰女士开设的“明峰酒家”门口。我们向陈先生致谢后，看一看手表，已经是下午 4 点 40 分了。这时，“明峰酒家”的顾客已经散尽，只有该店的老板叶玉兰女士还留在店里等候我们。我们随叶玉兰女士步行到她家中休息。

第五节　参加“促统会”成立大会与一对华侨青年婚礼

6 月 29 日上午和下午，我们采访青田籍旅西班牙华侨陈迪光，参观他与同乡陈建欣、厉仲超三人开设的“中国长城酒家”回来后，又于当晚9时许，随叶玉兰女士到马德里“大运河饭店”参加“西班牙中国和平统一促进会”成立大会与青田县旅西班牙华侨青年举行的婚礼。这两项议程，可谓“双喜”临门。

出席这两大盛会的有温、青籍旅西华侨华人及台湾同胞600余人。大会由西班牙华侨华人协会副会长徐松华主持，中国驻西班牙大使馆领事部主任段晓毅到会并讲了话，他首先讲述了台湾自古以来就是中国神圣领土。我们坚决反对台独、反对分裂主义者，并指出“一国两制、和平统一”是祖国大业，是我国的国策。段主任讲话后，西班牙华侨华人协会副会长叶玉兰女士宣读：“西班牙中国和平统一促进会章程”。大会在热烈的掌声中一致举手通过中国“和统会”章程。最后，一位台湾旅西班牙同胞、学者发表自己对台湾当局的看法，并赞同和平统一中国大业。

简短有力、庄严隆重的和平统一大会结束后，进入第二项议程——举行结婚仪式。新郎是浙江省青田县人，姑娘是浙江省文成县人。婚宴的大厅里摆着数十桌筵席，全部用西餐。我们一看，就知道这家“大运河饭店”不是华侨华人开设的，而是老外开设的。作为贵宾参加这一规模宏大的婚礼，我们还是第一次，分外高兴。我们在大客厅里巡视了各桌酒席，观看了这对青年婚礼仪式后，回到自己的席位，尝到了西餐的味道。更令人兴奋的是，在席间，我们乘隙采访了一些华侨在马德里创业的情形及其生活状况。

第六节　采访浙江省文成县旅马德里华侨胡立商先生

7月14日，星期五，下午3点30分，我们在阿利坎特专访西班牙华侨华人工商会副会长兼秘书长胡克钊先生之后，于下午3点30分，奔赴马德里采访浙江省文成县旅马德里华侨胡立商先生。他，文成中学毕业，1979年3月，先到法国巴黎93区开设一家酒楼，1985年5

月将酒楼卖给他人；到西班牙阿利坎特开设一家“中国城华都酒楼”，1999年又将这家酒楼卖掉；来马德里经营电器、电子等产品，主要做批发商：顾客对象大多数是非洲人，他们来购货都是半个车厢或2个车厢。前几年，主要是与西班牙人做生意。本公司雇佣西班牙人，然而他们学了经营技术，即刻跑掉自开公司，所以，近几年，我们就不与西班牙人做生意了。经营实践体会到，商业情报就是金钱。他开始开设一家中和电器电子有限公司和南欧科技电器电子进出口公司，拥有仓库1000多平方米，进口日本和中国香港、中国台湾等地的电器、电子产品，获利甚丰；他的哥哥也经营这方面产品，拥有仓库1000多平方米，盈利也不错。

胡立商先生，带领我们看他的住宅。他的住宅非常雅致，是一座别墅，有楼上、楼下地下室；室后园子中建造一个小游泳池，游泳池周围树木茂盛，环境幽静，令人喜爱。

第二章　格拉纳达华侨华人社会

格拉纳达（Granada），位于西班牙南部，与地中海海滨城市——马拉加（Malaga）较近。从马德里到格拉纳达，每天都有公交车往来，交通十分便利。

6月30日，星期五，晴天，上午11时，西班牙华侨华人妇女联合会副会长叶玉兰，先与西班牙中国妙法协会会长颜月华女士约好，请她在马德里汽车南站等候她，叶副会长陪同我们乘地铁到汽车南站后，将我们交托她去格拉纳达市调查考察华侨华人社会。

下午2时30分，我们乘公交车从马德里南站出发，于下午7时30分抵达格拉纳达市，途中坐了5个小时的汽车。抵达目的地后，颜月华女士把我们带到市中心一个佛堂住宿。

6月30日至7月2日，在颜月华女士的安排下，我们先后参观格拉纳达市的超级市场、格拉纳达皇宫，采访妙法协会会长，调查格拉纳达市中餐馆及摆地摊等情况。

第一节　参观格拉纳达市超级市场

我们把行李放在佛堂里后，颜月华女士即刻把我们带到她开设的“瑞安酒楼”吃晚餐。席间，颜女士再三问我们要喝点什么？我们摇摇头，不喝什么酒类的东西，只喝一些西班牙产的矿泉水。

吃罢晚餐，颜月华女士带我们去一个超级市场观看那里陈设的商品。她走到一间家具室买来两个枕头、床罩、盖被等东西，再带我们回到佛堂一个房间休息。她指着两张床铺说：“今晚你俩就睡在这里！”我们点点头说：“行！很好！谢谢！”

因为这天，她已很辛苦，而我们也十分疲劳。我们送她走出佛堂门口后，回到房间洗了澡，就睡觉了。

第二节　参观格拉纳达皇宫

7月1日，星期六，晴天，上午8时许，颜月华女士带领我们去参观格拉纳达的皇宫。这座皇宫的建筑面积不很大，但各地前来这里参观的游人却很多。这座皇宫，西班牙王国保护得比较完整。据悉，像这样的皇宫在西班牙境内有多处，这是其中一处。我们听导游介绍：早在800年前，即1492年，格拉纳达曾遭受摩尔人入侵，他们在这里建立国家。如今，在格拉纳达还有阿拉伯人的后裔。800年前，不仅摩尔人入侵这里，而且还有日耳曼族入侵这里，不过，日耳曼人没有在这里建立国家。

摩尔人入侵西班牙，在格拉纳达建立王国、建造皇宫，这是摩尔人入侵西班牙留下的历史见证。

颜月华熟悉这里的一草一木。她说：格拉纳达的自然资源非常缺乏，但其工业基础尚可，拥有尖端工业。我们问颜月华女士：“这里有什么尖端工业？”她避而不答，我们也就不强人所难了。

参观完皇宫后，已经中午了。颜月华女士带我们去“南京饭店”吃中餐。吃罢中餐，颜女士把我们带到市中心佛堂里休息。休息时间，颜月华女士向我们谈了筹建佛堂的经过与目前遇到的困难与问题。

第三节　颜月华女士创建佛堂

颜月华是西班牙中国佛教妙法协会（以下简称妙法协会）会长，浙江省瑞安市人。出国前，曾在瑞安市一所中学担任政治教师。她的爱人是瑞安市农业系统一个干部，没有出国。1990 年 12 月，颜月华先去德国科隆一家中餐馆打工。翌年 2 月，她与舅母从德国到西班牙南部海滨城市马拉加（Malaga）一家餐馆打工。她在马拉加打工 7 个月后，又到里洪狮子城一家中餐馆打工。在这里工作一个月，最后到格拉纳达落脚。

1993 年 4 月，颜月华筹集资金，在格拉纳达市开设一家“瑞安酒楼”，租期定为 5 年，每月租金 13 万西币；她的家庭住房租金分期付款；她的儿子不打算在这里买房子，而想到马德里开设一家中餐馆，作为自己的最后落脚点。

“瑞安酒楼”规模不大，但生意尚可，一般情况，该酒楼不雇用西班牙人，而在营业繁忙时，则雇用一个临时工帮忙。这家酒楼，除星期六、星期天做外卖生意外，平时都不做外卖生意，也就是说不送饭菜到老外家中去卖。原因是，该酒楼人手不足，而雇用老外，费用大，不合算。

颜月华女士告诉我们：西班牙约有华侨华人 5 万人（实际不到 5 万人），其中信仰佛教的人颇多。为适应华侨华人的宗教信仰需要，她四处奔走，并得到西班牙华侨华人协会的支持与帮助，于 1996 年 6 月 19 日成立了西班牙中国佛教妙法协会。颜月华当选为妙法协会会长。

为了使妙法协会获得合法地位，颜月华会长写报告向格拉纳达市政府申请注册，争取当地政府批准。她不辞辛劳，奔跑了 8 个月，终于在 1997 年 2 月 5 日获得格拉纳达市政府批准注册。

“妙法协会”获得当地政府批准注册，是该会开展活动的关键一步，但该协会全面开展工作与活动，面临的困难与问题仍然很多，主要是：“妙法协会”在申请注册的报告中，阐明该协会为慈善机构，说在佛堂中开设医疗门诊、举办展览会、开辟阅览室、设立乒乓室、宣传中华文化等等。因为“协会”是慈善性质的社团，当地政府对它免征税收。众所周知，办佛堂需要一定的场所，方能全面开展各项活动。目前，佛堂仅有 150 平方米，尚需要购 350 平方米，但资金缺口很大，怎么办？颜月华会长动员华侨华人献金。经过她近两年的艰苦努力，费尽力气，截至 2000 年 6 月底，才募到经费 2.4 个米里红（货币单位），在格拉纳达市中心购买到房屋 500 平方米，作为佛堂。

佛堂的规模不大，但很壮观。在佛堂的大门口写着“佛光普照”四个大字。走进大门，佛堂门台左右设立传达室。佛堂西边是个长廊，已隔成几个小间，正在进行装修；佛堂东边的长廊尚未装修。佛堂中堂后退，悬挂着释迦牟尼、观世音菩萨和弥勒佛等 3 幅佛像。在这 3 幅佛像前面摆着一张长方桌，桌子上摆着许多果品，供奉菩萨“品尝”，并亮着五颜六色的小灯珠，以代香火。在长方桌左右侧墙壁上悬挂着“四大天将”：东方持国天王，南方增长天王，西方广目天王，北方多闻天王的画像。据颜月华会长云：这座佛堂在西班牙还是第一座。

第四节　格拉纳达市华侨华人餐馆业

格拉纳达是个中等城市，华侨华人来到这个城市谋生、创业的不多，大约五六百人，开设中餐馆 31 家。其中：台湾同胞在这里开设的中餐馆 2 家；香港同胞在这里开设的中餐馆 1 家。这家餐馆，叫“中国长城酒家”，是格拉纳达市规模最大的一家，拥有 100 多个座位。而其他中餐馆规模都不很大，大都是小型中餐馆。如“瑞安酒楼”“富利都饭店”等。其中“富利都饭店”，厨房4人，跑堂2人，实际上，是夫妻饭店，老板都下厨房当大厨。还有一家中餐馆，叫“南京饭店”，请我们吃过中餐。这家饭店的老板叫傅仲雷，浙江省青田县山口乡人，30多岁；傅仲雷的太太叫林莉莉，25岁，是傅仲雷的同乡。他俩从祖国青田来到西班牙创业，也经历了一段艰苦历程。1985年8月，他俩先到西班牙阿利坎特一家中餐馆打工，学习经营餐馆业的烹调技术与管理经验。1986年他俩从阿利坎特转到格拉纳达市，租来一间店面，开设“南京饭店”，设80多个座位，每月租金25万西币。这家餐馆，生意红火，每月营业额达3000万西币。

傅仲雷的父亲叫傅南光，1984年抵达阿利坎特；其母亲孙氏，随父一起到阿利坎特；傅仲雷有4个兄弟：他居三；老大、老二在马德里开设中餐馆；四弟在他大哥、二哥开设的餐馆帮忙。傅仲雷已有两个儿子：长子5岁，次子1岁。据他介绍：来“南京饭店”进餐的客人中，有北欧人，中欧人，也有西班牙人。这家饭店，除7、8两个月生意清淡外，其他月份的生意都很兴隆。傅仲雷说，1998年开始，“南京饭店”有做外卖生意，即把饭菜送上门，颇受客户欢迎。近几年来，“南京饭店”获利颇丰，家产不断增多。现在，傅仲雷住家面积计128平方米，有4室、1厅，比较宽敞。我们问他：“你用多少钱购来的？”他说：“用14.5万米里红购来。”

格拉纳达市还有一家“津津酒楼”。这家酒楼门口雕着“双龙”，以古装装饰，别有风味。这家酒楼的老板叫张笑珍，其丈夫叫叶和平，是温州市鹿城区人。这家酒楼规模不大，拥有80个座位，生意也很不错。

第五节　参观格拉纳达市华侨华人地摊摆卖

我们考察完格拉纳达市的餐馆业后，已经是晚上9点钟了。颜月华女士带我们去参观这里的地摊摆卖情况。

格拉纳达市晚上8点钟太阳尚未落山，而那些做摆地摊生意的小商贩，早就把塑料布或席子铺在地面上，把箱子里装着的服装、领带、眼镜、围巾、鲜花、儿童玩具等等，一件件摆在塑料布或席子上。除华侨华人在这里摆地摊外，还有非洲的黑人也在这里摆地摊。在摆地摊的人群中，有青年、中年，有男的，也有女的。据云，在摆地摊的人群中，有的既无居留证，又没有营业执照，是个"黑户"。因此，他们见警察过来，即刻通风报信，把地上的塑料布、席子上的小商品，集到箱子里就跑。警察看见他们逃跑也不去追赶，开只眼、闭只眼，当地警察似乎对摆地摊者有点同情，让他们在这里能生活下去，不然，那些无居留证者或生活贫困者，没有生活出路，势必给西班牙社会治安问题带来负面影响。

我们观看摆地摊的人群后，询问了格拉纳达市开中餐馆的华侨华人老板：摆地摊者获利有多少？老板说：一个晚上若遇到买者多，可赚 20 来万西币；也有的赚不到那么多。颜月华女士告诉我们：刚才看到有一户摆地摊的是青田县方山乡人，她三个姐妹，原在中餐馆打工，由于工资少，便离开中餐馆去摆地摊，生意若好，收入比在中餐馆打工的工资要多，所以，她们宁愿在夜晚冒险去做摆地摊生意。

我们问这里的华侨："摆地摊的时间都在什么时候？"他们说："夏天，是下午 8 点到 11 点；冬天，是下午 3 点到 7 点。"我们又问这里的华侨："摆摊者有无固定的位置？"他们说："没有固定的地摊位置，谁早就由谁摆。而日长月久，往往使不固定的位置变为固定的位置。"

我们询问摆地摊夜市场所周边的华侨华人：在格拉纳达市做地摊者生意的有多少人？他们估计，做这种地摊买卖的大约有 30 人。

第三章　马德里近郊区华侨华人社会

2000 年 7 月 3 日上午至夜晚，我们重访拉瓦批斯西角区、参观马德里近郊区华侨华人小商品批发市场等活动。

第一节　重访拉瓦批斯西角区

7月3日上午7时许，我们从格拉纳达乘公交车返回马德里，途中停留20多分钟，供旅客休息。上午10时30分抵达马德里。

我们不顾疲劳，马不停蹄，请西班牙华侨华人协会秘书小胡（浙江省文成县人）陪同我们赴拉瓦批斯西角区再次调查考察小商品批发市场。我们在这里先后采访了三位侨胞：一位是台湾旅西班牙同胞缪某某；一位是浙江省瑞安市旅西班牙侨胞李汝龙；一位是浙江省青田县旅西班牙华侨徐居平。上述3位先生都谈了自己在这里的创业经过、市场经济情况与社会治安状况。他们说：这里有大小商品店700至1000家之多。其中大多数是批发商店，经营批发商店的范围长达3至5公里。而经营批发商店的老板，大部分来自浙江省温州、青田。批发区分为8个小区：挈卖服装、工艺品、皮夹、皮包，等等。这些小商品售给谁？他们说：主要是出售给摩洛哥人、葡萄牙人、西班牙人、法国人。但法国人为数不多。为了管理这些批发小商品市场，这里成立了"华商协会"，每个小区建立一个小组，分管本行业的小商品。整个拉瓦批斯西角区共有128家批发商店，其中有100家批发商店老板参加"华商协会"，还有28家商店未参加协会组织。

我们调查考察拉瓦批斯的市场经济后，认为它的发展前景是好的，在这里经营小商品有利可图。但他们反映，在这里经营小商品也存在几个令人担忧的问题：一是社会治安问题。2000年6月29日夜间12点，拉瓦批斯一个小区被人抢走700万西币，相当于人民币35万元，有个人还被劫贼打伤：有3个老外去一家酒家吃饭，一辆车子停在那里，有7个摩洛哥人把这3个老外的钱物抢去，其中有2个老外还被打伤。二是保护侨胞的合法权益问题。为保护侨胞在拉瓦批斯西角区经营的合法权益，在维斯顿酒家召开西班牙"华商协会"成立大会，邀请马德里警察局局长参加会议。会议推选李汝龙为"华商协会"会长，以加强与拉瓦批斯商界、中国驻西班牙大使馆和西班牙马德里政府的联络。他们要求中国驻西班牙大使馆关心、支持拉瓦批斯西角区华侨华人经营小商品的安全，遇到重大问题，以中国政府名义与西班牙政府进行交涉。三是西班牙政府的法律漏洞颇多，使华侨华人的经济损失严重。在拉瓦批斯西角区一天被抢劫10多次，华侨华人中力气大的人把劫贼抓送到警察局要求对他们进行处理，而警察局反而袒护劫贼，批评华侨华人受害者。对此，华侨华人意见很大，要求我们回国后向中国政府有关部门反映。

第二节　参观马德里郊区华侨华人小商品批发市场

7月3日中午，从拉瓦批斯西角区出发，由小胡（浙江省文成县人）陪同去马德里郊区参观华侨华人小商品批发市场、货物仓储。和我们一同前往的李汝龙先生向我们谈了自己的身世和来欧洲谋生、创业的曲折历程。他边谈、边流泪，我们边听、边记，不知不觉地到了华侨华人小商品批发市场、货物仓储。

我们走马观花地巡视了这里的小商品批发市场、货物仓储。这些批发市场物品众多，有陶盘、礼品、工艺品、小背包、服装，等等；货物仓储，分门别类，其中标有陶瓷品、小背包、服装，等等。我们参观上述批发商店、货物各类仓库后，返回马德里市区“佳雅饭店”吃中餐。

吃罢中餐，我们去叶玉兰女士家中休息片刻。叶玉兰女士叫青田同乡陈建欣先生驱车把我们开到马德里郊区参观她的长女婿崔永勇开设的饭盒小工厂。这家饭盒小工厂，员工不多。据崔永勇介绍：饭盒销路不错，利润尚可。当我们询问崔先生在生产中遇到什么困难和问题时，叶玉兰女士打断了我的询问。她说：“晚上还要返马德里市区观看一对青年的婚礼仪式！”我们听从玉兰女士的安排，返回马德里市区观看一对青年的结婚仪式后，陈建欣先生又驱车把我们送到叶玉兰女士开设的“明峰酒家”吃晚餐。吃罢晚餐，休息一会儿，再由陈建欣先生驱车把我们送到叶玉兰女士家中住宿，可以说，这天的采访活动够累、够紧张了!

第三节　重访浙江省瑞安市旅马德里郊区华侨李汝龙先生

7月3日，我们在参观马德里郊区华侨华人小商品批发市场途中，听李汝龙先生诉苦的漫长经历，梳理补充如下：

李汝龙，浙江省瑞安市仙岩镇河口塘（今属温州市瓯海区）人。1953年出生，15岁丧父，因家境贫寒，初小读了三年半就辍学了。为谋求生计，他到瑞安一家机械厂当学徒工，每月工资8元人民币。由于他工作认真，刻苦钻研技术，很快就被擢升为副厂长、厂长。他担任副厂长、厂长期间，学会机械设计，掌握生产技术，受到职工们的好评。“文化大革命”期间，他到浙江大学学习机械制造技术，以后，考入杭州企业管理大学函授班继续深造。1976年10月，粉碎“四人帮”后，拨乱反正，温州侨乡掀起了一股出国热潮。李汝龙受这股出国热的影响，萌发了出国谋生、创业的念头。20世纪80年代后期，他率长子李铁赴法国谋生、创业。

李铁，1975年生。李汝龙和长子因无法国居留证，便在巴黎做了几年“黑工”，吃尽苦头。一天，李汝龙听到西班牙传来一条好消息，非常高兴。这条“消息”说：凡1990年6月1日前来西班牙谋生、创业的无居留证者，在1991年“大赦”时，可办居留证。1991年7月16日，李汝龙率其子李铁从法国巴黎来到西班牙马德里，正巧赶上了西班牙“大赦”之时。他俩办来了西班牙居留证，来到西班牙郊区拉瓦批斯西角区，经营小背包，赚来40000美金，快乐至极。不多久，他俩乐极生悲。1993年9月，店中40000美金被摩洛哥人抢走，顿使他俩经营遇到极大困难。怎么办呢？李汝龙和其长子李铁又重返法国巴黎，向朋友借钱进货，把经营小背包生意持续下去。但经营这项小商品，赚不来大钱，原因是，对市场需求情况缺乏调查研究，因此，他俩十分注意市场信息，并且时刻提防盗贼，增强安全意识。1994 年 8 月后，李汝龙经营的小背包生意开始红火了。他到中国广东深圳购买了 600 只小背包，在本店仅几天就销售光了。第二次，他再赴中国进货几万只小背包，一天就卖掉了 10000 只，轰动了马德里。

李汝龙回顾赴广东省广州市广销会订货的历程，非常感动人。他说，在拉瓦批斯西角区店里不慎摔倒，一只脚趾头跌断，用石膏打着，行走十分不便，但为了订购小背包，1994 年 4 月，他忍着疼痛，用两根拐杖挟着前往广销会订货。他说，卖小背包盈利不错，每只可赚 15—20 个法郎，即相当中国人民币 30 元—40 元。

李汝龙说，开始在拉瓦批斯西角区的店面仅有 36 平方米，生意如此红火，蜚声全马德里，“中国商场”从此便拉开了序幕。当时，货物一到，拉瓦批斯街头，车来车往，熙熙攘攘，热闹非凡。

李汝龙与其长子李铁在这里经营小背包，生意持续兴隆，财源滚滚而来。随着经济实力不断壮大，西班牙在拉瓦批斯的一个最大公司被他购买了；同时，西班牙的六大公司都与他的小背包公司发生联系，更增强了李汝龙父子经营小背包的信心。

为适应市场销售需要，李汝龙到广东省东莞县创办了一家背包工厂，雇用工人 560 名，最多时工人达到 2000 名，背包产品不仅供给西班牙市场，而且还销售到中国香港，欧洲的意大利、法国、荷兰、葡萄牙、英国，北美洲的美国和南美洲的巴拿马、智利，以及非洲的摩洛哥等国家和地区。李汝龙发大财后，深感自己担子很重。他说，要把自己的背包公司办成一流的公司，真正在西班牙站住脚，尚需艰苦奋斗，继续努力！

2000 年 7 月 6 日，西班牙“华商协会”成立，李汝龙被选当协会会长，是年，他 48 岁，是瑞安籍旅西班牙的著名侨领之一。

第四章　西班牙音乐家、传教者和侨团领导人

2000 年 7 月 4 日上午至夜间，我们先后采访温州市鹿城区旅马德里华侨音乐家王绍基、基督教活动家陈秀玉女士和西班牙华侨华人协会会长和秘书长等活动。

第一节　采访浙江省温州市城区旅马德里华侨音乐家王绍基先生

7 月 4 日，星期二，晴天，上午 10 点 20 分，我们在马德里采访西班牙华侨音乐家王绍基先生。

王绍基，原名王少基，温州市鹿城区人，自幼酷爱音乐。1975 年，即“文革”后期，他被选送上大学，进入他梦寐以求的音乐殿堂。他认真学习，尊敬老师，终生难忘他的导师——音乐教育家靳卯君老师。靳老师对他的循循善诱的教导，使他成为一位音乐教师。

王绍基曾在温州四中、温州六中和温州二中先后执教过数年音乐，培育了许多音乐爱好者。中共十一届三中全会后，在党的改革开放政策指引下，温州市侨乡掀起了一股出国热潮。他在这股出国热的影响下，毅然辞去音乐教师，离开学校，出国谋求职业。他经葡萄牙辗转西班牙首都马德里，途中经历了一段曲折。他说，携带的美金很少了，曾在火车站头、地铁，拉小提琴、奏二胡收钱度日，但时间不长。他到马德里后，一边打工，一边学习西班牙语，以常人难以想象的毅力，仅用一年半时间，就读完了西班牙语三年的课程。在这期间，他曾与西班牙的几个乐团合作，在合作过程中，他感到在西班牙当音乐家，比中国难得多，而且一个赤手空拳的中国新移民要在这里通过音乐立足发展，简直难上加难！因此，他丢掉幻想，改弦换琴，与几位志同道合的朋友，举办“西班牙西中经济技术合作开发公司”。1991 年，

他注册“大西洋个人责任公司”。新公司的第一个项目，就是取得巴塞罗那奥运会会标在全球运动员头上用品（如帽子、发夹等）中的广告经营权。这个项目取得圆满成功后，进而使用“大西洋个人责任公司”发展成为“大西洋股份有限公司”。1996年，他创办了“远西”和“王氏”两家公司，分别经营技术设备和房地产，加上“大西洋个人责任公司”，便组建了以他为董事长和总裁的“三意（3E）公司集团”。

1998年，“欧洲华侨华人社团联合会”（以下简称“欧华联会”）征集会歌。王绍基获此消息后，思考了一个星期，没有动笔。一星期后，《欧洲华人之歌》从他的心灵深处倾泄而出。这首由他作词、作曲的《欧洲华人之歌》制作光盘，呈送“欧华联会”挑选。在应征的20多首歌曲中，《欧洲华人之歌》终于被选中了。王绍基高兴得几乎要跳起来，他突然悟出一个道理，说：“做生意与音乐有什么关系呢？我的老师靳卯君曾说过，作曲到了一定的境界时就像数学。而我将它延伸一下，做生意做到一定的程度，也像音乐。”的确，经过他20多年的艰苦奋斗，演奏出一支支优美而动听的企业交响曲、公司营利之歌。王绍基身居国外，热爱祖国，关怀桑梓，也关爱侨居地。他说：“我出生祖国温州，又来西班牙谋生、创业，应把自己的感情投到这方面来。祖国发生严重水灾，我捐资100万西币给祖国灾民；西班牙发生严重水灾，我捐两卡车货物给灾民，使他们重建家园。”

第二节 采访浙江省温州市城区旅马德里华侨基督教活动家陈秀玉女士

7月4日下午8时，我们应约去温州市鹿城区旅西班牙马德里华侨、基督教活动家陈秀玉女士开设的“香港饭店”吃饭。这家饭店拥有148个座位，已经营了11年之久。

陈秀玉，浙江省温州市城区（今鹿城区）人，1989年11月来西班牙创业。陈秀玉来西班牙前，从事政工工作，她受温州侨乡掀起出国热潮的影响，辞职出国创业。她先到荷兰，开始接触基督教。她说，自己没有居留证，开饭店艰难，以后来到西班牙马德里，也是困难重重。她的女儿在荷兰，向女儿借来 16 万美金，开设这家“香港饭店”。她的爱人叫计甘霖，原系温州市二轻局干部，与笔者相识。老计来西班牙后，别的活干不来，只好在本饭店当洗碗工。陈秀玉女士说，马德里没有基督教组织，一位香港人在这里组织一个“查经小组”，后来华人多了，才于 1989 年 8 月成立“华人基督会”，开始有信徒 30 余人。陈秀玉女士说，她开饭店，在圣诞节那天，请中国留学生来饭店吃饭不付钱。1991 年，基督教信徒达 80 余人，圣诞节时有 200 多人参加圣诞活动。如今，从一个“查经小组”数人参加，发展到由几百人参加的两个教会：一个叫“生命堂”（在马德里），一个叫“基督教会”（在巴塞罗那）。这两个教会到会人数均在 230—250 人。“生命堂”专职传教士是美籍华人李月云（女）；该堂传道人是浙江青田人叶建伟（男）；牧师，是美籍华人简矶法。在“生命堂”之下有许多员工，陈秀玉女士是其中之一。凡信徒中遇红白喜事，教会都关心他们。在教会下，还成立法律咨询组、语言组（创办西班牙语学校，学习西班牙语）、关怀组。“圣经”中有十戒，信徒比较温和。教会组织夏令营，而夏令营分青年人夏令营、老年人夏令营。

目前，西班牙华人基督教徒达 700 多人，占华侨华人总人数的 7%—8%；巴塞罗那教会活动开展很正常，在“圣诞节”那天，参加活动的华侨华人信徒达 2000 多人；平时聚会均有 200 多人。教会活动，借用外国教堂。这不是长久之计，我们已在马拉加购来一座教堂，支付 40 多万美金，其中青田人支付金额居多。

牧师或传道人，与国外都有来往，在欧洲有教牧同工会，它成立于 1992 年，至今历四届：第一届欧洲教牧同工会代表会在荷兰郊区举行；第二届欧洲教牧同工会代表会在法国巴黎举行；第三届欧洲教牧同工会代表会在德国科隆举行；第四届欧洲教牧同工会代表会在西班牙巴塞罗那举行；第五届欧洲教牧同工会代表会（2001 年）在意大利罗马举行。陈秀玉女士说，她的儿子计汝明，今年 28 岁，1996 年 3 月在马德里结婚，由牧师主持婚礼。牧师问女方："你愿不愿意嫁给他？"女方答："我愿意！"宣誓后，到马德里"维多利亚饭店"吃喜酒，嗣后，在报纸上登载。华人信徒去世后，在殡仪馆举行葬礼，唱赞美诗。

最后，陈秀玉女士告诉我们：自 1989 年 11 月开设"香港饭店"至今已有 11 年，平均每月营业额达 300 个"米里红"（货币单位）。这家饭店装修支付 16 万美金，租金每月偿付 2000—3000 美金，现在还有一部分债务。

第三节　采访西班牙华侨华人协会会长叶碎友、秘书长徐孟斌两位先生

7 月 4 日下午 10 时许，在"香港饭店"吃罢晚餐，抢时间，即刻赴西班牙华侨华人协会采访协会会长叶碎友、秘书长徐孟斌两位先生。他俩都是浙江省青田县人。

首先，西班牙华侨华人协会会长叶碎友向我们介绍了协会成立以来的情况和当前华侨华人社会的安全问题：近几年来，我们侨胞经常遭到非洲人的抢劫，向中国驻西班牙大使馆反映，要求使馆人员向西班牙政府反映，维护侨胞的利益。

接着，西班牙华侨华人协会秘书长徐孟斌向我们谈了协会建立以来所做的工作和当前遇到的一些问题他说：首届西班牙华侨华人协会成立于 1983 年 6 月 6 日，肖继銮为协会会长。他是中国山东省人，是早期留学西班牙的人员之一，我们来西班牙创业比他晚。协会成立以来，做了如下几项工作；一是向侨胞子女宣传中华文化，创办中文学习班，使他们永远不忘记自己的"根"在中国；二是协会成立社会服务部，联系外籍华人；三是 1998 年加入"移民论坛"组织。这个组织，是西班牙王国国家级的组织。

徐孟斌秘书长说："'移民论坛'是在西班牙王国劳工部领导下

开展工作的。据我所知，西班牙侨团不少，但加入‘移民论坛’组织的仅我们协会一个。”

徐孟斌说：“1999 年，西班牙政府派官员来协会调查，说西班牙外侨中摩洛哥人较多，他们都不能向西班牙政府提出改善政策的意见与建议，而中国侨民能力很强，能向我们政府提出改善政策的意见与建议。”徐孟斌说：“当时协会向西班牙政府官员提出：西班牙政府应尊重东方文化传统，用中文字母提供给我们方便。”这条意见，被西班牙政府采纳。西班牙王国政府在“大赦”表格中便印了中文字，减少了华侨的许多麻烦。

徐孟斌秘书长说：“西班牙侨团发展最快之时，是 1996 年国家主席江泽民访问西班牙王国之后。我们协会理事应江泽民主席邀请接见，并与他合影留念，一些侨胞就‘眼红’了！”他们说：“西班牙华侨华人协会非常吃开！”

徐孟斌秘书长说：“协会举行‘七一’香港回归中国大会，向西班牙王国政府申请报告，西班牙王国政府派员调查，并表示同意协会在广场举行庆祝‘七一’香港回归中国大会。此次大会政治影响较大，当时西班牙媒体报道了此事。”

徐孟斌秘书长还告诉我们一件大事：前不久，协会成立“西班牙中国和平统一促进会”，而另一个侨团也成立“西班牙中国和平统一促进会”。这两个“和平统一促进会”目标是一致的，然而另一个侨团获悉我们协会在 6 月 29 日晚在马德里“大运河饭店”召开：而另一个侨团则抢先一步，在 6 月 28 日晚在这里召开。中国驻西班牙大使馆均派官员参加大会并讲了话。其实这两个“促统会”是完全可以合并举行的，而侨团之间争名，造成了相互间的矛盾。

第五章　巴塞罗那华侨华人社会

巴塞罗那（Barcelona），西班牙第二大城市，最大港口。在东北部地中海岸，西靠蒂维达沃山（Tibidabo），建于向东南倾斜的缓坡上，介于东北的巴索斯河（Bas'os）和西南的略夫雷加特河（Llobregat）间。人口连郊区约200万（1975年）。公元237年迦太基人建立村庄，415年起曾为迦太基公国都城。多中世纪哥特式大教堂、博物馆等。市区连卫星城镇组成全国最大工业中心，原以纺织、印刷、机械工业著称；新兴工业有汽车、精密仪器和塑料制造等。是文化中心，有1430年创办的巴塞罗那大学。音乐和民间舞蹈闻名。旅游业发达①。

7月5日，星期三，晴天，上午11时，西班牙华侨华人妇女联合会副会长叶玉兰女士陪同我们坐地铁到马德里汽车南站，乘一号大型公交汽车启程，下午6时抵达目的地，途中休息15分钟。

汽车抵达时，西班牙华侨华人协会先把我们安排在庄大慰先生开设的“北京烤鸭店”吃晚餐。吃罢晚饭，在该店休息片刻，老板庄先生把我俩带到他家中休息,庄先生与其妻子热情好客,摆茶点接待我们。他俩向我们拉了家常，并向我们介绍了自己怎样从中国云南来到西班牙巴塞罗那的艰难历程。夜晚11时许，西班牙华侨华人文化交流协会会长张甲林先生驱车把我们从庄先生家接到他家住宿，并与我们商讨在巴塞罗那调查考察活动的安排。

2000年7月5日至9日，我们先后采访张甲林、蒋肖勇、杨若星、庄大慰等人，和参观服装街、名胜古迹等活动。

第一节　采访湖北省旅巴塞罗那华人张甲林先生

7月5日，星期三，晴天，夜晚11点30分，采访张甲林先生。他，湖北省人，其父张国飞，系黄埔军校第16期毕业生。他生母是温州人；继母也是温州人。张甲林出身于中高级干部家庭，1962年毕业于西南财政大学。他的姑丈曾在北京大学、清华大学工作过。1988年春节前，

---

①《世界地名词典》，上海辞书出版社，1981年1月版，第211—212页。

他回国一趟，一到北京就哭了，说自己出国七八年之久，对中国情况一点都不了解。8 月 21 日，他去北京接女儿。1990 年，他来到西班牙巴塞罗那，庄大慰先生非常关心他们。庄大慰用 18 个米里红（货币单位）买来几间饭店，迫使西班牙人离开这里。

张甲林说自己用 3 个米里红买来了一家饭店。他说："成立商会的宗旨是：'团结奋斗，爱国守法。'扶植华侨华人社会发展，促进华人经济多元化，才能支持祖国；解决与当地社会的矛盾，主要是'守法'"；张甲林先生说，中国驻巴塞罗那总领馆领事来我家里做我的工作，要我出山！

张甲林先生说，西班牙华侨华人协会，因职务分配不合理，内部产生分歧，另立门户，出现了众多的小协会。他说自己当协会领导：一是没有同乡基础；二是没有经济实力。张甲林先生的太太对他说："你要当协会头头，得辞去公司职务。"他说："大家选我当协会头头，说我是个知识分子，推脱不了。我当协会头头的目标，是推动华人社会发展，当协会会长应是为协会服务。"

张甲林先生还谈了自己为协会做了大量工作，主要是：保留中华民族优良传统，加强华人与当地人民的友好关系；把华人内部矛盾引向法律化程序；举办国际贸易读书班；采访编写华人奋斗史；组织华商集团，增强华人经营意识，摆脱小生产意识等等。

张甲林先生最后说，他在中国办了两个小工厂：一个在河南省洛阳；一个在河北邯郸。这两个厂总投资是 7000 万人民币。这两个合资企业经济效益不理想。

张甲林先生说：巴塞罗那有华侨华人 15000 人，与洋人竞争，依靠华人餐馆、公司，华侨进入当地社会的能力太差。

第二节　继续采访湖北省旅巴塞罗那华人张甲林先生

7 月 6 日，星期四，晴天，上午 10 时许，张甲林先生带我们去一家咖啡馆喝咖啡，在喝咖啡时，张先生向我们介绍了巴塞罗那华侨华人的经济状况。下午，张甲林先生陪同我们参观地中海海滩，并在那里拍了几张照片，晚上，他又率我们去参观地中海海滨的夜景，并在那里喝了一杯橘子露。嗣后，返市区陈正波先生开设的“新世界饭店”吃晚餐。陈先生热情好客，招待得十分周到。晚餐后，返张甲林先生家中住宿。

第三节 采访中国台湾旅巴塞罗那华侨蒋肖勇先生

7月7日，星期五，晴天，上午10时许，在“富丽华酒家”采访了中国台湾旅巴塞罗那华侨蒋肖勇先生。他说自己在1992年巴塞罗那举行奥运会之前，来到这里。当时巴塞罗那仅有几家中餐馆，而奥运会之后，中餐馆如雨后春笋般地涌现，达二三百家。原来上海人在巴塞罗那开设的中餐馆被挤走了。他们把中餐馆迁到地中海海滨或海岛上经营。

蒋肖勇先生说自己在1998年9月买来一家饭店，计170多个座位，债务分20年付清，每月付20万西币。这家饭店生意红火，每月营业额达5个米里红（货币单位）。

蒋先生说，目前，巴塞罗那郊区中餐馆有200多家。这些中餐馆大部分是温州人、青田人开设，而青田人中尤以方山乡人居多。

第四节 采访北京旅巴塞罗那歌星杨若星女士

7月7日，星期五，晴天，下午3点37分，在“富丽华酒家”采访杨若星女士。她身体肥胖，中等身材，圆脸盘，讲话声音洪亮。我们问她在国内干什么工作？为什么要到西班牙巴塞罗那？杨女士回答：“我原在中国中央文化部工作，中央歌剧舞剧学院中专毕业。唱‘茶花女’略有名气。有一次西班牙演出小组来北京演出。演出小组中一个音乐教授建议我出国深造。因而我产生了出国念头，但要出国必须有海外关系，不然，中国政府不予批准。我左思右想，忽然想起父亲有个朋友叫庄重，祖籍广东，后迁居云南昆明；父亲的胞弟即我叔叔系国民党高级军官，请他写信给庄重，请他帮忙；父亲还有一个朋友在美国，请他设法帮助，他帮助我办出国旅游签证。最后，我以旅游名义，经过苏联、匈牙利、意大利到西班牙巴塞罗那。抵达这里时，是 1981 年 12 月。"

杨若星女士谈了自己在中国的经历和抵达巴塞罗那后，开始在一家中餐馆打工，后自开一家"中国花园"小型中餐馆，座位 50 多个。1996 年 5 月，中西文化交流协会成立，会员 40 多人，她的饭店便成为协会活动的中心。

杨若星女士"不忘初心"，便停止经营中餐馆，想方设法，进西班牙音乐学院深造，但她苦于持中国护照，入不了音乐学院就读。由于她能说会道、人际关系好、善于疏通各方关系，终于被音乐学院一位教授招收入学。杨女士兴高采烈，认真听世界音乐大师一意大利人讲授西洋音乐，获益匪浅，感到学识和音乐知识大有进展。但她也发出感叹，说自己年逾 40，出国深造为时太晚，出国历程艰难、曲折，最后作为不大，似乎感到有一点后悔。杨若星女士最后说，一个英国牧师叫她信奉基督教，她情意难却，也就参加基督教活动了。

晚上，杨若星女士带我们去青田人陈正波先生开设的"新世界大酒家"吃晚餐。

第五节　考察巴塞罗那两条服装街

7 月 8 日，星期六，晴天，上午 10 时许，杨若星女士带领我们去巴塞罗那参观两条服装街。这两条服装街，每家服装店均做批发生意。开服装批发店的老板，有中国浙江温州市鹿城区人、有温州市瓯海区人。我们采访了程女士，她是温州市鹿城区人，39 岁，初中毕业，生了两女、一子：长女 18 岁，次女 11 岁，小子 6 岁。她丈夫叫吴致力，瓯海区外垟乡仁地村（今属温州市鹿城区临江镇）人，43岁。程玉老板说，目前巴塞罗那有50多家服装、皮包批发店，都是温州人、青田人开设的。巴塞罗那服装业发展很快，1995年这里仅有3家服装批发店，1997年增多，有10多家，到2000年上半年，涌现了30多家，已初步形成了“唐人街”。

程玉老板说自己的服装批发店及仓库面积仅150平方米，其中店面100平方米、仓库50平方米，现在再租400平方米作仓库。服装批发价：衬衫1件7元（人民币），出售15元，有时亏本也卖。程玉老板说，服装从温州海运至巴塞罗那时间最短是30多天，最长要40多天。往往服装接济不上。

第六节　采访云南省旅巴塞罗那华人庄大慰先生

7月8日，星期六，下午7点左右，我们在庄大慰先生开设的“北京烤鸭店”吃了晚餐后，休息片刻，庄大慰先生驾小车把我们带到他的家里。晚间，我们看了看手表，已经8点40分了。庄先生忠诚、坦率地向我们介绍了从中国云南来巴塞罗那的经过和家庭的社会关系。他的叔父庄重，祖籍广东，后迁云南昆明；他的家族（伯父、叔父）在马来西亚，当时家里有两个橡胶集体园、一个金矿、两个商行，还有土地。祖辈在那里扎根，发展经济事业。他的叔父庄重，20世纪30年代先到日本，再到法国，又从法国到西班牙，在西班牙认识婶婶法兰西斯娜。他重返马来西亚，生了一个孩子，叫千里；最后返中国云南生了四个孩子；他的伯父无子，千里为伯父嗣子；他说自己还有两个表哥：大表哥叫伍祥，二表哥叫伍觉天。现在马来西亚的财产都没有了。

庄大慰先生说他叔叔庄重与婶婶法兰西斯娜在中国住了25年；叔叔在云南昆明开设金马书店，因卖进步书刊，书店被国民党查封。

他的二表哥伍觉天背叛家庭，参加革命，解放后留在国内；他的父亲庄严，土改时家庭成分定为地主。庄严与孙中山先生关系很好。他说自己的夫人杨钦华，客家人（广东梅县人）；她的舅父是台湾国民党总参谋长，十几年前已亡故。1978 年，杨钦华从云南办签证出国，到巴塞罗那；庄大慰的婶婶法兰西斯娜于 1960 年出国，到西班牙巴塞罗那；他的叔叔庄重于 1974 年出国，1979 年到巴塞罗那。

庄大慰说，他的婶婶法兰西斯娜 90 岁，中文说得很好，为其叔叔庄重翻译了不少书籍，用西班牙文翻成中文给中国，如《茅屋》，把它介绍给中国及东南亚各国。她的大孩子千里 1937 年出生，1976 年到西班牙。千里的两个妹妹、两个弟弟和庄大慰及其父亲一道出国；庄大慰高中毕业，本来进云南大学读书的，因家庭成分不好，只得到国外谋生。他说，刚到国外时，处境十分困难。

庄重在昆明待了 13 年，因 20 世纪 60 年代婶婶回西班牙了，叔叔在昆明待不住了，便离开中国大陆来到西班牙。庄大慰先生说，庄千里比他年龄大。

第七节　参观巴塞罗那奥运村和名胜古迹

7 月 9 日，星期日，阴天，多云。上午 8 时许，庄大慰先生驾车把我们开往奥运村参观它的主会场和附近的古城堡、高地建筑物等，使我们大开眼界。中午，返回庄大慰先生开设的“北京烤鸭店”吃饭。下午，庄大慰先生又亲自驾车把我们带到一所基督教堂参观，主要是调查了解华人青年妇女为什么在这里参加宗教活动?

这所基督教堂举行礼拜仪式即将开始，华侨青年妇女走进教堂，她们手握圣经有序地进场，我们也随着人群走进教堂观看，牧师主持仪式，唱赞美诗；祈祷后，牧师讲一段圣经，会场肃静倾听。活动大约持续一个半小时。散会后我们走出会场，等青年华侨妇女出来，找其中几人询问：“你们为什么信基督教？”他们回答：“教友们对我们非常关心，我们在这里找不到工作，教友们安排我们做临时工，使我们有饭吃。”我们问她们：“你们是哪里人？有无居留证？我们是中国学者，对我们讲实话。”她们回答：“我们是中国东北人，还没有居留证，生活困难，信教，可以得到华侨教友的帮助！”他们说的这些情况，很值得我国侨务等部门研究。

晚上，我们到浙江省青田县人陈政波先生开设的“新世界酒家”吃饭。饭后，庄大慰先生驱车把我们送到市中心张小荣家中住宿。

第二天，我们去瓦伦西亚。

第六章　瓦伦西亚华侨华人社会

瓦伦西亚（Valencia，中文译为巴伦西亚），是西班牙首府，人口176.7万（1970），滨临地中海瓦伦西亚湾，工业发达，有造船、机器、化学、纺织、食品等工业；其东部沿海平原面积3222平方公里，是全国最大的平原[①]。

2000年7月10日下午1时，我们从巴塞罗那公共汽车站乘大客车开往瓦伦西亚，傍晚6点45分抵达目的地。途中行驶4个半小时。当我们下车时，已有3辆小汽车在等待我们了。这3辆小汽车车主分别是温州市鹿城区人吴碎林；青田县油竹乡人陈文忠；福建省福州人蒋梦麟。他们把我们接送到一个四星级宾馆六楼607房间住宿。当晚，陈文忠先生带我们去他开设的“长城饭店”吃晚餐。

晚餐后，陈文忠、蒋梦麟等与我们研究了在瓦伦西亚活动的项目和日程表。根据他们的安排，7月10日夜晚至12日上午，我们先后采访蒋梦麟、陈苏毅、叶克恩、邵文正、陈文忠、胡永淼6人及参观服装批发商店等活动。

① 《世界地名词典》，上海辞书出版社，1981年1月版，第204页。

第一节 采访福建省福州市旅瓦伦西亚华侨蒋梦麟先生

7 月 10 日，星期一，晚上，在陈文忠先生开设的“长城饭店”吃晚餐。席间，我们采访了福建省福州市人蒋梦麟先生。

蒋梦麟，1944 年出生，福建省福州市人，今年 56 岁，他的父亲叫蒋心德，1949 年去台湾高雄。他 5 岁，随父亲到了高雄。其父任高雄福州同乡会理事长。其父在台湾又娶了一个太太。中华人民共和国成立后，蒋梦麟返回福州市老家。年轻时在家种田、做生意。1979 年到瓦伦西亚。他说，目前，瓦伦西亚有华侨华人 20000 人，市内有中餐馆 100 多家，郊区有 160 多家。这些中餐馆有浙江温州人开设的，有浙江青田人开设的，也有福州人开设的。

蒋梦麟先生说，瓦伦西亚侨团有瓦伦西亚华侨华人协会、西班牙西中友好协会，叶克恩现为瓦伦西亚华侨华人协会名誉会长，他是最早来这里的，今年 55 岁，是叶玉兰女士的亲戚，曾在叶玉兰开设的“南京饭店”当大厨。叶玉兰女士在瓦伦西亚经营“南京饭店”10 年。当时，“南京饭店”排名，居第二、三位。

蒋梦麟先生为人坦率，敢于讲真话。他说其父叫蒋心德，1922 年出生，今年 79 岁，1979 年父亲离开台湾，先到美国，1980 年花 5 万美金办了签证，从美国到西班牙瓦伦西亚创业。

蒋梦麟先生说，他妻子李氏，比他小两岁，已有 6 个孩子，其中三男三女，全家 27 口，是个大家庭。他在瓦伦西亚开设许多家饭店：江南饭店 1 家，座位 150 个；麒麟饭店 2 家：1 家座位 70 多个、1 家座位 120 个；还有“新加坡饭店”2 家。

蒋先生说，他有 13 个外甥在瓦伦西亚创业。

蒋先生最后说，自己讲实话、办实事，不喜欢参加社会活动。原因是自己能力有限，而福建人在这里很少，在东南亚及美国的较多。在这里创业的青田人、温州人较多，现有餐馆业一落千丈，同叶玉兰时代经营的餐馆业不可比拟，现在市内有中餐馆 100 多家。

第二节 采访浙江青田县旅瓦伦西亚华侨陈苏毅先生

7 月 10 日，星期一，晚上在陈文忠先生开设的“长城饭店”吃晚餐。席间在采访蒋梦麟先生之后，采访了陈苏毅先生。他，青田县温溪镇人，1982 年到荷兰，1983 年转赴西班牙瓦伦西亚。他先到陈文忠先生开设的饭店打工，不久自开“香港楼”，因生意清淡，营业收入欠佳，便将“香港楼”卖给别人，1993 年再开设一家“美兰饭店”，面积 250 平方米，规模较大，有座位 120 多个，房租每月 9.2 万西币。这家饭店都是他的家族经营。以后，陈苏毅又开设第二家“美兰饭店”，店面积 3700 平方米，每月租金 8.2 万西币。

随着经济事业的发展，陈苏毅花 5 万人民币购地 8800 平方米，种杨梅，杨梅树从青田移植至瓦伦西亚。

陈苏毅全家 6 口，而亲戚、小舅子等有 60 多人，他购买了四套住房，其中：两套各 1000 平方米；一套三层楼，价值 23 万美金；另一套是 700 平方米，3 万美金。这里房子比较昂贵，是因地临地中海海滨，交通方便，故房价高。

第三节 考察地中海海畔服装批发商店

7 月 11 日，星期二，晴天，上午 8 点 30 分，陈文忠先生驾车带领我们去地中海畔参观几家服装批发市场后，返回瓦伦西亚参观服装批发商店。市区服装批发商店有 30 多家，其中最大的服装批发商店叫东方童装批发商店，它于 1999 年 4 月开设，其店面积为 140 平方米、仓库面积 160 平方米。除东方童装批发商店外，还有新世界、恒丰、新锦华等服装批发商店和 3 家礼品商店。服装从中国福建石狮和温州等地进口。经销对象，主要是西班牙人、法国人和摩纳哥人。

市区服装批发公司、商店在甲一古巴有十几家。近几年中国贸易进出口公司开设,服装、打火机、玩具等输入,西班牙市场受到严重冲击。

参观地中海畔和市区服装批发商店及其他礼品店后，中午到叶克恩先生开设的“华大利饭店”吃中饭。席间，采访叶克恩先生。

第四节　采访温州市城区旅瓦伦西亚华侨叶克恩先生

叶克恩，1947 年 9 月 11 日出生，温州市城区（今鹿城区）人，他夫人朱一琴，浙江省青田县油竹乡小口叶山村人，1949 年 2 月 11 日出生。叶克恩先生的岳父叫朱宗奎，岳母叫白竹钗，而白竹钗的长兄白植通、小弟白植崇，因此，叶克恩先生是白植崇、叶玉兰夫妇的外甥女婿。朱冠琴，是朱宗奎的长子，系叶克恩先生的内兄，曾与白植崇、叶玉兰夫妇在瓦伦西亚合开“南京饭店”，而叶克恩先生刚到瓦伦西亚创业时，先在“南京饭店”当大厨，勤俭节用，积蓄资金，开设一家“华大利饭店”。

这家饭店位于瓦伦西亚市中心，其周围有几家大公司，公司经理、员工不少人来该饭店吃饭，所以饭店生意兴隆，营业收入颇丰。

第五节　采访上海旅瓦伦西亚华侨邵文正先生

7 月 11 日星期二，晴天，晚间，我们到“美莲饭店”吃饭（注：宋美莲，系邵文正夫人）。席间，采访了邵文正先生。邵先生说：“我于 1949 年 12 月离开上海赴香港。董建华与我是同学，我在香港待了两年，1953 年到英国伦敦读书，一共读了五年。当时我的担保人是邵逸夫先生。1959 年我离开伦敦去法国巴黎，在巴黎一区开设一家饭店：1969 年到法国格纳里亚岛待 10 年，其间替人打工几年，自开饭店几年；1979 年返西班牙瓦伦西亚郊区（离市区 60 公里）开设一家饭店。那时候，瓦伦西亚郊区只有几家饭店：“‘中国饭店’，青田人金光奎开设；

‘上海一李家园’‘广东饭店’，厉日华及其夫人（英国人）开设；‘美莲饭店’，邵文正、宋美莲夫妇开设；1996 年邵文正、宋美莲夫妇将‘美莲饭店’卖掉；1998 年开设‘天下第二家’，座位 50 多个，装修美观、高雅，吸引顾客，生意红火，主要是做饺子、卖红烧肉。”邵文正先生谈了自己的阅历后，我们问他有几个子女？现在在干什么？邵先生答道：“我有两个男孩；大儿子，今年 27 岁，西班牙一所大学国际贸易系毕业，获经济硕士学位，现在瓦伦西亚银行工作；次子，25 岁，在饭店工作。”

第六节 采访浙江省青田县、瓯海区旅瓦伦西亚华侨陈文忠、胡永淼两位先生

7 月 12 日，星期三，晴天，上午 10 点 25 分，我们采访陈文忠先生，他今年 51 岁，浙江省青田县游竹乡人。1983 年在瓦伦西亚市中心开设一家“长城饭店”。这家饭店，装饰讲究，分楼上、楼下两个餐厅，共有座位 160 多个，每月租金 20 多万西币。陈文忠先生的儿子陈伟义在国内开设进出口贸易公司。他曾帮助家乡 200 多人前往欧洲各国谋生、创业。

我们采访陈文忠先生后，下午 2 点钟，采访胡永淼先生。他是浙江省瓯海区旅荷兰华侨胡克林先生的次子，1972 年到荷兰鹿特丹随父母经营中餐馆，历时 14 年，1986 年从荷兰到西班牙巴塞罗那打工。1987 年 1 月，从巴塞罗那到瓦伦西亚开设“国香阁”饭店，规模中等，厨房 4 人，服务人员 5 人，全餐馆共 9 人。

胡克林先生从荷兰回国后，从文成县迁居瓯海区瞿溪镇，胡永淼先生的夫人陈爱莲，今年 46 岁，瓯海区瞿溪镇人，其岳父叫胡宝栾、在瓦伦西亚开设中国货商场，挈卖中国商品。

胡永淼先生育有 3 个男孩、1 个女孩。胡爱莲两兄弟、两姐妹，都在瓦伦西亚创业。

第七节　采访浙江省永嘉县旅瓦伦西亚华侨叶玉英女士

7 月 12 日，星期三，晴天，下午 3 时许，我们采访了浙江省永嘉县旅瓦伦西亚华侨叶玉英女士。

叶玉英，浙江省永嘉县梧田镇（今属温州市瓯海区）人，1934 年农历九月二十日（阳历 10 月 17 日）出生，祖籍青田县。玉英的祖父叶作典，于 20 世纪 20 年代中期，赴欧洲挈卖青田石雕及小商品，赚来一笔钱，返家购田置屋。玉英的父亲叶留财六兄弟：留财为老大；正财为老二；连财为老三；丁标为老四；洪标为老五；勋标为老六。可以说，叶玉英的祖父辈，是个大家庭，她全家经济来源，仅靠几亩农田收入，很难维持全家生活。因此，玉英的父亲在玉英降生几个月，就赴法国做行商小贩了。

1939 年 9 月 1 日，德国进攻波兰，揭开了第二次世界大战的序幕。第二次世界大战期间，叶留财从法国回国，到永嘉县梧田镇大堡底村以务农为生。1942 年 7 月上旬，日军从金华南犯，陷丽水、青田，至永嘉县一带。玉英见日军来犯，便叫她母亲、祖母等逃至一处柑园里躲避。玉英父亲说："这里（指梧田西垟儿）距离村庄太近。"出生仅三个月的小玉兰，正患疟疾，身体发高烧，浑身发抖，母亲把她抱到一个路亭里；她的祖母陪着玉英。那年，玉英才 9 岁，日军见村民逃奔，便追到柑园里。当时，叶留财拟与日军对话，阐明自己是从国外归来的华侨，叫日军不要滥杀无辜，而日军未与叶留财搭话，即向叶留财开枪，击毙他于柑园之中，惨不可言。玉英父亲被日军残杀后，全家号啕大哭，生活困难重重。

1949 年 5 月，温州解放后，叶玉英一家在政治上、经济上得到了翻身。1950 年土改时，叶玉英的家庭成分被划分为小土地出租者。永嘉县梧田区中心小学高小毕业的叶玉英，开始办学，教育农民、农村妇女学文化，宣传共产党的政策，提高农民群众的觉悟。1951 年 7 月，她被提为一名民办教师，以后被转为正式小学教师。1956 年，叶玉英与吴绍华结婚。1958 年，梧田镇划归温州近郊区管辖后，她调温州市墨池小学当教师。后来，她奉调中国人民银行温州支行工作。由于她工作积极，处处以身作则，受到支行同志的好评，故每年都被支行评为先进工作者。

叶玉英生一子二女：长子吴卡佳，1957 年 10 月 5 日出生；长女吴丽卡，1959 年 4 月 2 日出生；小女儿吴曼丽，1961 年 8 月 25 日出生。

1979 年 12 月，吴卡佳出国谋生。他先赴波兰，再从波兰进入德国，又从德国转赴荷兰，因为在荷兰没有居留证，在那里打工两个月，又转到西班牙，而西班牙过境签证仅允许他三天，于是白植崇把卡佳送往葡萄牙，遂向中国驻葡萄牙大使馆申办居留证。当时，温州市城区人叶克恩也在那里申办葡萄牙居留证。这两人办来葡萄牙居留证后，重返西班牙马德里，先在一家中餐馆打工。不久，叶克恩、吴卡佳二人从马德里到瓦伦西亚叶玉兰开设的“南京饭店”打工，叶克恩当大厨，吴卡佳做跑堂。在“南京饭店”打工三年多，于 1983 年 4 月，吴卡佳与其妹妹丽佳在瓦伦西亚合伙开设一家“皇冠饭店”，座位 100 多个；1986 年，吴卡佳又到萨拉戈萨（Zaragoza）开设一家“敦煌酒家”。1997 年 7 月，吴卡佳把自己在“皇冠酒家”的股份转让给一个温州人，由他与吴丽卡合伙开设，而他跑到马德里郊区开设一家“中国城酒家”，座位 200 多个。这家酒家开设两年多，家庭纠纷发生了。吴卡佳的漂亮妻子与他闹离婚。经调解：妻子把自己的酒家股份卖给表舅陈阿淦，陈阿淦是浙江省永嘉县梧田镇河庄村人；吴卡佳也把自己的股份赠给表舅陈阿淦，让他独自经营。同年，吴卡佳又在马德里开设一家“美宫酒家”，座位 80 多个，连购买、装修等共花 40 多个米里红（相当西班牙币 4000 万元）。这家酒家开了两三年，便卖给西班牙人开设西餐店，而自己则离开西班牙到南美洲智利圣地亚哥做外贸进出口生意。

近几年来，吴卡佳与人合伙经营进出口外贸生意，获利颇丰，家庭经济实力日益雄厚。2000 年 5 月，叶玉英和她的妹子叶玉兰前往南美洲智利圣地亚哥看望吴卡佳，他一切均好。

叶玉英的子女在西班牙、智利等国经过多年的艰苦努力，创业获得成功后，他们在温州市鹿城区公园路购买了一套住房；卡佳花 4 万美金又在温州市鹿城区海坛山庄购买了一套住房，供其母亲安度晚年。

第七章　阿利坎特华侨华人社会

2000 年 7 月 12 日，星期三，晴天，下午 4 时 50 分，浙江省文成县旅阿利坎特华侨胡绍铎来瓦伦西亚，把我们接到阿利坎特时，已是夜间 11 点 7 分。

阿利坎特（Alicante）系西班牙东南部港口城市，临地中海阿利坎特湾。人口 23.1 万（1976）。建于纪元前 325 年的古城。背山面海，从贝纳坎蒂山（Benacntil）可俯视全市。是海陆空交通枢纽。有纺织和香烟等工业，生产葡萄酒、葡萄干、西班牙烟草、铝具等。气候温和，为冬季疗养地，布兰卡（Blanca）海岸的风景吸引游客[①]。

我们抵达阿利坎特休息片刻，西班牙华侨华人工商会副会长胡克钊先生，向我们致欢迎词，并介绍了阿利坎特华侨华人社会状况。胡先生说：亲人来到这里，我们表示热烈欢迎！阿利坎特是西班牙华侨华人工商会驻地中心，城市比较分散，工商会的常务理事会设在首都马德里，会员以温州籍为主体，而温州人中又以瑞安、文成二县（市）居多。西班牙华侨华人工商会在会长胡绍枢的领导下，华侨华人社会的信誉逐年提高，香港回归祖国后，这里举行万人庆祝会，政治影响很大。西班牙人都知道香港是中国领土的一部分，它回归中国，中国各族人民无比高兴。

根据西班牙华侨华人工商会的安排，我们于 7 月 12 日下午至 17 日下午，先后采访胡绍铎、胡绍磊、高月娥、胡建国、胡绍枢、郑云星、

① 《世界地名词典》，上海辞书出版社 1981 年 1 月版，第 707 页。

胡锦华、胡克钊、胡绍甫等人及参观阿利坎特市容活动。

第一节　采访浙江省文成县旅阿利坎特华侨胡绍铎先生

7 月 12 日，星期三，晴天，下午 4 时 50 分，胡绍铎驾车把我们从瓦伦西亚开到阿利坎特的途中，我们见缝插针，采访了胡绍铎先生。他边开车、边讲，他说："我，浙江省文成县玉壶区（今玉壶镇）李林乡光明村人，1959 年 10 月出生。1981 年 9 月先到荷兰谋生，1983 年 10 月，从荷兰到西班牙阿利坎特，因个人没有资本创业，便先为他人餐馆做厨工。1984 年 3 月，办来了西班牙居留证，筹备资金，于 1986 年 10 月在一个小城镇开设"香港酒楼"，座位 90 多个，每月租金 15 万西币。这家酒楼生意不错，有点利润。

胡绍铎先生说：他有五兄弟、两个姐妹及全家都由他带到西班牙。现在，他们都已成家立业。大的妹夫、兄弟也是他带出的。第三个兄弟在阿利坎特开设"中华酒楼"已达 8 年之久；第二个兄弟在阿利坎特开设"中华酒楼"已有一年多；第四个兄弟在奥地利维也纳替别的饭店打工；舅父也是他带出的，在阿利坎特近郊开设"国际酒楼"已有 4 年多。他说自己为家乡亲戚朋友办理到欧洲各国谋生、创业的有 20 多人。

胡绍铎先生热爱祖国，关怀桑梓，曾帮助文成县李林乡兴建电视塔，几个兄弟共出资人民币 20 多万元，受到当地政府和家乡人民的好评。

第二节　采访浙江省文成县旅比列纳华侨胡绍磊先生

7 月 13 日，星期四，晴天，上午 10 时许，胡绍磊先生驾车把我们送往距离阿利坎特约 20 公里的一座小城镇比列纳参观、考察华侨华人社会状况。

胡绍磊先生，浙江省文成县玉壶（区）镇人，今年48岁，初中肄业。1979年10月赴荷兰乌特勒支（Utreeht）谋生，先在同乡玉壶镇人胡沪生开设的“北京酒楼”打工3个月后，到胡从度开设的“东亚酒楼”做二厨6个月，再到得里盒（译音）胡克回开设的“皇城酒楼”做二厨。1982年后，重返文成玉壶人胡沪生开设的“北京酒楼”做二厨近3年。1984年11月，到西班牙阿利坎特胡绍枢开设的“长城酒楼”做大厨，一直做到1986年6月止。1987年7月到阿得雅（译音）开设“长城酒楼”。这家酒楼有座位120个，开了3年之久，卖给妻舅（内兄）吴建光开设，再到另一座城市道尼（译音）开设“长城酒楼”，开到1995年6月，再卖给胡绍枢；同年10月到比列纳开设“朝阳酒楼”。这家酒楼，座位90多个，酒楼外面还设许多座位。

第三节　采访浙江省文成县旅格尔贝华侨高月娥女士

7月13日，星期四，晴天，我们在比利纳采访胡绍磊先生之后，又到阿利坎特近郊区格尔贝（Calpe）采访胡绍微的夫人高月娥女士。胡绍微是胡绍枢的三弟，1992年因病逝世。高月峨，今年52岁，青田县水南区新增乡人，她育有二子、一女：长子胡高允，32岁，已有两个孩子；次子，胡南允，22岁，未婚；长女，胡芬，27岁。高月娥说，1987年12月1日，在格尔贝开设“长城酒楼”。这家酒楼，花300多万人民币租来的，有200多个座位，住房150平方米，酒楼营业时间：上午11：00—下午4：00；下午6：30—12：00。

酒楼雇用大厨、二厨各1名，洗碗工2名，跑堂6名；雇用西班牙人1名（女），周末，全家投入工作。

高月娥说，开酒楼有淡季、有旺季，淡季是：冬11月、12月，1月、2月；5月、6月生意平平；旺季：7月、8月、9月和10月。

高月娥感叹：当时我们出来找不到工作，现在经济条件好了，下代省力了、爽了，但孩子在国外成长，也带来一些问题：长子，懂法语、荷兰语、德语、西班牙语、英语，其中英语最好。我们上代中文好一些，而我们的第三、第四代，中文讲不来了。怎么办呢？想办中文学校，教育新生代，但格尔贝这个小地方因地区分散，集中读书不便，办中文学校困难。

第四节 采访浙江省平阳县旅阿利坎特华侨胡建国先生

7月13日，星期四，晴天，我们在采访浙江省文成县旅阿利坎特近郊格尔贝华侨高月娥女士之后，于下午4时左右，在西班牙华侨华人工商会会长胡绍枢陪同下，采访了胡建国先生。胡先生，是浙江省平阳县鳌江镇人，今年37岁，高中肄业，1984年3月19日到西班牙阿利坎特，1993年10月开设“金碗饭店”。他妻子陈小华，初中毕业，平阳县时家垟（今属温州龙港市）人，祖父时从时家垟迁居鳌江镇，她与胡建国到阿利坎特后，相继开设“金碗饭店”（一）、“金碗饭店”（二）、“金碗饭店”（三），而金碗饭店（一），面积580平方米，座位220个，购价4000多万西币；“金碗饭店”（二），面积300平方米，座位88个，购价500多万西币；“金碗饭店”（三），面积400平方米，座位98个，购价300多万西市。每年租金支付18万西币。这3家饭店，营业收入都较好。

第五节 采访浙江省文成县旅阿利坎特华侨胡绍枢先生

7月13日，星期四，晴天，下午7时许，我们在采访胡建国先生后，趁热打铁，采访了西班牙华侨华人工商会会长胡绍枢先生。他是浙江省文成县玉壶（区）镇李林乡光明村人，1977年先到荷兰，1982年初到瓦伦西亚开设“国际酒楼”，后又开设“东方酒楼”；从瓦伦西亚到阿利坎特后，开设“长城酒楼”“五洲酒楼”“地中海酒楼”“香港酒楼”等12家，合计面积3000平方米。

胡绍枢先生的妻子蔡阿凤，马来西亚人，通晓英语、荷语、西班牙语、意大利语及华文，是胡绍枢先生极好的“贤内助”。

胡绍枢先生除开设多家酒楼外，还购买当地山区园地3508平方米，价值564个米里红，现价值700个米里红，相当中国人民币1500万元，现出售给他人价值2.8亿人民币。这片山区园地不是他个人所有，而是于1999年下半年与西班牙人三人合股购买来的。胡绍枢先生还率我们去参观这片山园及其办公室。我们进这片山区园地时，8只狼犬气势汹汹拥到我们的身边，胡绍枢先生向狼犬招呼，狼犬即刻摇摇尾巴，向客人表示欢迎。

第六节　采访浙江省瑞安市旅埃尔切华侨郑云星及其夫人郑兰妹

7月13日，星期四，晴天，下午9时许，我们在采访胡绍枢先生后，马不停蹄，又奔赴位于阿利坎特西南部城市埃尔切（Elche）采访郑云星及其夫人郑兰妹。

郑云星，浙江省瑞安市高楼区（镇）大藏村人，1957年出生；其夫人郑兰妹，瑞安市（县）高楼区（镇）岙口村人。1985年，郑云星夫妇赴意大利佛罗伦萨（Firenze）开设服装批发商店，面积200平方米。1997年12月，郑云星夫妇到西班牙阿利坎特西南部的埃尔切，近地中海，位于比纳洛帕河（Vinalopa）畔，开设皮件批发商店。店面分楼上楼下，楼上面积100平方米，楼下面积400平方米，仓库360平方米，全部租来，每月租金62万西币，出售皮件、雨伞、背包等产品，平均月营业额25个米里红。郑云星说，埃尔切经营竞争很激烈，老外在埃尔切开设6家皮件批发商店，销售价格高，而中国人开设5家皮件批发商店，销售价格低，薄利多销。而出售皮件以意大利产品为主，中国广东深圳、东莞、香港等地产品为辅，1999年出售皮件、背包等货物达20多个柜，每个柜装20000件产品。

郑云星已有两个子女：长女，郑慧敏，19岁；小子，郑树建，17岁。现在，住房96平方米，购买价为20个米里红。

第七节　采访浙江省青田县旅阿利坎特华侨陈锦华先生

7月13日，星期四，晴天，下午10点50分，我们在采访浙江省瑞安市旅埃尔切华侨郑云星、郑兰妹夫妇之后，再采访陈锦华先生。他，浙江省青田县方山乡人，今年39岁，1978年7月青田华侨中学高中部毕业，1984年9月到西班牙马德里，在青田人开设的“杏林饭店”做厨工，1985年7月到阿利坎特开设“红太阳饭店”。这家饭店开不到两年，将它卖掉，于1987年5月15日再开设“北京饭店”，座位100多个，夏季，增至180多个。

陈锦华妻子张小芬，1963年出生，今年37岁，现已有3个女儿：长女陈磊11岁；次女陈悦，9岁；小女陈怡，7岁。她们不识中文，但会讲青田话。陈锦华先生说，阿利坎特有300多家中餐馆，而曼来维哈（译音）有50多家中餐馆。1991年，陈锦华购买房子300平方米，计70多个米里红。

第八节　采访浙江省文成县旅阿拉伯德地中海畔华侨胡克钊先生

7月14日，星期五，晴天，中午12点30分，我们在阿利坎特第一次专访西班牙华侨华人工商会副会长兼秘书长胡克钊先生。他说，近10年来西班牙经济之所以发展比较快速，究其原因，是移民推动这里的经济发展。他说，1992年西班牙华侨华人工商会成立后，知道许多老华侨出国20多年，有的老家确实没有人了，财产急需转让给他人，但找不到办公证的人，而温州部分地区是山区，交通不便，办公证找人更加困难。为了帮助老华侨解决困难，工商会应如何为侨界做点好事便提到议事日程上来。工商会决定向温州公证处报告，要求他们在西班牙设一个协办公证的联络点。工商会会长胡绍枢代表工商会向温州市公证处报告和要求，很快得到市公证处的批准，同意在阿利坎特设立一个协办公证联络点。为掌握如何办公证的程序，工商会派副会长胡绍甫到温州市公证处机关学习、培训两个星期。胡绍甫返阿利坎特后部署与研究协办涉外公证事宜。关于胡绍甫在阿利坎特的创业经历及协办公证之事在下节再叙述。

第九节　继续采访浙江省文成县旅阿拉伯德地中海畔华侨胡克钊先生

7 月 15 日，星期六，晴天，下午 4 时许，我们从马德里采访胡立商先生之后，赴阿利坎特地中海海畔第二次访问胡克钊先生。胡克钊，文成县玉壶（区）镇李林乡光明村人，1951 年出生，今年 50 岁，1965 年毕业于玉壶中学，1966 年至 1978 年任小学教师，1979 年到比利时一家中餐馆打工一个月，老板给他一条香烟，他非常恼火，便离开这家中餐馆。1980 年 1 月 24 日到荷兰阿姆斯特丹郊区一个小城镇马来西亚人开设的饭店打工 6 个月，非常艰苦，没有看到天与地，也没有与老板一起吃过一顿饭，过着“人间地狱”的生活。之后，他又到荷兰温州市瓯海区瞿溪人开设的“皇城饭店”（一）、“皇城饭店”（二）两家饭店打工一年半，再到荷兰瑞安市人胡克明开设的饭店打工 6 个半月，便离开荷兰到法国巴黎 10 区、17 区金边人开设的饭店打工 4 年半，积蓄了 24 万法郎。

在国外创业需要有自己的人。胡克钊妻子周金柳，50 岁，是个文盲，育有 5 个子女：大儿子，32 岁，初中毕业；次子 29 岁，初小读 4 年；三子，24 岁，文盲；长女儿，31 岁；小女儿 12 岁。出国后，读小学 5 年级，接受西方文化，已略知西班牙语、英语。1982 年 2 月 16 日，胡克钊妻子周金柳与其长子、次子申请出国，先到荷兰 1 天，次日从荷兰返法国巴黎，为服装工厂缝衣服。1985 年 6 月 28 日开始到 9 月 28 日，西班牙政府实行“大赦”政策，允许外国移民进入西班牙，于是胡克钊先生乘此机会办来了西班牙居留证。1986 年 6 月 20 日，他拿到定居西班牙的合法居留证后，于当年 11 月在地中海海畔一个叫“阿拉伯德”（译音）的城镇买来一家餐馆，250 平方米，7.5 个米里红，相当 30 多万法郎。这家中餐馆开了一年半卖给一个温州人开设。

1987 年 7 月 21 日，在阿拉伯德开设“马可波罗”（一），座位 160 多个，给长子经营，生意尚可；1989 年 11 月 15 日，在该城开设“马可波罗”（二），258 平方米，座位 124 个，每月租金 21 万西币，给次子经营。

1997 年 7 月 3 日开设“迎宾阁”，平均每月营业额 10 个米里红，就温州籍人在此开设餐馆而言，算是一流的。

随着在海外经济事业的发展，胡克钊先生帮助家乡申请到国外创业的达 70 多人，夫人周金柳八姐妹全部由他带出；同时，他还为亲戚朋友 58 人办了居留证。

第十节　采访浙江省文成县旅阿利坎特华侨胡绍甫先生

7 月 15 日，星期六，晴天，下午 4 时许，赴地中海畔采访“迎宾阁”饭店老板胡克钊先生并在他的饭店吃了晚餐之后，没有休息，即刻返回阿利坎特，采访胡绍枢先生的胞弟胡绍甫先生。他，浙江省文成县玉壶（区）镇李林乡光明村人。1962 年 9 月 26 日出生，1978 年 5 月 1 日到荷兰艾恩德霍芬打工 5 年半，1983 年 3 月 8 日到西班牙瓦伦西亚，再从瓦伦西亚抵达阿利坎特，1983 年 6 月开设“皇城酒楼”，座位 206 个，由三姐妹合伙开设，现在由他大姐胡兰英独自管理，绍甫仍有股份。

1986 年 4 月，胡绍甫开始经营食品及装潢；1987 年 6 月 1 日开设“金山酒楼”，座位 120 个；1988 年在德尼亚开设“长城酒楼”；1987 年 7 月 1 日（或 6 月 18 日），在甘迪亚开设“财佛酒楼”；1990 年 3 月，在格尔贝（Calpe）与老外合开西餐馆。

此前，即1988年9月，胡绍甫赴杭州与浙江省公安厅所属的之江服装厂合资，开设“普希达服装有限公司”，公司设在杭州古荡；1993年与杭州市园林局合资成立“杭西观光旅游有限公司”，购买旅游车在苏堤上开。他购买旅游车投资80万美金；1994年2月有两辆旅游车转给北京世界公园，与它合作经营。1995年将合资股份卖给世界公园，股份售金168万人民币；另外两辆旅游车卖给杭州市。

1994年6月，在哈恩开设一家“银河酒楼”，店面525平方米，餐位250个，叫吴建光来打工，他自己管理，1997年1月转让50%给高泉河开设。胡绍甫从哈恩回到阿利坎特，发表声明：愿意帮助他们个人解决不了的事。他把自己的房子贡献给西班牙华侨华人工商会办公使用，不收房租费，设立协办涉外公证联络点，以胡绍甫为主，胡克钊协助，胡绍枢、胡绍铎打广告，逐步打开局面。一年来，工商会领导的涉外公证取得了很大成绩，共办200多份各类温州籍有关涉外问题。

第十一节　继续采访浙江省文成县旅阿里坎特华侨胡绍甫先生

7月15日，继续采访胡绍甫先生，问他对祖国家乡作出哪些贡献？胡绍甫说：1997年文成县政府常务副县长郑祥望率团来欧洲考察、招商引资，叫华侨来国内投资，西班牙华侨华人工商会表示同意，并与文成县人民政府签订意向书；同时在文成县投资建高山水力发电厂。工商会召开正副会长与理事会议决定：谁人要投资，请向工商会报名。当时向工商会表态投资者有胡绍枢、胡克钊、董文党、胡绍甫、刘碎华、颜次林、胡绍铎、胡高允、胡建国等9人。

对上述报名投资的9人，工商会召开会议，要求他们在一星期内作出决定，凡愿意对家乡建高山水力发电投资者请向胡绍甫报名。许多人因种种原因不愿向家乡建高山水力发电厂投资。工商会不能强迫他们投资，最后，只有胡绍甫和旅荷华侨林国彬二人投资 1800 万注册资金。1997 年 6 月，胡绍甫、林国彬二人赴文成县政府签订投资协议书。与文成县开发电力公司合资：胡绍甫占 60%；林国彬占 30%；文成开发电力公司占 10%。1997 年 8 月 1 日开始动工，历时 3 年，2000 年 8 月发电。

胡绍甫先生不但富有敏锐的经营头脑，随时掌握市场变化的脉搏，而且对祖国热爱、家乡关怀。他从开设饭店转为经营贸易为主，是阿利坎特的创始人。他支援祖国家乡建设。他和胞兄胡绍枢等捐资 20 万西币；造车路捐资 8000 马克，捐资为家乡兴办学校等。此外，他和胡绍枢于 1988 年购买一辆小轿车赠送文成县公安局。

第十二节　参观阿利坎特市容

7 月 16 日、17 日，是星期日、星期一，晴天，我们除继续采访胡绍甫、胡绍枢及胡建华等人外，还参观、考察阿利坎特的市容，并听取胡绍甫、胡绍枢和胡克钊等人的介绍：阿利坎特华侨华人社会的状况是：阿利坎特市区有 32 万人，该市阿利坎特的鞋、皮包等产品批发给全欧洲；旅游业占 50%；各种中餐馆均有，阿利坎特省拥有 300 家；社会比较稳定，主要是阿利坎特治安工作抓得比较好，没有出过问题。阿利坎特省，是以西班牙华侨华人工商会为中心，工商会常务理事分散各地，马德里常务理事较多，工商会常务理事以温州籍华侨为主体，温州籍华侨又以瑞安、文成二县（市）山区人为主，因为山区人以勤劳、简朴为主，从谋生到熟悉、从熟悉到融入，一步扣一步，形成自然融入当地社会。

阿利坎特华侨华人社会在西班牙华侨华人工商会会长胡绍枢的领导下，华侨华人社会地位逐年提高，特别是香港回归祖国时阿利坎特举行万人庆祝大会，政治影响很大。

历史证明，中国人民高举邓小平理论旗帜，对海外华侨华人社会产生很大影响，祖国的强大，是海外华侨的坚强后盾。

温州籍人来阿利坎特谋生、创业最早的是胡绍枢、胡绍甫、胡绍微三兄弟。他们从 1985 年到 1990 年开辟这条路线；1980 年至 1982 年阿利坎特省穆尔西亚（Murcia）有中餐馆八九家，而人口只有 300 人；1985 年至 1990 年西班牙实行“大赦”政策，温州人来这里谋生、创业的增多，因为温州人能吃苦耐劳，所以侨胞人口大大增多，达到 6000—8000 人；而阿利坎特中餐馆有 200 多家。

从上述情况看，以人数比例来说，青田人占优势；就贸易、杂货店而言，温州籍人占优势；经贸方面、经济发展方面取得成就的是文成人，如胡绍枢、胡绍甫、胡立商等可称“百万富翁”。

在侨团方面的情况是：

西班牙华侨华人协会：1984 年成立，它在西班牙具有一定的影响力。

温州同乡会：1992 年成立。

西班牙华侨华人工商会：1992 年 3 月成立。该工商会成立以来，接待中共中央等代表团来访达 100 次以上；温州与阿利坎特结成姐妹城市。工商会在侨界影响比较突出的有三件事：

第一件：1998 年 10 月，邀请温州市公检法调查组来阿利坎特调查周小宝犯罪取证工作，奋斗 5 天，帮助温州公检法机关取齐犯罪证据。

第二件：1998 年祖国发生长江特大灾害，工商会首个捐款给中国驻西班牙大使馆领事部，请它汇寄给祖国救灾，以表侨胞的爱国心。

第三件：为维护华侨华人的权益，对西班牙艺术界反映“黄泉”电影污蔑中国华侨的片子，侨团派出两位副会长，上法庭进行反击，使该“黄泉”电影拍不成，损失十余万美金。

此外，温州市公证处委托工商会代办西班牙涉外公证。一年来，工商会代办了 200 多个公证，深受广大侨胞欢迎。

西班牙华侨华人工商会成立近 9 年来，各方面工作取得了巨大成绩，并得到温州政府的肯定。2000年浙江省人民政协会议召开，胡绍枢应邀参加省政协会议。

此外，工商会还接待西班牙王国首相120多人次。

从西班牙调查考察华侨华人社会之后，于2000年7月18日清晨6时起床，7时15分，胡绍枢先生坐在出租车上来到旅馆前叫老外驱车把我和沈立新研究员（以下简称我们）送到阿利坎特机场。沈立新先生去办理行李托运，8时30分起飞到马德里机场；11时30分从马德里机场起飞，飞机离地面很近，估计不到800米，地面的高楼大厦和街头巷尾尽收眼底。途中仅1时30分就抵达罗马机场了。我们从飞机里出来，到候机室等了一个小时左右，才领到行李。

当我们各自手推行李车把行李拉到候机室门口时，罗马华侨华人工商总会副会长李美星先生早已驱车在那里等待我们了。他把我们携带的行李装上他的轿车，送到罗马一家小旅馆先住下，然后，沈步盈和李美星二位侨领，带我们去他们开设的“华侨饭店”吃晚餐。

第二篇　意大利共和国[①]

意大利共和国，位于欧洲南部亚平宁半岛上，领土还包括西西里岛和撒丁岛等。面积 301277 平方千米。

人口：5720 万。有意大利人（占人口绝大多数）、法兰西人、拉丁人。官方语言为意大利语。90% 以上居民信奉天主教。

首都罗马，人口 272 万。全国政治、文化中心。著名古城。

意大利是个经济发达的工业国家。工业以能源、钢铁、汽车、化工、纺织和食品等为重要部门。

重要城市：米兰：人口 136 万。第二大城市。最大工商业和金融中心。

那波利（那不勒斯）：人口 107 万。旅游名城。

威批斯：人口 39.7 万，著名水城。

佛罗伦萨：14—16 世纪，文艺复兴运动始于意大利，后扩大到德、法、英等欧洲国家。其主要思潮是人文主义，主要表现是科学、文学和艺术的普遍繁荣和高涨。此时，意大利在诗歌、绘画、雕刻、建筑、音乐等方面取得突出成就。

1970 年 11 月 6 日，与中华人民共和国建立外交关系。

---

① 李绍明主编：《世界地图集》，中国地图出版社，2000 年 1 月版，第 34—35 页。

第一章　罗马华侨华人社会

2000 年 7 月 18 日，星期二，晴天，下午 8 点 20 分，到意大利罗马调查考察华侨华人社会。

罗马（Roman），古国名。公元前 6 世纪末，拉丁语族罗马人建立的以罗马城为中心的奴隶制国家。约公元前 510 年，过渡到共和时代。公元前 3 世纪初，统一意大利半岛。公元 4 世纪后，接连遭到北方日耳曼人进攻，国势日衰。公元 805 年，帝国分裂为西罗马帝国和东罗马帝国。476 年，西罗马帝国灭亡。罗马为意大利首都，第一大城。位于台伯河下游平原，东距第勒尼安海 25 公里。市区跨台伯河两岸，上有桥梁 24 座。全国政治、经济、文化和交通中心。人口 288.4 万（1976）古代罗马的发源地。工业有机器制造、铁路车辆、交通器材、服装、皮鞋、造纸与印刷等。意大利电影工业的主要中心[①]。

7 月 28 日下午至 22 日下午，我们先后采访了罗马华侨李美星、沈步盈、谢炳钞、吴苏权、董志清、潘仲骞、周超华、何洪芳、胡永进、王小玲等人。

第一节　采访浙江省温州市城区旅罗马华侨李美星先生

7 月 18 日，星期二，晴天，下午 10 点 45 分，我们采访罗马华侨华人工商总会副会长李美星先生。

李美星先生，1950 年生，浙江省温州市城区（今鹿城区）人；初中毕业；妻子林青香，1955 年生，温州市城区（今鹿城区）人，她生两子：长子李君，26 岁；次子李正，19 岁。

李美星先生，他先到葡萄牙、西班牙，再到法国，共待了 1 年零

---

① 《世界地名词典》，上海辞书出版社，1981 年 1 月版，第 824 页。

2个月，1987年意大利实行“大赦”政策，李美星先生闻悉，即刻从法国来到意大利罗马，办了意大利居留证。他家属未出国前，李美星一个人在家中做皮件。1988年6月，他在罗马开设一家“玫瑰酒家”，因生意清淡，改办衣服工厂。办厂必须有自己的帮手，于是，他把在温州市城区的家属申请到罗马。有了帮手之后，开始经营小商品，买中国打火机。1991年，他把打火机运到罗马出售，这是他第一批进口货。接着，李美星先生又把广东的盆景运到意大利出售。

李美星先生说，中国货物输入意大利，是适合意大利社会中下层市民、“欧共体”（即欧洲共同体）国家需要。此时，温州人经营贸易生意的不超过38人。他现在开设“美顺公司”，店面110平方米，仓库1500平方米。他的贸易公司一年营业额达五六百万美元，推动了罗马社会经济发展，特别是对温州的经济发展起了推动作用。因为当时，温州市还没有出口贸易，现在温州市鹿城区进出口贸易公司出现了十几家；温州经济的发展又把意大利的文化带到了温州，如意大利人的讲话轻、礼貌好、喜让路、爱清洁等良好习惯传至中国温州。

温州货运到国外，首先是大批福建产的玩具、深圳产的手表。这些中国产品带动了意大利华侨经济的发展，尤其是进口货物。1992年，进出口贸易公司开设两三家；1994年增至十几家；1996年增至50—60家；1997年增至150家；1998年达200家；1999年跃上280多家。

李美星先生说，值得自傲的是：这个市场是他开放出来的，是华人中的创始人之一。李美星先生说，在取得经贸成就的时候，也要为国家做点公益事业。1999年4月，他支援祖国救灾2万元人民币。

李美星先生说，服装有高档与低档，自己经营的服装业发展后，也推动了当地华侨华人去推销中国货。他说，海外批发经济的作用是：一、带动祖国大陆经济发展；二、促进意大利社会经济发展；三、给居留地人民带来方便、实惠。

李美星先生说，他的公司有2部车搞运输，再买来200多辆车，带动了外国人经济的发展。

李美星先生说，希腊、德国、葡萄牙和意大利南部地区的人也都到这里进货；黑人摆地摊，也到这里买货，他的公司已收到很好的经济效益。现在，他有 120 平方米的地皮租给温州人开设小商品店，每年租金 25 万人民币，相当于意大利 42 个米里红（意大利货币）。

第二节　采访浙江省温州市城区旅罗马华侨沈步盈先生

7 月 18 日，星期二，晴天，下午 12 时许，我们在采访李美星先生的创业历程后，趁热打铁，又采访了沈步盈先生。他，浙江省温州市城区（今鹿城区）人，1952 年出生；妻子王盈，温州市城区人，温州五马中学毕业，曾支边，去黑龙江农场劳动。她生两子：长子 21 岁，高中毕业；次子 16 岁，在中国读初中一年后去意大利罗马。据沈步盈先生介绍：罗马华侨人数众多，主要来自温州地区的公民。他们中一些人，是 20 世纪 40 年代至 50 年代来意大利谋生、创业的老华侨，一般文化素质较低，人数不多；青田、文成、瑞安三县（市）山区的农民、手工业者文化素质更低，办成衣加工厂；20 世纪 80 年代中后期，发展餐馆业。

1989 年 9 月，他从法国到罗马时，就做贸易生意。他与同乡华侨何春林商量，说当时这里已有个贸易公司，但局面打不开，从温州进口小商品打火机，没有人敢经营，而且他又不懂贸易，便买了餐馆，美其名为“长春酒楼”，100 多个餐位，经营了三年，于 1990 年 11 月开始再做贸易。当时他没有店面，货物从空运到意大利罗马，很快就批发光了。那时候，华人也慢慢多起来，但华人增加，不是都做贸易，而是摆地摊，一天可卖几把剪刀、几个打火机。1993 年从中国进口小商品，经营贸易的仅 3 家，即“顺昌贸易公司”“美顺贸易公司”“华意贸易公司”。其中“华意贸易公司”是青田人张君平先生开设的。这 3 家贸易公司生意好得很。1998 年 12 月，经营服装批发，当时贸易公司向浙江省温州市瓯海区藤桥衬衫厂进衬衫，进来是 34 元一件，出售 84 元一件。他们分析，罗马经济发展快的原因是：其一，服装批发商店是瓯海区藤桥镇人在这里开设的；其二，从开设饭店、酒楼转向服装批发，由贸易带动全意大利的贸易：先是米兰、那不勒斯、热那亚、普拉托，全国发展到 700 多家贸易批发店。其中，罗马是意大利服装批发的中心。从意大利发展到西欧国家，首个是法国巴黎 11 区的服装批发市场；其次是西班牙，而西班牙的市场与罗马的市场是同步进行的。西班牙到这里进货，葡萄牙、德国、比利时、荷兰等“欧洲共同体”国家也到罗马购货，因品牌齐全，价格低，逐渐成为欧洲贸易的龙头。

罗马贸易市场的发展，也带动了西欧各国贸易的发展。为适应罗马贸易发展需要与遇到的问题急需有个组织协调解决，迫使他们成立罗马华侨华人总商会。总商会成立前，罗马有 60 多家贸易公司，这样大的批发市场，如何加强管理、保护？各贸易公司推出人员，最后选出 11 人筹备。经多次研究，于 1987 年 8 月成立罗马华侨华人贸易总商会，第一任会长王家厚，秘书长沈步盈，所有的商店的老板都是总商会的会员。

罗马华侨华人商贸经营发展之后，也促进了意大利的经济繁荣。当然，意大利批发商对意大利的经济发展也有一定的影响。

1998 年 10 月，意大利警察查中国货玩具，说玩具不合格，提出玩具退回中国。我们不同意，结果打官司，当时中国驻意大利大使对华侨华人非常支持，保护侨民。那么，总商会应如何进行对策？总商会召开理事会研究决定，把退回中国的玩具再运回来，不然，每个公司起码损失几百万元。这场倾销与反倾销斗争的胜利，离不开中国驻意大利大使的有力支持，也离不开总商会所起的作用。

温州旅意大利罗马华侨，把钱汇到中国；香港回归祖国后，海外华侨举行庆祝大会，祖国发生严重自然灾害，意大利罗马华侨华人贸易总商会会长、副会长及理事均出钱，支援祖国，使灾民渡过难关，重建家园。

沈步盈先生说，罗马华侨华人贸易总商会主要成员，如会长、副会长、秘书长、理事等，其经济实力很强，每个月从中国进口货物达2000多个集装箱，罗马300多个公司，每个公司最少也有3个集装箱，除大多数经海运外，也有三分之一的中国货物托空运到意大利，每个集装箱都是装得满满的。一个集装箱58立方，香港叫柜，有大柜与小柜。沈步盈先生说，他原来开4家贸易公司，现在只有两家：顺昌贸易公司（一）、顺昌贸易公司（二）。他说，工艺品从福建厦门、广州、北京、浙江义乌进口，打火机、理发剪等从温州进口。另外，宁波在这里设立一个贸易进出口公司，仓库拥有2000多平方米，有8米高；店面是买来的，仓库是租来的。

沈步盈先生说，中国集装箱到意大利那不勒斯卸货，卸个集装箱的货物需要1000元人民币，货物多的话，需卸3个小时，卸货费支出可观。

第三节　采访浙江省文成县旅罗马华侨董志清先生

7月19日，星期三，晴天，上午10点50分，我们应邀去罗马董志清先生开设的“神州医药中心店”参观，并采访董志清先生。

董志清先生，1950年2月生，浙江省文成县二源乡淡阳村人。1966年于南田中学高中毕业。1980年赴意大利，从事房屋装潢，掌握装潢工艺技术。1983年，他先在米兰市开设一家“华人装潢公司”，任董事长。1986年到罗马开设一家“大华酒店”，任董事长兼总经理。1992年再开一家“神龙酒楼”。1993年，他与北京崇文区日杂公司合资开设一家“北京新利园酒楼”，任副董事长兼总经理。1994年在罗马开设“神州医药中心”，任董事长。董志清先生在“神州医药中心”门口广告上张贴着和平统一台湾的宣传广告：

旅意华人华侨期望祖国统一大业早日完成。香港、澳门的顺利回归，增强了中华民族的自豪感和凝聚力。回归祖国的香港继续保持经济社会繁荣，充分说明了“一国两制”政策的正确性。希望台湾当局顺应历史潮流和广大的海内外同胞的心愿，放弃“台独”图谋，回到一个中国这一基本原则立场上来。

在其广告牌上另一段话是：

台湾是中华人民共和国领土不可分割的一部分这个历史事实，任何企图将“台湾独立”出去的阴谋都是不能得逞的，中国人民和中国政府及广大海外侨胞是坚决不答应的。

中国政府已经表示，台湾问题不能无限期地拖下去，“一国两制”是台湾问题最好的解决方式，但是我们决不放弃“使用武力解决台湾的问题”……

今年移民限额可望增至93000，详见《新华时报》2000年7月18日第1版。

赠董志清会长一副对联：

志操高尚格添蕊

清志真诚春倍姘

乙卯　　湖南省海外联谊会赠

　　　　彭　飞　张衢生撰书

同日，下午1点30分，董志清先生向我们介绍罗马华侨华人社会概况。

罗马是意大利的首都，这里主要接待中国人用餐的餐馆有4家：“华侨饭店”“温州饭店”“香港大饭庄”和“蓝河大酒店”。

董志清先生说，1998年至2000年7月19日前，罗马华侨华人联合总会为祖国抗洪捐资；庆祝中华人民共和国成立50周年；庆祝香港回归祖国；抗议北约集团轰炸中国驻南联盟大使馆。

下午3点40分，董志清继续向我们介绍罗马几家中药店：一、罗马药店；二、华佗药店；三、回春中药店；四、神州医药中心。董志清先生坦率地说：开设餐馆，太辛苦；搞高科技产品销售很困难。华侨华人在罗马开设超级市场仅3家，其中他这家“神州医药中心”超市是最后开设的。

第四节 采访浙江省瑞安市旅罗马华侨谢炳钞先生

7月19日，星期三，晴天，下午4时整，我们采访谢炳钞先生。他，浙江省瑞安市城关人，今年40多岁，现为“平安保险服务中心”总裁。1985年5月，他由文成县玉壶镇朋友带到欧洲。他说自己在欧洲无亲无戚；妻子郑玉妹，今年38岁。谢炳钞先生原来搞工艺出身，搞过餐馆装修，但没有搞过超市，在意大利罗马搞超市，他是最晚的一个。1993年12月开设“太平洋贸易公司”，刚开始生意不大好。超级市场店面455平方米。他有3个子女：长女22岁；长子20岁；次子17岁。

谢炳钞先生说，保险公司门市部雇用华人；保险公司雇用意大利人。

谢炳钞先生的超市搞零售：冷冻品、陶瓷（从中国运过来）；有的货物从天津运过来，他只要发传真过去，他们那边就马上发货过来。

从事进出口贸易，孩子还年轻，搞不来，一切经营活动都由他自己搞，年平均营业额2000万—3000万人民币。

购货的意大利人，他们对中国越来越熟悉。饮食文化交流多了，意大利人就知道中国货了。

2000年4月开设“平安保险服务公司”，仓库700平方米，公司为华人服务，如为华人翻译。

谢炳钞先生开设“平安保险服务公司”的原因：餐馆、超级市场的扩大，大家都有，他感到人家没有的事业，便开了“平安保险服务公司”。他说，要保险，找平安。保险对象：以汽车保险为主。目前，到该公司保险的已有100多户，车牌号码、汽车、驾驶证，每年保一次；保险“奔驰”半年1.6万元，一般车辆六七千、七八千元，双保险的，多1/3保险费（包括车被偷的）。

另外，“平安保险服务公司”打广告：一年支付人民币10多万元。

1997 年打广告均由《新华时报》《欧华时报》打的。

房租一个月支付人民币 10 多万元。

谢炳钞先生说，因工作忙碌，罗马华侨华人工商总会组织没有参加。他说自己白手起家，已从家乡带出 20 多人。

机票、火车票、各国机票代卖的都有，可是没有时间为华人服务；另外，超市的食品应有尽有，尽人购买。

谢炳钞先生说："平安保险服务公司"中心的服务项目众多：有保险车辆、人寿、店铺；代写各类合同书；翻译、复印传真、中文打字；广告设计、名片设计；打印餐馆菜单；代售各国机票、询问贷款。他最近开设的一家"太平洋超级市场"，17 号 SRL 兼营批发零售，以后，要否开辟新的服务项目，看情况而定。

第五节　采访浙江省青田县旅罗马华侨吴苏权先生

7 月 19 日，星期三，晴天，下午 6 点 10 分，我们采访罗马华侨吴苏权先生。他，浙江省青田县方山乡人。他妻子潘国莲，42 岁，温州市瓯海区藤桥镇（今属鹿城区）人。她有 3 个孩子：长女，温州生，22 岁，现在米兰大学读服装设计专业；大儿子 16 岁，在罗马读高中；小儿子 12 岁，意大利出生，现读初中，入意大利国籍。

吴苏权先生向我们介绍了罗马华侨华人社会的情况：目前，罗马华侨华人有 10000 多人，餐馆 400 多家，贸易公司 160 多家，服装加工厂 150 多家，从事服装加工的有 10000 人左右。

罗马贸易始于 1992 年。吴苏权先生说，1989 年开始做食品生意，从 1992 年年初开始，经营打火机，卖给无居住证的一批人。这批人在火车站摆地摊，赚点钱供自己糊口。1994 年，他开设两家贸易公司，也卖中国打火机，不久转为经营服装批发零售；1995 年下半年陆续开设贸易公司。1996 年、1997 年贸易公司只有几十家，1998 年至 1999 年发展到顶峰，达到 280 多家。

贸易进口货物，全部来自中国。吴苏权先生说，开始时从温州藤桥购女衬衣,非常单调,现在情况起了大变化。贸易量很大,每个月服装、食品等要进 35 个集装箱供应中餐馆。可以说，凡中国国内有的东西，这里都有，共有几千种。

他从经营食品开始，到商品批发、旅游产品、青岛啤酒代销；中国国际航空公司机票、天津美星玉露等代售。

他的贸易公司拥有两个店面：一个店面 300 平方米，一个店面 200 平方米。这两个店面都是租来的，而仓库 100 平方米是买来的。最近他又买了一间店面 60 平方米，准备开一个百货商场，卖中国国内日用品。

意大利竞争十分激烈，主要是倾销与反倾销斗争。温州侨胞善于应对，特别是中国驻意大利大使馆对侨胞的大力支持。

吴苏权先生回顾自己来意大利的艰难历程：1979 年 5 月到意大利罗马，首先到比萨市打工。他的哥哥吴普权于 1962 年到意大利比萨市打工，现在比萨市开设一家皮包店。在那里打工五年多，积蓄一些资金，于 1981 年下半年到一个港口城市利望若（译音）开设“鱼鱼餐厅”，座位 300 多个，开到 1984 年年末，将这个餐厅卖给他人。后来，他又转到格洛塞托（译音）开设皮包商场。这家商场开到 1988 年就不开了。1989 年，他改为经营进出口贸易，到目前为止，产品销售 1000 多个客户，全年营业额达 15000 美元。

吴苏权先生出国至今，帮助家乡亲戚朋友申请出国达 100 多人。意大利政府需要外来移民，它于 1992 年、1995 年、1997 年、1997 年和 1999 年实行“大赦”政策，让外国人进入意大利，给予合法身份，让他们定居意大利创业，为意大利发展经济和社会繁荣作贡献。

意大利华侨华人中信仰基督教的占多数，但也有信仰佛教的，在普拉托成立了佛教协会。

基督教意大利华人协会，1985 年 6 月在比萨市成立，会址设在罗马东区。信奉基督教会的人有 3000—4000 人，有 23 个城市成立基督教华人协会。

为适应华侨华人信奉基督教的需要，在罗马买了1560平方米的教堂，由华侨华人筹资300万美金，现正在装修，可坐800—1000人，供华侨华人教徒做祈祷活动。

教会活动时间：每天都有，中午12时—下午2时；下午3时—5时30分。

第六节　采访浙江省瑞安市旅罗马侨领潘仲骞先生

7月20日，星期四，晴天，上午7时许，我们在董志清开设的“罗马医药中心”采访华人潘仲骞先生。他是瑞安县（市）湖岭区桂峰乡上寮村人，1932年农历十一月十八日（阳历12月15日）出生，其祖父、父亲都是华侨。父亲潘益畴，20世纪30年代初出国谋生，后定居意大利米兰，开设皮包批发店，1989年逝世。

潘仲骞8岁时随祖父迁居湖岭镇湖屿桥街。1941年上湖岭小学，入学后不多久，母亲不幸去世，幼小的仲骞随祖父抚养成人。抗日战争胜利后第二年，即1947年秋，考入瑞安中学就读，1952年秋，高中毕业；同年7月，考入北京师范大学中文系就读，是班级中优秀学生。1957年，因有海外关系，被错划为“右派”分子，分配到吉林省农安县第一中学执教高中语文、任教研组副组长，工作积极，教学认真，多次被评为全校和全县先进工作者。1958年回原籍，在湖岭中学任教。直至1978年“右派”改正、冤案平反后，才获准出国投亲。

1980年3月，潘仲骞先到意大利米兰，在其父亲经营的皮包批发店工作。打算继承父亲开创的皮包业，然而，他父亲的续弦（即他后母）是意大利人，她不愿意潘仲骞继承父业，甚至威胁潘仲骞与其爱妻徐银萍离婚方可。潘仲骞对其继母云：“皮包店给不给我，是你的事；我要不要与银萍离婚，是我的事。”继母诡计多端，此计不成又生一计，总之，千方百计，迫使潘仲骞离开皮包店。性格刚强的潘仲骞夫妇为不使父亲左右为难，毅然决定，离开米兰父亲开设的皮包商店，告别继母，另择自力更生的创业之路。经过一段时间调查了解，终于选择到意大利罗马开辟自己的新天地。

1985 年年初，潘仲骞与夫人徐银萍到罗马市中心买下一家小餐馆“金星酒家”，经营不到两年，把投资赚回来了。1988 年，他们又开设中国工业品商店，因生意不理想，怕继续开下去会亏本，即刻停业转让给他人。1990 年，罗马的旅游业方兴未艾，他出高价买下了市中心一家“长城饭店”，重点做东南亚各国华人和港、台地区同胞旅游团用餐的生意。这家饭店，接待热情，服务周到，价格便宜，生意红火，名闻东南亚及港、台地区。

20 世纪 80 年代，由于罗马的中餐业发展过猛，竞争日趋激烈，餐馆业的生意渐趋下降。经营头脑敏锐的潘仲骞及其夫人徐银萍再三考虑，认为旅游业在罗马历久不衰，而中餐业与旅馆业相比，旅馆业胜于餐馆业，于是，从 1992 年开始经营三星级的“帝苑宾馆”。这家宾馆坐落在罗马市中心火车站附近，是一幢 4 层楼房，计 62 个房间，装修古色古香，古罗马风情味浓。据说，1940—1941 年第二次世界大战期间，墨索里尼曾在这里住过，在罗马知名度颇高，容易引起外国游客兴趣。这家宾馆由潘仲骞夫人徐银萍任总经理。

潘仲骞，是个文化人，在华人中有较高的威信，因此，他从 1985 年开始就在侨团里担任领导工作，管理饭店和宾馆的主要工作由夫人徐银萍负责。徐银萍是旅意华人社会中的“女强人”。是潘仲骞的得力助手，是华人妇女中的佼佼者。

1985 年前，罗马市区没有华侨社团组织，旅意广大华侨华人分散，凝聚力不强。为此，在中国驻意大利使馆的大力支持下，潘仲骞与何春林、金德隆等老侨领共同发起建立了“罗马华侨联谊会”，由何春林、金德隆任正、副会长，潘仲骞任秘书长。第二届时，他升任副会长兼秘书长；第三届他当选为会长，直至 1998 年，他参加在荷兰召开的“欧洲华侨华人社团联合会”筹备会议和成立大会，并担任首届常务理事。

此后，历任第二届、第三届、第四届“欧华联会”常务理事。1997年4月，他代表“欧华联会”出席在意大利普拉托召开的以“中国移民与当地机构”为主题的国际性研讨会，并作了专题发言。

潘仲骞及其夫人徐银萍从米兰到罗马市创业多年，特别是潘仲骞担任侨团组织多年，对意大利华人社会情况了如指掌。

7月20日，上午10时许，潘仲骞先生向我们介绍了意大利的华侨华人社会状况：

目前，意大利有合法居留证的有56000人，不包括18岁以下的小孩。实际上每家都有小孩，以每家平均2个孩子计算，有合法居留证的应有112000人，加上1/3左右的非法移民，意大利中国人有15万上下，有人估计，在意大利的中国人20多万。

潘仲骞先生说：合法居留的人数是确实的，是今年4月中国驻意大利使馆官员告诉我们的。

为什么偷渡意大利的人“禁而不绝”呢？究其原因众多：

温州地区经济发展比较好，“蛇头”将他们引出来，温州人出国目的地是意大利，因为他们中有意大利亲戚；还有意大利政策比一般欧洲其他国家宽容；对偷渡人不遣送，而签个“逐客令”，限15天内离境，但他们仍逗留在意大利境内；再说，意大利隔半年或一年都有个“大赦”；周边国家华人也愿意来意，“蛇头”就是利用这些政策漏洞和缝隙而骗取中国人进入意大利的。

根据意大利官方估计，意大利有12万中国人，其中罗马10000余人。

侨团有华文报刊、华文学校；当地使领馆有批文；建立“资料库”。

目前，意大利华侨华人社会的基本情况是：

（一）文化程度。近几年进来的人文化起点较高，初中水平的较多，高中文化较少；知识程度，大学程度的占1%左右；中专以上占1%左右；不像美国、加拿大等国，文化移民较多。由于文化低，从事职业受到一定限制。进经济领域工作不大可能。像他父亲就是卖皮带、领带、石雕，办皮革工厂、皮革作坊，为意大利人做皮革加工。19 世纪 30 年代发展皮革业：做皮包，是华人的职业，它集中在意大利的佛罗伦萨、普拉托、博洛尼亚、都灵等城市；罗马较少，他先替人家加工，后供自己挈卖。

（二）中餐馆业。意大利最早的中餐馆是米兰“中华餐馆”。比较大的发展是在 1979 年以后。在世界上轰动的是尼克松吃中餐后对世界作了广泛宣传。

餐馆业，在罗马搞餐馆的是中国台湾人、香港人；1985 年不到 40 家（39）家，1986 年 67 家，现在统计，接近 400 家。前阶段，餐馆业处于不景气状况。这与意大利经济衰退有关，与餐馆质量不高有关：没有科班的厨师，即有文凭的厨师不到 3%；一般厨师没有经正规的培训而自觉上岗的。

因为餐馆业发展快，经营餐馆的老板、跑堂不懂业务，实际上他们不懂意语，对客人回答，客人听不懂。服务质量与管理水平不行。从今年起餐馆生意比较好，新餐馆又发展起来，在城郊开设的餐馆业发展比较好。

（三）制服工厂。从 1992 年以后才发展起来的。制衣工厂是法国带过来的，1992 年意大利“大赦”条件比较宽，到法国的温州人听到这个消息，就赶过来了，他们办了居留证，其目的有：一是在法国做黑工，若被法国警察发现，即被遣送回国；即使在法国做成衣，也是做黑工，赚了一些钱。这里，做成衣的很少，都是做服装加工交给意老板，大都是计件工资。意大利需要廉价劳动力；发展较快的是普拉托，是意大利的服装基地。他们在普拉托做服装，也是求之不得，因此，普拉托服装工厂遍地开花。近三年中，普拉托人口增至 20000 多人。有的从法国过来，未拿到居留证的也在那里从事服务加工，在家里也可做加工。你们到普拉托去找董邦云、郑可河，他们是第一批到普拉托经营餐馆业兼服装加工生产的老板。

（四）进出口贸易。是近三年内发展起来的。为适应餐馆业的发展，最初在米兰开设几家大公司，如孙子系开设“中国国际贸易公司”“周氏贸易公司”；在罗马，有“东方贸易公司”“信实贸易公司”“太平洋保险公司”“胡立东新世界”。由于国际贸易交往比较多，进出口贸易就发展起来了。现在，罗马有 200 多家；米兰也发展起来了，佛罗伦萨贸易公司已挂红灯笼了。

贸易公司经营的商品有中国服装、男式服装、童装、妇女用品、鞋、儿童玩具，但主要是形式多样的服装。各贸易公司经营的商品基本上差不多，大同小异。为什么呢？

其一，意大利海关可买通。一个集装箱进口给海关 2 个半米里红（10000 元人民币）。棉织品进口是有限制的，海关一受贿就让棉织品进口了。因为海关通行无阻，所以周边国家都在这里搞批发；罗马的贸易商品不仅供应当地，而且成为周边国家的集散地。

其二，意本国原因。当地需要这些非法移民，黑人、摩洛哥人、阿拉伯人，他们都从这里进货，到小摊上去卖，没有这方面市场，罗马贸易也发展不起来。

其三，国内市场疲软。温州乡镇企业生产出来的产品压在仓库里，而意大利有这个市场。他们到温州乡镇企业进货，可订多少货就订多少货；付款方面，可交一部分或暂时不交钱，即可把大批货物运出口，许多公司欠国内乡镇企业的钱很多：有的人很刁滑，进行骗取；有的去青岛、深圳等地行骗；摆摊出身的，靠这方面发财的。他们赚得多、丢得多。这些老板素质较差，内部搞恶性竞争，如卖一吨羊毛衫，他卖 4000 万元，我卖 3500 万元。他就把羊毛衫买来拿国内去生产。现在，罗马胜利广场批发商店衰落下去了，他们自相残杀，最后害了自己。

（五）部分人向其他领域进军。像老董（志清）开拓中药业是个有意义的事业，意大利卫生部承认中西药，我们也在这方面做工作，怎样使意大利人认识与了解中医药，成立了“中医药协会”，会长、会员有 30 多人，都是有学历的教授或医务工作者。他们分布在意大利各地，有个困难，是不能独立开业，只能在意大利诊所中工作，没有中医师的处方权。有几个留意大利学生，采取迂回的办法，取得意大利文凭之后，申请开业。总的说，意大利对我们的针灸、成药、医疗器械等全都肯定的。我们把中医推向世界还需要一个过程。

开设旅游宾馆，罗马只有两家：一家是杭州人开设的，一家是瑞安县（市）潘仲骞开设的。向旅馆业发展是一种趋势。

旅行社是意大利人开的。这里还是有前途的。曹阳刚开始办旅游业、平安保险服务中心；安徽人在罗马开设一家“人寿保险公司”。为适应中国人买金银首饰的爱好，在罗马已开设 3 家金银首饰店：中国金店、银洋金店，正达金店。这 3 家金店都是温州人开的。

其他行业，有的需要知识，有的需要资金。房地产介绍所也有的，但律师事务所尚缺项；米兰有个中国人会计师，华侨子弟学了会计，为意大利人打工，自己做会计不合格，请意大利人进行法律咨询，事业上有知识层次。

华侨华人如何融入当地社会？ 1998 年在比利时、意大利佛罗伦萨发起《中国移民与当地机构》为主题的国际性研讨会，“欧华联会”（聘请欧洲一些国家专门研究华侨问题的专家参加研讨）。潘仲骞受“欧华联会”推荐去参加研讨会，并在会上作了专题发言。

与会华人从不同角度从“中国移民与当地机构”的官员来看，他们没有对中国人歧视，要求中国人配合他们；而他们也愿意帮助中国人。他们省督、官员都来参加研讨会，有个大学组织 50—60 人参加这次研讨会，中文与外语同步翻译，使与会不同语种的专家、学者能听得懂。

从那次研讨会与最近潘仲骞先生了解到的，融入当地社会主要障碍，是华人的素养，我们不同的民族不同的文化、习惯，与西欧人不同的；法律观念，有的缺乏基本法律的知识；有的开餐馆，经常被查到的是卫生不合格，自我感觉认为很好了，而西方国家认为不行，如肉类、鱼类不能混在一起放在硬冰上，熟食也不能放在硬冰中，等等。

有的企业仿造国外名牌产品，结果，被意大利发现了，许多贸易公司被查封了，冒牌是不允许的。如儿童玩具不合格的不准卖，但中国人把它拿来卖了。结果东西被意大利人搬走了。意大利人还提出抗议。这些都是属于融入当地社会的障碍。

华人融入当地社会、参政议政，路途还很远，应把希望寄托在下一代，培养出几个博士、专家、律师，华人的层次或档次提高了，自然会使你们可跨上政治舞台，参政议政，参与西方国家事务。

潘仲骞先生说：他有两个孩子在意大利出生，已考入英国剑桥大学医科，一年学费 60 个米里红。

第七节　采访浙江省青田县旅罗马华侨周超华先生

7 月 20 日，星期四，晴天，上午 10 许，我们在董志清开设的“罗马医药中心”采访华人潘仲骞先生后，又去周超华先生开设的“您好酒楼”，采访他来意大利罗马创业的历程。周超华，浙江省青田县人，他全家六口：妻子，3 个女儿、1 个儿子。1981 年 6 月，他先经罗马尼亚转机至罗马，再从罗马转机到米兰。他不懂英语，用手势呼警察指导，他在机场门口待了许久，后来有个从中国台湾到罗马的人替他翻译，帮他到米兰乘坐出租车到一个亲戚家里。周超华在他家里做了 3 个月的皮包，又到一家酒吧做工 4 个月。以后，周超华到瑞安人杜颜品开设的“中华餐馆”做二厨。他在该餐馆做了一年多二厨，打算自己办皮包工厂，但杜颜品妻子（意大利人）不舍得他离开“中华餐馆”。这样，他白天做皮包，晚上为“中华餐馆”做跑堂。潘仲骞先生插话：1999 年 3 月 21 日至 22 日，江泽民总书记来意大利进行国事访问，意大利总统发给潘仲骞、董志清和香港人陈成基三人“请柬”，请他们 3 人陪同意大利总统参加国宴。陪同人员走进宴厅，意大利中央电视台准他拍照，门口仪仗队吹号欢迎陪同人员。这说明意大利政府重视对华关系了。

潘仲骞先生说：被意大利总统邀请参加“国宴”，是有条件的，必须是加入意大利国籍的人。目前，罗马加入意大利国籍的只有 100

多人，全意大利也只有200—300人。同时，应意大利总统邀请的华人，必须是意大利规范公民才行。以前，意大利政府规定入意国籍5年以上者，1990年初新规定，加入意国籍、居意10年以上者；同时，还查他们有无前科刑事案件者。

接着，周超华先生向我们谈了罗马华侨华人社会及意大利官方的腐败问题：

1. 华侨不注意公共卫生，常受意大利人批评、抗议，或遭意大利政府的调查。

2. 华侨中的妇女怀孕去流产，她偷偷地去地下医院搞人流，出了事故，自讨苦吃。他们不懂，在意大利是允许做“人流”的。

3. 华侨中抛妻别子，他们事业取得成就，便瞧不起原配妻子而去与别的女子搞关系，结果弄得家破人亡，孩子无人抚养；还有的赌博钱输光了，搞女人钱花光了。

鉴于上述种种不正常现象的发生，周超华感叹不已：“创业难，守业难！”

周超华先生说，意大利官方腐败现象也很严重，表现在：

1. 办居留证：你不送点礼物给经办人，经办人迟迟不给居留证，你东西送给他了，他马上给你居留证。

2. 办营业执照：华侨没有营业执照，餐馆不好经营。过去中餐馆开业，要给意大利人30%的“空头工资”，1989年意大利政策放宽了，允许华侨领营业执照，但必须经意大利学校培训，经考试合格者才发给营业执照，允许你开业。

周超华、潘仲骞两人都是旅意侨领，在罗马华侨华人社会中具有一定的组织能力与领导能力，应该受到华侨华人尊敬，但情况不是这样，他俩一度遭到“温州帮”与“青田帮”的绑架。“绑架”者虽然是温州青田人中极少数偷渡者中的坏人，但在国外发生，势必影响国人的信誉。这些在意大利华侨华人社会中是极少数的“坏人”，被意大利警察抓获，最终受到意大利法律的制裁。

采访周超华、潘仲骞二位先生后，我们即在周超华先生开设的“您好饭店”吃中餐。

第八节　采访浙江省瑞安县（市）旅罗马华侨何洪芳、胡永进两位先生

7 月 20 日，星期四，下午 3 时许，我们到罗马“国际酒家”采访何洪芳、胡永进两位先生。何洪芳先生，瑞安县（市）桂峰乡人，他住在该乡最高的一个山村，1927 年出生。他的妻子余东花，文成县玉壶镇人。他育有 3 子：长子，何中民，37 岁；次子，何自力，32 岁，中学毕业，开设健身房，供旅客体育锻炼；三子，何更生，23 岁，在意大利读大学，未毕业。

何洪芳先生的舅父胡克林，祖居浙江省文成县玉壶区（镇），其父辈时从玉壶区移居与玉壶相隔 20 余里的瑞安县（市）桂峰乡黄坦坑村。1952 年，旅居荷兰的胡克林从桂峰乡迁居今瓯海区瞿溪镇并在该镇蒋桥头建了一幢七间三层楼的新房，供原配夫人王钗云安度晚年。何洪芳的母亲就是胡克林先生的大姐。

何洪芳先生，1938 年离家到上海，从上海再到香港待了 3 个多月，当时有五六个人一起从香港办了护照，乘德国货轮，经印度洋、亚丁湾、入红海、苏伊士运河、地中海到意大利热那亚上岸。他先到米兰，挈卖小商品五六个月。1939 年 9 月，第二次世界大战爆发了。在“二战”期间，何洪芳被意大利人抓去关在一个集中营里。当时被关押的中国人有 200 多人。1945 年 5 月，德军失败后，何洪芳和中国华侨被释放。他和其他华侨在集中营里度过了五年苦难生活。

何洪芳从意大利集中营中出来后，无职业，靠意大利政府救济度日。他说，在第二次世界大战期间，中国旅意大利华侨被炸弹炸死好几个人。

意大利是贫穷的国家，英、美驻意大利联军撤走后，何洪芳仍做

小商品买卖，摆地摊过日子。

1949 年以后，何洪芳买了一部机器，做皮包产品，售给老外去卖；1955 年他不做手工皮包而自开批发商店“新中国”（标意大利文），即将意大利人做的皮包买来转卖给意大利人。

何洪芳先生身居外国，早知道 1949 年 10 月 1 日已建立中华人民共和国的消息。但意大利尚未与中华人民共和国建立外交关系，思想进步的爱国华侨何洪芳，在中意未建交前，家中就悬挂马克思、恩格斯、列宁、斯大林、毛泽东像。这时，意大利“明察”到他家看到这些领袖的像，就没有再询问何洪芳先生了。

然而，在 1949 年他定居都灵时，台湾国民党驻意大利使馆人员，曾打何洪芳先生，把他护照（原来用国民党护照）收去三次。而中意建交后，何洪芳先生拿到了中华人民共和国护照，而且已有 5 次应邀赴北京参加国庆节观礼了。

何洪芳先生侨居意大利都灵开设批发商店达 30 年。1985 年在罗马开设“常春饭店”，1989 年，卖给同乡人开设。

何洪芳先生热爱祖国，关怀桑梓，他和祖国共命运、同呼吸，出钱出力，支援祖国救灾及其他社会公益事业。

1.1966 年 3 月 8 日、22 日，中国河北邢台地区相继发生里氏 6.8 级和 7.2 级强烈地震，他捐资 550 千里拉，支援邢台地区灾民，重建家园。

2. 一次印度发生严重水灾，他发扬国际主义精神，捐资 300 万里拉，通过瑞士银行汇给中国驻瑞士大使馆转寄给印度共和国。

3. 国内长江发生严重水灾，他从退休工资中挤出 800 万里拉，支援救灾。1969 年四川发生特大水灾，他捐资 1000 万里拉，救济灾民。

4. 云南发生地震，他捐资 2000 万里拉，给云南省人民政府救济灾民。

由于荷洪芳先生爱国爱乡事迹突出，受到意大利侨界与祖国人民的好评。大凡中华人民共和国领导人访问意大利，他都应中国驻意大利使馆邀请与中央领导合影留念。

叶落归根。1960 年，何洪芳先生在温州市鹿城区华侨新村雪山路 59 弄 4 幢 1 号，兴建了一幢别墅，为自己安度晚年。

胡永进先生，瑞安县（市）桂峰乡人，他，1954 年 9 月生；夫人胡莹洁，1954 年 10 月生。他俩育有 3 男 1 女：长子，胡立宁，28 岁；次子，胡立明，24 岁；三子，胡立羽，22 岁；长女，胡吟雷，26 岁。

1981 年 4 月，胡永进到荷兰，1982 年 8 月，到意大利罗马，1984 年开设“国际饭店”，座位 150 个，每月租金 720 万里拉，相当于中国人民币 3 万。

胡永进先生说，当时罗马餐馆只有 29 家，可现在，即 2000 年 7 月，餐馆发展到近 400 家。竞争相当激烈。我们采访何、胡二人之后，在胡永进开设的“国际饭店”吃晚餐。

7 月 21 日，星期五，上午 9 时，我们参观考察罗马广场、名胜古迹及“梵蒂冈”教堂。参观回来后在“华侨饭店”吃中餐。

第九节　再次采访浙江省文成县旅罗马华侨董志清先生

7 月 22 日，星期六，晴天，上午 10 时 30 分，我们到“神州医药中心”，再次采访董志清先生。并与他交流这几天我们采访有关人物的情况。

董志清的胞弟董志林，北京医科大学毕业，是拥有正式文凭的中医大夫。1987 年，他在荷兰阿姆斯特丹创办“神州医药中心”，把中国医药在阿姆斯特丹及周边国家宣传逐步推开。1994 年他在阿姆斯特丹创办了一所拥有按摩、针灸、处方、医药器械等综合性学校，把医疗器械、中草药卖到德国。

1995 年，意大利没有中药，董志林的儿子对此很感兴趣，在罗马也开设一家神州医药店。1994 年申办医疗中心，1995 年 4 月领到意大利营业执照，并经意大利卫生部批准。但意大利的法律非常保守，不承认中国文凭。中国大夫看病，没有开处方资格，只能由意大利大夫签名方可买药。

1995年至1996年，医药店生意一般，董志林的儿子意大利文很好，他请了意大利人把所有的中国医药品翻译成意大利文，中草药达600多种。医疗书本资料均翻译成意文。同时，用广告形式发给意大利全国各地。通过大力宣传后，引起意大利政府的重视，1997年，意大利邮报、共和国报专门作了报道；意大利电视台向全国宣讲，神州医药方在意大利产生影响。

中国针灸针，有40%推广到佛罗伦萨，意大利人开设的中草药有900家，针灸医生1000多人。1997年开始，经营范围扩大，到1998年初，成立“成龙公司医药店批发部”，90%的药品卖给意大利人。

从开设医药店开始，就聘请中国人出来。到1997年有一位叶大夫看意大利人对中国大夫没有开处方权，心里就不高兴了。当时中国医药大夫100多人，真正有医药技术的是不多的。叶大夫到意大利西部米兰看病，那里意大利人喝我们中国药汤的已有3000多人。他们为了治痛，把难喝的药都喝下去了。中药能治痛的消息传到瑞士，瑞士病人也赶到米兰给叶大夫看。此外，还有土耳其人、希腊人都要吃中药，但中国中药一下子发不过去。从实践看，药店主要是看大夫好不好。外国人患病在他们开设的医院看不好，才到中国人开设的医药店来看病，结果被中国人治愈了。

这里有个插曲：1996年7月3日，荷兰反映神州医院有虎骨、麝香等药，说中国杀害自然保护动物，大做文章，曾轰动欧洲。当时，他们查不出什么问题，通过那次检查起了好作用，说意大利有个神州医药中心，坏事变成好事。中国卫生部出面与外国人打交道了。通过实践虽然积累了经验，但要求中药达到欧洲国家对中药的标准，并翻成意、英、法等国文字，感到还有一定的难度。

董志清先生说，他们与国内厂家联系，生产神州中草药，他俩兄弟研究与分工是：董志林去订货，他去卖，总部设在荷兰阿姆斯特丹，中草药从荷兰运至罗马，需三天时间。

每贴中草药拿去化验，并交中国兰州制药厂生产；医疗器械，浙江、上海生产；针灸针，江苏生产；北方工业总公司上海分公司代办中草药出口；另外，深圳办代理出口中草药。

神州医药中心大夫有 6 个：朱大夫、梁大夫和韩大夫管药品；张大夫、李大夫和余大夫管治病。

开设“神州医药中心”的关键：一是大夫，二是药品。

董志清先生最后谈了申办中文学校的问题。1995 年至 1997 年，意大利一所学校与神州医药中心联合创办中文学校，学生 40 多人，罗马市政府说拨款支持的，叫中方提供中文资料，但意大利政府拿不出钱来，中文教师没有工资，由华侨筹资维持两年，这所中文学校就解散了。

目前，一名意大利女教师，向本国政府申请了一部分钱与中国人联合创办，每周日上课，学生 50 多人，分三个教室，在罗马斗兽场旁边。

第十节　听取董志清谈意大利政府的“大赦”政策

7 月 22 日，星期六，晴天，下午 3 点 35 分，董志清先生向我们介绍了意大利实行“大赦”政策与非法移民向中国驻意使馆申办护照速度等问题。

1998 年 11 月 15 日至 12 月 15 日，中国驻意大利大使馆，在意大利政府实行“大赦”政策第一天，即 11 月 15 日，就颁发了 3000 个号码，意大利警察也因群众排队领编号，争先恐后，怕领不到号码，秩序有点混乱。中国人自觉排队，受到意大利警察表扬和意中央电视台广播表扬。最后一个星期，还有 2000 多人未拿到护照，怎么办？中国驻意使馆听取神州医药中心负责人的意见，使馆日夜加班，争分夺秒，终于发了 6000 人的护照，受到了意方表扬。

也有人在闹事，董志清等给他们打电话，叫他们尽快把有关资料拿来，先拿到护照编号。在办护照期间，罗马华侨华人总会为他们尽心尽力，不收取一分钱，全心全意为无居留证者服务。

第十一节　采访浙江省温州市城区旅罗马华侨王小玲女士

7月22日，星期六，晴天，下午6时，我们采访浙江省温州市城区旅罗马华侨王小玲女士。她，1956年生，温州市城区（今鹿城区）人，初中毕业，三届生。1992年10月15日，她两夫妻与另外一对朋友两夫妻，从北京出发，到黑龙江哈尔滨、内蒙古一家贸易公司办来了旅行证，和他们一起去蒙古以考察为名，寻找在蒙古的中国人，终于找到了一个在那里放牧牛羊的中国人。这个中国人为王小玲等人租来一个旅馆，馆内有暖气。他们在外蒙古待了两个多月，说“通行证”没有不能成行。于是她又通过中国驻外蒙古大使馆，在那里住了半个月，大使馆为他们办了“通行证”。他们到苏联一个小地方，找个男人叫曾阿龙，其父在那里当邮电局局长；曾阿龙夫人的大伯在温州市邮电局任局长。他们在苏联待一个月，再去乌克兰待一个月，又去捷克，而被捷克警察遣送回苏联。以后，他们又从苏联返回捷克，到奥地利维也纳，住旅馆两天，无人检查，王小玲借来一本护照（日本人护照），从奥地利到罗马。

王小玲谈了自己从温州至罗马的艰难历程后，向我们介绍了她子女的情况。她有一子一女：大女儿，金妍妍，23岁，初中毕业；长子，金建，19岁，初中毕业。

王小玲最后坦率地说，偷渡冒险，千辛万苦，耗资人民币9.5万元。现在，已有居留证，开设人类贸易公司，出售工业品为主，商店面积48平方米，仓库300平方米；住家50平方米。西班牙温州人都到这里进货。妍妍已嫁给一个温州人。

第二章　佛罗伦萨华侨华人社会

2000年7月23日，星期日，晴天，上午10时零5分，我们从罗马乘火车到佛罗伦萨调查考察华侨华人社会。中午 12 点 40 分，火车抵达佛罗伦萨火车站。佛罗伦萨华侨华人联谊会副会长兼秘书长胡绍科先生，叫其次子到火车站租一辆“的士”，把我们开到他开设的“长城酒家”时，已是晚上 10 点钟了。胡绍科先生与我们聊了片刻，便叫其次子把我们带到他开设的“北京酒家”坐了一会儿，再带我们去一家旅馆住下。

佛罗伦萨，是公元 14—16 世纪文艺复兴时期艺术保存最完整的地方之一，有“西方雅典”之称。

7 月 23 日至 24 日，我们先后采访佛罗伦萨华侨华人联谊会副会长兼秘书长胡绍科、侨领胡社佐、项克祥和参观“三千六厂”等活动。

第一节　采访浙江省瓯海区旅佛罗伦萨华人胡绍科先生

7 月 23 日，星期日，晴天，晚上 10 点 10 分，采访胡绍科先生。胡绍科，1938 年出生，祖籍文成县玉壶区人。后迁居瑞安县（市）桂峰乡黄坦坑村。父，克芬，1920 年东渡日本谋生，干苦力 17 年。1937 年卢沟桥事变发生后回国，身无分文。叔父克林，是著名侨领。胡绍科，少年时每天都要翻山越岭 5 公里山路去林李乡（1946 年后划属文成县）小学读书。1950 年，他小学毕业后，随家迁居永嘉县瞿溪镇（今属瓯海区）。1955 年，他毕业于永嘉济时中学，1958 年 7 月，考入温州师范学院体育专科就读。读书期间，他被本校选为校篮球代表参加温州市球队赴省参加省篮球比赛。由于他个子高、球艺高超，又被选入省篮球队参加全国篮球比赛。1961 年，他任温州华侨中学体育教师，兼任温州市侨联常委、浙江省侨联第二届、第三届委员。

1974 年 3 月，胡绍科先生由他叔父胡克林先生帮助，赴意大利佛罗伦萨创业。由于居留证办不来，他在佛罗伦萨待了半年之久，转赴荷兰经营中餐馆，并入荷兰王国国籍。不久，他被选任荷兰华侨华人总会副秘书长。他在荷兰爱尔唐福（华侨口译地名）开设两家中餐馆：

一家叫“长城酒家”，一家叫“亚洲酒家”。后来，这两家中餐馆卖给别人。

1978年，胡绍科的夫人赵月娥到荷兰爱尔唐福。她，1940年出生，浙江省文成县人，曾在家乡教过书，当过会计，具有一定的工作能力。鉴于这种情况，1986年，胡绍科先生重返意大利佛罗伦萨，开设“北京饭店”“中国城大酒家”，持荷兰护照。

胡绍科先生的子女及其女婿、儿媳妇在欧洲许多国家经营餐馆业，个个都很出色，业绩卓著。长女海平、女婿张建华在意大利佛罗伦萨经营“北京饭店”；次女海芽、女婿戴国强在荷兰爱尔唐福经营“中国酒家”“皇城酒楼”；三女儿海燕、女婿陈云国在德国经营“利园酒家”；幼女海英、女婿苏立群在意大利佛罗伦萨经营“中国城酒楼”；幼子永锷、儿媳占淑珍在德国经营“凤凰酒楼”。

胡绍科先生说，胡氏家族除在欧洲许多国家经营餐饮业外，还在国内温州市瞿溪镇与人合资创办“荷尔意皮革制造厂”；在浙江省湖州市南浔镇华侨经济开发区投资购买70亩土地经营房地产。

第二节　再访浙江省瓯海区旅佛罗伦萨华人胡绍科先生

7月23日，星期日，晴天，晚上11点30分，我们第二次采访胡绍科先生。

1986年至2000年7月中旬，胡绍科先生的全家及其亲属在欧洲许多国家经营多家餐馆业，不仅经济实力雄厚，而且与意大利当地政府、侨胞的关系甚好。

1992年3月14日，意大利佛罗伦萨华侨华人联谊会成立，张绍武被选为会长。他被选为联谊会副会长兼秘书长；1996年佛罗伦萨华侨华人联谊会换届，他被选为第二届华侨华人联谊会会长；1997年9月，佛罗伦萨华侨华人联谊会换届，他被选为联谊会名誉会长。他在任佛罗伦萨华侨华人联谊会副会长兼秘书长期间，或任联谊会会长、名誉会长期间，工作积极，全心全意为侨民服务；他作风踏实，深入了解佛罗伦萨华侨华人社会情况。他说：

（一）皮革业方面：1974 年前，佛罗伦萨有皮革工厂 380 家，全由犹太人所垄断。1974 年以后，犹太人退出垄断市场，均被中国人所占领。现在，佛罗伦萨皮革工厂达 1400 多家，产品销售世界各地。佛罗伦萨的皮革业已成为意大利经济的支柱。每年盈利 10 万美金以上的非常普遍。1992 年老外把一个皮鞋工厂搬走后，在三四年以后，每家皮革工厂都变成一个独立业主。有 50% 以上的皮革工厂获利都超过 200—300 个米里红。搞皮革工厂投资不大，只要有机器就可生产。老外对温州人很羡慕，温州人驾驶“奔驰”“宝马”很普遍。老外知道每辆轿车相当人民币 75 万元。

佛罗伦萨德多里那街，意大利人只有 300 人，而中国人则有 1700 人。

（二）餐馆业方面：1974 年时，中餐馆只有 13 家，目前已发展到 70 多家。

（三）贸易业方面：1995 年贸易业发展很快，目前，已有服装、皮包等贸易公司 50 多家。

关于佛罗伦萨办居留证的情况：

1985 年、1987 年、1992 年、1995 年、1998 年意大利政府实行“大赦”政策，意大利佛罗伦萨已办居留证的中国人有 14000 多人，未办居留证的中国人有 1000 至 2000 人。

胡绍科先生说，他尽最大的努力，运用侨团的力量，帮助未办意大利居留证的中国人，尽快地办来，使他们安心在佛罗伦萨创业，发展华侨华人经济。

第三节　参观考察佛罗伦萨“三千六厂”生产皮包业情况

7 月 24 日，星期一，晴天，上午 11 点 10 分，我们在佛罗伦萨华侨华人联谊会会长胡绍科先生的指导下，参观考察佛罗伦萨“三千六”

厂生产皮包的情况。

“三千六厂”：即指3600平方米的大工厂，老外搬迁之后，浙江省文成县人胡社佐开设这家大工厂。

胡社佐，今年43岁，文成县玉壶中学高中毕业；妻子，胡月妹，今年39岁，文成县玉壶镇三岭村人，初中毕业。其长子，胡纪华20岁，初中毕业；次子，胡德华18岁，佛罗伦萨初中毕业；小女儿，胡爱华，16岁，读初中毕业班。

1985年9月，胡社佐到奥地利；11月从奥地利到荷兰一家餐馆做二厨。1990年1月6日到意大利米兰，因意大利政府在这一年实行“大赦”政策。胡社佐很幸运，便于1月15日到意大利警察局报到，3月即拿到了意大利居留证。同年7月他回国探亲；1991年他把妻子申请到米兰意大利人开设的皮包店打工；1994年5月到佛罗伦萨“三千六厂”内开设皮包工厂，雇了一些工人。其中一个叫卢锡励的工人，22岁，初中毕业，浙江省瑞安县（市）湖岭区永安乡人。1997年8月来意大利佛罗伦萨胡社佐开设的皮包工厂做工。每天干十六七个小时，很少看电视、中意报、佛罗伦萨报；每月工资1.4个米里红，相当中国人民币6000元。小卢说，他花12万人民币偷渡出境，先经越南—马来西亚—俄罗斯—希腊，再从希腊坐轮船到意大利，途中坐12个小时。小卢与其他6人，以旅游团名义来到意大利佛罗伦萨，12万元一次性交给领队人（蛇头）。小卢说，自己1979年1月出生，父亲叫卢献赞，一个姐姐，一个哥哥。

在这个大厂里拥有100家皮包工厂，各个工厂都制作皮包。这个大厂之中办小工厂，管理工作非常混乱。我们进这个工厂参观，看到的一些场面十分害怕，比如，上班时间：上午10—11点；下午1—21点。工厂中有女工、男工，小孩子在工厂中跑来跑去，而电风扇叶子不停地打着，非常危险；再如，地上没有打扫，乱七八糟的牛皮碎片地上皆是，尘土飞扬，很不卫生。

佛罗伦萨华侨华人联谊会副会长胡社佐先生对我们说：“三千六

厂”是我们向意大利人租来，每100米租金年1.5个米里红，1998年8月意大利卫生局、警察局、税务局三家机关联合来“三千六厂”调查考察，说卫生不合格，要将它关闭一星期进行整顿。在佛罗伦萨华侨华人联谊会会长胡绍科与中国驻佛罗伦萨领事馆帮助下，“三千六厂”关闭一星期打扫卫生，整顿工厂，每个工厂的老板都踊跃搞卫生。整顿后不到两星期就上班了。但在整顿工厂、停工期间，人心浮动，怕失业无工作干，吃饭成问题。

胡社佐先生说，1990年前，即在“三千六厂”未租来之前，便去圣马力诺（San Marino），那里有个楼下租来做皮包，楼上睡觉。1990年后，搬到“三千六厂”，全家都在这个厂里做皮包产品。他家雇用5个工人。

第三章 普拉托华侨华人社会

2000年7月25日，星期二，晴天，上午9点15分，项克祥先生驾车把我们送到比萨（Pisa）参观斜塔后返往普拉托，下午2时许抵达董邦云先生开设的“香港楼酒家”吃中饭。饭后，董邦云先生安排我们住旅馆、调查考察普拉托华侨华人社会。

7月25日下午至28日上午，我们先后采访董邦云、祝贵华、王国臻、张绍环、洪国柱、胡克吉、林朱庆等人和参观普拉托“两条街”、服装加工厂等活动。

第一节 参观比萨斜塔、采访浙江省瑞安县（市）旅普拉托华侨董邦云先生

一、参观意大利比萨斜塔

7月25日，星期二，晴天，上午9点15分，项克祥先生驾小车把我们送到比萨（Pisa）看斜塔。

比萨，是意大利中西部一个城市。临阿诺河，西距利古里亚海 12 公里；东距佛罗伦萨 63 公里。人口 10 多万。工业有棉纺织、机器制造、玻璃、医药、陶瓷等；还产大理石与雪花石膏雕刻品。是铁路、公路枢纽。设有比萨大学（建于 1343 年）。著名的比萨斜塔（因奠基不慎，致塔身倾斜）高约 55 米，建于 1174—1350 年；现塔身已超出垂直平面 4.9 米；在以往的 100 年中，向外约倾斜了 30 厘米。还有罗马式大教堂、博物馆与图书馆等①。

小车开往比萨途中，我们下车观看“东方大酒楼”，浏览了市面，看到比萨市的北京餐馆、你们餐馆、新长城酒家、翠园酒家等等。比萨的工业制品很多，我们只看不买。项克祥先生把我们送往普拉托。下午 2 时许抵达普拉托董邦云开设的“香港楼酒家”吃中饭。饭后，他安排我们住在一家旅馆里。

二、采访董邦云先生

我们在董邦云先生开设的“香港楼酒家”吃中餐后，休息片刻，采访了董邦云先生。

董邦云，浙江省瑞安县（市）塘下镇新居村人，1963 年出生，大专文化，1989 年赴意大利普拉托创业。他有居留证，系正式瑞安籍居意大利华侨。

董邦云先生，首先向我们介绍了普拉托华侨华人社会的基本情况：

普拉托（Prato），是意大利中北部城市。位于亚平宁山脉西南麓，临比森齐奥河（Bisenzio），东南距佛罗伦萨 16 公里，人口：市区 7 万人，包括整个省 19 万人。是重要的毛织品中心，还有水泥、纺织机械等工业。有铁路与佛罗伦萨、博洛尼亚相连。有中世纪哥特式大教堂。

普拉托，是新兴工业城市。1988 年，中国人来普拉托创业的只有 900 人，主要是从事服装加工。1991 年、1992 年服装加工业兴起后，普拉托的人数越来越多。到目前为止，已有华侨华人 1700—1800 人，

---

① 《世界地名词典》，上海辞书出版社，1981 年 1 月版，第 124 页。

服装加工工厂达 1500 多家，大的服装加工厂有 50—60 家；小的服装加工厂有 5—6 家，都集中在普拉托本区。但从 1999 年开始，中国人从服装加工业逐步转向自己购买面料，自己裁衣，自己出售；有的中国人设立服装批发公司，老外也到中国人开设的服装批发公司购买衣服了。

普拉托是欧洲四大纺织基地之一，市场很大。逐步挤走老外在这里开设的服装工厂。餐馆业方面：普拉托市区有 20 多家。其中规模最大的只有两家："香港楼酒家"与"华侨饭店"。这两家各有餐位 200 多个，而"香港楼酒家"餐位有 250 多个，规模超过"华侨饭店"。

食品、小商品方面：普拉托食品批发商店有 10 多家；小商品批发商店也有 10 多家。（Via Pistoiese）唐人街。这条街的各行各业，如中餐馆、金行、商店批发、旅行社、房地产介绍所、音像、服装机器、辅助材料、文具、书刊出租等等，都是华人开设的，故叫它为"唐人街"。

华人到普拉托，勤劳苦干，用自己的双手创造事业，经历从无到有、从小到大，办起了许多工厂，如服装工厂、制羊毛衫厂、皮衣制造厂等，其中部分厂，自产自销。华文教育：普拉托华侨华人联谊会于 1997 年 4 月成立。1998 年创办一所中文学校，开设 3 个班，学生 80 多人，校舍设在"联谊会"办公的地方，每周六、周日上课。

成人学校：每年 7 至 8 月是淡季，中餐馆及其他行业休息不开业，故"联谊会"组织华人成年学习意大利语。"语言"是人们交际的工具，必须学懂意大利语；而意大利政府，工会、议会也都组织华人学习意大利语。

2000 年 6 月，普拉托华侨华人佛教协会成立，胡克吉当选为协会会长，董邦云为协会顾问。

第二节　采访浙江省温州市城区旅普拉托华侨祝贵华先生

7 月 25 日下午，董邦云向我们介绍普拉托华侨华人社会概况后，我们趁热打铁，见缝插针，即刻采访了祝贵华先生。他，浙江省温州市鹿城区双屿乡人，他父母亲于1984年到意大利都灵一个远亲家里做服装加工。祝贵华随父母在都灵代人做衣服，1989年从都灵到普拉托，开始替人加工服装；1995年初开设中国百货商场，仓库面积400平方米。

第三节　调查考察普拉托两条唐人街

7月26日，星期三，晴天，上午，我们漫步观看普拉托两条不到30米长的中国街，华侨称它为“唐人街”（Via Pistoiese）。

甲街	乙街
香港楼	阿外楼饭店
利兴快餐店	康佳贸易公司
环球旅游社	宏兴肉店
华丽都点心店	国宝中药堂
同仁中药堂	顺发食品商场
唐人饭庄	如意楼
三胜（国际）旅行社	星达国际电话中心
普拉托商会	理发店（2家）
百合花建筑工程公司	环球贸易公司
中国货商场	
丰盛车行	
中国金行	

上述两条街：甲街开设12间店面；乙街开设10间店面。以上店面都是中国人开设的，故华侨华人称它为“中国街”或“唐人街”。

此外，我们还参观了其他房地产介绍所。其中一家是姜方银开设，一家是洪尚柱开设。

第四节　参观普拉托服装加工厂

7 月 26 日，星期三，晴天，下午 2 点 30 分，董邦云先生请我们坐他的车子，去参观几家服装加工厂和服装自产自销的工厂。

一家烫衣工厂。这家工厂大多数雇用男工，少数是女工。全厂十几人，生产设备先进，但生产条件、通风设备等均较差，厂房旁没有外室。

一家衣服加工小厂。有十几台机器，厂房后面是厨房，工人睡在厂房一角的小房间里，生活条件较差，卫生设备不佳，光线暗淡。三台机器，两人加工，一男一女；男工打边，女工踏衣；打边有空时，帮女工做二手。

一家服装加工大厂。老板娘是浙江省瓯海区茶山镇人，厂房面积 100 多平方米，50 多台机，工人 30 多人，其中有几位是童工。

下午 5 时许，董邦云驾车带我们去现场采访、参观几家服装批发公司：

华欣贸易公司

鸿运贸易有限公司

亚洲贸易公司

类似上述服装批发公司有 11 家。

第五节　采访浙江省温州市城区旅普拉托华侨王国臻、张绍环两兄弟

7 月 26 日，星期三，晴天，下午 5 点 30 分，我们采访王国臻、张绍环两兄弟。

王国臻，今年 38 岁，浙江省温州市鹿城区人，温州二中高中部毕业；妻子吴晓，今年 31 岁，温州市鹿城区人，温州五中高中部毕业。1989 年来意大利普拉托，开始为意大利人加工服装，近几年自办服装

厂，设备先进，从德国进口裁衣机1台，300个米里红；踏布机1台，50个米里红，厂房300多平方米，每月租金24个米里红；自动化裁料、用电脑绘制，电脑控制，效率高，裁剪产品1000多个，全年总产值达1亿人民币。

服装原材料，从意大利、韩国进口，其中韩国进口原料居多。全公司管理人员13人，该厂给温州籍华侨服装加工的工厂10多个，近4000平方米；厚料一次裁50层，薄料一次裁200层，按件计算，夏服、冬服均有做，产品卖给意大利人，意大利人转卖给欧洲各国200多家商店。

王国臻、张绍环两兄弟开设的服装厂，是浙江省温州籍旅意大利普拉托华侨华人中规模最大的一家厂。

王国臻、张绍环两兄弟轮流管理厂，每人轮一年，今年轮到王国臻经营。

晚上，董邦云先生带我们去他开设的“香港楼大酒店”吃晚餐。

第六节　第二次采访浙江省瑞安市旅普拉托华侨董邦云先生

我们在他开设的“香港楼大酒店”吃晚餐后，于7月26日下午9点10分，再次采访董邦云先生。1989年，他赴意大利普拉托创业，有居留证，系正式温州籍居意华侨。我们认为，董邦云是个头脑灵活、思维敏锐、富有开拓性的华侨企业家，是称职的侨领之一。

董邦云先生经营“香港楼大酒店”、意大利“特丽康针织有限公司”、意大利“罗马红旭贸易集团”等规模宏大的商贸业。其中“香港楼大酒店”，原是老外开设的餐馆原名。当年12月买来，装修花了100多万人民币。本餐馆突出中华文化，用红木装饰，装修时间2个月，餐位240多个，可容纳320人，是普拉托最大的酒楼。该餐馆工作人员10余人。营业时间：上午11时—下午3时；晚餐：6时—12时。端午节、八月十五中秋节、春节、婚宴，星期六、星期日两天，客满。

做两种餐：一个温州餐，供温州籍华侨吃；一个中国餐，供老外吃。董邦云先生对食客很有研究，他说：老外经常来“香港楼酒店”吃的，供应他一杯竹叶青、一杯玫瑰露、一杯人参酒，当地老外回头客颇多；普拉托这个小城市，中国人多，中午吃的人少，晚上吃的人多。“香港楼大酒店”的厨师是中国申请出来的。他们对饮食、装饰很有研究：“西湖纯菜”，将它放在竹筒中，不放味精；“一帆风顺”，含美国夏果、花蕊，意大利芹菜，目鱼，胡萝卜，小南瓜，海参，虾仁等七八样东西放一只木船里；烤鱼，放在“竹丝篓”上。

董邦云先生说，餐馆刚刚起步，肯定有收入，但尚在不断实践与探索之中。

第七节　采访浙江省文成县旅普拉托华侨洪国柱、胡克吉两位先生

7 月 27 日，星期四，晴天，上午 12 时，董邦云先生来旅馆结账，为我们支付住宿费。下午 2 时 45 分，董先生驾车把我们送到普拉托洪国柱开设的“洪园大酒家”。洪先生把我们安排在这家酒楼上住宿。我们在酒家休息片刻后，洪先生带我们去参观文成人开设的几家服装加工厂：一家是胡立军开设的成衣加工厂，工人 20 多人，全年营业额达 300 万人民币；一家是王大理开设的服装加工厂，工人 9 人，全年营业额 200 万—300 万元；一家是陈永景与意大利人合开的服装加工厂，自裁布料，给别人做，自产自售，全年营业额达 2000 万人民币；一家是陈优正开设的服装加工厂，工人 13 人，全年营业额达 300 多万人民币，赚钱可观。

中午 12 点 30 分，“洪园大酒家”老板洪尚柱向我们介绍了洪氏家族和来欧洲谋生、创业以及普拉托华侨华人商会、意大利华侨华人佛教总会成立经过等情况。

洪尚柱，39 岁，浙江省文成县大峃镇人；妻子胡玉玲，38 岁，浙

江省文成县大峃镇周川村人。

洪尚柱父亲，1980年逝世，享年50多岁；母亲今年72岁。

洪尚柱育有二子一女：长子，洪国龙，1986年12月生，15岁；次子，洪国鑫，1996年生，5岁；女儿，洪艳艳，1997年7月8日生，4岁。

洪尚柱三兄弟：长兄洪尚海，今年45岁，在荷兰吕伐登开设中餐馆，现将中餐馆出售给他人；长子，洪国总，25岁，入荷兰王国国籍；女儿，洪微微，22岁。

三弟：洪尚华，今年33岁，在普拉托打工。其妻，李香，今年30岁，育有两个孩子：长子，洪国军，12岁；次子，洪国统，10岁。这两个孩子尚在文成县老家。

洪尚柱先生说，1984年8月到荷兰，1990年1月，从荷兰到意大利佛罗伦萨代中餐馆做二厨半年，即开设服装加工厂，一直开到1999年9月止，离开佛罗伦萨到普拉托购买餐馆，开设“洪园大酒家”。

洪尚柱在介绍自己家庭情况后，也向我们介绍了普拉托社团的情况：

1997年普拉托华侨华人商会成立，他任常务理事：2000年6月6日，意大利华侨华人佛教总会成立，已经普拉托政府批准。浙江省文成县周壤乡人胡克吉任总会会长，洪尚柱任总会秘书长。

第八节　采访福建省旅普拉托侨领林朱庆先生

7月28日，星期五，晴天，上午8时许，洪尚柱先生驾车把我们送到普拉托火车站，看望意大利福建省华侨华人中西部联谊会会长林朱庆先生。林朱庆会长向我们介绍了该会向普拉托政府注册时间和近年来接待福建省代表团来普拉托参观考察活动等情况。

林朱庆会长说，意大利福建华侨华人中西部联谊会，于1999年4月23日注册，5月1日在普拉托召开联谊会成立大会。福建省人民政府副省长张嘉庚和南平市人民政府市长等两个代表团各8人前来参加联谊会成立大会，意大利南北市政府也派员参加。

意大利福建华侨华人中西部联谊会（以下简称“联谊会”）成立以来为侨民做了许多好事：

在意大利实行“大赦”期间，林朱庆等人向福建省人民政府报告，要求福建省公安厅速办侨民公证，省长派人坐镇公安厅督办，使福建人办来居留证 390 多个；福建人在意大利的有 7000 人。1987 年 4 月 25 日意大利政府第一次实行“大赦”时，福建人办来居留证的仅有 20 多人；1990 年意大利政府实行“大赦”时，福建人办来居留证的增至 2000 人；1995 年“大赦”时，有 3000 多人办来居留证；1999 年“大赦”时，有办来居留证 1300 多人。有的通过其他方式来意大利，现在，中国人在意大利普拉托的有 13000—14000 人。

联谊会为福建侨民解决经济纠纷，帮助福建侨民送医院治病，组织中国传统节日活动，如“三八妇女节”“国庆节”等，联谊会都举行庆祝活动。联谊会还举行庆祝香港、澳门回归祖国的重大活动。

采访联谊会结束后，“联谊会”办公室秘书徐策把我们送到洪尚柱家中。晚上 8 点 30 分，洪尚柱、胡克吉两人驱车把我们送到博洛尼亚（Bologna）采访。车子一到博洛尼亚郊区，此地华侨华人联谊会副会长郑朝华先生已驱车在那里等待了。我们坐上郑朝华的车子与洪、胡二人谢别。当晚，郑朝华先生把我们开到他开设的酒店附近一家旅馆住下。

第四章　博洛尼亚华侨华人社会

博洛尼亚（Bologna，一译“波伦尼亚”），意大利北部城市，艾米利亚罗马—湟区首府。位于波河平原（Polesine）南缘、亚平宁山脉的北麓。人口 48.6 万（1976）、56 万（2000），农产品集散地、商业中心。工业以食品、机械、摩托车、制鞋、陶瓷与化学为主。铁路枢纽。多城墙、塔，文艺复兴时期的宫殿、哥特式教堂等古代建筑。有欧洲最古老的大学（中译名波伦亚大学）建于20世纪初[1]。

2000年7月28日下午10时至29日下午，我们参观博洛尼亚市场，采访郑朝华、郑明奎、曹高林、项新煌、郑进甲、廖巧明等人。

第一节 采访浙江省瑞安市旅博洛尼亚华侨郑朝华先生

7月28日，星期五，晴天，下午10点10分，博洛尼亚华侨华人联谊会副会长郑朝华先生带领我们去他开设的中餐馆吃晚饭，晚餐后休息一会儿，郑朝华先生向我们介绍了博洛尼亚华侨华人社会情况：

现有华侨华人2000多人，无居留证的有1000人左右。1979年，华侨华人只有400人，1987年意大利政府实行“大赦”政策，华侨几乎增一倍，1990年、1995年、1998年意大利政府几次实行“大赦”，又增加了大批华侨。

一、华侨华人经济状况

（一）餐馆业：100多家。1972年开设第一家“中国饭店”；1973年开设第二家“明之花饭店”和“中华饭店”。之后，有“东升饭店”。目前，浙江省文成县人胡克臣开设的“大世界餐馆”，规模最大，有150个餐位。1988年开设第十六家“皇城酒楼”；1995年餐馆发展到50多家，近5年增至40多家。

博洛尼亚，酒家、饭店开设后都巩固下来。该市米里亚一条街开设5家饭店。

博洛尼亚，是非旅游城市。中餐馆都是接待外国人。90多家中餐馆中有外卖的是20多家。搞外卖的餐馆，既有送餐饮到户，又有外国人来饭店拿餐饮回去。餐馆是搞手工业式的，收取“小费”的不少。比如，价值80里拉的餐饮送到老外家中时，老外加“小费”，支付1000里拉给送餐饮者。

---

① 《世界地名词典》，上海辞书出版社，1981年1月版，第1238页。

（二）皮包业：皮包加工厂30多家，规模大小不一；大的厂有10来台机器，15—20个工人；小的厂两台机器，夫妻俩为老外加工，福利少，风险小，但收入比较稳定。这样的夫妻皮包加工厂有10多家；大的皮包工厂有20多家。

（三）服装加工厂：服装加工厂有40多家，最小的服装加工厂有10多台机器，辅助工10多人；最大的服装加工厂有50多台机器，工人50—60人。这些服装加工厂都为老外加工，工资收入不少，他们多劳多得，裁布料每月工资5—6个米里红，平均一个月1.5个米里红；他们吃、住全包的。

二、进出口贸易

（一）旅游鞋：从中国福建省福州、泉州和浙江省瑞安市东山进口，生意一般，从中国进口的旅游鞋质量太差，且说经营进出口旅游鞋的时间较短。

（二）服装批发：3家。服装向中国进货，批发给老外卖给欧洲各国。

（三）零售商店：零售服装、百货、食品、皮包（包括皮包批发）30多家，其中皮包批发商店4家，音像商店（出租）2家。

（四）华人诊所：有华人诊疗所3家；摆地摊：有摆卖户30多户。其中，浙江瑞安人10多户，青田人、温州城区（鹿城区）人10多户。

意大利人、摩洛哥人从事摆地摊挈卖小商品。这些做摆卖散的人，没有意大利政府的营业执照，心惊胆战，见意大利警察来，即刻卷席而逃奔、躲避，其实警察也都知道，开只眼、闭只眼，任其逃走。摆卖户者，放暗哨，等警察一走，摆开地毯，亮出五花八门的小商品，顾客渐渐围观，看准一件即付钱购买。

第二节 采访浙江省瑞安市旅博洛尼亚华侨郑明奎先生

7月28日，星期五，晴天，下午11点20分，采访郑明奎先生。他，1935年10月出生，浙江省瑞安市枫岭乡大藏村人，从小在家务农，1962 年开始，在本村任村干部。1982 年，郑明奎先生赴意大利博洛尼亚从事皮革、餐馆业。1993 年，他被选为第四届旅意中区华侨华人联谊会副会长，1997 年任该会第五届第一副会长。他热心华文教育，1998 年 9 月，创办中文学校，校址借用意大利人办的学校 3 个教室，分小学初、中、高三级，每班 10 多人，教师 3 名，其中温州籍教师 2 人，宁波籍教师 1 人。课本，中华人民共和国国务院赠送的。学校每周二、四、六三天下午 4 时至 6 时上课。现在，中文学校正放暑假。

第三节 采访浙江省瑞安市旅博洛尼亚华侨曹高林先生

7 月 29 日，星期六，晴天，上午 7 时许，我们采访曹高林先生。他，浙江省瑞安市高楼镇人，今年 50 岁；妻子郑黄兰，47 岁。

曹高林先生育有一女、两子：长女，曹海棠，24 岁，嫁给周振儒之子周建章，今年 25 岁；两子；是双胞胎：长子曹隆龙；次子曹隆虎，22 岁。

1996 年，曹高林先生购买“八一公园”附近一个商场，面积 23 平方米、两把铁伞，80 个米里红；同时，还交付博洛尼亚政府垃圾清理费和地皮费 1.6 个米里红，方可摆“卖散”摊位。

曹高林先生说，他摆的“卖散”摊位，主要是摆卖大小不一的皮包，生意不错，每月大约卖 4.5 个米里红（Mil）。

据曹高林先生说，在“八一公园”附近提“卖散”摊位的浙江人有 7—8 户，其中有 5 户已购来，还有 3 户仍向博洛尼亚政府租来。

摆“卖散”时间，博洛尼亚政府规定，每星期只准你在星期三、星期六两天摆卖。

第四节 采访浙江省瑞安市旅博洛尼亚华侨项新煌先生

7 月 29 日，星期六，晴天，上午 8 点 25 分，我们采访项新煌先生。他，浙江省瑞安市湖岭镇大岭垟村人。1962 年出生。湖岭中学毕业后，曾在北京推销服装业务，巧逢北京即将举办亚运会，头脑灵光的项新煌先生，为北京环卫工人无偿提供印有“庆祝亚运会召开”字样的工作服，在京城环卫界引起轰动。1990年正月，从中国来到意大利博洛尼亚创业。开始，项新煌先生代人打工几个月，学会制皮包技术，自开设皮包工厂；其妻子比他迟一个月来博洛尼亚，当他帮手，使皮包工厂规模逐步扩大，获利越来越多。

1970 年 11 月 16 日，中意建交后，意中区博洛尼亚（一译“波伦尼亚”）华侨华人联谊会成立，首届（1971—1974）会长孙明权；第二届（1975—1979）会长陈景明；第三届（1980—1985）会长周仲轩（代理）；第四届（1986—1990）会长周仲轩，项新煌先生为意中区博洛尼亚华侨华人联谊会常务理事兼宣传干事。

第五节　第二次采访浙江省瑞安市旅博洛尼亚华侨郑朝华先生

7 月 29 日，星期六，晴天，上午 9 点 40 分，我们第二次采访意中区博洛尼亚（一译“波伦尼亚”）华侨华人联谊会副会长郑朝华先生，他向我们讲述了他三叔郑进甲来意大利创业的兴衰历史及其家族的族谱全图，以便我们对他们家族的了解。

郑进甲，浙江省瑞安市枫岭镇大藏村人，1913 年出生。他 4 兄弟，进平为老大，进东为老二，他居三，小弟进瑞。郑朝华是老二进东之长子。

1932 年，郑进甲挑小猪去青田县贩卖，一位青田华侨告诉他，自己有朋友在意大利都灵。郑进甲听后，请这位青田人帮忙，于 1932 年从上海乘轮船，历时 3 个月，到意大利威批斯上岸，再从威批斯去都灵。他在都灵以挈卖小佛珠、领带等小商品为生。他在都灵待了十来年，加入了意大利共和国国籍，成为中国旅意华人。

1942 年，郑进甲从都灵到罗马。正是，欧洲处于第二次世界大战期间，他被意大利政府遣送到海岛上，失去自由，吃了几年苦头。第二次世界大战结束后，郑进甲把金戒指卖掉，开设皮包小作坊，自产自销，积蓄资金，开设皮包批发公司。但他还是一个“光棍”，未娶妻子。

1963 年，浙江省文成县玉壶镇一个 40 岁的妇女胡乃孙嫁给郑进甲先生，但她不会生育，使郑进甲先生没有下代。

1975 年，郑进甲先生的小弟进瑞之子郑朝荣为他嗣子。郑进甲拥有餐馆、商店、住家，还有罗马、佛罗伦萨等市有他购买的山地。可以说，郑进甲先生是个大富翁。

郑朝荣，今年 40 多岁，1993 年拿出 100 多个米里红（Mil）在瑞安市办一所郑进甲中学，现在（指 2000 年 7 月）正在扩建之中，学校要求郑朝荣再拿 30 万人民币给该校，郑朝荣不拿出。

郑朝华先生说，他叔父有一半财产分给朝荣，但郑朝荣不拿，致使进甲中学扩建受到影响。年迈的郑进甲先生病了一年多，于 1995 年 1 月 5 日逝世，享年 83 岁。

郑进甲先生在侨界德高望重。他逝世后，董志清为他主持丧礼，潘仲骞为他写挽联，中国驻意大利使馆、侨团献花圈。丧事办得很隆重。

郑朝华先生说，在他叔父郑进甲患病期间，他叔婶兄弟的儿子，很不争气，很快就把郑进甲一辈子勤劳苦干、流血流汗积累起来的财产全部花光了！

第六节　采访浙江省瑞安市旅博洛尼亚华侨廖巧明先生

7 月 29 日，星期六，晴天，上午 11 点 30 分，我们在郑朝华先生开设的餐馆吃中饭。中饭后，休息 12 分钟，郑朝华、郑明奎和张某某 3 人带领我们参观博洛尼亚几家中餐馆及小商品市场。其中中国人开设的小商品店仅有 8 家。

参观博洛尼亚中餐馆、小商品市场回来，路过廖巧明先生开设的“国货商场”门口时，郑朝华先生叫我们参观他的“国货商场”。据廖巧明先生介绍：商场面积 120 平方米，是购买来的。国货商场经营副食品、饮料等。商场商品，是从意大利、中国购来的，目前，这家“国货商场”生意尚可。

廖巧明，浙江省瑞安市永安乡呈店村人，1951 年出生；妻子 1954 年出生。祖父廖安静于 1920 年赴法国做行商小贩；父亲廖文虎，于 1963 年赴意大利博洛尼亚开设皮包工厂，1983 年到米兰开设中餐馆。

廖巧明，出生于华侨家庭，育有 5 女、1 子。1968 年，他经澳门持旅行证件，以家庭团聚为名出境。他到意大利博洛尼亚郊区开设一家皮包工厂，购买十几台机器，自产自销，经营 20 多年卖掉，于 1997 年 9 月开设“国货商场”，开始经营只有 2 人，营业时间较长。

廖巧明父亲廖文虎与他的小女儿在米兰开设一家“西湖饭店”，这家饭店有 90 个座位，生意兴衰不一；廖巧明有 5 个姐妹在米兰；有两个姐妹开设 5 家饭店；还有一个姐妹在博洛尼亚郊区开设中餐馆；一个姐妹在罗马开设贸易公司。

廖巧明说，他全家族包括表兄弟计 300 多人由他申请出国创业；他的妹妹，带出 100 多人；他的大姐也带出几十人。

廖巧明说，他的父母都已退休。

1970 年 11 月，中意建立后，旅意中区博洛尼亚华侨华人联谊会成立，首届（1971—1974）会长孙明权，副会长陈景明、吴执科、廖文虎、夏廷标；第二届（1975—1979）会长陈景明，副会长吴执科、廖文虎、陈志光、林增益、夏廷标、周仲轩；第三届（1980—1985）会长周仲轩（代理），副会长吴执科、廖文虎、陈志光、林增益、夏廷标、郑朝凯；第四届（1986—1990）会长周仲轩，第一副会长廖巧明，副会长郑明奎、郑进轩、周鹏典、周定权、吴正光兼秘书长；第五届（1991—1997）会长廖巧明，第一副会长郑明奎，副会长周铁权、郑朝华等。1998 年中区博洛尼亚华侨华人联谊会成换届，向博洛尼亚市政府申请会所。经过一年时间的申报，博洛尼亚政府批给 120 平方米会所。博洛尼亚政府免费提供的，据说，在全欧洲还是首例。

博洛尼亚，现有华侨华人 2000 多人，其中浙江省瑞安市人约占 90%，福建、上海等地人占 10%。20 世纪 80 年代前，青田人占多数；80 年代后，青田人都转到别的地方创业。

廖巧明会长热爱祖国，关怀桑梓。他担任中区博洛尼亚华侨华人联谊会第五届、第六届联谊会会长期间，捐资支援中国救灾；1994 年中国水灾严重，他组织联谊会正、副会长及常务理事捐资 25 个米里红支援中国灾区，使灾民重建家园。1997 年中国水灾严重，他组织联谊会正副会长及常务理事捐资 20 多个米里红支援中国灾区。

香港回归祖国，廖巧明兴高采烈，组织联谊会会员舞龙舞狮，庆祝香港回归活动。澳门回归祖国时，廖巧明会长同样举行热列的庆祝活动。

廖巧明出国后，不忘祖国故乡——瑞安市永安乡呈店村人民的需求，尽自己的可能捐资 2 万元人民币给呈店村建造老人亭；捐资 17 万元给永安中学改善办学条件。

下午 7 点 10 分，廖巧明先生带领我们去意中区博洛尼亚华侨华人联谊会办公室参观，请我们浏览联谊会工作活动的几份资料；同时，他叫我们对这次调查考察博洛尼亚华侨华人社会的印象。我们连说，感谢联谊会侨领对我们这次调查考察博洛尼亚华侨华人社会的大力支持与帮助。双方交流后，廖巧明和项新煌二人，驾小车把我们开往雷焦内尔艾米利亚（Reggio nell'Emilia）调查华侨华人社会。

第五章　调查考察雷焦内尔艾米利亚华侨华人社会

雷焦内尔艾米利亚位于波河平原南缘，帕尔马东南，临克罗斯托洛河（Crostolo）。人口 16 万。是农产品集散地。陶瓷业、农机业、服装业、畜牧业等四大业最为出名，是意大利富裕城市之一。

根据雷焦内尔艾米利亚侨领的安排，我们在该市采访时间只有几个小时，即去意大利北部一个城市——米兰调查、考察、采访华侨华人社会。因此，我们不顾疲劳，分秒必争，调查考察雷焦内尔艾米利亚华侨华人社会。

第一节　采访浙江省青田县旅雷焦内尔艾米利亚华侨吴建华先生

2000 年 7 月 29 日，星期六，晴天，下午 7 点 50 分左右，在“东亚大酒家”吃晚餐。席间，我们采访吴建华先生。

吴建华，浙江省青田县方山乡人，他向我们介绍了雷焦内尔艾米利亚华侨华人社会的基本情况：

1980 年，他在雷焦内尔艾米利亚开设“中国城饭店”；1986 年，雷焦内尔艾米利亚有 3 家餐馆；1999 年，市区增至 10 家、郊区 20 多家；服装加工厂是 1988 年后发展起来的，到 1996 年时达到 200 家。每家服装加工厂，规模大小不一，小厂一般 4 至 5 人；大厂 50 至 60 人。

第二节　采访浙江省文成县旅雷焦内尔艾米利亚华侨胡梅魁先生

胡梅魁，1957 年 9 月 1 日出生，浙江省文成县玉壶镇底村人。1972 年玉壶镇小学毕业。1985 年，赴意大利定居雷焦内尔艾米利亚，经营制衣业。1998 年 3 月，他被选为首届雷焦内尔艾米利亚华侨联谊会第一副会长；1999 年 3 月，旅意华侨华人友好协商会成立，他被选为该会常务副主席。

雷焦内尔艾米利亚，是意大利服装生产基地之一，文成、瑞安、青田、上海、福建等地在这里开设服装加工厂的华侨华人占 90% 以上。其中，福建人在这里开设服装加工厂的很少，而文成、瑞安、青田三县（市）华侨华人居多。近两年来，哈尔滨、辽宁、山东、河北，中国台湾同胞来这里开设服装加工厂的增多。台湾同胞在这里开设中餐馆的2家，酒吧的3家。

雷焦内尔艾米利亚郊区最大的一家“福华餐馆”面积最大，有250多个餐位，全部供老外吃。

由于中餐馆开得太多了，生意受到影响；有些华侨改卖快餐。雷焦内尔艾米利亚市区开外卖店的有5家，实际上是一户人开设。

下午8点50分，胡梅魁先生和另一位雷焦内尔艾米利亚华侨华人联谊会副会长驱车把我们送到米兰。抵达米兰时，已是夜晚10点钟了。米兰华侨华人工商联合会副会长陈世甫，把我们安排米兰一家三星级旅馆（唐人街）住宿。这天活动，我们感到有点疲劳了。

第六章　米兰华侨华人社会

米兰（Milano），位于波河平原西北部，阿尔卑斯山南麓。意大利第二大城市，伦巴第区首府。人口200多万（2000年7月30日，侨领提供）。始建于公元前4世纪。公元395年为西罗马帝国都城。1158年和1162年在同神圣罗马帝国两次战争中，城市几乎全毁。1796年被拿破仑占领，次年被建为米兰共和国都城。1861年并入意大利王国。全国最大的工商业和金融业中心。有钢铁、汽车、电气器材、机床、石油化工、纺织业等工业。铁路、公路交通枢纽。有运河通波河支流提奇诺河（Tieino）与阿达河。米兰大教堂是欧洲最大的哥特式大理石建筑之一，始建于1386年。还有著名的斯卡拉剧院、博物馆等[①]。

2000年7月30日，星期一，晴天，上午8点10分，米兰华侨华人工商联合会副会长陈世甫来旅馆，带领我们参观米兰华侨华人社区，并安排我们在米兰调查考察华侨华人社会活动的日程。

① 《世界地名词典》，上海辞书出版社，1981年1月版，第424页。

第一节　采访浙江省瑞安市旅米兰华侨陈世甫先生

7月30日，星期一，晴天，上午8点35分，我们采访陈世甫先生。他带领我们先参观考察米兰华侨华人社区、周氏百货商场、华侨旅行社、太平洋音像书社、求知书店、文化书店、大众文化书店、新华书店等等。中国味很浓。

接着，陈世甫向我们介绍了米兰侨团建立的历史及其演变过程和侨团正副团长的名单。

在20世纪30年代，米兰就有华侨社团组织。第二次世界大战结束后，1946年侨团改组，定名为华侨工商联合会，胡志贤为首届会长。1949年，侨团更名为“旅意北部华侨华人工商会”，胡锡珍（青田人）任会长。1982年易名为“米兰华侨华人工商联合会”，到2000年7月止，工商联合会已历5届。

详见下表：

米兰华侨华人工商联合会历届正副会长名单

届次	名誉会长	会长	副会长	备注
第一届（1982—1985）		胡锡珍	陈用藏 孙明权 杜岩品 胡克格	陈用藏为第一副会长
第二届（1986—1986）	胡锡珍	胡守近	陈用藏 孙明权 胡克格 胡志潺 杜岩品	
第三届（1987—1993）	胡锡珍 胡守近	胡志潺	陈用藏 孙子系 仇仲容 陈金满 陈世甫 裘旭照 李云剑 胡守财 金可寅	
第四届（1994—1997）	胡志潺 孙明权 胡守近	孙子系	陈金满 郑耀庭 陈世甫 仇仲容 裘旭照 胡长钦 叶琪朔 董希欧 蔡志荣 金可寅	

续表

届次	名誉会长	会长	副会长	备注
第五届（1998—2001）	胡守近 胡志潺 孙明权 孙子系	郑耀庭	陈金满 陈世甫 陈廷宗 陈军榕 裘旭照 仇仲容 胡长钦 胡志銮 朱静怡 林华兴 金可寅	陈金满为第一副会长

根据新修订的会章规定，每三年换届一次。在意大利政府实行“大赦”期间，华侨华人筹措了一笔资金，要求意大利米兰政府为工商联合会解决三个问题：一、批给工商联合会一个办公地址；二、批给工商联合会一笔华文教育基金（办三个班、90 多人）；三、批准在华人社区树立一个“中国牌坊”。

以上三个问题，工商联合会向米兰政府报告已有数月，迄今尚未收到批文。

据陈世甫副会长介绍：米兰市人口 200 万，华侨华人 15000 左右，华人无居留证的约有 20000 人。米兰华侨华人中，浙江人居多，占 80%—90%；近几年来，东北人、北京人、福建人来米兰的，约占 10%。

陈世甫说，他祖父 7 兄弟都在欧洲谋生、创业，开始为人打工，略有积蓄，开设皮包小作坊、小饭店，再扩大，逐步发展成为贸易公司。

米兰华侨华人社会经济突出的问题反映在以下三个方面：

（一）餐馆业：据 1999 年统计，市区 400 多家；近郊区 200 多家。这些服务性行业，是适合中国人经营特点的，看得到，摸得着，很少有破产的。餐馆规模不大，米兰最早的饭店是“中华饭店”。这家饭店是由 4 人联合开设的。房租不断提高，饭店承受不了，这家“中华饭店”就不开了。

1958 年前，米兰只有两家饭店，1972 年 2 月 21 日尼克松访华后给意大利带来了好运。米兰市出现了两家大酒家：一家是“东亚大酒家”，有 300 多个座位；一家是“大东园酒家”，有 400 个座位。

香格里拉，是新加坡人开设的餐馆，档次很高：一般的中餐馆是

80—90 个座位。这类中餐馆较多。最近的餐馆，其中一半设日本餐，一半设中国餐。

（二）进出口贸易：进出口贸易雨后春笋般地发展起来，近 3 年内就发展到 200 多家。这些进出口贸易公司规模虽然不大，但发展很快，伴随而来的，房价大幅度升高。如“华人街”的“勃拉曼德”，原来送人也送不掉的，现在突然产权升高。从 1999 年 10 月开始，随着华人的增多，进出口贸易的快速发展，卫生带来了严重问题。米兰居民集会闹事，他们要求米兰市政府派官员查华人进出口贸易公司的卫生问题。

从上个月 21 日（指 2000 年 6 月 21 日），米兰市政府官员找几个商会、居委会有关方面负责人谈话。这里面，既有政治因素，也有妒忌因素，企图把进出口贸易公司的快速发展势头压下来。意大利政府规定，零售商店只能经营零售商品不可经营批发，而批发商店只能进行批发。

米兰周氏贸易商场开得最大。它包括中餐馆所需的东西样样都有。青田人孙子系开设的中国贸易超市也搞食品出售，从吃到穿样样都有。

（三）服装、皮包工厂：在城市开设服装加工厂，居民反对，致使服装工厂逐步移到郊区开办；皮包加工工厂，自产自销；服装工厂，20 世纪 80 年代基本上为老外加工，但获利微薄，许多华人靠勤奋，赚一点钱；领带加工工厂，有男的参加加工，也有女的参加加工。

米兰郊区范围很大，工厂办在郊区，伸缩性很大，可能随时闭厂，也可随时开工生产。

郊区服装加工厂，规模大小不一，有几人生产的服装加工工厂，也有几十人生产的服装加工工厂。他们为了赚得一点劳钱，有的华人不让孩子读书，要他做辅助工；有的华人家属与亲戚，因忙于生产，七八年只有相聚一次。

此外，米兰市区金银首饰店 6 家；中草药店 6 家，根据意大利法律规定，中医药大夫可治病，但没有处方权。

第二节 采访浙江省文成县旅米兰华侨胡长钦先生

7月31日，星期三，晴天，上午9时许，原浙江省温州大学历史系副教授郝兆矩带领我们去采访浙江省文成县米兰文成县同乡会会长胡长钦。他，1948年出生，浙江省文成县玉壶镇外村人。1961年毕业于玉壶小学；其夫人温碎娟，1947年出生，比长钦小1岁。

胡长钦先生，向我们介绍：

1985年米兰首家贸易公司，是中意贸易公司。从1985年到2000年6月，已发展到100多家贸易公司；同时各行各业也相继涌现，如书店、旅游公司、中国陶瓷、千秋中药店、服装加工等等。米兰北部地区较富；南部地区较穷，人的素质比较差；而北部文化素质较高。

胡长钦先生说，由于偷渡米兰的人员众多，米兰社会情况日趋复杂，出现了打架、抢劫等不良现象，引起了米兰政府的注意。

第三节 采访浙江省文成县旅米兰华侨胡光绍先生

原温州大学历史系副教授郝兆矩带领我们采访胡长钦先生之后，采访了浙江省文成县同乡会副会长胡光绍先生。他，1946年11月出生，浙江省文成县玉壶镇底村人，1964年文成中学第四届高中毕业。同年9月开始，他在玉壶区小学、玉壶中学、大南乡校、东头乡校任教。后奉调玉壶文化站、文成县文化馆工作，曾任县文化馆副馆长。中共十一届三中全会后，在党和国家实行改革开放政策的指引下，于1979年12月赴荷兰莱顿创业，因经营餐馆无资本，开设一家“怡怡餐馆”。1982年8月，胡光绍夫人和他的女儿胡夏怡到米兰充当帮手。

1990年3月，季朝晖从法国到意大利米兰勤工俭学。他，1968年5月出生，温州市鹿城区人。他父母都是知识分子，在国家困难时期，奉命支援文成山区建设。季朝晖降生后，随父母赴文成县大峃镇生活。

他从小喝着文成泗溪水长大。高中毕业之后顺利考入温州师范学院中文系就读，1988 年大学毕业后又返回文成县教师进修学校执教语文。他在文成县城读书、任教期间，熟悉了一批教育界、文化界、侨界人士，了解他们长辈在海外谋生、创业及其分布情况。因此，他从法国到意大利米兰时，首先到胡光绍先生开设的“怡怡餐馆”工作，一边打工，一边学习意大利语，并结识了胡光绍先生的女儿胡夏怡。虽然，他俩的出身和文化背景大相径庭，但他俩都勤奋学习，并能吃苦耐劳，在交往中找到了许多共同的语言，很快他俩便坠入了爱河情海之中，并经双方父母同意，于 1992 年 4 月结成了良缘。

结婚后，在众多的亲戚和朋友帮助下，季朝晖夫妇在米兰开设了一家中餐馆。由于正逢经济危机，加上年轻人经验不足，缺乏餐馆的管理知识，仓促上阵，结果，使中餐馆几近破产。面临此种情况，他们一边苦苦挣扎，努力维持餐馆的运作，并且节吃省用，以便偿还亲友们的借款；一边不断地思索，并对当地市场进行研究。

不久，他们发现许多华商由于在语言上和观念上的不同，缺乏对当地经济方面的知识和对当地政府法律法规的了解，使他们的经济事业的发展受到了很大的限制。如果可以帮助同胞们解决语言和法律问题，既可以让他们顺利经营企业，也可以让自己获得可观的收入。于是，朝晖夫妇俩决定让妻子把更多的精力放在学业上，而餐馆的担子主要落在丈夫身上。功夫不负有心人。5 年后，妻子胡夏怡终于在餐馆的餐桌上写完硕士毕业论文，以优异的成绩毕业于著名的米兰博哥尼经济大学。同时，由于不断地学习、摸索，他们经营的餐馆生意也有些起色，总算还清了大部分债务。

季朝晖与胡夏怡夫妻俩合计，趁势卖掉了餐馆，转而开设了“会计法律事务所”，开始为一些华侨的微型公司提供服务。朝晖夏怡会计法律事务所开业一年之后，受到了 100 多家企业的信赖，并成为他们的客户。

第四节 采访浙江省瑞安市旅米兰华侨杜岩品先生

7月31日，星期一，晴。下午1点30分，意大利米兰华侨华人商贸联合总会会长胡光利陪同我们采访杜岩品先生。

杜岩品，浙江省瑞安市仙岩镇岩下村（今属温州市瓯海区）人，1919年出生。1937年春夏之交，从温州乘船到上海十六浦，住在一个青田人叫陈俊明开设的“悦来饭店”，等了一个月，才搞到一艘货轮船票，经海道到意大利威批斯上岸。他上岸这一天，正是“七七”卢沟桥事变之日。他抵达米兰时，这里已有华人100多人，其中青田人居多。

杜岩品说，来米兰时先做挈卖小商品生意近一年时间。之后，他与原浙江省永嘉县藤桥镇（今属温州市鹿城区）周松发等4人合伙开设一家皮包作坊，自产自销。经营二年之后，为德国人开设的皮包工厂代工。第二次世界大战期间，仍为德国人的皮包工厂做工。“二战”结束后，杜岩品独自开设皮包商店。这家皮包商店面积100平方米，现有商店面积500平方米。

1945年12月，与意大利姑娘结婚，她叫阿得林，今年75岁，生一女、一男，女儿57岁；儿子55岁。

1962年6月3日，杜岩品和胡照卿、胡仲山、胡盛卿四人合伙开设“中华餐馆”。当时在意大利谋生的华侨有100多人。他们很想吃中国菜，即使意大利人也很想吃中国菜。为了办好这家餐馆，他从香港请来了4名厨师，从意大利雇来了十几个女服务员，改善服务态度，研究菜谱，变换花样，讲究调味，注意卫生，使顾客感到满意。米兰市长为鼓励他们办好餐馆，奖给胡照卿、杜岩品、胡仲山三人各一枚金质奖章（胡盛卿先生当时尚未定居意大利，故没有拿到金质奖章）。

1970年11月，中华人民共和国与意大利建立外交关系后，华侨来意大利米兰的日益增多，胡照卿先生因年事已高，便于1978年1月回归祖国，把“中华饭店”让给杜岩品先生独自经营。1982年，“中华饭店”其他股东股份均卖给杜岩品先生。1998 年 7 月，“中华饭店”停止经营了。

杜岩品先生最后告诉我们，最早来意大利米兰的浙江籍，主要是青田、瑞安、文成（原分属为瑞安、青田、泰顺三县）的华侨，有胡锡珍、胡志贤、胡仲山、张从南、陈道生、陈仁信、潘益宙、胡照卿等 100 多人。

第五节　采访浙江省文成县旅米兰华侨胡克祥先生

8 月 1 日，星期二，晴天，上午 8 点 10 分，我们采访浙江省文成县旅米兰华侨胡克祥先生。

胡克祥，浙江省文成县玉壶镇人，1937 年出生。中华人民共和国成立后，他曾在文成县玉壶镇供销社工作 18 年。1981 年，他和妻子胡冬翠以赴西班牙旅游为名，经意大利米兰而留下。1982 年，胡克祥代餐馆做临时工；妻子胡冬翠做皮包加工。1984 年，胡克祥在蒙森（地名）开设“如意餐馆”，座位 100 多个；1999 年 3 月开设“大东园饭店”，座位 200 多个，雇用 12 人，摆酒可坐 400 人。这家饭店开了 5 个月，因生意清淡，饭店停歇，另谋出路。

1995 年 6 月，胡克祥在维罗纳（Verona）开设一家“玉园酒楼”，座位 130 多个。维罗纳，意大利北部城市，位于阿尔卑斯山南麓，临阿迪杰河，东距威批斯 101 公里，人口约 30 万。粮食、葡萄酒集散地。工业以机械制造、化学、纺织、造纸、印刷为主，是连接意大利北部和中欧的交通枢纽。有古代罗马的圆形露天剧场（公元 1 世纪末建），教堂亦多。[①]

胡克祥有两个儿子、两个女儿，他们都已长大成亲，独立生活了。

胡克祥说，他的长女与长子联合开设一家“湖滨酒楼”，规模中等。目前，生意尚可，

---

① 《世界地名词典》，上海辞书出版社，1981 年 1 月版，第 1192 页。

胡克祥还说，他4个儿女、4个孙儿，全家共15人，都在国外创业。

第六节 采访浙江省青田县旅米兰华侨焦鼎善先生

8月2日，星期三，晴天，上午8点10分，我们采访浙江省青田县旅意大利米兰华侨焦鼎善先生。

焦鼎善先生说，他的叔父焦跃仁于第一次世界大战后到意大利米兰，做行商小贩。1989年逝世。焦鼎善先生于1962年到意大利米兰，开始卖领带，怎样卖法呢？他说，将领带挂在左手腕上，到酒吧、酒楼去叫卖，呀！呀！……酒吧服务员用脚踢他，他一把抓住服务员衣领推进酒吧，卖了一条领带，向他讨一支香烟吸。第二次世界大战期间，自制皮包。因德军占领意大利期间，卖皮夹子，一直卖到1958年；皮包名牌产品做了18年，才开设皮包工厂，自产自售。以后，为意大利人加工皮包，收取加工费。

焦鼎善生四个孩子，意大利米兰政府规定：凡生两个孩子的，意大利政府每月给予生活费4个米里红，但意大利政府对多子女家庭的生活费的支付，是有条件的，即向意大利政府纳税的人家，方可享受生活补贴费。

第七节 采访浙江省文成县旅米兰华侨胡体图先生

8月2日，星期三，阴天，下午1点45分，原温州大学历史系副教授郝兆矩率领我们参观米兰天主教堂、达芬奇塑像、米兰博物馆、米兰公园等，晚上到胡体图先生开设的“友谊餐馆”吃晚餐。晚餐后，休息片刻，郝兆矩副教授陪同我们去访问胡体图的岳父胡宝珠老华侨，并记录了他赴意大利谋生、创业的历史及其子女成长与创业的情况。

胡体图，浙江省文成县金星乡金坪村人，1948年10月出生。早年就读于金星乡校、文成中学。1966年在金星乡金竹村插队劳动，

1979 年调文成县农械厂当绘图员。1972 年到《浙南大众报》当记者。1971 年“九一三”林彪事件发生，《浙南大众报》停刊，胡体图返回文成县农械厂。1973 年 6 月，考上浙江大学电机系深造，1976 年 7 月毕业，返文成县百丈漈三级电站当技术员。1978 年 12 月，申请赴意大利米兰与夫妻团聚。他到其岳父胡宝珠开设的“扬子餐馆”当厨师。1982 年 6 月，开设“友谊饭店”。当时米兰餐馆还不多，是属于第 31 家中餐馆。1985 年，胡体图在米兰开设的“深圳餐馆”，座位 100 多个，雇用职工 7 人，因为生意清淡，1989 年春，将这家餐馆出售给他人。以后，胡体图一直经营此家“友谊饭店”，座位 90 多个。这家饭店是租来的，每月租金 3 个米里红，相当 13 万人民币。“友谊饭店”，每月营业额 60 多个米里红，厨房 5 人，跑堂 3 人，加上两夫妻，共 10 人。胡体图妻子胡金玉，今年 46 岁。她生两个孩子: 长子，胡斌，今年 21 岁，中专毕业后在意大利当兵；次子，胡锋，16 岁，尚在米兰读高中。

胡体图岳父胡宝珠，今年 86 岁，他胞弟胡仲山乳名宝多，胡仲山与胡照卿、林岩品等 4 人合伙，于 1962 年 10 月 3 日在米兰开设“中华餐馆”。1975 年，胡仲山逝世。胡宝珠说，中餐馆在意大利的迅速发展，与美国总统尼克松访华，提倡吃中餐有关。像胡宝珠这种说法颇多、传闻很广。

1999 年 8 月，旅意米兰文成同乡会成立，胡体图被选为该会首届副会长，办报纸，当编辑。

第八节　采访浙江省文成县旅米兰华侨董金华女士

8 月 2 日，星期三，阴天，下午 8 点 40 分，采访浙江省文成县旅米兰华侨董金华女士。她，文成县玉壶镇垟平村人。1935 年 8 月 3 日出生，1954 年 2 月 10 日，与胡克和结婚。胡克和，文成县玉壶镇李山村人，1933 年出生，其母周氏；其父胡振生，1916 年 2 月出生。1935 年 3 月，胡振生的长子 2 岁时，赴意大利佛罗伦萨做行商小贩，以挈卖领带为生。

第二次世界大战期间，他到米兰挈卖皮包，与意大利姑娘结婚。“二战”结束后，胡振生在米兰开设皮包工厂，雇用工人 10 多人；1949 年 10 月 1 日，中华人民共和国成立后，胡振生与文成县玉壶镇李山村人胡显旺合股在米兰开设一家皮包批发公司。1984 年 4 月 28 日，胡振生之妻意大利女逝世。1990 年 12 月，胡振生和胡显旺二人合伙开设的皮包批发公司，产品出售给意大利人。1999 年 2 月 27 日，胡振生逝世，享年 84 岁。

胡振生在国内文成县元配周氏的儿子胡克和于 1979 年 3 月到意大利米兰创业。胡克和与他的小子胡志方出国。1989 年胡克和的次子胡绍俭和其妻子出国。1990 年胡克和的三子胡绍瑶与其妻子出国。1981 年，胡克和的小女儿随丈夫到荷兰国创业。

胡振生在意大利娶的意大利姑娘，生二子：长子，胡意进；次子胡意和，获得意大利博士学位。他生三子、六个玄孙男、五个曾孙女，共计 4 代、26 人。

胡克和热爱祖国，关怀桑梓。1988 年至 1997 年，他捐资 2.82 万元，给文成县李林华侨中学造教学楼、兴建李山公路。

第九节　采访浙江省文成县旅米兰华侨胡守近先生

8 月 3 日，星期四，阴雨天气，下午 4 点 25 分，我们采访胡守近先生。他，浙江省文成县玉壶镇丰村人。1937 年 5 月 26 日出生。其父是个老华侨，“二战”前定居意大利米兰。胡守近青少年时期，曾在文成县玉壶镇小学和温州华侨中学受过初等、中等教育，具有中学文化。1959 年 11 月 6 日，他离家赴澳门经香港，办来出国护照，1961 年 3 月抵达意大利米兰。在米兰开头四五年，以自制皮包产品，供其父亲去挈卖。1967 年，胡守近到荷兰哈勒姆（Haarlem）开设“友谊餐馆”。哈勒姆，是荷兰西部一个城市，地处阿姆斯特丹以西，距北海 7 公里，人口 16.3 万（1977）[①]。有“冶金、机械、化学、纺织、造船等工业”[②]。

胡守近在这个城市开设“友谊餐馆”生意不佳，1969 年将餐馆出售给他人，重返米兰重操旧业，仍自制皮包给父亲挈卖。1972 年美国总统尼克松访华，中美关系解结，中国国际地位进一步提高，世界各地中餐业掀起，思想敏锐的胡守近，在米兰开设“南京酒家”；1980 年开设“迎宾酒家”；1993 年开设“珍宝海鲜大酒店”；其长子胡立中在蒙扎（Monza）开设“樱桃酒家”。蒙扎，意大利北部城市，它临拉姆布罗河，西南距米兰 15 公里。人口 12.1 万（1976）[③]。工业中心，有纺织（棉、毛）、毡帽、地毯、机械、家具、玻璃、颜料与塑料等部门。这家“樱桃酒家”生意兴隆。

1995 年，胡守近开设的“珍宝海鲜大酒店”歇业。1999 年 12 月开设“汇丰贸易公司”，任公司董事长。

为了使“迎宾酒家”更上一层楼，胡守近将“迎宾酒家”进行装修，吸引顾客就餐，2000 年 8 月 3 日晚隆重举行开业典礼，我们应邀参加这次盛宴，令我们终生难忘！

胡守近先生在意大利米兰不是一般华侨，而是一个具有爱国爱乡情怀的著名侨领、企业家。他对祖国家乡的各项建设事业、尤其对祖国家乡遭遇的严重自然灾害，都慷慨解囊，积极奉献。

胡守近先生捐资帮助文成县玉壶镇的公路和青田县山口大桥的建设；捐资帮助文成县图书馆、玉壶中学图书馆和青田中山中学、温州大学、温州华侨中学等文化教育事业的建设；还十分关心祖国和家乡灾区人民的生活，出巨资支援大兴安岭火灾、华东地区水灾、温州 17 号台风灾害和文成珊溪水灾等等，帮助灾区人民渡过难关、早日恢复生产、重建家园。

---

①② 《世界地名词典》，上海辞书出版社，1981 年 1 月版，第 926 页。

③ 《世界地名词典》，上海辞书出版社，1981 年 1 月版，第 1324 页。

胡守近先生不但爱国爱乡，而且还热心为广大旅意侨胞服务，认真做好业缘、血缘和地缘关系的社团建设工作，他被选为多个社团的会长、名誉会长。

1986—1990年，他连续两届被选当米兰华侨华人工商会会长。他担任会长期间，办了许多实事，想侨胞之所想，急侨胞之所急，千方百计为侨胞排忧解难，助人为乐；开展爱国爱乡教育；创办中文学校，传播中华文化；组织社团回家乡访问，发展意大利和温州经贸关系，为引进外资牵线搭桥；团结华侨，维护华侨的合法权益，提高华侨华人在意大利的地位等等。因为胡守近先生为侨团工作所作成绩显著，因而他被聘为第三届、第四届、第五届、第六届米兰地区华侨华人工商会名誉会长和永远名誉会长。

值得点赞的是，在1985年、1987年、1992年、1995年、1998年意大利政府实行“大赦”政策期间，华人移居意大利各地区的人数剧增，新的华侨社团纷纷涌现，各自为政，如何把这些华侨社团联合起来，形成一股合力，这是摆在胡守近先生面前的一个难题。

胡守近先生调查研究、民主协商和筹备工作，经过两年时间的酝酿，意大利华侨华人联合总会于2000年1月4日在罗马省督府宣告正式成立，胡守近先生被选当为意大利华侨华人联合总会主席。这是侨胞人心所向，众望所归。

附：胡绍松先生家史

胡守近先生谈到其父胡绍松的简单经历及其家史：胡绍松，文成县玉壶镇丰村人，1915年出生，1936年经海道到意大利热那亚上岸，再到米兰谋生。开始几年，胡绍松以挈卖小商品为生。第二次世界大战后，他开设皮业批发公司（Nicorini），1995年6月去世，终年77岁。他去世后，华侨共送他77个花圈，出殡那天，米兰交通警察为他维持秩序，送葬队伍庞大，有600多人，吃饭的有350人，摆了330多桌酒席。

胡绍松的父亲娶了一个番女（外国女人），家族财产900万人民币，分给其儿子及孙子。绍松父亲死后葬在意大利公墓，保留50年后可再购 50 年。

第十节　采访浙江省文成县旅米兰华侨董希欧先生

8 月 3 日，星期四，阴雨天气，下午 8 点 25 分，我们采访董希欧先生。他，浙江省文成县玉壶镇叶垟村人。其父董光挑，1932 年赴意大利米兰谋生，与意大利姑娘安娜结婚。1945 年，生长子希欧。1946 年，光挑与妻子安娜从米兰回中国浙江省文成县老家务农为生，在中国又生了 3 个女儿。

1959 年，董光挑与妻子安娜从文成县老家返意大利米兰，安娜在中国文成县待了 13 年之久，会讲文成方言。1964 年，希欧的母亲安娜又生了一个妹妹。

董希欧住在意大利外祖母家中。他共有四兄弟、三姐妹，全部西化，不识中文，不会讲普通话，只会讲文成话。他们家在米兰开设皮革、皮包工厂，自产自销。1980 年在米兰开设“雄猫餐馆”，座位 70 多个，生意清淡；有一个妹妹嫁给老外，平时与女儿有往来。董希欧，其母尚健在，今年 77 岁；父亲 1998 年 8 月 4 日逝世。

董希欧，住家在米兰郊区，建筑面积 160 平方米，距米兰 14 公里。

1967 年，董希欧与文成县人结婚，1968 年自开设皮革工厂，面积 80 平方米，开到 1985 年闭歇。董希欧生一女、一男：女儿，31 岁；儿子，29 岁，他开酒吧，生意尚可。

第七章　都灵华侨华人社会

2000 年 8 月 4 日，星期五，阴雨，中午 11 点 30 分，我们在胡体图先生开设的“友谊饭店”吃罢中餐，胡体图先生驱车把我们开往都灵调查考察华侨华人社会。

这天中午后，天色骤变，从米兰出发不久，阴云密布，雷声隆隆，顷刻间，大雨倾盆，高速公路上积水半尺左右，车子加速驶去，公路上溅起水浪，拍击车前的玻璃，只见刮雨器不停地左右刮开雨点。为确保行驶安全起见，胡体图先生把车子开到一个公路旁设置的安全区暂停，其他行驶的小车也停在这个安全区里。大约过了半个多小时，暴雨渐趋减弱，胡体图先生再继续行车。下午3时30分，终于到了都灵市区。

都灵（Torino）一译“托里诺”。意大利西北部城市，皮埃蒙特区首府。位于波河上游谷地。海拔243米。人口119万（1976）[①]；另说，都灵人口120万[②]。始建于罗马帝国时期。文艺复兴时曾为一个自治城市国家。1720年是个撒丁王国都城。1861—1865年是意大利王国首都。现为全国最大的工业中心之一。大型的现代化企业集中在这里，其产量占全国90%，还有钢铁、飞机制造、拖拉机、机床、纺织等工业。有1404年创办的大学、工学院等高等学校。

在小车未到都灵市区之前，胡体图打手机给都灵华侨联谊会会长余序闹。余会长叫胡体图将车子开到鱼市场后面等他。我们车子抵达鱼市场后面，余序闹会长把我们接过去，坐他的车子去他开设的“皇城酒家”吃晚餐。晚餐后，他和我们研究了在都灵的两天采访、调查、考察等活动。

第一节　采访浙江省文成县旅都灵华侨周王京先生

8月4日，星期五，阴雨，下午7时许，采访周王京先生。他，1937年出生，浙江省文成县东溪乡坳头村人。青少年时期，他曾就读于文成中学初中部、瑞安师范学校普师部。他自瑞师普师部毕业后，于1959年至1962年在文成玉壶中学任教师。周王京的哥哥周王林，

---

① 《世界地名词典》，上海辞书出版社，1981年1月版，第999页。
② 《都灵华声》，1981年第10期。

1936年赴意大利米兰，以挈卖领带、皮夹等小商品为生。1937年“七七”卢沟桥事变发生后，日本帝国主义全面发动侵华战争，中华民族危机空前严重。意大利人看到中国人受日本帝国主义的侵略，呼喊华侨赶快回国抗日去！有的意大利人甚至骂华侨：“你们国家快灭亡了，还不赶紧回中国去抗击日本侵略者！”意大利人的呼喊咒骂，打动了周王林的心，他觉得应该是迅速回国抗日救亡，然而他来意大利谋生不久，从米兰到热那亚上岸时，身边只有一个美元了，怎能回中国呢？周王林先生只得先待在热那亚谋生。“二战”期间，德军进驻意大利，周王林被拘禁在某地，但德军对华侨比较客气。“二战”后，周王林到都灵，制皮包。周王林的意大利语讲得很好，主要是他在米兰挈卖领带时跟意大利牧师学过意语，再说周王京的哥哥肯帮助同乡旅意华侨，如何洪芳先生来都灵时曾住他家中6个月，瑞安（市）莘塍镇人李德裕先生来都灵时也住过他家中6个月，还有青田人高才三住过他家等等。

1971年，周王京到都灵。当时，这里只有8户人家，30多人。1979年只有一家“香港楼”。这家“香港楼”是广东人开的，他持澳门护照。中国驻意大利大使对周王京说：“我是第一任大使，你是第一个华侨！”其实华侨来都灵早已有之，周王京的哥哥周王林就是其中之一。众所周知，中华人民共和国与意大利共和国建立外交关系，是1970年11月6日，而周王京于1971年首个来意大利都灵。当时，他可被称为第一个华侨。尽管中国驻意大利大使对周王京开玩笑的称谓，但也反映了历史真实性。

周王京先生向我们介绍了都灵社会各行各业的概况：

餐饮方面：到1999年止，都灵餐馆达107家；到2000年8月，中餐馆上升为120家。其中第一家为“香港楼”；第二家为“上海酒家”；第三家为“凤凰餐馆”；第四家为“鲜红酒楼”；第五家为“中华餐馆”；第六家为“京华酒家；第七家为“北京酒家”；第八家为“正阳楼”等等，共计120家。在这120家餐馆中，座位100个以上的25家；座位100个以下的占大多数。

皮包制造方面：从1990年开始，逐年减少，现在皮包工厂有2家。周王京哥哥周王林开设的皮包批发公司一直开到1981年。

服装工业方面：90%以上是加工业，10%以下是自产自销。大小服装加工工厂或加工厂50家。其中第1家服装加工厂是1987年3月开设的。这家厂开设不久就关闭了。但从1989年开始，服装加工业迅猛发展，高达50多家。该行业是接纳华工最多的行业，而且这个行业还可吸收社会无业人员参加。

都灵的服装行业，营业额高的只有3家服装加工厂。这个行业在都灵还是一个比较落后的行业。

商业方面：大都是批发商兼零售商，而这些商店都是批发、零售兼顾。华人区原来有批发和零售商店。近几年，华人区外延到都灵郊区，如中药店1家、超市1家。

华文教育：都灵市政府为华侨华人提供了一个教室供侨界华文教育。周王京先生说，都灵中文学校开3个班：高级班、中级班和低级班，请3个中文教师任教，培养华侨子弟不要忘记中文。周王京先生还说，周王林两个女儿在外国出生，都不会讲中国话。

周王京的哥哥周王林于1936年到意大利，1981年逝世，享年65岁。他被安葬在都灵市。

第二节　采访浙江省文成县旅都灵华侨胡一中先生

8月5日，星期六，阴天，有小雨，上午10点35分，余序闹先生带领我们参观胡希读的儿子胡一中开设的服装加工厂及服装零售商店，并参观了都灵市的小商品、水果、肉类等市场。

在参观胡一中服装加工厂和他的服装零售商店过程中，我们见缝插针，采访了胡一中先生。

胡一中，浙江省文成县玉壶镇上村人，1952年出生；妻子董金玉，1956年出生。他的父亲胡希读，1924年出生。1949年从事教育工作，为文成县玉壶区小首任校长。1983 年退休。

胡一中，17 岁赴杭州学裁缝，20 岁满师，1978 年回文成县，1983 年 3 月 6 日赴意大利都灵不久，即赴法国巴黎做服装。胡一中说，文成县玉壶镇在巴黎做服装的有十几人，他们生产的服装出售给意大利人去卖。胡一中在巴黎为人缝衣服缝了四年之后，于 1987 年重返都灵。1989 年其父胡希读来意大利都灵，助他一臂之力。1990 年 4 月，胡一中开设服装加工厂，进口 20 台日本产的裁缝机，自己裁，自己做，自己售，盈利颇丰。他发财致富，不忘家乡，不忘母校对他的栽培。他支持母校——玉壶镇小兴建“胡希读综合楼”。楼高五层、实验室 4 个、办公室 20 个，建筑面积 1033 平方米，总造价人民币 50 万元。1998 年，他捐资人民币 25 万元助建。1999 年 12 月“胡希读综合楼”落成。

2000 年 5 月，胡一中在文成县大峃镇购买五层楼一座，一、二、三 3 层开设餐馆，购价 380 万元，出租费 20 多万元，赚钱少，但人安闲些。

胡一中有两个女儿、一个儿子：长女，胡丽彬，19 岁，高中毕业；次女，胡小彬，11 岁，读小学；儿子，胡小青，5 岁。

第三节　采访浙江省瑞安县（市）旅都灵华人李德裕先生

8 月 5 日，星期六，阴天，有小雨，下午 2 时许，余序闹先生带领我们参观都灵天主教堂、公园、古城堡、古塔等名胜古迹。顺路经过李德裕先生门口时，采访了李德裕先生，他原籍浙江省瑞安县（市）莘塍镇。1927 年 2 月在北京出生，住中华路法国租界，他七个兄弟，祖父李卓真曾任《民国日报》经理。李德裕随祖父住上海八年。1949 年 10 月，他到意大利都灵，在都灵读了四年大学。他来都灵时，这里只有 3 个中国人在米兰、罗马和都灵做生意。他的皮包商店在都灵开设 38 年后，交给孩子。在 6 年前，儿子将这家皮包商店卖给他人。

李德裕先生说其父李卓真娶过两个妻子，生两个孩子，均在美国生活。而李德裕他自己有两个孩子：儿子，1962年出生，今年39岁；女儿，1957年出生，今年43岁，在都灵读电脑专业。1937年她到过瑞安（市）莘塍镇。

李德裕先生说，1949年10月从香港坐轮船至马赛，途中历时28天。从马赛坐火车到都灵，身边仅有8个美金。想从都灵去米兰，美金不够，辗转去中国台湾台北市待了两年，又从台湾至香港，1973年拿到了意大利护照，获意大利永久居留证。

李德裕先生一生研究看相、算命，读了这方面的著作甚多。他说自己看过以下几本书：

《长命总论》，梁湘润著；

《中外名人命选——星相丛书》，张日晶编著；

《大流年判例》，梁湘润编著；

《李虚中命书》，梁湘润编著；

《中国命名宝典》，施昌谷校注；

《五术占卜图表》，张耀文著。

1979年，李德裕到过比利时、荷兰，历时8年，1987年返意大利都灵至今。

第四节　采访浙江省文成县旅都灵华侨胡建华先生

8月5日，星期六，阴天，小雨，下午4时许，我们采访胡建华先生。胡先生，浙江省文成县玉壶镇外村人，1959年出生，1971年文成玉壶中学毕业。1980年赴意大利都灵经营餐馆业。1986年10月16日都灵华侨华人联谊会成立后，第一届理事会，胡建华没有担任侨团职务；从第二届开始，至第三届均担任理事；第四届他被选当联谊会副会长。

胡建华的妻子林皓亮，今年40岁，高中毕业，她育有3个孩子：长女，胡慧贤，15岁，初中毕业；长子，胡龙明，13岁，读初中；小子，胡希骏，读小学三年级。

1987 年 5 月 18 日开设“美丽华酒楼”，座位 128 个，每月租金 2 万人民币；该酒楼楼上 120 平方米已购买来。

胡建华先生热爱祖国，关怀桑梓。1998 年 3 月，意大利政府实行“大赦”政策，胡建华帮助移民办理居留证，为中国人申办护照 600 份；同时，他还慷慨捐资支援意大利灾民。《都灵日报》报道了此事；中国长江发生严重水灾，他捐资 40 个米里红，支援长江流域灾民重建家园。

中午，我们在胡建华开设的“美丽华酒楼”吃中餐。

第五节　采访浙江省文成县旅都灵华侨余序闹先生

8 月 5 日，星期六，阴天，细雨，下午 8 点 10 分，我们采访都灵华侨华人联谊会第二届副会长余序闹先生。

余序闹，浙江省文成县玉壶镇中村人，1951 年 7 月 28 日出生，1967 年玉壶中学毕业。1977 年 9 月与胡素珍结婚。胡素珍，玉壶镇中村人，1953 年出生，今年 47 岁。余序闹的父亲，叫余式祚，今年 82 岁；母亲，黄翠妹，今年 78 岁。余序闹的大姐序丰，幼师毕业，今年 51 岁，开设“花园餐馆”，座位 90 多个；他的大哥序浪，今年 58 岁，玉壶农中毕业，他独自开设两家餐馆：一家叫“华都餐馆”；一家叫“华都城”。他的小妹余淑芬，今年 47 岁，在米兰开设“外卖店”。余序闹，已有一男、三女：长子，余祎，22 岁，中学毕业；长女，余巧闰，18 岁，高中毕业；次女，余丽闰，读中学一年级；三女，余小闰，11 岁，读小学 5 年级。

1979 年 7 月，余序闹先去香港待了 12 天，从香港到法国 15 天，再从法国到意大利都灵，做皮包历时 8 年。在做皮包期间，与胡立松等 5 人合股开设“皇宫酒家”，座位 80 多个；1986 年 4 月，与夏昌发、余序浪 3 人合股开设“龙门酒家”，座位 100 个；1987 年独自开设“皇城酒家”，座位 110 个。1996 年与他人合资在国内山东省德州开设“星座文化娱乐新世界”；又在黑龙江哈尔滨开设“威批斯酒家”，座位140个。以上中外合资和个人专资企业都亏本而告终。

1999年，他与其兄序浪等3人合资开设“余氏兄弟贸易有限公司”，序闹与序浪兄弟各投资100万人民币。

余序闹是意大利都灵著名的侨领之一。1986年10月16日，都灵华侨华人联谊会成立。其会员大多数是文成、瑞安、青田三县（市）籍人，省外县（市）华侨华人为数不多。首届联谊会会长胡允适，余序闹是理事；第二届联谊会会长周王京，余序闹是副会长；第三届联谊会会长夏昌法，余序闹为第一副会长；第四届联谊会会长余序闹。1993年，余序闹被选为首届旅意大利华侨华人友好协商会名誉主席。1998年10月任文成县玉壶中小学海外教育基金会副董事长。1993年3月24日，江泽民主席访问意大利米兰，他应邀参加接见并合影留念。

附件：

一、都灵华侨华人联谊会首届理事会

名誉会长：胡允迪

顾　　问：周文奎

会　　长：胡永适

副 会 长：周王京　　林泰局　　胡立松
　　　　　留光远　　余冬花（女）

秘 书 长：胡立松（兼）

副秘书长：余序闹　　夏昌燕　　胡昌法
　　　　　胡立苏　　仇则平

理　　事：马余申　　仇则平　　夏昌燕
　　　　　夏意涨　　余冬花（女）　余旭初
　　　　　余序闹　　余序浪　　周王京
　　　　　周光圣　　周光贤　　林泰局
　　　　　胡允迪　　胡永适　　胡双妹（女）

胡立松	胡立苏	胡昌法
胡丽华（女）	胡秋光	胡志魁
蒋运通	胡绍通	姜建华
留光远		

（刊载《都灵华声》1989 年 10 月 7 日，第 1 期）

二、都灵华侨华人联谊会章程

（1989 年 10 月 10 日通过）

第一章　名称和宗旨

第一条：本会定名为“都灵华侨华人联谊会”。

第二条：本会的宗旨是：为促进旅居都灵华侨华人的友好团结；增长爱国爱乡的感情；遵守侨居国的法律和政策；发扬和提倡互助精神；积极开展文学和文娱体育活动。

第二章　组织机构

第三条：本会组织原则是民主集中制，少数服从多数。最高权力属于会员大会。在会员大会闭会期间，由理事会执行一切权力。

第四条：在会员大会闭会期间，本会的常设机构是常务理事会。

1. 理事会由 43 名至 45 名理事组成，经全体会员大会通过无记名投票选举产生。

2. 本会设会长、副会长、秘书长、常务理事等 19 名主持日常工作。正会长由全体会员大会选举产生，其余人选由理事会协商选举产生。

3. 对德高望重、有特殊贡献的会员，由理事会全体成员协议通过，担任为本会的名誉会长或顾问。

4. 本会设秘书组，公关组，财务福利组，文化学习组，文娱体育组，每组各设组长一人，副组长和干事若干人。人选可由理事担任或在会会员聘任。

第五条：本会会长、副会长、秘书长和理事的任期为两年。正会长最长任期只能连任两届，但副会长、秘书长和理事可连选连任。

第六条：本届理事会在任期届满前领导各召开全体会员大会并负

责筹备改选工作，直至新的理事会成立为止。

第七条：全体会员大会定每年召开一次，听取并审查理事会的工作报告和财务开支情况；理事会定每半年召开一次，讨论研究本会工作，如有特殊需要，可以召开临时性的理事会或全体会员大会。

第三章 会员权利和义务

第八条：凡旅居都灵地区的华侨华人，年满十八岁者，承认本文章程，自愿报名入会，均为本会会员。

第九条：会员有选举权和被选举权；有权监督本会工作，有建议权及对本会所作的决议有保留意见的权利。

第十条：会员有权要求本会帮助解决力所能及的问题。

第十一条：会员都要关心爱护本会的声誉，热情参加本会工作和举办的各项活动，并有按期缴纳会员费的义务。

第四章 经费

第十二条：本会经费以自力更生，勤俭办会为原则，采取会员费收入，摊派和自愿乐助筹集之。

1. 会员费每人每年定为 10000 里拉，于当年三月三十一日以前交纳。

2. 财务组每年三月份结算公布当年的收支情况，同时公布当年乐助者名单。如有不愿公布姓名和金额者，请事先声明，对本会经费给予特殊资助的，应予表彰。

第五章 其他

第十三条：本章程如有未尽事宜，经理事会讨论，提交全体会员大会及时补充和修正。

第十四条：本章程自经全体会员大会通过之日起生效。

（刊载《都灵华声》1989 年 2 月 12 日，第 12 期）

三、1980 年—1988 年都灵中国餐饮业发展情况

都灵是意大利北部的工业城市，人口约有 120 万。这里的旅游资源，虽不十分丰富，但随着意大利人民对中餐业的爱好，都灵的中国

餐馆业发展的速度是惊人的。七十年代末期，这里只有两间中国餐馆；而进入二十世纪八十年代后，陆续开设了中国餐馆。特别是八五年至八八年的四年中，中国餐馆增三十家。截至八八年底止，开设在都灵市区的中餐馆总数达三十八家，约四千座位。

中餐业之所以能如此迅速发展，除了意大利是个旅游事业十分发达的国家，意大利人民对中国人民的友善和中餐的烹调技术具有独特之处外，主要是价格比较便宜，服务态度好。然而，就今年的情况看，大部分餐馆的营业状况不够理想，营业收入没有以往那样好。因此，我们除了进一步改善服务态度外，应从中餐的菜式上加以创新，使之更适合顾客的要求，以利中餐业立于不败之地。

1980—1988 年都灵中国餐馆业发展情况一览表（注：带括号的餐馆已停业）

开业时间	餐馆名称	合计	开业时间	餐馆名称	合计
1980 年以前	香港饭店 上海饭店	2	1986 年	桂林餐馆 北京酒楼 正阳酒楼	
1981 年	中华餐馆 京华酒家 凤凰餐馆			都城酒楼 广州酒楼 龙凤酒家	
	（鲜红餐馆）（北京酒楼）	5		大华酒楼 中国半点 中国半点快餐	9
1982 年	长城饭店	1	1987 年	熊猫酒家 美丽华酒家 东华酒家	3
1983 年	西湖酒楼 龙门酒家	2		杭城酒家 杭州酒家 华丽都酒楼	3
1984 年	金陵餐馆（原名金州酒楼）国际酒楼	2		皇城酒家（大金龙餐馆）	2
1985 年	华大利酒楼 金龙餐馆 皇宫酒楼		1988 年	华都酒家 京香楼酒家 京都酒家 安乐园	

续表

开业时间	餐馆名称	合计	开业时间	餐馆名称	合计
	如意酒家（新中国餐馆）紫金城酒楼	6		东方明珠 五味和酒楼 前门酒家	7

（刊载《都灵华声》1988 年 12 月 30 日，第 10 期）

第八章　文帝米利亚华侨华人社会与近邻摩纳哥王国

2000 年 8 月 6 日，星期日，晴天，上午 8 点 15 分，胡建华、余序闹二人驾车把我们送到文帝米利亚（Ventmilria），调查考察文帝米利亚华侨华人社会。

文帝米利亚，位于意大利西部、法国西南部，人口不到 2 万人，只有 3 家中餐馆，几家服装商店。

第一节　采访浙江省文成县旅文帝米利亚华侨胡式宽先生

8 月 6 日，星期日，晴天，上午 11 点 20 分，我们采访胡式宽先生。

胡式宽先生，浙江省文成县南田区朱阳乡中村人。1963 年出生，今年 37 岁；妻子张香华，1969 年出生，今年 31 岁。胡先生育有一女、一男：女儿，胡旭霞，5 岁；儿子，胡镐耀，4 岁。

胡式宽先生五兄弟、两姐妹：大哥胡式贵，今年 43 岁，初中毕业；二哥胡式标，今年 39 岁，初中毕业；胡式宽为老三；四弟胡式崇，31 岁，初中毕业；五弟胡式猛，27 岁，初中毕业；大妹，胡月娟，34 岁，初中文化；小妹，胡英娟，29 岁，初中文化。

胡式宽双亲都健在：父亲，胡克取，今年 70 岁；母亲，王柳茶，今年60岁。

胡式宽全家19口，尚未分家，其中，在国内还有3人，在意大利文帝米利亚16人。胡式宽，是个民间著名雕刻艺术家。1985年1月以旅游签证名义到意大利米兰，1994年从米兰到文帝米利亚，开设“中国城酒家”，座位300个，工人8个，大厨、二厨、跑堂、管理4人。这家酒家开业后，一个月营业额达300米里红。在旅游旺季（8月份）生意最好，其他月份生意清淡，一天做不到一个米里红。

1996年8月，胡式宽又花300米里红向意大利人购来一间店面，开设“首都酒家”；1997年7月，胡式宽又买来贸易公司、米克郎贸易公司，挈卖艺术品、茶瓶等等。生意尚可。

1996年，胡式宽开设米格罗贸易责任有限公司；花1300万人民币购买两家中餐馆：一家叫“京都酒楼”，一家叫“皇城酒家”。接着，胡式宽还开设“圣某某神州医药中心”；还开设房地产公司。值得点赞的是，他还在罗马刻“万里长城”，费时1个月，而且是胡式宽自画、自刻，在意大利影响较大，意大利《共和报》对胡式宽事迹报道了六个月。

意大利画家都来拜访胡式宽先生。中国驻意大利大使杜贡、参赞等称胡式宽是华侨华人艺术界的代表。每年春节，中国驻意大利使馆都送胡式宽礼品。胡式宽热爱祖国，曾帮助中国驻意大利使馆做主席台木架义务劳动22天。

1987年，胡式宽开设“意华雕世”装修有限公司。这家公司拥有25个木工及雕刻匠，其中雕刻4人。胡式宽每月收入最低100左右米里红。当时正式的装修公司仅有1家。

1996年3月，胡式宽开始筹备文帝米利亚市中意文艺协会，文帝米利亚市政府同意筹备，1999年2月18日经文帝米利亚市政府批准注册，2000年2月28日在中国驻罗马大使馆文化处召开首届第二次会议，扩大规模，成为意大利全国性社团之一。胡式宽被选当为首届中意文艺协会主席。应贝利亚市副市长兼任首届副主席、董志清为名誉主席。

第二节　考察摩纳哥王国社会

8月6日，星期日，晴天，下午2点30分，我们参观文帝米利亚市场后，在该市吃中餐。中餐后休息几分钟，热那亚华侨华人工商会副会长胡式宽、赵一华、吴正光驱车把我们送往法国西南部的摩纳哥王国进行考察。

摩纳哥公国（Princi Paute De Monoco），位于欧洲西南部，南濒地中海。面积1.95平方千米，是世界上面积最小的国家之一。

人口3.1万。人口密度每平方千米14700多人，居欧洲之冠。有法国人（占总人口50%）、意大利人（33%）、摩纳哥人（17%）。法语为官方语言。天主教为国教。

首都摩纳哥，人口1151人。王宫和政府所在地[①]。

摩纳哥背山面海，风景优美，港湾内游艇密集，为欧洲著名的游览胜地。有驰名的海洋博物馆（建于1910年）与赌场。旅游、邮票业和赌场收入为主要的经济来源。轻工业较发达，有药品、无线电器材、纺织、制鞋、食品、化妆品与印刷等[②]。

我们走马观花地参观了摩纳哥街道、公园和赌场外围后，天色已近黄昏。下午6时许，胡式宽、赵一华、吴正光三位侨领驱车，把我们从摩纳哥开到热那亚。

第九章　热那亚华侨华人社会

热那亚（Genova），是意大利最大的商港，也是地中海沿岸仅次

---

① 《世界地图集》，中国地图出版社，2000年1月版，第32页。

② 《世界地名词典》，上海辞书出版社，1981年1月版，第1407页。

于马赛的第二大港。城市沿海岸延伸达32公里。人口80万（1976）①。1798年被法国拿破仑攻占，1805年附属法国。1815年维也纳会议后为撒丁王国的一部分。1961年并入意大利王国。

热那亚，是意大利造船工业中心，全国三分之二的船舶在此建造。除造船业外，还有炼油、石油化工、机器制造和钢铁工业。第一次世界大战后至第二次世界大战前，温州、青田等市县的农民、手工业者从海道赴意大利谋生、创业，一般从地中海热那亚上岸，也有的经亚得里亚海那波利（那不勒斯）上岸，或经威批斯上岸。

2000年8月6日下午9点25分至7日下午5点30分，我们先后采访陈丽霞、赵一华、吴正光、周家雄、张岳光等人。

第一节 采访浙江省永嘉县旅热那亚陈丽霞女士

8月6日，星期日，晴天，下午9点25分，我们采访陈丽霞女士。她，浙江省永嘉县七都镇樟里村（今属温州市鹿城区。以下重复此地名，不再加注）人，1936年出生。1956年到香港从业，1965年12月23日，带领3个孩子坐轮船经海道到热那亚，途中历时28天。

陈丽霞的丈夫黄杆福，和她是同村人，1927年出生，1953年到香港谋生，1963年10月抵达意大利热那亚。他俩先做“摆卖散”生意，即把小商品放在海滩上摆卖，一个月营业额达4万—5万人民币。1967年5月，开设“香港餐馆”，座位70多个，生意尚可；1977年花40多个米里红购买“义华餐厅”，座位100多个，当年开业；1982年又开设“好彩餐馆”，座位50多个；1998年8月18日开设服装零售店，商店面积计40平方米；2000年5月18日，开设服装、皮包零售店，商店面积180平方米。

陈丽霞生3个女儿、1个儿子。她的大女儿黄芙蓉，1957年出生，

① 《世界地名词典》，上海辞书出版社，1981年1月版，第997页。

43岁，嫁给意大利人，已有两个女儿；次女儿黄小燕，1962年出生，38岁；三女儿黄仲敏，1964年出生，36岁；儿子黄志中，1969年出生，31岁。陈丽霞的4个子女均受过意大利的高等文化教育，持有专业文凭，可自由选择自己的专业。陈丽霞的次女儿和三女儿选择当“修道士”，其女儿对母亲说：“我们年纪大了，走什么道路由自己选择！”

陈丽霞和丈夫黄杆福艰苦创业，开设多家中餐馆和服装、皮包等零售商店，并购买住房280平方米。

值得我们点赞的是，陈丽霞、黄杆福夫妇及其女儿，都热心帮助华人排忧解难，受到侨界的好评。黄杆福先生被选为热那亚华侨华人工商联谊会名誉会长。

第二节 采访浙江省瑞安市旅热那亚华侨赵一华先生

8月7日，星期一，晴天，上午8点10分，我们采访赵一华先生。

在采访赵一华先生前，先参观他在热那亚开设的“中国小商品进出口贸易公司”和“服装批发公司”，再采访赵一华先生的创业成就。

赵一华，浙江省瑞安市塘下镇陈宅村人，1964年出生，今年38岁，瑞安三中高中部毕业；他夫人林晓阳，1964年出生，今年38岁，高中毕业。

赵一华先生有两个女儿：长女，赵爽爽，10岁；次女，赵园园，8岁。1988年，他赴意大利热那亚创业。他经过一段时间的艰苦奋斗，在热那亚开设一家“服装批发公司”，开设两家“百货商店”：一家“零售百货”180平方米；另一家“零售百货”，400平方米，是热那亚市华侨中最大的一家。

赵一华先生，曾任热那亚华侨华人商会会长。1999年江泽民主席访问意大利时，吴正光、赵一华与江泽民主席在米兰合影留念；2000年7月8日，朱镕基总理访问意大利时，周家雄、吴正光、赵一华、张岳光、陈仁爱五人在佛罗伦萨与朱总理合影留念。

第三节　采访浙江省丽水市旅热那亚华侨周家雄先生

8月7日，星期一，晴天，上午11点10分，我们采访赵一华先生之后，到周家雄先生开设的“台湾餐馆”吃中餐。席间，我们采访了周家雄先生。他，浙江省丽水市人，1948年生，51岁，初中毕业；他夫人唐玉琴，1954年生，46岁，高小毕业。周家雄的长子周剑，22岁，意大利高中毕业。

周家雄4兄弟、3姐妹；周顶雄为老大，原在丽水地区邮政局工作；周家雄为老二；周慧雄为老三；傅品雄为老四（他为别人做继子，改周姓为傅姓）；大妹子在丽水市做家务，没有出国；二妹、三妹都出国，或开餐馆，或开服装加工厂。全家20多人在热那亚和欧洲其他国家创业。

周家雄先生于1986年到热那亚创业。1996年6月3日成立热那亚华侨华人工商联谊会，吴正光、周家雄、黄学钏3人为联谊会创始人。首届联谊会会长吴正光，周家雄为副会长兼秘书长；1999年6月3日换届，赵一华为第二届联谊会会长，周家雄为副会长兼秘书长，吴正光为永远名誉会长。1998年，国家发生严重水灾，联谊会动员会员捐资27个米里红（相当人民币12万元）支援灾区；同年，意大利政府实行“大赦”，联谊会向华侨、华人宣传，同中国驻意大利使馆联系，帮助华人办理护照；同年，香港回归祖国，联谊会举行庆祝活动，华侨华人及中国驻意大利总领事，共1000多人，应邀参加庆祝活动。会后，放电影。

热那亚市仅有一个联谊会，大家关系较好，会长与会长之间、会长与理事之间，互相尊重。1999年3月24日，江泽民主席访问意大利时，吴正光、赵一华在米兰与江泽民主席合影留念。2000年7月8日，朱镕基总理访问意大利时，周家雄、吴正光、赵一华、张岳光、陈仁爱等5人应邀在佛罗伦萨参加接见，并与朱总理合影留念。

第四节　采访浙江省文成县旅热那亚华侨吴正光先生

8月7日，星期一，晴天，下午1时许，我们采访吴正光先生。他，浙江省文成县玉壶镇底村人，1950年出生，1967年毕业于文成县玉壶中学。他8兄弟，吴正超是老大，今年66岁；吴正岳是老二，今年63岁；吴正直是老三，今年58岁；吴正英是老四，今年55岁；吴正华是老五，今年52岁；吴正光是老六，今年50岁；吴正立是老七，今年47岁；吴正中是老八，今年44岁。吴正光的二哥吴正岳，1956年8月去香港谋生，1958年到意大利米兰，1964年从米兰到热那亚创业。他开设一家皮革批发店，在经济上立足后，其他兄弟陆续到热那亚创业。1979年3月，吴正光赴意大利热那亚市开设“中日泰酒家”，1996年6月3日，成立旅意热那亚华侨华人联谊会，他被选为首届联谊会会长。他对热那亚华侨华人社会的基本概况非常了解，他向我们介绍：

热那亚市人口有70万上下。目前有居留证的华侨有1500人左右，在这里“摆卖散”的人较多，约有500人。这些人是流动性的。

热那亚中餐馆、外卖店，有50余家，其中“新星酒楼”，座位200多个；“陈氏大酒楼”，座位160个；有10家中餐馆，座位都是100人左右。

皮包店6家，其中“光明皮包店”，面积约100平方米，是温州市永嘉县七都镇（今属温州市鹿城区）张瓯光开设的。

“百货零售店”，400平方米，是赵一华开设，它是热那亚市华侨中最大的一家百货零售商店。1999年3月24日，江泽民主席访问意大利时，吴正光、赵一华应邀参加接见，并在米兰与江泽民主席合影留念。

2000年7月8日，朱镕基总理访问意大利佛罗伦萨，周家雄、吴正光、赵一华、张岳光、陈仁爱等5人应邀参加接见，并与朱镕基总理合影留念。

第五节　采访浙江省永嘉县旅热那亚华侨张岳光先生

8 月 7 日，星期一，晴天，下午 3 点 15 分，我们参观了哥伦布故居、热那亚码道后，5 点 30 分采访张岳光先生。他，浙江省永嘉县七都镇吟洲村（今属温州市鹿城区）人，1945 年 7 月 21 日（阳历 8 月 28 日）出生，永嘉县农业中学毕业。1949 年年初，岳光的父母到香港九龙呱湾谋生。1973 年 5 月，张岳光一人到意大利罗马，再从罗马返热那亚。岳光的长兄张岳滔，1962 年在香港做船员，船到热那亚上岸后不返香港。1962 年开始到 1970 年在热那亚做皮包，自产自销。1971 年后开设上海贸易公司，卖羊毛衫及蘑菇等食品，公司面积 100 平方米；岳光的长兄岳滔，1938 年出生，他有 3 个儿子、1 个女儿，全部入意大利共和国国籍。在意大利名气很大，因患肺癌，1997 年 6 月辞世，享年 60。

张岳光先生夫人，王学莲，1975 年 5 月，到热那亚。她有两个儿子：长子张建裕，31 岁；次子张建祥，30 岁。

张岳光先生说，他一来热那亚，就开设皮包工厂，请意大利人制皮包；工厂开了五六年，便开设皮包商店，商店面积 145 平方米，生意尚可。1989 年 10 月 1 日，开设一家“金龙饭店”，座位 76 个，全部做西餐，供老外吃。大孩子张建裕开设一家皮包商店，店面积 58 平方米，皮包从中国内地和香港购买；金龙饭店、皮包商店需要的货物都到佛罗伦萨采购，存放 3 个套房，每个套房 118 平方米。

第十章　威批斯地区华侨华人社会

2000 年 8 月 8 日，星期二，晴天，上午 9 点 35 分，我们从热那亚坐火车到威批斯调查、考察威批斯地区华侨华人社会。途中历时 4 个多小时，抵达威批斯。晚上我们住在温籍华侨潘定桂家中。

威批斯（Venezia），意大利东北部城市，亚得里亚海威批斯湾西北岸重要港口。人口36.2万（1976）。是著名的旅游城市，意大利东北地区（即威批斯地区）的政治、经济、文化中心和交通枢纽，也是意大利经济活力最繁荣的城市之一。每年，有逾2000万的游客从世界各地前来游览、观光。

8月8日9点至9日下午11点，我们先听取侨领对威批斯地区华侨华人情况的介绍，后再参观威批斯水城、调查考察帕多瓦侨情、采访潘定桂先生创业历程等活动。

第一节　威批斯地区华侨总会

8月8日，星期二，晴天，下午2点多钟，听取丘剑中和潘定桂两位先生对威尼托大区（即威批斯地区）地理历史概况和华侨华人社会的经济状况以及成立意大利威批斯地区华侨总会的经过：

一、威尼托大区华侨华人社会情况

丘剑中先生说，威批斯地区七个省，中国人大约15000人。该地区的威批斯有餐馆300多家；服装加工工厂（厂）300多家；旅社（馆）4家；中文学校正在筹建中。

二、威批斯地区华侨总会成立经过

潘定桂先生事业有成之后，即产生为华侨华人社会做好事的思想，他感到在异国他乡的生存与发展缺乏凝聚力，华侨群众不能一盘散沙，国内国家代表团到威批斯水城参观的很多，寻一个接待的人都没有。当时中国驻意大利米兰的领事对他说：“你做侨胞工作，最好成立一个华侨社团。”潘定桂先生也有这个想法。于是，从1994年12月底开始，成立威批斯地区华侨总会筹备委员会，召集各个原为社会作奉献的老中青华侨，起草《意大利威批斯地区华侨总会章程草案》。华侨郑洪臣先生对章程草案进行修改，形成了一份《威批斯地区华侨总会新章程修改草案》。到1995年5月，威批斯地区华侨总会一切筹备工作就绪后，潘定桂先生赴米兰向中国驻意大利米兰总领事馆领事汇报，并得到总领事馆的同意和大力支持，择定于1996年5月24日在威批斯地区帕多瓦（Padova）市潘定桂先生开设的“竹园酒家”正式成立意大利威批斯地区华侨总会。中华人民共和国人民代表大会常务委员会副委员长田纪云发来贺电。

威批斯地区100多名华侨、华人代表欢聚一堂，参加了这一隆重的庆祝活动，长期旅居意大利的资深华侨，在侨界中深孚众望的胡绍洪先生被推为总会的名誉主席，董宇宙为名誉会长，潘定桂当选为会长，郑洪臣、王品乐、马华、朱裕华分别选为副会长。

潘定桂先生在成立威批斯地区华侨总会上说：“成立威批斯地区华侨总会是本地区华侨华人的多年心愿，威批斯地区华侨总会是受意大利当地法律保护的合法社会组织，总旨为鼓励支持侨胞和华人爱国爱乡，为祖国日新月异的现代化建设多作贡献；诚心诚意为本地区侨胞和华人服务，密切彼此的友好交往，增进相互的团结和友谊；维护和争取本地区侨胞、华人的合法权益，做广大遵纪守法侨胞的坚强后盾；宣传和鼓励意大利商社、企业家踊跃赴中国投资建厂，发展两国经济、文化交流以及旅游观光等。”

中国驻意大利米兰总领事馆总领事高存铭先生、领事唐友京、杜志宾到会祝贺。全国人大华侨委员会、中华人民共和国外交部、国务院侨办、中国驻意大利使馆以及意大利各地区的侨团组织也纷纷发来了贺电。威尼托大区（即威批斯地区）副主席、意大利北方联盟党威尼托大区主席DR · FABRIZIO COMEIYCINI先生代表大区也专门向威批斯地区华侨总会发来贺电。

三、首届华侨总会所做的工作

威批斯地区华侨总会成立后，首届总会会长潘定桂先生做了几件重要的工作：

（一）协助中国驻意大利米兰总领事馆解决侨胞中遇到的困难与问题。如1989年意大利政府实行“大救”政策期间，潘定桂先生每天早晨5时驾车把无居留证的中国人送到意大利北部中国驻米兰总领事馆办理护照，从早晨到晚上12点钟，连续一个月之久，为800名中国人办理了护照。潘定桂先生说，计算开车行程达2万多公里。

（二）潘定桂、郑洪臣等接待应邀访意作学术交流的中国著名国画大师范增教授一行参加威批斯传统节日——9月赛船节，受到威批斯市长及主要市政官员的热烈欢迎和盛情礼遇，被邀登上观礼主席台。

（三）1996年12月，潘定桂应邀赴荷兰参加欧洲华侨华人社团联合会第五届会议，以加强本地区侨团与欧洲其他国家侨团的联络，扩大威批斯地区华侨总会的影响，提高总会的知名度。

同月，总会还分别接待来意访问的浙江省侨联代表团和黑龙江经贸代表团。

（四）1997年1月27日，为迎接中华民族传统节日，华侨总会在MESTRE但丁影剧院举办春节联欢晚会。近千名侨胞欢聚一堂，共度春节。

这次迎春晚会开得非常隆重，潘定桂先生以华侨总会名义邀请威批斯政府议会议长及有关部门官员和中国驻意大利米兰总领事馆总领事高存铭等前来参加；同时，还邀请原中国人民解放军总政歌舞团演员栾枫等华人艺术家前来登台表演；并安排中国传统的舞狮节目表演助兴。

许多热爱中国的意大利朋友从各地赶来参加晚会，并与广大侨胞共度良宵！

次日，威批斯当地几家报纸均报道了威批斯地区华侨华人欢度春节的盛况，《人民日报·海外版》也作了详细报道。

（五）热烈庆祝威批斯地区华侨总会成立一周年暨威批斯地区首届华人卡拉OK大奖赛活动。华侨总会会长潘定桂把与会者安排在自己开设的“竹园酒家”用餐，放映中国影片和兴趣抽奖活动。

（六）举办“迎接香港回归”大型庆祝活动。1997年7月1日，中国政府恢复对香港行使主权。香港回归之日，是中国人民和全世界华人扬眉吐气之日。为了隆重举行这次庆祝“香港回归祖国”大会，潘定桂会长和其他副会长研究决定：分别在欧洲第二大的艺术广场——帕多瓦市中心广场和世界旅游者众多的威批斯水城圣·马可广场举行。

为了开好这次“迎接香港回归祖国”的大型的庆祝会，华侨总会捐募了 50 个米里红；争取帕多瓦政府赞助 5 个米里红，在帕多瓦艺术广场搭建一个长 20 米、宽 24 米的舞台。届时，中国驻意大利米兰总领事馆总领事，帕多瓦政府议会议事长、威批斯市长等均亲临参加庆祝活动。威批斯地区华侨华人 1 万多人参加这次“迎接香港回归祖国”活动，受到爱国主义教育；当地的省报对这次庆祝“香港回归”大会给予很高的评价。

（七）1998 年中国长江发生严重水灾，威批斯地区华侨总会会长潘定桂，对我们说，觉得亲人不幸死于水灾之中，心里十分不安，便奔走四方，动员侨胞救灾，侨领带头，因威批斯地区分散，跑了五天五夜，第一次捐到 38 个米里红；第二次，捐到 18 个来里红。他马上把这两笔 56 个米里红送交中国驻意大利米兰总领事馆转交中国灾区人民，使他们早日重建家园。

（八）威批斯地区华侨总会成立以来三年多时间里，接待应意大利国家邀请来意访威批斯的国家主席、全国人大常委会副委员长、国务院总理、全国政协主席，中央各部门领导人，省、地、市负责人等达 100 人次以上。

第二节　参观威批斯水城

8 月 9 日，星期三，晴天，上午 7 点 30 分，潘定桂先生带领我们从威批斯上船到水城参观、考察。途中潘定桂先生简要地向我们介绍了威批斯所处的地理位置及其历史概况。

威批斯的独特之处在于它是个水城，它由 120 个天然岛屿和 1 个人工岛（即城西北的停车场）组成，岛屿之间有 177 条运河和 401 座桥联成一体，成为威批斯的交通要道。还有一座4070米、有228个拱孔的公路桥和一座3601米的铁路桥将威批斯本岛与陆地相连。桥的北端东面是东北地区交通咽喉梅斯特里镇（MESTRE），西面为马尔盖拉镇（MARGHERA）。梅斯特里往东，是马可·波罗机场。

水城威批斯，完全建筑在海水之中，房屋的地基，建造在打进海底岩石的木桩上，许多房屋已历经数百年沧桑，仍然十分坚固。威批斯以其城市结构和建筑布局来说，是世界独一无二的。这种特色，使它在1000多年时间里，独享盛誉，独领风骚，被誉为亚得里亚海的“皇后”。威批斯全城，就是人类建筑史上的一部杰作，是人类最伟大的建筑艺术群落之一。

威批斯不仅仅是一个水城，而且它有过极其辉煌的历史，它是中西文化交流、贸易往来的中心之一，是中国人民非常熟悉的马可·波罗（MARCO POLO）的故乡。从威批斯众多的名胜古迹上，我们可以看到它的灿烂文化历史演变印迹。

潘定桂先生带领我们去威批斯水城半天的游览，收获不小，令我们感到百闻不如一见。

第三节　帕多瓦华侨华人社会

8月9日，星期三，晴天，下午2点25分，潘定桂先生带领我们参观、考察帕多瓦（Padora）华侨华人社会。

帕多瓦，意大利北部城市。临巴基格利奥内河（Bacchiglione），东距威批斯35公里。人口50多万。城内有餐馆20多家、城郊30多家。

1990年前，帕多瓦只有3家餐馆，其中2家是青田人开设的，1家是武汉人开设的。10年后开设的“竹园酒楼”，座位80多个。

帕多瓦的教堂，直属梵蒂冈管辖。

安东区额外来广场、欧洲第二大艺术广场，中间有条小河，有艺术品、人物塑像。

晚上，我们在潘定桂先生开设的“竹园酒楼”吃饭，并借席间，请他介绍帕多瓦的华侨华人社会的经济状况：

一、餐馆业：餐馆业包括外卖点，共有20多家。其中：

马可波罗酒楼	青田县人开设	王泉酒楼	青田县人开设
上海楼	青田县人开设	东方酒楼	青田县人开设
金龙酒楼	武汉人开设	四季园酒楼	香港人开设
竹园酒楼	温州人开设	大龙珠酒楼	温州人开设
中国城酒楼	青田县人开设	常满楼酒家	瑞安市人开设
温青大上海	青田县人开设	如意外卖店	温州人开设
长城酒楼	青田县人开设	熊猫外卖店	温州人开设
北京楼酒楼	青田县人开设	您好外卖店	温州人开设
称心酒楼	温州人开设	吉祥外卖店	温州人开设
菲翠酒楼	温州人开设	雅园外卖店	温州人开设

还有5家外卖店都是温州人开设的。

以上20多家餐馆、外卖店中，规模最大的是两家：一家是青田人开设的“上海楼”，一家是温州人开设的“大龙珠酒楼”。这两家餐馆，座位都在200个以上。帕多瓦郊区，餐馆有30多家。

二、服装业：服装批发零售店4家

服装加工工厂（场）100多家，其中大厂有30个工人；小厂（工场）有5—6个工人。

三、医药业：胡光耀在帕多瓦开设一家诊所，搞推拿、针灸等。

四、其他商业：礼品、食品、艺术品、百货商场等5家。

第四节　采访浙江省温州市城区旅帕多瓦、威批斯华侨潘定桂先生

8月9日，星期三，晴天，下午9时许，请潘定桂先生介绍帕多

瓦华侨华人社会的情况后，趁热打铁，我们采访了潘定桂先生在意大利创业的艰难历程。

潘定桂先生，浙江省温州市城区（今鹿城区）人，1947 年农历七月廿四日（阳历 9 月 8 日）出生；潘先生夫人李莲琴，温州市城区（今鹿城区）李家村人，1949 年出生。

出国原因

潘定桂先生出生在一个贫穷的家庭里，自幼辍学做童工；稍大，又逢连年政治运动，思想动荡不安，不知如何应对是好？

中共十一届三中全会后，国家实行对外开放政策，他的思想豁然开朗，认为大展宏图的时机来了。他率先在温州地区创办了个体运输业，搞短途与长途运输，公司业务欣欣向荣，蒸蒸日上，在省内和省外都有他公司的运输业务。

正当潘定桂先生的事业不断得到发展之时，一个使他料想不到的政治冲击波，迫使他不敢继续搞个体运输业务。据潘定桂先生的夫人李莲琴说，怕再有什么事件影响，于是他的表兄弟帮助出国创业。

艰难曲折

1986 年 12 月，潘定桂先生只身从温州到南斯拉夫签证，从南斯拉夫到米兰郊区一个城镇。来到这个小城镇，未到三天，思绪万千，出国前认为外国好赚钱，不知道自己遇到的困难会如此之多，别人讲话，自己听不懂，外国没有基础，人情淡薄，得不到别人帮助，在这里自己没有寸土，怎么办？眼前只有求生存，想通过同乡关系，找个工做做。温州的朋友对潘定桂先生说，你年龄 40 多岁，别人不喜欢，要雇用 20 多岁的青年。他寻了两三个月，寻不到一个工作，想想眼泪直淌，感到出国后悔，他说自己在中国创业已经成功，但由于意外事件影响，才到外国创业发展的，哪知道到外国困难如此之多，思想毫无准备。

天无绝人之路。潘定桂先生向远房一个亲戚购买一家小餐馆，座位 30 多个；并通过一个朋友的关系，向国内信用社贷款 10 多万元人民币，作为买小餐馆的资本。他一个人顶 3 个人用，从做洗碗工、做二厨兼三厨，仅请一个表兄弟做跑堂。这家小餐馆开了一段时间后，又与人合伙，两人花 20 万元人民币，于 1987 年 5 月，到米兰郊区一个城镇，叫克雷莫纳（Cremona）开设一家“友谊餐馆”，经过两个月拼搏，生意兴隆，赚到了一些钱，但他疲倦到什么程度呢？潘定桂先生说 12 月间，天气寒冷，自己躺在浴缸里洗浴，即刻睡着了，直到被冻醒才知道。从此，他知道一个人拼搏不行，必须把在温州的家人带出，充当自己的帮手。

1989 年，潘定桂先生利用自己省吃节用、筹集的资金，还给国内信用社；另外，学会开车，为夫人李莲琴、儿子可可等办好居留证，1989 年 4 月 23 日，把李莲琴、儿子可可、女儿雅丽申请出国。

潘定桂先生把夫人、儿子、女儿申请到意大利后，夫妻两人商量，认为自己吃苦，也要培养子女读书；同时，也叫他们一边读书，一边帮助餐馆做点工作，养成劳动习惯。13 岁的儿子可可，一边读书，一边利用业余时间为餐馆当洗碗工。经过两年多的艰苦奋斗，子女学会意大利语；自己掌握了烹饪技术，积累了资金，便另找创业发展途径，于 1991 年 5 月将“友谊餐馆”让给表兄弟汪帆（温州市鹿城区人）开设，收回了 25 万人民币；加上四年辛勤劳动积累的 30 万人民币，共计 50 多万人民币。

潘定桂先生了解到威批斯地区中国人比较少，地方比较富，去那里有发展余地。于是，潘定桂先生选择帕多瓦，找到了一家餐馆，向老外购买 300 平方米，价值 100 万人民币，先付 50%；另 50%，即 50 万人民币分 3 年付清。这家餐馆取名“竹园酒楼”，座位 100 多个。除雇用 2 个工人外，全家人投入经营这家餐馆，自当大厨，儿子当大厨助手，女儿当跑堂，妻子管账。全家人连续苦战八年，手头又积累了一批资金，决定向世界名城威批斯进军。当时，他调查知道，威批斯水城有中餐馆十几家，但没有中国货行，看到这个空隙，就在威批斯火车站前一站（MSTOL）开设一家“潘氏商场”，面积 150 平方米。白天，全家经营货行，晚上赶回帕多瓦经营“竹园酒家”，两头跑，跑了一年多时间，终于使“潘氏商场”营业额日益上升。这样，他把精力逐步转移到货行上来。1998 年 9 月，他把“竹园酒家”出租给温州同乡徐望华经营，他全家经营“潘氏商场”。而这家“潘氏商场”经营的商品由十几样商品、食品，增加到 800 多样。现在这家“潘氏商场”有蔬菜、水果、冰冷水产品、大米、面粉、日用品等等，应有尽有，品种齐全，任顾客选购。经过三年多的努力奋斗，潘定桂先生积累了更多的资金，购买了房屋 300 平方米。

为了进一步发展潘氏经济事业，潘定桂决定开设一家旅行社。这家旅行社已获得意大利政府批准。他还计划在“潘氏商场”旁开设一家“星星酒家”，面积 100 平方米，座位 40 多个，做高档中餐。这家档次高雅的餐馆已在装修，打算年底前开业。随着经济事业的蓬勃发展，潘定桂先生近年来购买了三辆奔驰汽车。

第十一章 再次调查考察米兰华侨华人社会

2000 年 8 月 10 日，星期四，晴天，中午 12 点 12 分，我们从威批斯火车站出发，经过两个多小时行驶，下午 2 点 55 分抵达米兰。我们出发前，先打电话给米兰的侨领胡体图先生，请他驱车到米兰火车站把我们接到他的中餐馆，晚上住在他的同乡——文成县人胡长钦先生家中。

第一节 采访浙江省文成县旅米兰华侨胡长钦先生

8 月 10 日，星期四，晴天，下午 7 点 40 分，我们采访胡长钦先生。

胡长钦先生，浙江省文成县玉壶镇外村人，1948 年出生，1961 年毕业于玉壶小学；其夫人温碎娟，1947 年出生，比他大 1 岁。长钦父亲是个裁缝老师，人民公社化时成立玉壶服装合作社，他为社长。1955 年，其父下乡到本邑朱阳乡做裁缝达 10 年之久，1965 年退休，返玉壶镇定居。他退休后，由胡长钦顶替，因而胡长钦学会做裁缝，并在玉壶服装厂及雕刻厂当供销员。1980 年，他向文成县公安局办来出国护照。1981 年 9 月，到意大利、荷兰驻中国大使馆办理飞经意大利过境暂留 5 天的签证。胡长钦从北京乘飞机—罗马尼亚布加勒斯特—意大利米兰下机后，留居米兰。当时，意大利政府没有问、也没有查，就这样胡长钦便留居米兰了。

胡长钦到米兰后，找不到工作，没有吃、没有住，约 3 个月之久。最后，只得找一个同乡——胡克定先生开设的皮包工厂做临时工。

胡克定先生 17 岁到意大利米兰，挈卖领带、背带、裤带、丝巾等小商品为生。1941 年被意大利警察抓去关在一个海岛上，直至 1945 年 4 月下旬才被放出，回大陆米兰。1945 年 8 月 15 日，日本帝国主义无条件投降后，意大利政府对华侨才好起来，发给胡克定“摆卖撒”的营业执照。

1970 年 11 月中意建交后，胡克定仍做“摆卖撒”生意，获利微薄。1974 年意大利政府批准给予开设“皮革工厂”，他一直开到 65 岁退休为止。而胡长钦在胡克定开设的“皮革工厂”做了一年皮包工，掌握了制皮包技术。1982 年 5 月，他开设皮革工厂，自制皮包，自己销售。这家皮包工厂开至 1987 年 9 月止；在开设皮包工厂的同时，于 1985 年 4 月，开设一家“华侨饭店”，座位 60 多个；1993 年 5 月，开设一家“华利进出口贸易公司”。这家公司开至 1996 年 10 月止；而“华侨饭店”，于 2000 年 6 月转让给瑞安市叶世华开设。

1996 年 9 月，胡长钦先生的大女儿胡立珍，32 岁，小学毕业，开设“莲花酒楼”，兼外卖店，座位 50 多个；次女胡小珍，30 岁，小学毕业，开设“裕华酒楼”，座位 80 多个；三女儿胡蓓蕾，28 岁，在荷兰开设外卖店；小女儿胡立翁，25 岁，在意大利一所中学初中毕业，在米兰开设服装加工厂，代人加工服装，有工人 15—16 人；小儿子胡黎炬，22 岁，高中毕业，开设“中发房地产公司”。

胡长钦先生父亲，1993 年逝世；母亲 76 岁，尚健在。胡长钦先生的家族共有 49 人在国外创业，经济实力，日益雄厚，是浙江省文成县旅米兰华侨中富户之一。

第二节　采访浙江省文成县旅米兰郊区科莫华侨戴乃陆先生

8 月 11 日，星期五，晴天，上午 7 时许，胡长钦先生带领我们到米兰郊区——科莫（Como），调查考察华侨华人社会。

我们一行 3 人抵达科莫时，接待我们的是戴乃陆先生。他，浙江省文成县峃口乡人，1964 年出生，今年 36 岁。1987 年秋，他毕业于浙江师范学院，曾在玉壶中学任体育教师 6 年。1992 年 8 月到米兰，读书 1 年，半工半读 2 年，共 3 年。读书期间，到意大利人开设的餐馆做工两年。1996 年自开服装、工艺品批发公司。1998 年将公司卖掉，开设皮包工厂，雇用工人 11 名；2000 年 3 月开设礼品店、皮包店，店面积 45 平方米；皮包工厂 160 平方米，购买住家 110 平方米，计 180 米里红，办理手续，合计 210 米里红。

戴乃陆先生夫人，胡彩萍，1972 年出生，今年 28 岁，1991 年 4 月到米兰，生两个女儿，是双胞胎，今年 4 岁。

据戴乃陆先生介绍：科莫（Como）市，人口 8 万，开设餐馆 10 多家，而服装加工工厂有 100 多家。

我们在米兰郊区——科莫采访戴乃陆先生时，他向我们谈了两个温州籍偷渡意大利米兰病死的惨痛事件：

一是，2000 年 7 月 18 日，一个偷渡意大利米兰北部科莫（Como）的浙江省文成县人，他叫周绍铎，在途中被疟蚊咬后发高烧，无奎宁药治疗，病死于科莫医院。每个侨团捐 1 个米里红，共募捐 3 个米里红，将他埋葬在米兰公墓里。

二是，另一个偷渡者瑞安市丽岙镇（今属瓯海区丽岙街道）人，也被疟蚊咬后身体发高烧，住进米兰医院，因无奎宁治疗，没有几个小时就死了。他在法国的亲戚过来，这里的侨领帮他联系处理后事。

以上两个为偷渡者引领的“蛇头”均被意大利警察抓住了。

还有一件事：2000 年 8 月 9 日，中国有个大学教授从威批斯水城返米兰，途中行李被意大利小偷偷走，中国驻米兰总领事馆叫胡长钦给他一点钱，并帮助他从总领馆办来临时通行证，替他买了从米兰去奥地利维也纳的火车票。这位教授十分感谢胡长钦先生！

第三节　采访浙江省文成县旅米兰华侨胡光利先生

8 月 11 日，星期五，晴天，下午 1 点 40 分，我们采访胡光利先生。他，浙江省文成县玉壶镇底村人，1963 年 5 月 17 日出生（他的护照则写 1962 年 5 月 17 日出生），初中毕业；他夫人胡月燕（俗名阿香），1965 年 12 月 25 日出生，初中毕业。

胡光利先生有一女、两男；一女儿胡君怡，1988 年 5 月 18 日出生，读初中一年级；长子，胡盛奇，1989 年 8 月 24 日出生，读小学五年级；次子，胡乐奇，1995 年 5 月 13 日出生，现在幼儿班受教育。

胡光利先生全家十几口，20 世纪 80 年代陆续移居意大利创业，发展华侨经济，十分惊人。

胡光利三兄弟、三姐妹，父、母亲。

光利长兄光演，1959 年农历八月十二日（阳历 9 月 14 日）出生，1980 年 1 月出国，2 月抵达荷兰，同年 12 月到米兰，替人做厨工，1985 年 12 月，在米兰开设一家“繁荣酒楼”，座位 200 个；1982 年 8 月 18 日，胡光利先生和他的父母亲一道到意大利米兰。胡光利先代一家餐馆做厨工，后升做大厨，省吃节用，积累资金，请亲戚朋友帮助，在意大利中北部的卡拉拉（Carrara）开设一家“华盛酒楼”，座位 250 个，开了 8 年；1989 年 10 月又开设一家“佩佩酒楼”，座位 70 个，开了三年，1992 年 2 月卖给文成县玉壶镇一位老乡开设，而自己开设两家服装加工厂，每个服装工厂雇用 15 人，服装工厂设在米兰郊区。1995 年 9 月 10 日开设一家“香港酒楼”，座位 60 个。这家酒楼是买来的。

同年冬，把两家服装加工厂出售给文成县玉壶镇老乡开设。1996 年 10 月在米兰开设“大东亚酒楼”，座位 250 个，月租金 10 个米里红。

1998 年 5 月 15 日，胡光利先生又在雷焦内尔艾米利亚开设一家“东亚酒楼”，座位 100 个，1999 年 1 月 15 日，将这家酒楼出售给文成县玉壶镇老乡开设；同年 12 月 18 日，他又在米兰郊区一个城镇开设一家“华盛酒楼”，2000 年 5 月 18 日出售给文成县玉壶镇人开设；同年 8 月 7 日，他又将“香港酒楼”出售给文成县玉壶镇人开设。

胡光利先生在经营餐馆业、服装加工业等业的实践中积累了许多宝贵经验，他善于观察市场经济变化，及时选择新的创业路子，适应市场需要，从中获取巨大经济效益。1999 年 7 月 14 日，他购买住房面积 150 平方米，价值 370 个米里红；2000 年 7 月 10 日，他又购店面面积 160 平方米，价值 550 个米里红。

由于他的经济事业不断发展，胡氏家族经济不断雄厚，他在米兰侨界的声望不断提高。1999 年 6 月 28 日，米兰华侨华人工商会第六届换届选举，胡光利先生被选当工商会副理事长（即副会长）；1999 年 10 月 4 日，米兰地区文成县同乡会成立，胡光利先生被选为常务理事；2000 年 7 月 10 日，米兰华侨华人商贸联合总会成立，胡光利先生被选当总会会长。

胡光利先生创业之所以获利成功，并被华侨华人社团选当副会长、会长、常务理事，这是由他的创业才干与其具备领导才能所决定的。

胡光利先生说，在米兰开设的“大东亚酒楼”为什么生意如此红火？主要体会是四点：一是必须提高服务质量，大东亚酒楼做温州菜为主，适应温州人、其他中国人的口味，也做一点“广东点心”“广东菜”，适应广东人口味；二是必须提高烹饪调味技术，适应客人口味；三是必须热情接待顾客，对顾客要不厌其烦；接受批评，虚心改正；四是海鲜、肉类等一定要鲜，用炉烧烤，符合顾客口味。

胡光利先生被选当米兰华侨华人商贸联合总会会长后，调查研究华侨华人与意大利人之间的尖锐矛盾，分析矛盾的原因和矛盾的主导方面在哪里，并提出妥善处理办法。胡光利先生说，1999 年 10 月以来，米兰华埠地区，外国居民看中国人在短短的二三年内开设二三百家贸易批发商店，产生种族歧视，他们集中 200 多人开会，反对华侨；他们向米兰卫生部门反映侨民装卸货物太吵，影响街巷居民睡眠，乱丢废物不讲卫生，提出不让华人在米兰经商。针对这种情况，胡光利先生向中国驻米兰总领馆汇报，提出解决矛盾的意见与建议。总领事赞同胡光利会长提出解决矛盾的建议，开展同当地居民对话，听取居民的反映，双方协商，使侨民与当地居民的矛盾渐趋缓和。

胡光利先生深入街巷居民区调查了解，认为侨胞本身的确存在许多问题，如乱丢纸箱，讲话声音高响等等。这些毛病必须改正。

胡光利先生说，今年 10 月份（指 2000 年 10 月）准备召开米兰华侨华人商贸联合总会成立庆祝大会，现在筹备之中。

第四节　采访浙江省瑞安市旅米兰华侨陈世甫先生

8 月 11 日，星期五，晴天，下午 8 时许，第二次采访陈世甫先生。他，浙江省瑞安市永安乡人，1956 年出生。他的祖父陈仁信，不识字，20 世纪 30 年代初赴意大利米兰开设皮包工厂，出国时间比瑞安县（市）仙岩镇岩下村（今属温州市瓯海区）的杜岩品先生来米兰早。陈仁信 7 兄弟：第四、第六两人赴意大利米兰谋生；陈世甫父亲陈金岩是最小一个弟弟，即老七。他于 1957 年赴南美洲巴西谋生，1957 年从巴西到意大利米兰。1966 年，陈世甫的母亲和哥哥 3 人到意大利米兰。祖父四弟于 1999 年去世，享年 90 多岁；他祖父仁信，于 1971 年回国，1981 年逝世。1979 年 8 月，陈世甫以劳工证明赴米兰，先在其父开设的皮包工厂当工人；1982 年 4 月，陈世甫和胡克泼合伙开设“国际酒楼”，1984 年卖掉。1985 年 7 月，他独开“前门饭店”，座位 90 多个，1990 年 1 月卖掉，与胡志潺、陈金满、余梅文、蔡志龙等人合伙开设“国际进出口贸易公司”，公司面积 400 平方米，1995 年 8 月分掉，陈世甫拿股金赴中国北京经营房地产，投资1000多万元（几人合伙投资），至今（指2000年8月上旬）成本尚未拿回。现在，陈世甫先生在米兰开设服装加工工厂，雇用工人4至5人，多时10多人。1997年12月，陈世甫再开设“汉宫楼”，座位90多个，生意尚好。

陈世甫先生说，他的大女儿陈宜帆3岁来意大利米兰，今年23岁，高中毕业；儿子陈宜川，1周岁来米兰，今年21岁，高中毕业。陈世甫说：这两个子女是他经营餐馆、服装等行业的帮手。

第五节　扫祭浙江省青田县旅米兰爱国侨领胡锡珍之墓

8月12日，星期六，晴天，下午1点40分，米兰华侨华人工商会会长陈世甫带领我们扫祭爱国侨领胡锡珍先生之墓。

胡锡珍先生，浙江省青田县鹤城镇近郊胡车村人。1909年2月26日出生，1931年经朝鲜辗转日本，到东京码头做挑煤工，沉重的担子压得他头昏眼花，但为了挣口饭吃，什么活都去干，如拉洋车、找麻袋、挖泥沙、挑石头，等等，什么苦活、脏活、重活无所不干。后来，经朋友介绍去东京三菱糖厂当搬运工。当时日本帝国主义加紧对华侵略。1931年9月18日，日寇炮轰沈阳；同时，向吉林、黑龙江进攻；1932年1月28日，日本帝国主义进攻上海。“九一八”“一·二八”事变相继发生后，中华民族危机空前严重。胡锡珍先生，不堪忍受侮辱和痛恨日本帝国主义的暴行，他毅然决定，于1933年回国。

他回国后，在家乡又无法立足。他在家待了两个多月，变卖家产，向亲戚朋友借了一些钱，经海道历时28天抵达意大利。当时，他举目无亲，多亏一位青田籍老华侨相助，才从米兰以挈卖领带、背包、小皮夹等小商品为生。他省吃节用，积蓄资金，于1938年与同乡杨影山、叔父胡岩姆合作，手工制作小皮夹、皮包，并雇用意大利女工帮忙，开了一个皮包小作坊。他们勤劳工作，产品设计新颖、造型美观、花式多样，产品销往法、德、瑞（士）、日、美等20多个国家和港、澳地区，发财致富，成为百万富翁。

1970 年中意建交以前的数十年里，台湾国民党驻意大利使馆和国民党欧洲总支部书记曾亲到胡锡珍家拉拢他，妄图要胡锡珍背离中国共产党，均遭胡锡珍先生严词拒绝。1970 年 11 月 6 日中意建交后，胡锡珍先生亲赴罗马机场迎接新中国的亲人。他将米兰华侨总会改名为旅意北部华侨工商会；不久，他为扩大侨团组织，于 1982 年将旅意北部华侨工商会改组为米兰华侨华人工商会，他被选为会长。1986 年，因他年事已高，从会长岗位退下来，被选当名誉会长。

胡锡珍先生在米兰侨界德高望重，他团结广大华侨华人，热爱祖国，关怀桑梓，受到国家领导人的接见：周恩来总理曾对他说：我们很想念海外的侨胞，祖国的亲人都很想念你们。他十分感动！

1976 年 10 月，粉碎“四人帮”后，胡锡珍回到青田老家，看望家乡亲人。他在青田县城盖了新房，投资办华侨乳品厂，捐赠汽车给青田县政府，为家乡捐资办学及其他公益事业。

陈世甫先生向我们介绍胡锡珍的事迹，一件件、一桩桩。件件、桩桩，令我们埋头手记，当我们一抬头，意大利的公墓到了。

我们走过墓区，陈世甫先生向我们一一作了介绍。胡锡珍先生墓穴是 277 号，他的骨灰盒上标明胡锡珍（1909.2.26—1999.8.13），照片嵌在骨灰盒上。我们向胡锡珍先生墓穴行三鞠躬礼！

第六节　采访浙江省文成县旅米兰老华侨胡克定先生

8 月 12 日，星期六，晴天，下午 4 点 50 分，米兰华侨华人工商会会长陈世甫带领我们去扫祭青田旅意米兰老华侨胡锡珍的坟墓回来，路过胡克定先生家门口，车子停下来，采访老华侨胡克定先生。

胡克定先生，浙江省文成县玉壶镇黄河村人，第二次世界大战全面爆发前 3 个月，即 1939 年 6 月 1 日，他从上海到香港，从香港经海道到意大利热那亚上岸，再从热那亚到米兰，历时 34 天。

当时，和他同船的有 18 人，瑞安县（市）桂峰乡坳后村 2 人，该乡良水坑村 2 人，他们花 320 块银圆，通过今文成县李山乡“包客”陈鹤鸣、胡进超（原称他们为青田县人，其实不是，他们都是文成县人）二人包送他们出国。胡克定先生说，刚到米兰，人生地不熟，以卖领带、背带、裤带、丝方巾为生，他还形象地告诉我们：领带 5 只挂手臂上，丝方巾 1 只挂在肩膀上，背带、裤带挂在铁环上，碰到警察即被抓去。1941 年 3 月，胡克定先生在米兰被意大利警察抓去关在一个海岛上，以保护华侨为借口，给他吃，给他自由，但怕华侨搞政治活动。直至 1945 年 4 月 25 日他才被放出，回到大陆米兰。

他被放出后，继续卖领带、背带等小商品，遭到意大利孩子骂：“中国已被日本侵略者占领了，你还不赶紧回国去抗击日本侵略者！”

1945 年 8 月 15 日，日本帝国主义侵略者无条件投降了，意大利人才对中国华侨好起来。1946 年米兰政府发给他营业执照，准许华侨“卖撒”（即把小商品放在地面帆布上出售）。1949 年 10 月中华人民共和国成立后，意大利共和国未与新中国建立外交关系，对大陆旅意华侨采取种种限制政策，不同意华侨开餐馆、皮革工厂。1970 年 11 月 6 日中意邦交建立后，意大利米兰政府同意胡克定先生开设皮革工厂。1976 年 4 月，胡克定开设一家皮革工厂，雇用 7—8 个意大利人。

胡克定先生说，1947 年正月，同意大利姑娘结婚，1948 年 4 月 26 日长子诞生；1958 年正月二十五日（阳历 3 月 14 日）。他开设的皮革工厂开到他 65 岁退休为止，每月养老金 80000 里拉，不够开支。他说：每月要付房租 300000 里拉。

胡克定先生说，妻子今年 73 岁，已分居，她同小儿子住在一起。

胡克定先生说，1947 年国民党驻意大利使馆征求华侨意见，要他们跟国民党去台湾，其中有 4 个老华侨吊死，表示誓死不跟国民党走。

胡克定先生，1920 年农历九月廿七日（阳历 11 月 7 日）出生，今年 80 岁。他的长子大学毕业，是工程师，在米兰做工；次子在都灵米兰分厂做电工，每月工资 2 个米里红。

胡克定先生患支气管炎病，带着氧气瓶，呼吸比较困难。胡先生对我们说，娶意大利女子为妻，感到后悔。我们问他为什么后悔？胡先生说："意大利女人有钱用光，今天吃了不顾明天，性格与我们完全不同。我17岁出国，无文化，老了仍是很苦呀！"

第七节　采访浙江省文成县旅米兰华侨王国强先生

8月12日，星期六，晴天，下午6时30分，我们到长江贸易公司采访王国强先生。

王国强先生，浙江省文成县峃口乡人，原为文成县人民法院院长，中共党员，1990年5月离职，赴意大利米兰从商。其夫人及其孩子于1988年先到米兰。王国强先生出国一年后，写报告给中共文成县委要求批准他退休。后经文成县委上报中共温州市委批准，同意王国强先生退休。

王国强先生有一定的政治文化水平与工作能力。他出国后，被侨胞们选为米兰华侨华人工商联合会副秘书长，兼办公室主任，负责《侨报》编辑工作。1990年10月，《华侨华人通讯》刊行，1996年1月创办《侨报》，到2000年7月止，共出版37期。

王国强先生在创办侨报的同时，开设"长江贸易公司"。公司面积110平方米、仓库220平方米和住房240平方米，共计3套。1998年11月又购买店面310平方米，价值600多个米里红。

王国强先生一家5口人，都在米兰，他经营服装批发贸易，经济渐趋雄厚。

王国强先生，1944年出生；其夫人施宛华1946年出生。长子，王新，1969年出生，浙江省公安专科学校毕业；次子，王宏，1977年出生；王宏之妻任江，杭州人，浙江医科大学毕业。

第八节 采访浙江省青田县旅米兰华侨高潮祥先生

8月12日，星期六，晴天，下午7点20分，我们在采访王国强先生之后，采访高潮祥先生。他，浙江省青田县四都人，1935年出生，今年68岁（指2000年8月）。1962年6月，高潮祥先生到香港，1963年1月到意大利米兰，与胡志光合伙开设皮包工厂，经营两年多时间后，胡志光先生赴荷丛创业，皮包工厂转让给高潮祥先生开设。这家皮包工厂开到1970年11月6日中意建交前为止。中意建交后，高潮祥先生开设皮包商店，1974年3月停开皮包商店，改做“摆卖撒”生意。1995年，年纪65岁，即停止“摆卖撒”生意。

1974年，高潮祥先生娶意大利姑娘为妻，1976年5月生长子，取名高树义，今年24岁，在意大利当警察，不会讲中国话。我们问高潮祥先生家庭关系怎样？他说，与妻子关系一般。

我们采访高潮祥先生后，在“聚宾点心店”吃饭。饭后8时许，采访了周小斌先生。

第九节 采访浙江省文成县旅米兰周小斌先生

8月12日，星期六，晴天，下午8时许，我们采访周小斌先生。

周小斌，又名周斌，浙江省文成县玉壶镇东背乡人，今年33岁；其妻，蒋三华，今年31岁，文成县玉壶镇中村人。

1985年12月，周小斌赴荷兰鹿特丹，为中餐馆做洗碗工、当厨师。1986年9月，他从荷兰到意大利都灵一家中餐馆做跑堂。1993年1月到米兰，为外国人加工服装。1996年8月，他开设“聚宾点心店”，座位40多个；2000年3月，“聚宾点心店”扩大经营规模，餐位由原来40多个增至150多个，其中日本餐，座位30多个。

周小斌先生的夫人蒋三华，1987年到意大利，从南斯拉夫入境，乘意大利实行“大赦”政策之时办来了旅意居留证。

周小斌先生的父母亲在文成县玉壶镇东背乡老家，其父曾任文成县玉壶邮电局局长十多年，现已退休。

周小斌先生，有个弟弟叫周瑞斌；一个妹妹叫周春丽，1973年出生；周小斌弟弟开设外卖店，阿妹开设服装零售店。这两家店，生意红火，获利不错。

周小斌先生被选当文成县同乡会副会长、米兰华侨华人联合总会副会长。周小斌先生说：“目前，这家‘聚宾点心店’生意兴隆。”

周小斌先生有两个女儿：长女3岁；小女1岁。

周小斌先生最后说：“聚宾点心店”生意之所以兴隆，主要体会是两点：一是价格公道，服务周到；二是食品要新鲜，调味要好。

第十二章 乌迪内华侨华人社会

2000年8月13日，星期日，上午下雷阵雨，下午转阴。中午11点30分，我们到米兰火车站候车室等车。下午1点10分，我们乘火车从米兰准时出发，途中行驶3个半多小时，抵达乌迪内（侨胞称它乌迪宜）。晚上，我们住在丘剑中先生家中地下室。他安排我们调查、考察意大利乌迪内华侨华人社会。

8月13日下午至15日下午，我们先后调查考察乌迪内、的里雅斯特华侨华人社会，采访丘剑中、刘松溪、王伟斌等人。

第一节 乌迪内华侨华人社会经济状况

乌迪内（Udine），是意大利东北部一个小城市，位于阿尔卑斯山脉南麓，距威批斯133公里，近南斯拉夫边境。人口10万多。此城建于罗马时代。为东北部商业与工业中心。有钢铁、纺织（丝、棉）、皮革、机械与食品等厂。有双重城墙环绕，古城堡耸立在城中高地上，还有罗马式大教堂。1976 年曾受地震破坏[①]。

乌迪内，市区有中餐馆 8 家；郊区有中餐馆 9 家。餐馆业发展历史较短：最早一家中餐馆叫“龙凤酒家”，是香港人于 1981 年开设的，经营 9 年时间，于 1990 年卖掉。其次是浙江省青田县人于 1986 年开设的“长城饭店”。再其次，是青田县人于 1989 年开设的“东方饭店”、“上海饭店”和 1993 年开设的“全舫酒楼”。此后，每年都有人开设餐馆。

商店：有东方商场 6 家，皮包批发店 2 家，家具厂 2 家。

东北四省，总人口 100 万，拥有餐馆近 100 家，皮包批发公司 60 多家。

东北四省，经营商业者 90% 以上，是从南斯拉夫入境，通过意大利“大赦”，获得居留证，在这里创业。

第二节　采访浙江省青田县客籍旅乌迪内华侨丘剑中先生

8 月 13 日，星期日，阴天，下午 8 时许，我们在丘剑中先生家中采访丘剑中先生。

丘剑中先生，原籍广东省梅县（市），其父丘福秉，印度尼西亚出生，6 岁时，随其祖父回国。剑中母亲，张雪珠，今年 63 岁，是医务人员，曾做过换肝手术，现在身体尚好。

丘剑中两兄弟、一个妹妹。丘剑中，1963 年出生，今年 37 岁；弟，丘剑文，1968 年出生，今年 32 岁。1987 年，丘剑中与王小燕结婚，已有了两个孩子：儿子 11 岁；长女 9 岁。他的父母亲都有意大利的居留证；还有一个妹妹也已来到乌迪内。

丘剑中先生说，他 2 岁至 17 岁在广东省韶关市度过，广东韶关市职业学校高中部毕业。他自职业高中毕业后，做花岗岩生意，每年收

---

① 《世界地名词典》，上海辞书出版社，1981 年 1 月版，第 172 页。

入4万人民币。1980年，丘剑中先生随其父母迁至浙江省青田县鹤城镇居住，成为青田县客籍人。

1983年3月，丘剑中先生到意大利威批斯地区，先在一个亲戚开设的餐馆打工8个月，在8个月打工中，回首往事，觉得出国前的想法与到欧洲后的现实情况大不一样。丘剑中先生说：“我看华侨穿西装、带领带回乡，非常神气，因而产生对外国的羡慕，但到欧洲后一看，事实并非如此，因而产生后悔、失落感。”怎么办呢？丘剑中先生想开餐馆、当老板，认为开设餐馆，生活比较稳定。但开设餐馆谈何容易？找餐馆、筹措工作两三年过去了，仍未找到餐馆，他感到自己有一种压力。他说，香港人在这里开餐馆，价格贵，自己开餐馆，势必与香港人竞争而产生矛盾。丘剑中先生分析，乌迪内市区青田人占多数，经济实力不断增强，而香港人寥寥无几，经济实力弱，最后，香港人竞争不过青田人，只得卖掉乌迪内市区的餐馆，退到乌迪内郊区去另择生路。

丘剑中先生观察乌迪内华人餐馆业认为，餐馆业有85%以上的人是开成功的，如果第一炮打响了，也就是说你第一家餐馆开设成功了，以后，就会节节胜利。丘先生说，1998年4月，开设东方商场，在乌迪内市区是第一家，什么东西都要走在人家的前头。此前，丘剑中把开设的打包店给其妹妹经营了。

1989年，丘剑中先生与人合伙开设“东方饭店”，饭店的店址处于乌迪内市区。开了一年后，与他合伙者退股后，他的一个亲戚入股，开了三年，丘剑中先生买了部分股权，再过两年，他即买了全部股权，独自经营“东方饭店”。

“东方饭店”继续开设后，再开设一家“新东方饭店”。这家“新东方饭店”经过装修打扮门面，生意即刻好起来。丘先生说，“长城饭店”“老东方饭店”“新东方饭店”“香港楼”等4家餐馆，营业额占全市中国人开设的餐馆营业额的75%。

丘剑中先生说，来欧洲谋生、创业经过一个“苦”字，终于获得一些业绩，但也有的中国人不争气，一位青田华侨叫刘松溪的插话："白天打工，晚上去赌，欠赌债向朋友借！"丘剑中先生发财致富后，买了住房——300多平方米的别墅，价值人民币300多万；还买来宝马、奔驰及奥迪3辆车子。他拥有"长城饭店""东方商场""东方饭店""新东方饭店"。"新东方饭店"装修好，可以在今年（2000年）8月底开业。"老东方饭店"已买来了。

第十三章　的里雅斯特华侨华人社会

2000年8月14日，星期一，晴天，上午7点50分，丘剑中先生驾车把我们带往南斯拉夫与意大利交界处一个城市——的里雅斯特调查考察华侨华人社会。

第一节　的里雅斯特华侨华人社会经济状况

的里雅斯特（Trieste），意大利东北部边境城市。位于亚得里亚海东北岸、伊斯的利亚半岛的西北侧，西距威批斯113公里。人口26.8万（1976）[①]。原属奥匈帝国；1918年为意大利占领。该市是重要工商业中心，有造船、冶金、机器制造、炼油、化学和纺织等工业。海港，为中欧和东南欧许多国家的商品出入要口。设有天文台和博物馆。

的里雅斯特，华人1000多人，餐馆40多家，商店40多家。我们在调查考察的里雅斯特的华侨华人社会中，看到一户青田人开设的服装礼品店，店主人夏小微，青田县仁宫乡人，今年33岁。她说：1999年7月来这里开设服装、礼品店时，的里雅斯特只有5家商店，现在已发展40多家。据夏小微女士介绍，她的店面只有25平方米，而楼阁上一个小仓库，每月租金1.1个米里红。这里的服装、礼品，90%

① 《世界地名词典》，上海辞书出版社，1981年1月版，第840页。

是南斯拉夫小商贩，从这里购买3—5件服装或其他礼品，回本地做“摆卖撒”生意。

另外，我们采访了一位浙江省瑞安市人郑国安先生，他是瑞安市枫岭乡大藏村人，初中毕业，2000年6月到的里雅斯特，向老外租来60平方米店面，开设服装、礼品店；郑国安的长兄郑国西，今年30岁，于2000年春节期间，开设新加南公司，公司面积70平方米，每月租金3个米里红，出售服装、礼品等；还有一个温州地区人叫朱标，今年24岁，开设礼品、服装店，店面80平方米，是向老外购买的。

南斯拉夫靠近意大利边境几个城市，南斯拉夫人和意大利北部地区人生活比较富裕，居民生活水平接近意大利人的生活水平。

中午，我们到乌迪内市区东方餐馆吃饭。下午休息，在丘剑中先生家中整理上午到的里雅斯特参观、调查、考察及采访的有关资料。

第二节　采访浙江省青田县旅乌迪内华侨刘松溪先生

8月14日，星期一，晴天，上午9点至10点之间，丘剑中、刘松溪2人驾车把我们送到南斯拉夫与意大利交界处的的里雅斯特参观、考察几家商贸公司。在参观、考察的里雅斯特的途中，采访了刘松溪先生来欧洲的创业历史。

刘松溪先生，浙江省青田县山蛋乡双垟村人，1953年9月9日出生，今年32岁；他的妻子陈兰英，1954年出生。她已有3个孩子：老大、老二都是女儿；儿子，20岁，高中毕业，他8岁来意大利乌迪内，没有升大学。

刘松溪先生，出身农民家庭。种田、理发、油漆、筑公路，样样都能干。

1986年9月9日，刘松溪先生到奥地利维也纳。在这里待了20天，坐火车抵达意大利乌迪内市。他开始在一家餐馆当洗碗工，后升为做二厨，进而做大厨，历时6年。他出国后不久，即办了居留证。1990年，刘松溪先生的妻子和3个孩子共4人出国，抵达乌迪内市。刘松溪先生刚来乌迪内市替人打工时，人生地不熟，语言不通，受老板娘气，心酸难受，经常流泪，只想回国种田、理发去。有一次受餐馆老板娘气时，把茶杯都扔掉呀！

1992年7月，刘松溪先生开设“长城饭店”，座位90多个，自己做大厨，两个女儿当跑堂和雇佣两个工人。这家“长城饭店”，生意红火，营业收入稳定。

1997年香港回归前，成立威批斯地区华侨工商总会时，刘松溪被选为工商总会副会长，以后工商总会改选，他仍被选当副会长。

1998年，刘松溪先生住院做手术后一星期，在电视中看到长江发生严重水灾，他即刻从医院里跑出，连续七天七夜动员侨胞捐款，把捐来的救灾款火速送交中国驻米兰总领事馆转交祖国救济灾民，使他们早日重建家园。刘松溪先生说：“祖国是我们的靠山。我身体恢复健康时，中国长江洪灾已过去！”

刘松溪先生，不但热爱祖国，而且还关怀桑梓，慷慨解囊，支援家乡修建公路；同时，还在浙江省龙泉市开设一家商场。

刘松溪先生说，1999年12月，把“长城饭店”卖给他人，增开“大中国酒楼”“刘家酒楼”“天下大酒楼”。刘氏产业不断扩大，华侨经济蒸蒸日上。

第三节 采访浙江省青田县旅乌迪内华侨王伟斌先生

8月15日，星期二，晴天，下午8点20分，我们在乌迪内市区刘松溪先生开设的酒楼吃晚餐。席间，我们采访了王伟斌先生。

王伟斌先生，浙江省青田县鹤城镇人，1955年出生，今年45岁，小学读了三年；他妻子周爱凤，青田县港头镇人，1958年出生，今年42岁，高中毕业。她已有了二子、一女；长子15岁；次子12岁；女儿10岁。

王伟斌先生的父亲王绍琳，是青田县工商联主任，县政协常委，丽水地区侨联常委。王伟斌先生向我们介绍了他出国的经历、创业成就及筹备成立意大利北部四省华侨华人联合总会的过程。

1983 年 10 月，王伟斌先生到葡萄牙，12 月到意大利博洛尼亚，在一家餐馆当洗碗工两年，再到米兰一家餐馆打工 10 个月；又从米兰重返博洛尼亚市中心，与人合伙开设一家“北京酒家”。1990 年 1 月，从博洛尼亚到乌迪内开设“上海酒楼”。1993 年 5 月，将这家酒楼卖给丘剑中先生。丘先生将“上海酒楼”改名为“新东方饭店”。而王伟斌先生于 1993 年 7 月买了“全舫楼酒家”，座位 70 多个，至今仍在开设，生意尚可。1995 年 4 月，再买一家餐馆，仍叫“金舫楼酒家”。2000 年 1 月，买了中意商场，店面积 150 平方米，楼下仓库面积 150 平方米。同年 4 月，将新买的“金舫楼酒家”卖掉。

1999 年 5 月，王伟斌先生开始筹备北方四省华侨华人联合总会，7 月正式成立“联合总会”筹备委员会，初步确定人选。9 月 20 日，成立意大利东北四省华侨华人联合总会，王伟斌被选为第一任会长，丘剑中被选任联合总会常务副会长兼财务组组长。

第三篇　奥地利共和国[①]

奥地利共和国，位于欧洲中部，内陆国家。面积 83858 平方千米。

人口：820 万。96% 以上为奥地利人。讲德语。居民多信奉天主教。

首都维也纳，人口 157 万。全国政治、经济、文化中心。世界音乐之城。

奥地利，是欧洲著名山国。境内地势西高东低。阿尔卑斯山脉横贯，山地占全国面积 70%。大格洛克纳山海拔 3797 米，为全国最高点。东北部为盆地，北、东南部为丘陵和高原。多瑙河在境内长 350 千米。

奥地利，是个经济发达国家。主要工业有钢铁、化工、机械、木材及造纸、纺织等。主要农作物有麦类、甜菜、葡萄等，农林牧并重。旅游业发达。

格拉茨：人口 24 万。第二大城市。

1971 年 5 月 28 日，与中华人民共和国建立外交关系。

第一章　维也纳华侨华人社会

2000 年 8 月 16 日，星期三，晴天，上午 9 时许，我们从意大利乌迪内乘火车出发，途中行驶 8 个半小时抵达奥地利首都维也纳。我

---

① 李绍明主编：《世界地图集》，中国地图出版社 2000 年 1 月版，第 34 页。

们下车后，一位青田县同乡会副会长徐品华把我们送到维也纳一所三星级宾馆住宿。

8月16日下午至25日上午，我们先后调查、考察维也纳、格拉茨、萨尔斯堡三大城市华侨华人社会和奥地利著名的多瑙河公园、歌剧院、游乐场等景观，第八届欧华联会换届选举事项，并见缝插针，采访了多位浙籍温州、丽水两地旅奥地利华侨华人谋生、创业等活动。

维也纳（Wien），是奥地利的首都，全国的政治、经济、文化中心，是西欧至巴尔干半岛的铁路枢纽，多瑙河贯流市内，水碧山秀，风景如画。多瑙河与新多瑙河之间的岛上有大公园。1869年建成的国立歌剧院，被称为世界歌剧中心。著名的音乐城，舒伯特、勃拉姆斯在此诞生，贝多芬、海顿、莫扎特、施特劳斯等人都曾长期在这里生活和创作。每年都有盛大的国际音乐比赛会。东北郊和南郊是工业区。旅游业发达。

维也纳，华侨华人8000人左右，全奥地利有华侨华人2万人。维也纳，市区有餐馆350家，郊区近400家；南北货商店10多家；进出口贸易公司50家。

奥地利总人口800多万；全国餐馆800多家。其中：青田人开设的餐馆有500多家。此外，有上海人、北京人开设的餐馆，但数量少，只有一二家。

奥地利的经济从1992年开始渐渐衰退，近两三年开始复苏。

第一节　采访浙江省青田县旅维也纳华侨占伟平先生

8月18日，星期五，晴天，炎热，下午3点30分，我们采访占伟平先生。他，浙江省青田县人，今年33岁、高中毕业；太太周苗，温州市城区（今鹿城区）人，高中毕业。占伟平先生，1987年2月到意大利罗马，在罗马打工两年半，即到奥地利维也纳。占先生说：“我来维也纳有基础，在欧洲生活没有问题，不像东北人那样，这里无亲无戚。”

占伟平先生说自己19岁，高中毕业后出国，姐姐在芬兰；妹妹、弟弟都在意大利开餐馆，父母都在维也纳。占先生已有了两个女儿：大女儿9岁；小女儿5岁。

1993年9月，占伟平先生在维也纳开设“您好饭店”。这家饭店有座位70多个，生意稳定。1996年12月开设一家“占氏有限公司”，公司面积10000平方米，经营盆景。这在奥地利并不多见。

第二节 采访浙江省温州市城区旅维也纳华侨林肃先生

8月18日，星期五，晴天，下午5点50分，林肃先生来饭店看望我们，带领我们去洲际饭店拜访浙江省文成县旅奥地利侨领胡元绍先生。林肃先生向胡元绍先生介绍了我们的来意：晚上，林肃先生带我们去中国台湾人在维也纳开设的一家饭店吃饭。席间，我们采访了林肃先生在维也纳的创业史。

林肃先生，温州市鹿城区人，其父母是温州市委机关干部。林肃先生，于20世纪80年代末北京传媒大学新闻系研究生毕业。1991年，他到奥地利维也纳，经过几年的艰苦奋斗，白手起家，开设三家服装批发零售商店，其中：在维也纳二区开设两家“服装批发商店”，面积各200平方米；市中区开设一家“服装批发零售商店”，500平方米。以上三家服装批发、零售商店生意挺好，经济实力日益雄厚。林肃先生，热爱祖国，关怀桑梓，支援内地经济建设，他到四川省投资兴办企业。

第三节 采访浙江省青田县旅维也纳华侨高铭厚先生

8月19日，星期六，晴天，下午8点20分，我们采访了高铭厚先生。他，浙江省青田县汤垟乡人，1979年11月，到奥地利维也纳。过了两年，自己立足后，带妻子、姐夫出来，1981年，全家七口人都来维也纳。高铭厚先生说，全家族130多人。这么多人出国，一个饭厅都坐不下，真是个庞大的家族啊!

第四节　采访浙江省温州市城区旅维也纳华侨金洁女士

8月21日，星期一，晴天，下午7时许，我们采访金洁女士。

金洁，浙江省温州市鹿城区人，1965年出生；她的爱人金建国，1963年出生。金建国父亲金勋元，1984年6月在维也纳开设一家“华大利饭店”，座位60多个，1985年5月，金洁来奥地利维也纳就在其公公金勋元开设的“华大利饭店”当跑堂。金建国已有3个孩子：长子14岁，在维也纳读初中5年级；次子11岁，读初中2年级；小子7岁，刚入小学。金洁女士说，这家“华大利饭店”生意清淡。

第五节　采访浙江省青田县旅维也纳华侨蒋东民先生

8月21日，星期一，晴天，下午9点左右，采访蒋东民先生。

蒋东民先生，浙江省青田县人。1999年6月15日，成立青田同乡总会。出席成立大会的华侨华人300余人，报到的有800多人。大会选举蒋东民为青田同乡总会会长；选举杨焕光为名誉会长。除名誉会长外，还选举产生副会长、常务理事、理事，并创办月刊。同乡总会下设几个小组。

奥地利华侨华人2万多人，其中青田人占70%。总会的特点：一是团结侨胞，每个月举行一次活动；二是每10天召开一次小组会，介绍青田人所做的好人好事；三是建立同乡总会会馆，会馆设在维也纳六区。

第六节　采访浙江省文成县旅维也纳华侨李尧良先生

8月22日，星期二，晴天，下午2点25分，我们采访李尧良先生。

李尧良先生，浙江省文成县黄坦镇石后村人。1941 年出生。1957 年中学毕业，曾在青田县任粮食专管员。1961 年，他父亲体弱多病，为照顾父亲，竟然放弃工作奉侍长辈。他孝敬长辈，遐迩皆知。他在奉侍父亲的同时，曾先后在黄坦中心小学、王宅小学任教。1974 年 8 月，他带两个孩子赴奥地利维也纳谋生、创业。

李尧良先生说，20 世纪 30 年代来维也纳的老华侨有 5 人，他们中没有人开设中餐馆，而且在李尧良来这里的时候，老华侨只剩 2 人了。

刚来维也纳的李尧良找不到工作。当时，在维也纳开设餐馆的台湾人，不雇用大陆的人，李尧良先生被老华侨介绍到距维也纳城外 50 公里的郊区城镇广东人开设的餐馆扫地。在那里扫地一个月后，即到维也纳一家饭店当大厨。

李尧良先生的夫人王素丽，青田县人，1976 年 9 月，王素丽的长兄王成厚把她申请出国；同时，他还把王素丽兄弟姐妹 6 人申请出国，侨居在奥地利维也纳和意大利罗马（Roma）、维罗那（Verona）、米兰（Milano）等城市。

李尧良先生用自己打工四年积蓄的劳钱，再向亲戚朋友借来一笔钱，于 1978 年在维也纳开设“夫妻小饭店”；1979 年开设一家“东海饭店”；1985 年又开设一家“东风饭店"；1989 年再开设一家“东海饭店”。这家饭店开业后，又带出两个儿子出国。这两个儿子是双胞胎，1971 年出生：大的叫李双凤；小的叫李双彤。

随着餐馆业的发展、壮大，财源滚滚而来，1990 年，李尧良先生又赴克罗地亚共和国境内开设一家“亚洲饭店”，座位 180 个，由其女儿李晓彤（1969 年出生）和女婿开设，生意兴隆，财源茂盛。

李尧良先生，事业有成，襟怀开阔，慷慨招待客人。他说，每年圣诞节，都请维也纳客人及朋友来“东海饭店”吃饭，并已成惯例。

李尧良先生在奥地利侨界德高望重。1992 年 9 月 12 日，奥地利华侨总会成立，胡元绍被选为理事会会长，陈宗波、程明池、郑同舟、唐锡云等当选副会长。“华侨总会”第二届换届改选，文成籍华侨胡元绍仍当选会长，胡三绍、李尧良、胡立井等为副会长。

第七节　采访浙江省青田县旅维也纳华侨潘淑翘先生

8月22日，星期二，晴天，下午5点50分，我们在采访李尧良先生的创业历程后，采访了潘淑翘先生。他，浙江省青田县人，其父母均居中国台湾。1976年，他从台湾到奥地利维也纳创业；潘淑翘的夫人董淑真于1978年台湾淡江大学德语系毕业后到奥地利维也纳，夫妇二人开设“文华贸易公司”。

1979年，中国大陆实行开放政策之后，大陆的人来奥地利维也纳的日益增多。近几年，中国台湾经济逐步好转后，许多台湾人返台湾，把自己经营的中餐馆让给别人开设，而持续在维也纳开设饭店的为数极少。

台湾人在维也纳开设电脑公司、贸易公司的不多。维也纳的电脑公司只有4家。维也纳华侨1万多人，开设电脑、贸易等公司的显然太少。潘淑翘、董淑真夫妇开设的文华贸易公司，面积240平方米、仓库380平方米，都是租来的。这家贸易公司的货物，大部分从东南亚各国和台湾地区购进，小部分则从大陆购进，经销生意挺好。潘淑翘先生说，销售业务最佳的是每年12月份。

第二章　格拉茨华侨华人社会

2000年8月17日，星期四，晴天，上午，青田同乡会会长徐品华工作繁忙，挤不出时间陪同我们去格拉茨调查考察，我们便去维也纳参观市容、街巷。下午，3点10分，徐品华先生驱车把我们送到格拉茨调查考察华侨华人社会。

格拉茨（Graz），位于奥地利东南部，是全国第二大城市，距离维也纳180公里。小车抵达格拉茨迎宾馆时，已经是子夜12点半了。

徐品华先生带领我们采访华侨吴蓉江先生。吴先生非常客气，领我们去他开设的“湖南饭店”吃晚饭。晚餐吃过后，即刻采访吴蓉江先生。

吴蓉江先生，今年 68 岁，他说：“我生在杭州，长在上海，工作在青田。工业、农业、商业样样都搞过。”他说自己在“文化大革命”中是个“造反派”，粉碎“四人帮”后受到批判。1982 年 11 月，他“下海”（意即离开干部队伍、到国外经商）赴欧洲创业。他先到维也纳调查考察，认为在维也纳开贸易公司不好，搞饮食业也不理想，为什么？因为这里没有停车场，势必影响生意。一位奥地利人告诉他，开饭店不宜在闹市区开设，要在城市边缘开设，只要那里有停车场，顾客就会驱车到那里吃饭。这样，他就选择了距离维也纳 180 公里的格拉茨市郊，租房开店。

吴蓉江先生说：格拉茨，是奥地利第二大城市，全市总人口 26 万左右，华侨华人约 3000 人，餐馆 50 多家。为了在这里经营饮食业，把自己 3 个女儿和太太及女婿先后申请到奥地利。吴先生说：长女，吴珏，1958 年出生；次女吴瑾，1963 年出生；儿子吴杰，1960 年出生。他的太太王丽现（今改王姓为吴姓），67 岁，1985 年来格拉茨。

吴蓉江先生说，1984 年开设首家“长城饭店”，座位 150 个，请一个香港厨师，雇佣几个跑堂。这家饭店一开业，顾客盈门，座无虚席。由于奥地利官方语言是德语，吴先生的几个子女都不懂德语，招呼顾客或做跑堂都不适应。于是，吴先生要几个子女一边进当地学习德语，一边来餐馆当帮手。坚持数年学习，几个子女学会基本的德语。1986 年，吴先生增开“孔夫子饭店”，座位 300 个，规模很大，生意兴隆，每天都客满。看餐馆生意如此隆盛，于是又在 1987 年开设一家“湖南饭店”，座位 200 个，每天顾客进餐排队，坐得满满。

吴蓉江先生说，这 3 家餐馆开张 10 多年来，生意红火，财源滚滚而来，实令人振奋。

10 个月营业额 100 多万先令，而每月支付店面租金才需 8000 先令。

由于吴蓉江先生先后开设的三家餐馆经营获利的消息传开之后，

格拉茨的餐馆业得到迅速发展。1985 年，格拉茨中餐馆发展到 5 家，到 2000 年 8 月，猛增至 50 家。

我们采访吴蓉江先生结束之后，徐品华会长驱车把我们送到维也纳迎宾馆睡觉。

第三章　萨尔茨堡华侨华人社会

2000 年 8 月 21 日，星期一，晴天，上午 8 点左右，应邀参加第八届欧华联会大会代表，赴萨尔茨堡（Salzburg）参观。

萨尔茨堡，是奥地利西北部的州，面积 7154 平方公里。人口 40.2 万（1971）。境内大多为山地及丘陵，多瑙河支流萨尔察赫河（Salzacn）流贯。首府萨尔茨堡市。中世纪属萨尔茨堡大主教管辖。19 世纪初归奥地利。旅游及冬季运动胜地。矿产以盐、铜闻名。工业中心为萨尔茨堡及哈来恩（Hallein），有化工、冶金、食品等部门[①]。

萨尔茨堡，现有华侨 500 人左右。餐馆有 40 多家。邹继铭，浙江省青田县鹤城镇人，1951 年 11 月出生。1985 年 10 月，他只身到萨尔斯堡经营餐馆；1986 年 12 月，他的妻子邵妹及其长子到萨尔斯堡；1986 年 4 月，他的女儿到萨尔斯堡经营餐馆业。

在参观考察奥地利西部的文化名城萨尔茨堡返回维也纳的当晚，中国驻奥地利大使馆在维也纳 19 区著名的酒村举行了酒会，招待所有来参加欧华联会第八届年会的客人、中国驻奥地利大使卢永华等出席了酒会。

第四章　第八届欧华联会年会活动

2000 年 8 月 20 日，星期日，晴天，欧洲华侨华人社团联合会（简

① 《世界地名词典》，上海辞书出版社，1981 年 1 月版，第 1154 页。

称欧华联会）在奥地利维也纳市中心的豪华五星级的洲际饭店一楼会议大厅召开。来自世界各地和欧洲各国的500多名华人华侨聚会一堂，参加一年一度的欧华联会年会。我们应邀参加这次年会。

欧洲华侨华人社团联合会自1992年5月8日成立以来，已召开了七次年会。第一届欧华联会于1992年5月8日（星期五）在荷兰阿姆斯特丹召开，林德华先生被选为首届欧华联会主席；第二届欧华联会年会于1993年11月5日（星期五）在法国巴黎中国城会议厅召开，郑辉先生被选为第二届欧华联会主席；第三届欧华联会年会于1994年6月21日（星期二）在苏兰格拉斯哥市（Hospitalitylnn）饭店会议厅召开，曾庆如先生被选为第三届欧华联会主席；第四届欧华联会年会，于1995年10月29日（星期日）在挪威首都奥斯陆市（Savoy）旅馆会议厅召开，潘子垣先生被选为第四届欧华联会主席；第五届欧华联会年会，于1996年12月7日（星期六）在荷兰阿姆斯特丹（Amsterdam）旅馆会议大厅召开，胡志光先生被选为第五届欧华联会主席；第六届欧华联会年会，于1998年8月8日（星期六）在匈牙利首都布达佩斯凯悦饭店的广场召开，张曼新先生被选为第六届欧华联会主席；第七届欧华联会年会，于1999年8月9日（星期一）在德国金融城法兰克福洲际饭店召开，孙焕然先生被选为第七届欧华联会主席；第八届欧华联会年会，于2000年8月20日（星期日）在奥地利维也纳洲际饭店一楼会议大厅召开，胡元绍先生为欧华联会轮值主席。

第一节　第八届欧华联会年会讨论主题

这次年会以“中国和平统一”和“中国中西部开发”为两大主题，到会代表团代表、嘉宾们围绕着这两个主题进行讨论。

欧华联会第八届年会筹备会召集人胡元绍在《欧华联会第八届年会上的讲话》中云：“今天我们感到非常荣幸和高兴的是，中国全国政协万国权副主席，国务院侨办刘泽彭副主任等领导率领的国家各级政府代表团，省市代表团光临大会指导；奥地利联邦议会议长帕伊尔先生和维也纳市议会第一议长洪茨多夫先生也应邀与会祝贺。这充分体现了中国和奥国政府对本届年会的关注和支持，我谨代表欧华联会对此表示衷心的感谢！”胡元绍说：“本届欧华联会年会，将促进‘中国和平统一’作为主题议题进行讨论，是因为实现中华民族的伟大复兴、推进祖国和平统一大业，是所有爱国的海内外中华儿女的共同心愿，紧密团结广大海外侨胞，发挥集体作用，反‘台独’，是义不容辞的责任和主要的工作任务，我们热切盼望，祖国能够早日统一；我们充分坚信，祖国一定会早日统一！”

胡元绍说：“积极支持中国的经济发展，亦将是欧华联会在新世纪应担负的重任，中国中西部大开发的战略目标，不仅为中国的经济再次腾飞发展带来了契机，同时也为海外侨胞创造了拓展事业的新机遇和条件，如何抓住时机，创造新的业绩，在今天下午的‘中西部开发’研讨会上，中国政府的分管部门领导和海外侨胞一起，将深入地进行探讨，形成共识。今后，欧华联会将进一步加强与国内有关部门的联系，及时为欧洲各国的华商们提供各方面的信息，发挥桥梁和纽带作用，共同推动中国中西部大开发的进程！”

根据第八届欧华联会年会提出讨论的两大主题，分上午与下午两场进行：

一、推进中国和平统一大业问题

上午，主要讨论“推进中国和平统一大业问题”。应邀与会的中国全国政协副主席万国权先生、海协会副会长张金成先生、国内台湾问题专家学者，来自欧洲 20 多个国家，以及澳大利亚、中国香港地区的华侨华人社团代表 500 人在洲际饭店会议厅，讨论和平统一大业问题。

讨论会由本届欧华联会主办国奥地利代表俞力工先生主持。

中国海峡两岸关系协会副会长张金城先生做了专题发言，中国海峡两岸关系协会是中国大陆专门负责与台湾进行事务性商谈的职能部门，张金城先生回顾了几年来海协会与台湾海基会交往的历史后说，今年3月，台湾地区领导人选举的结果，使台湾政局出现重大变化，给两岸关系带来了新的复杂因素。但是这一结果改变不了台湾是中国一部分的事实，改变不了国际社会承认一个中国的大框架。

在和平统一研讨会上发言的还有中国和平统一研究中心的沈伟平先生、意大利欧华时报的史伊先生、奥地利的俞力工先生、全荷华人社团联合会主席毕传有先生、西班牙华人华侨协会副会长徐松华先生、意大利中国和平统一促进会的潘仲骞先生。

中国和平统一研讨会最后通过了《关于促进中国和平统一的宣言》。该《宣言》明确指出："世界上只有一个中国，台湾是中国领土的一部分，这是谁也否定不了的历史事实和现状，而这一历史事实和现状也得到国际社会的公认，由于历史原因造成了台湾海峡两岸分治，50年间，两岸相隔所造成的敌意与骨肉分离，演绎出了多少人间悲剧。当今国际社会在解决纠纷和矛盾时，都提倡对话与谈判，而同种同文、同是炎黄子孙的两岸为什么不能坐到一起谈判，有什么理由再分离下去？

"社会制度可以不同，生活方式可以各异，但国家不能永远分裂，根据目前台湾海峡两岸的实际情况，在'一个中国'的原则下，实行'一国两制'是最佳的解决办法。这也是台湾海峡两岸绝大多数民意，包括广大海外华侨华人一致拥护与支持的原因所在。"

"搞任何形式的台独绝对没有出路，因为台独言行伤害了全体中国人的民族感情和尊严，也不容于国际社会。李登辉抛出'两国论'后，立即遭到海内外所有中国人的一致声讨，并被国际社会斥为'麻烦的制造者'，就是最好的说明。"

《宣言》提出希望与要求："我们希望台湾新当选的领导人陈水扁等人，以民族大义为重，以李登辉的下场为鉴，尊重绝大多数中国人的意志，拿出真正的'善意与诚意'，回应大陆的多次声明，在'一个中国''一国两制'的原则下尽快展开两岸谈判，求同存异，逐步向和平统一的目标迈进。搞‘台独’的最后结果必将挑起战争，这是任何人都明白的道理。我们盼望中国早日实现统一，但不希望台湾海峡燃起战火、骨肉相残。所以我们诚恳地祈望陈水扁等人不要再或明或暗地搞‘台独’，及早对‘一个中国’的原则作出明确的表态。如果能做到这点，则为台湾海峡两岸人民之大幸，中华民族之大幸。”

二、中国中西部地区开发问题

下午3时，与会欧洲华侨华人社团联合会第八届年会的各国代表、嘉宾们，在维也纳洲际饭店二楼的会议大厅，参加“中国中西部地区开发研讨会”。

研讨会开始，中国国务院侨办科技司司长李林林首先做了“中国政府实施西部大开发战略的意义和基本国策”的发言。他在发言中，就中国西部地区的发展现状和潜力，首先向与会代表们做了介绍：包括中国12个省（市、自治区）的中国西部地区，而且有540万平方公里，占全国面积的56%，人口约2.8亿，占全国人口23%。西部尽管在经济发展和工业化进程上，在基础设施建设和居民生活水平上，在教育、文化和科技发展等方面，与中国东部地区相比还存在很大的差异，但西部地区所蕴藏的自然资源（包括旅游资源）和人力资源却非常丰富。实施“西部大开发”的战略，正是为了充分利用西部的这些资源优势，实现东西部优势互补、共同协调发展的目标，尽快促进西部的经济发展和人民生活水平的提高，以有力地推动中国国民经济的持续和快速增长。

云南省侨办主任李为佑先生和重庆市侨办主任魏世宏先生在研讨会上，分别向与会各代表、嘉宾们介绍了两个地区的地域文化和人文景观，以及为响应中央关于“西部大开发”的部署，因地制宜所制订的适合本地区发展的项目规划。这两位西部开发区的代表在讲话中表示，鉴于西部地区各省市几乎均具备地大物博的特点，因此应着重在开发自然资源方面多下功夫，充分发展地方有特色的优势产业，才能在竞争中长足稳定地发展。

欧洲华侨华人代表法国的杨明先生、荷兰的胡永央先生、意大利的胡绍科先生、奥地利维也纳的林肃先生等，纷纷为本次研讨会撰写论文并发表讲话，重点对海外华人在“中国西部大开发”的战略决策感召下，应如何抓住机遇，发展事业，阐述了自己的观点和看法。他们认为，鉴于旅欧侨胞的历史较短，大多数华商尚处于资金积累过程中，因此，希望西部地区能够不断推出一些投资较少，收效较快，对地方经济发展又会“立竿见影”地带来益处的项目，来连续性地吸引海外华人回国投资。如此，既可以推动海外华侨华人自己事业的发展，又可以激发他们为西部大开发贡献力量的热情。

与会代表、嘉宾们，经过 3 个小时的深入探讨，共同认为，“西部大开发”的战略决策，是中国面向新世纪的一次伟大的选择。

晚上，欧华联会第八届年会筹委会在维也纳市政府大厅举行盛大招待会，奥地利联邦议会议长帕耶尔和维也纳市议会议长参加了招待会。奥地利的民族艺术家演奏了精彩的奥地利民间音乐。

第二节 第八届欧华联会换届选举

8 月 24 日至 25 日上午，第八届欧华联会换届选举，与会第八届欧华联会的一至七届代表进行无记名投票，选出第八届欧华联会主席、副主席、名誉会长、理事，最后宣告胡元绍为第八届欧华联会主席。其他一届至七届的欧华联会主席退当副主席或名誉会长。各项议程完成后，宣告第八届欧华联会年会胜利结束，圆满成功。

第五章 第八届欧华联会邀请浙籍代表参观维也纳景点与两次宴会活动

第八届欧华联会在换届前，组织与会代表赴奥地利西北部历史文化名城——萨尔茨堡，参观回维也纳的当晚，中国驻奥地利大使馆在维也纳19区著名的酒村举行了酒会，招待所有来参加欧华联会第八届年会的客人、中国驻奥地利大使卢永华等出席了酒会。

第一节　采访第八届欧华联会应邀代表何福兴先生

8月21日晚上，在酒宴间，我们见缝插针，采访了和我们同席的应邀代表何福兴先生。

何福兴先生，浙江省温州市鹿城区人，他代表意大利那不勒斯侨团参加“欧华联会”第八届会议。那不勒斯（Napoli），一译那波利。是意大利南部港口城市，人口122.4万（1976）。建于公元前600年。旧城称帕拉奥波利（Palaeopolis），公元前326年被罗马征服后建新城改今名。曾为罗马皇帝的避暑地。12世纪成为西西里王国的一部分。1282年意大利南部与西西里分离，改称那不勒斯王国。1861年并入意大利王国。在第二次世界大战中被严重破坏，战后重建。意大利南部地区工业中心，以炼油、钢铁、造船、机器、制造、化学、汽车装配、纺织和食品为主。珊瑚与珍珠养殖亦盛。铁路枢纽，大贸易港、客运港与海军基地。港阔水深，能停泊远洋巨轮。旅游业发达。①

全市华侨华人1万人，其中市郊区6000人。成立那不勒斯华侨华人商会。商会非常团结，它组织自卫队，保卫侨胞的生命财产安全。那不勒斯，有服装加工工厂400多家，是意大利服装加工业的中心。有中餐馆15家，贸易公司100多家，皮包皮夹商店8家。

在那不勒斯经商者，浙江省瑞安市人占多数，温州市城区，青田、文成等县人次之；其他省份的人极少。

---

① 《世界地名词典》，上海辞书出版社，1981年1月版，第555页。

第二节 采访第八届欧华联会应邀代表胡绍洪先生

8月21日晚上，在酒宴间，在采访和我同桌的何福兴之后，趁热打铁，采访了第八届欧华联会应邀代表胡绍洪先生。

胡绍洪先生，祖籍浙江省文成县玉壶区。其父迁居瑞安县（市）桂峰乡黄坦坑村。1920年胡绍洪先生的父亲胡克芬东渡日本谋生，在日本做苦力17年，无分钱积蓄。1937年抗日战争全面爆发，他凄凉潦倒地悄然回归故里，依旧过着贫困的生活。

胡克芬的胞弟胡克林，在1937年“七七”卢沟桥事变前夕，离乡背井，从香港乘轮船经海道赴欧洲谋生。先到意大利米兰做行商小贩8个月左右，即赴荷兰谋生。“二战”期间，胡克林先生谋生受到曲折，过着贫困清苦的生活。“二战”结束后，1946年10月，他与荷兰莱顿市一位荷兰姑娘阿尼结婚后，有了得力的贤内助，才开始经济转机。1947年初，他得知侨居意大利佛罗伦萨的胞弟胡克生在那里开设皮革商店，生意颇为兴隆，便即刻赴意大利佛罗伦萨与弟弟合作共同做了一年半生意，赚了一笔钱，连以往的多年积累，具有了独立创业的经济基础。1950年12月，他和妻子阿尼经过精心策划，到艾恩德霍芬（Eindhoven）开设一家“蓬莱酒家”。生意兴隆，获利颇丰。胡克林先生和其弟弟胡克生发财致富，为其侄子胡绍洪、胡绍科等人的赴意大利创业提供了良好的条件。

胡绍洪先生，1940年1月26日出生，今年61岁（2000年），1958年4月，从温州至香港，乘轮船经海道至法国马赛上岸，转乘火车到意大利米兰。在米兰待了几个月，于同年9月22日到意大利佛罗伦萨，做皮包零售生意。1989年11月，开设“南京酒楼”。以后，给别人开设。他到威批斯开设旅馆、“东方大酒店”。经济收入越来越多，生活越来越好。胡绍洪先生说，他两个儿子、一个女儿。长子和他经营旅馆、“东方大酒店”；次子留学美国，在哥伦布大学读经济学，获博士学位，现在美国一家公司当经理；女儿在德国开设中餐馆。

第三节　第八届欧华联会组织应邀代表参观多瑙河公园、歌剧院及游乐场

8月23日，星期三，晴天，上午8点10分，旅奥地利青田同乡会会长徐品华带领我们去多瑙河岛上公园参观；下午，带领我们去参观1869年建成的国立歌剧院。据他介绍：国立歌剧院被称为世界歌剧中心，著名的音乐城，贝多芬、海顿、莫扎特、斯特劳斯都长期在这里生活和创作，舒柏特、勃拉姆斯，在此城诞生。每年盛大的国际音乐比赛会都在这里举行。这样著名的歌剧院，必须来参观、欣赏。我们参观此歌剧院后，感到徐品华会长向我们说的极是，的确，百闻不如一见。

参观维也纳著名的歌剧院后返洲际饭店休息一会儿后，一位温州旅维也纳的同乡陈某某，又驱车把我们带去参观维也纳的游乐场。他向我们购了门票，排队进场。我们进场观看了40多分钟出来后，满头大汗。我们在游乐场门口休息片刻，即由陈某某驱车把我们送回洲际饭店。

第四节　采访第八届欧华联会应邀代表胡式宽先生

8月23日晚上，在洲际饭店我们再次采访应邀前来参加第八届欧华联会年会的意大利文帝米利亚侨领胡式宽先生。

胡式宽，文成县南田区朱阳乡人，17岁学雕刻，同时把老师胡绍威请到家中教他读书，他跟老师学习一年半之后，到本县南田区所属十多个乡民间作雕刻：雕塑17扇木床、家具及大门、天花板、佛殿等。

胡式宽先生于1984年3月，在文成县境内塑造“陈十四娘娘”“土地爷”等神像。他还向我们讲了农民群众迷信的故事：1984年5月塑

成“陈十四娘娘”。这年正逢文成大旱，种田缺水，老百姓把未开光的“陈十四娘娘”偶像抬出求雨，群众排成长龙，敲锣鼓，吹长号，打鞭炮，热闹非凡。求雨队伍巡回山村一周，不到两个小时，则乌云密布，当群众把“陈十四娘娘”的偶像抬进娘娘殿时，大雨倾盆。求雨百姓哈哈大笑，异口同声地说：“‘陈十四娘娘’真显灵！”同年7月，“陈十四娘娘”塑像开光后，村民前来跪拜“陈十四娘娘”塑像的络绎不绝！

2000年8月25日，下午3点左右，我们随第八届欧华联会各国社团代表从维也纳乘火车赴德国柏林，应邀参加8月26日至27日在柏林召开的“全球华侨华人推进和平统一大会”。下午6时许，火车抵达柏林，与会代表被安排在柏林国际饭店住宿。沈立新先生和一位侨领住在一个房间；我和罗马华侨华人联谊会秘书长潘仲骞先生住在591号房间。

晚上，与会代表到浙江省青田县旅德华侨吴朝平开设的大酒家吃晚餐。

第四篇　德意志联邦共和国[1]

德意志联邦共和国，位于中欧西部。面积 356970 平方千米。

人口：8220 万。绝大多数为德意志人，少数为丹麦人和吉普赛人。通用德语。多信奉基督教和天主教。

首都柏林，人口 343 万。全国政治、经济、文化中心。

德国，是个工业高度发达，工业产值居世界前列。是世界著名的工业大国。采煤、钢铁、机械、化工、精密仪器和光学仪器在世界上占重要地位。农业机械化程度高，畜牧业在农业中占主要地位，多饲养乳用、肉用牲畜。

重要城市：汉堡：人口 165 万。商业中心和造船基地。欧洲第二大港口：慕尼黑：人口 123 万。艺术和文化中心，被誉为“博览会之城”；科隆：人口 95 万。重工业城市和交通枢纽；法兰克福：人口 65 万。欧洲大陆最大航空站；波恩：人口 29 万。是原子能研究中心。

1972 年 10 月 11 日，与中华人民共和国建立外交关系。

第一章　参加德国柏林“和统会”

由欧洲中国和平统一促进会发起并举办的全球华侨华人推动中国

---

① 李绍明主编：《世界地图集》，中国地图出版社 2000 年 1 月版，第 29 页。

和平统一大会，于 2000 年 8 月 26 日至 27 日，在德国柏林洲际饭店一楼会议大厅召开。在该会筹备过程中，海外华人认为，人为设置的柏林墙已经拆除、德国已经统一，选择在柏林召开，也许对中国的和平统一是个预兆。华侨华人期盼祖国早日实现和平统一大业。来自世界 64 个国家和地区的 632 名代表与会，其中来自台湾的代表 114 人。全国政协副主席兼中国和平统一促进会会长万国权、台湾海峡两岸和平统一促进会会长梁肃戎担任名誉主席。大会围绕着“在一个中国原则下推进两岸关系发展”“两岸经贸文化等领域的交流与合作”“海外华人在促进中国和平统一的作用”三大主题开展研讨。

大会由全国政协副主席万国权与台湾海峡两岸和平统一促进会主席梁肃戎轮流主持。与会代表纷纷上台，争先恐后，气氛非常热烈。为了让更多的代表有机会在讲坛上发表企盼祖国和平统一的心声，大会规定：凡已提交论文者，发言不超过 5 分钟，时间如此之短，大会只能让代表讲出几句心里话。“一个中国，和平统一”的强烈愿望，几乎镌刻在全体代表的心坎上，作为与会代表，虽然没有上台发言，但与所有的代表一样，感同身受，热血沸腾，深深为反对“台独”，企盼祖国早日实现和平统一的热情所感动。

在大会期间，洲际饭店一楼会议大厅，举办推动中国和平统一的画展上，展览许多书法条幅、画作、纪念章、侨报、侨刊，件件都具有相当的感染力，体现出海外侨胞血浓于水，情重于山的骨肉真情。

这次大会开得圆满成功，其成果，和我一起应邀参加这次大会的原上海社科院欧亚所沈立新研究员将它归结为以下两条：

其一，为了充分反映海峡两岸人民要求实现和平统一的愿望，为了显示海外 3000 万华人支持祖国和平统一大业的决心，也为了扩大大会影响，柏林大会分别致函联合国秘书长安南、安理会常任理事国政府和欧盟领导人，期待国际社会支持中国的和平统一。柏林大会规模和声势之大，历史意义之深远，其冲击波在欧洲乃至世界所产生影响之大，出乎人们意料！

其二，大会闭幕时一致通过的《全球华侨华人推进中国和平统一大会共同声明》说："我们强烈呼吁某些国家，严格遵守联合国宪章和国际法，充分尊重中国国家主权和领土完整，立即停止干涉中国内政，停止以任何方式（包括军售）支持台湾分裂势力。"表达出通过大会将联络更多有志于推进中国和平统一大业的同胞，推动反对"台独"，促进统一大业的坚强决心。

第二章　柏林和统会期间采访两位浙江籍旅德华侨

柏林（Berlim），欧洲大城市和重要国际交通枢纽之一。在德意志民主共和国中东部、施普雷河注入哈韦尔河口处。面积883平方公里。人口305.7万（1976）。13世纪前为斯拉夫人居民点。1244年见于记载。1415年起为勃兰登侯国首府，1701年后为普鲁尔帝国首都，1871年为德意志帝国首都。19世纪中叶，工业开始迅速发展。1877年居民超过百万，1905年达204万，至1939年增为483.9万，产业工人120万以上。1945年法西斯德国投降后，根据《克里米亚声明》《波茨坦协定》和其他有关协议，由苏、美、英、法四国分区占领。1949年在苏占区成立"大柏林临时民主政府"，在美、英、法三国占领区组成西柏林市政府，柏林便分成东西两区。东区是德意志民主共和国首都，全国政治、经济、文化和交通中心。面积403平方公里。人口110.6万（1976）。工业以电机、化学、精密仪器、印刷、食品加工等重要部门。设有科学院、柏林洪堡大学、国家博物馆、国家歌剧院、德意志剧院，还有勃兰登堡门等古迹。西区即西柏林。[①]

德国，现有华侨华人15万人，其中柏林有华侨华人2万多人，餐馆500多家。

---

① 《世界地名词典》，上海辞书出版社，1981年1月版，第892页。

第一节 采访浙江省文成县旅德华侨吴昌树先生

2000 年 8 月 25 日，星期五，下午 7 时许，与会代表到浙江省青田县旅柏林华侨吴朝平先生开设的大酒家吃晚餐。晚餐后，我们乘隙采访旅德华侨吴昌树先生。

吴昌树先生，浙江省文成县里阳乡江外村人，1960 年出生，今年 39 岁；他的妻子胡玉娟，1961 年出生。其父，吴方林，1937 年出生，今年 63 岁；其母，胡春莲，1940 年出生，今年 60 岁。

吴昌树先生，他五兄弟、一个妹妹，他为老大；吴昌银为老二，1965 年出生，今年 35 岁；吴昌义为老三，1969 年出生，今年 31 岁；吴昌标为老四，1971 年出生，今年 29 岁；吴昌权为老五，1973 年出生，今年 27 岁；妹妹，吴爱娥，1962 年出生，今年 38 岁。

吴昌树先生说，他已有 3 个孩子：长子吴光浩，今年 15 岁；次子吴光庆，今年 10 岁；三子吴光俊，今年 7 岁。

吴昌树先生说，自己出国前，曾在文成县石垟林场、文成县委办公室等单位工作。1985 年 7 月到荷兰与德国交界处一个城市享令其岳父胡克庞经营的“东亚酒楼”当洗碗工、跑堂，学习烹饪技术。1986 年 7 月到荷兰北部一个城市达拉克顿（浙江文成话译音）开设一家“长城酒楼”。1990 年 10 月，德意志联邦共和国与德意志民主共和国合并，两德统一。1992 年 7 月，他从荷兰到德国波恩边境一个小城市叫新维德（文成话译音）开设一家“金满酒楼”，座位 100 个，店外座位 80 个。接着又开设“荷德贸易公司”。1997 年 11 月 5 日，他被选为旅德浙江华侨华人联合总会核心小组成员；1998 年 7 月 16 日被选为首届全德华侨华人联合会执委会副会长。

吴昌树先生六个兄弟姐妹，除其中老四吴昌标在意大利米兰郊区开设一家服装加工工厂外，其他 4 兄弟和一个妹妹，都在德国经营餐馆业。

吴昌树先生侨居欧洲，心系祖国家乡，凡国家遇到洪涝严重自然灾害，他慷慨解囊，支援灾区。如 1987 年，中国大兴安岭森林火灾，损失惨重，他身居荷兰，响应荷兰华侨总会号召，捐资 1 万荷兰盾，支援灾区；1998 年长江水灾，他积极参与筹款救灾，受到侨界的好评。

第二节　采访浙江省青田县旅德华侨丘竹仁先生

8 月 26 日，星期六，晴天，上午 9 点 10 分，我们在柏林洲际饭店采访丘竹仁先生。他，浙江省青田县水南区吴岸乡人，1931 年农历十一月十五日（阳历 1931 年 12 月 23 日）出生。他 1 周岁时，因家庭贫困，为图谋生计，他父亲丘钱美，于 1932 年远涉重洋，赴欧洲谋生。他先到奥地利—法国—日本，再从日本到德国，辗转各国历时近 7 年，在第二次世界大战全面爆发前夕才落脚德国。第二次世界大战爆发后，旅欧华侨纷纷回国与亲人团聚，或奔赴前线抗日，但经济困难的华侨只得留居欧洲，以挈卖小商品为生，在硝烟弥漫中过着艰难、困苦、危险的日子。而侨居德国谋生的丘钱美在战火纷飞的“二战”期间无法与家人联系，心神日夜不安。“二战”结束后，中国内战又起，又与青田家人联系不上，心里更加焦虑。而丘竹仁先生的母亲何钟钗，童养媳出身，目不识丁，眼泪哭干，盼望丈夫的音信，然而，直至中华人民共和国成立后的第二年，即 1950 年才收到阔别 18 年的丈夫来信，真是喜从天降！何钟钗叫儿子丘竹仁拆信阅读，竹仁拆信一看：第一句就问其子还在不在？钟钗怎么样？家庭生活如何？……竹仁先生将信中的内容告诉母亲后，即刻给父亲复信：“您儿子已经 19 岁了！与母亲在家务农，希望出国跟父亲在海外创业。”丘钱美不同意他出国，要他去认真读书，成家立业，照料母亲，到时候，会给你出国的！

其实，丘竹仁先生，出生在农村，接受党的教育，加入了中国共产党，后来，当上了农村党支部书记，找到了对象，成立了家，生了孩子。

丘竹仁先生还说自己出国的一段经历：1958 年参加青田县委召开

的四级干部会议，曾在青田油竹华侨中学当总务干部一年，青田县华侨实业公司当经理一年。1962 年 2 月，他和妻子申请出国。他俩到澳门待了六个月，办来护照，8 月，从澳门抵达德国柏林。中国国民党驻德国柏林的商会，说丘竹仁夫妻俩是中国共产党。他俩经比利时的时候，国民党驻比利时使馆扣住丘竹仁妻子的护照，经过交涉，国民党驻比利时大使发给她一个“难民护照”，因为当时中国未与比利时、德国建立外交关系。1971 年 10 月 25 日中国与比利时建立外交关系后，华侨商会去中国驻比利时大使馆为他换来了中国护照。

丘竹仁先生是个有社会工作经验的中青年，他到德国之后，不依靠父亲，从南部城市到中部城市，再从中部城市到北部城市，跑遍全德国，开过十几个餐馆。他开设餐馆的时间与规模分述如下：

1969 年 5 月，在法兰克福开设一家“香港酒楼”，座位 100 多个，1977 年房东收回房屋，他到诺维斯开设一家“亚洲酒楼”，座位 120 个。

1982 年 11 月，他父亲与别人合伙开设“亚洲酒楼”，因股份分成问题而发生矛盾。他父亲将这家酒楼交给儿子竹仁管理，并将“亚洲酒楼”的股份全部购来，独自经营。1996 年四川人在他的“亚洲酒楼”对面开设一家餐馆，直接影响“亚洲酒楼”的生意，丘竹仁先生于 1997 年又将这家酒楼卖给他人。他到德国汉诺威开设一家“南京酒楼”，座位 110 个；与此同时，丘竹仁先生又到汉诺威附近一个小城市开设一家“杭州酒楼”，1998 年 9 月，为医治其夫人的癌症，将“杭州酒楼”卖掉，结果，他夫人医治无效，于 1999 年逝世，丘竹仁先生无比悲痛。

丘竹仁先生说，他出国后始终牢记自己是中国人，认为中华民族有 5000 多年的文明历史，作为中国人必须热爱祖国。他有 7 个子女。出国前，在青田老家生了 3 个孩子；1962 年出国后在德国生了 4 个孩子。

丘竹仁先生的长子丘根寿，1959 年出生，今年 41 岁；次子，杭州大学经济系毕业，在上海淮海路开设钢琴店，经营房地产，创办电脑培训班；在德国出生的 4 个孩子，其中第四子在上海同济大学毕业；

小儿子在浙江大学读书；第五、第六个儿子在德国汉堡大学毕业。

丘竹仁先生说，为什么把自己的孩子送中国读书呢？因为中国语言与自己便于沟通，我们是中国人，不能使自己的孩子“洋化”，必须继承中华文化的优良传统。

丘竹仁先生说：父亲丘钱美于1994年辞世，享年80岁；母亲何钟钗于1996年逝世，享年82岁。

丘竹仁先生的大儿子丘寿根在柏林开设“中华园酒楼”；大儿女在柏林开设一家“汉宫酒楼”；次女儿，1993年在原东德开设一家“东方明珠酒楼”，1995年卖掉，再开设一家“中国大酒楼”，1997年10月卖给吴朝平。

2000年8月28日，星期一，下雨，下午3点45分，我们从德国柏林乘火车去荷兰考察，下午10点整，抵达阿姆斯特丹火车站，由浙江省温州市城区（温州市鹿城区）旅荷华人王晨先生和浙江省瑞安县（市）旅荷华侨董世明先生驾车把我们接到王晨先生家中住宿。

第五篇　荷兰王国[1]

荷兰王国，位于欧洲西部，北海之滨。面积 41526 平方千米。

人口：1750 万。人口平均密度约为每平方千米 350 人，是世界上人口最稠密的国家之一。绝大多数居民为荷兰族。荷兰语为官方语言。多数居民信奉天主教和基督教。

首都阿姆斯特丹，人口 72 万。全国最大城市和政治、经济、文化中心。

自然：海岸线长 1075 千米。地势低平，是世界著名的“低地之国”。境内 60% 以上的地区海拔不超过 1 米，27% 的土地低于海平面，最低点为 -6.7 米。北、西部沿海有海拔 30 米—60 米的沙丘带，东南端高原海拔最高 321 米。水网稠密，水面占国土面积 1/6 以上，主要河流为莱茵河、马斯河和斯海尔德河等。

荷兰，是个经济发达国家，人均国民生产总值位居欧洲前列。工业门类齐全，其乳品加工、人造黄油、家用电器、电子仪器、特种船舶等在国际上享有盛誉。农业高度集约化，畜牧业和花卉、蔬菜园艺业占重要地位。荷兰为西欧与世界商业往来的门户，拥有世界最大的船队之一。

重要城市：鹿特丹：人口 59 万。世界吞吐量最大的海港。

---

① 李绍明主编：《世界地图集》，中国地图出版社 2000 年 1 月版，第 31 页。

海牙：人口 47.1 万（1977）万。荷兰政府所在地。

国花：郁金香。

誉称：风车之国、低洼之国、花卉之国。

1954 年 11 月 19 日，与中华人民共和国建立外交关系。

第一章　阿姆斯特丹华侨华人社会

阿姆斯特丹（Amsterdam），荷兰首都。位于须德海西南岸。人口 73.8 万〔包括各郊县为 102 万（1977）〕。12 世纪时为一渔村，1296 年建市。14 至 15 世纪因开展东方贸易而成为重要港口。17 世纪时是欧洲重要城市和港口。19 世纪初曾为新荷兰王国的首都。现为荷兰经济、文化中心。荷兰最大城市和第二大港，也是西欧的国际港口城市之一。有运河通北海和莱茵河，10 万吨以下货轮经长 12 公里的运河可从北海入港，1977 年远洋货物吞吐量 1700 多万吨。铁路枢纽。有西欧最现代化的国际机场。造船、飞机制造、电子、化学等工业都很有名。城市由 100 多个小岛组成，有 100 多条运河和 1000 多座石桥联系，每年旅游者达 160 多万人[①]。

阿姆斯特丹华侨华人概况，据全荷华人社团联合总会会长毕传有先生介绍：阿姆斯特丹华人 10 万人，而据荷兰政府公布：华侨华人 6 万—7 万人。这些人中有马来西亚人、越南人、高棉人、泰国人等，都是移民。

阿姆斯特丹有餐馆 2000 多家，从业人员有 12000 人，无居留证者不计算在内。

阿姆斯特丹：有两个华人教堂，一个基督教堂，一个天主教堂。还有一个一贯道场。此外，还有一个叫“莲盛教”，教徒有儒教、道教、基督教、天主教、伊斯兰教，总称“莲盛教”。

---

① 《世界地名词典》，上海辞书出版社，1981 年 1 月版，第 728 页。

2000年8月29日下午10时至9月9日上午，我们先后采访王晨、梁鸿基、董志林、毕传有、文俱武、杨化根、黄一伟及参观"海上皇宫"、中文学校等活动。

第一节 采访温州市城区旅阿姆斯特丹华人王晨先生

8月28日，星期一，晴天，上午我们买好自柏林赴荷兰阿姆斯特丹的火车票后，立即打电话给王晨，请他到火车站接我们。其时王晨正开车带全家去比利时度假，他接电话后便改变计划折回。当我们于当天晚上10时拖着行李出站时，王晨和董世明先生已在站门口等候多时。当晚我们便被安排在王晨家住宿。此后，王晨经常带我们在荷兰拜会多位侨领。可以这样说，在荷兰的调查和考察得以顺利进行，是与王晨的热情支持和具体帮助分不开的，我们心中非常感激。王晨自己的故事也是在这次交往中慢慢讲给我们听的……

从温州到匈牙利

王晨很快到40岁了，为人热情诚恳，高高的个子，身体清瘦，精神饱满，看上去比实际年龄要小。老家温州市城区（今温州市鹿城区），在家四兄妹中排行第二，上有兄，下有两个妹妹，除双亲在家乡安度晚年外，其余均已在国外。兄嫂和一个妹妹在匈牙利经商，另一个妹妹在荷兰。王晨出国前原在温州市街区工业办公室上班，街区工业办是管理私营企业的机构，虽然工资不高，但活计轻松，收入稳定，算是一个不错的岗位。

匈牙利是中欧的小国，人口千把万，而面积不到10万平方公里。是个内陆国家，不靠海，仅有一条多瑙河贯穿全境，资源不丰富。东欧剧变之后匈牙利国门大开，积极引入外资。发财机会来了，于是东欧的罗马尼亚人、波兰人、俄国人，亚洲的阿拉伯人、越南人和中国人势如潮水，一起涌入匈牙利"淘金"。王晨也在这股出国热潮中，于1990年10月离开温州，假道俄罗斯来到匈牙利，开始了他那只身闯荡东欧的生涯。

王晨抵达布达佩斯时，手中只有一个手提箱，箱内除简单的替换衣服外，里面装满诸如珍珠项链、钻石戒指、镀金戒指、耳环和手镯等工艺品，然后去各个市场转转，摸摸市场的需求，这是他调查研究，了解市场的开端。1991、1992 年就和别人合作相继注册开设华夏贸易和大欧国际有限公司，主要经营鞋、服装等。由于当时东欧刚刚开放，商业机会多，货价较高，所以获利也不错。后来，王晨还开设大型商场，经销中国国货，为更多中国商品进入匈牙利创造条件。上千家中国公司在多瑙河畔遍地开花，红红火火，大起大落，艰难曲折也势所难免。有富甲一方的成功者，有打平而能顽强维持生计者，也有血本无归的失败者，个中甘苦，只能是鱼儿在水，冷暖自知了。总体来说，王晨在匈牙利的 6 年经商，有得有失，在生意上业绩平平，称不上什么大企业家。但他却做了一件为华人开展文体活动非常有益的工作。

创建匈牙利华人联合体育运动总会

华人远离祖国来到异国他乡谋生、创业，在一个完全陌生的环境中，每天忙于生计，久而久之，生活难免枯燥寂寞，开展丰富多彩的文体活动，提供多种有益于身心健康的文化娱乐场所，各华人社团和同乡会责无旁贷。为发展华人体育运动，弘扬民族精神而由王晨发起的全匈牙利华人联合体育运动总会，于 1995 年 2 月 24 日在布达佩斯成立。王晨出任主席。该会成立的宗旨为：“增进友谊，增强体质，促进匈华体育的交流，丰富业余生活。”在豪门夜总会举行的成立大会，隆重热烈，大家还在热烈友好气氛中观赏武术及各种文艺节目。中国国务院侨办、中华全国体育总会、匈中友好协会、匈牙利国家体育局、旅荷华侨总会、美国华人体育运动总会等发来贺信贺电，热情洋溢，使该会倍受鼓舞。

新成立的全匈华人联合体育运动总会不负众望，各种体育赛事连续不断，例如由全匈华人组成的红、黄、蓝、绿、白、紫 6 支足球队，于同年 3 月 15 日拉开帷幕共同争夺首届“体总杯”。“体总杯”围棋大赛也于4月10日拉开战幕，旅匈华人NBA篮球大赛暨第一届“总体杯”篮球赛于4月底燃起战火。与居留地体育界建立固定联系，彼此交换信息和开展体育交流活动也是该会的章程之一。1995年3月1日，该会与匈牙利国家体育总局官员及全匈钢铁企业俱乐部负责人会晤，共同探讨如何进一步合作开展体育交流，并且制定了1995年度匈中体育交流的计划。王晨的所有设想都不错，在为提高旅匈华人地位、提高华人体质、丰富华人业余生活等方面所做的贡献，也都是应该肯定的。可惜时间不长，不久便离开匈牙利去了西欧，王晨的出国生涯又一次开始动荡。

从匈牙利到荷兰

由于多样的原因，王晨在匈牙利的经商似乎不顺利，于是便激流勇退，另起炉灶。1996年这一年，他忙于出售陈货，处理债务，结束一切商务，最近还卖掉房子、汽车，并于1996年年末来到荷兰阿姆斯特丹，开始了他艰难的第二次创业活动。

由于从东欧到西欧，好比换了一个战场，来到阿姆斯特丹后，1997、1998这两年到底干什么，王晨几乎无所适从，一直处于试探和摸索阶段，曾做过进出口贸易，也与人合伙开过中餐馆，结果都没有获利而作罢。其间对王晨人生影响最大的一件事是在阿姆斯特丹认识了黄惠珍女士，不久便与她结婚。这是王晨第二次婚姻。王晨的前妻仍在匈牙利，所生的两个孩子中女儿判给王晨，并随王晨一起来荷兰。黄女士比王晨小10岁，她祖籍广东，父母从香港移民来到荷兰的，她诞生于荷兰，在荷兰上学，是MBA（工商管理硕士）学历。黄女士只能说荷兰语、英语和广东语，不会说普通话，与我们的交流得由王晨翻译。据王晨介绍：他与黄惠珍小姐举行婚礼十分隆重：结婚注册选在阿姆斯特丹博物馆，出席婚礼有100多人。仪式中先说一段他与黄女士之间的一段爱情经过，然后，男女双方签字；另有两个公证人签字。下午4点钟在一所教堂举行结婚仪式，男女双方交换金戒指；在婚礼音乐进行曲伴奏下俩人来到牧师前面，由牧师宣读《圣经》中一段话，牧师念一句，男女双方跟读一句。读毕，男女双方各坐一边：男方家属坐左边，女方家属坐右边。时间约 1 个小时。

仪式举行完毕后，于当晚 8 点整，在阿姆斯特丹海城大酒家举行婚宴。

次日下午，请荷兰的同事、朋友聚会，吃蛋糕、喝香槟酒。蛋糕有一米高，大家唱歌、跳舞，热情洋溢，气氛热烈，蛋糕一层层地吃，直到吃完为止。

王晨第二次婚姻，是美满的婚姻。婚后，黄女士受聘于一家大型外企，收入颇丰。值得一提的是黄女士受过良好的教育，文化素养高，待人诚恳热情。我们两人吃住在王晨家多天，尽管因居室窄小而有挤迫感，但黄女士的接待热情周到，始终如一，相处愉快，令人难忘。黄女士所生的一个男孩，快满 2 岁，活泼可爱，如今又已身怀六甲，第二个孩子又将出生。作为后母，与王晨前妻所生的 12 岁女儿相处也很融合，如同己出，可谓是一个幸福和睦的家庭。除此之外，王晨所开设的网络公司，与其妻的影响和鼓励是分不开的。黄女士是 MBA 出身，对 IT（Internet, 互联网技术）比较熟悉，平时使用电脑比较频繁，是有一定基础的。再加上王晨勤奋好学，不断进取，业务很快便熟悉起来。

创建欧华互联网

20 世纪末，人类社会正朝着信息时代大步迈进。以电脑计算为主体的信息网络系统，已成为人类彼此沟通、包括社会生产和社会生活活动的一种重要载体和手段。王晨及时把握时代的发展方向，首先在荷兰开设华人社会风气之先，于 1999 年 9 月建立起欧华网站（ECNIC），所属的三个网站是欧华社团网、欧华互联网和欧华网，其服务项目和功能很齐，诸如域名注册、网页设计、网站空间租用和维护、策划及主机托管、设备安装调试、帮助建立网站等，这对欧洲华侨华人都是很有针对性和实用性的。欧洲华人社会的特点是分散，谋生的主要职业是开餐馆和从事进出口贸易等；年龄结构以青壮年为主，文化程度不高，业余生活单调枯燥，欧华网正大有用武之地。根据欧洲华人的不同职业、不同年龄层次、不同爱好和需求，适应时代潮流，上网的实际意义和好处是：一、互联网天生就是互动商务的最佳舞台；二、提供远程教育，有效的完整的网上外语教学，对华人来说都是很需要的，每个人可以根据自己实际程序和需要，在网上学习外语和订阅各种免费的外语杂志，借此节约时间和经费；三、上网后可以阅读和写作；四、上网以后使自己的生活更加多姿多彩。

网络正走进千家万户，从传统到现代，人们的生活正经历一个前所未有的转型期。如今王晨的欧华网站，仅设立了欧华荷兰网，接下去还将在欧洲各国相继设立网站。我们在荷兰看到，来电或亲自登门找王晨的华人不少，他们都有“触网”意向。既然有了一个良好的开端，从无到有，从小到大，王晨的事业定有锦绣前程，网络之花定能绽放全欧洲！

（此文原标题是《让网络之花绽放欧洲——访旅荷华人王晨先生》，原载沈立新著：《乡情绵绵不尽——华侨华人研究文集》，中国华侨出版社，2016 年 4 月版（以下不注明出版社名称），第 570—575 页。对此文最后“创建欧华互联网”一节文字略作压缩。）

第二节 采访广东省旅阿姆斯特丹华人梁鸿基、陈志两位先生

8 月 30 日，星期三，阴天，上午 8 时许，王晨带领我们采访两位广东籍华人：一位是梁鸿基，今年 90 岁，1945 年从广东到荷兰，开始受雇于一家中餐馆当厨师，省吃俭用，积累资金，历时 17 年，于 1962 年自开小餐馆，从小到大，逐步使自己在荷兰阿姆斯特丹立足；另一位是陈志，今年 92 岁，原籍广东省宝安县（今为深圳市）人，1936 年到荷兰，开始也受雇他人餐馆当厨师，积累资金，到海牙开设中餐馆；他的妻子今年 76 岁。如今有两个男孩、两个女孩，还有两个

孙子、两个孙女。

第三节　采访浙江省文成县旅阿姆斯特丹华人董志林先生

8 月 30 日，星期三，晴天，下午 2 时许，王晨带领我们去董志林开设的“荷兰神州医药中心”采访董志林先生创业的情况。

董志林先生说：“荷兰神州医药中心”，是目前欧洲规模最大的一家集医疗、研究和中草药、中医器材进出口贸易为一体的中医药机构。董志林，浙江省文成县二源乡淡阳村人，原为一位民间针灸医师。1981 年 2 月旅居荷兰后，立志要为“中医西进”干一番事业。从 1983 年开始，董先生先在荷兰《华侨通讯》上开辟中医专栏，宣传中医理论和治病知识。1986 年 7 月，董先生在乌特勒支（Utreeht）市开设仅 3 个床位的诊所，往往在诊所室内过夜。1989 年，神州医药中心略具规模。从 1992 年开始已具有临床、培训、贸易等相当规模的医疗机构。1995 年，董先生把乌特勒支中草药机构作为分部，投资 80 多万美元，向阿姆斯特丹唐人街发展，兴建 1450 平方米的神州医药中心总部，于同年 10 月开业。神州医药中心总部，设立了中医门诊部、欧洲中医针灸培训中心部和中草药进出口贸易部等机构。

荷兰神州医药中心，受到中国卫生部和中草药管理局的关心和支持，被视为中国传统医学在海外发展的一种模式。该中心曾受到中国卫生部与政府高级领导多次访问视察，董志林亦经常应邀回国参加、研讨。荷兰政府对神州、医药中心的建立也非常重视。当中心新址落成时，荷兰国家卫生部长致信表示祝贺，主管传统医学的高级官员还亲临剪彩。

1999 年 4 月 18 日，荷兰中医药协会成立，董志林被选为首届理事会会长。当晚，董志林会长请我们吃晚饭。

第四节 采访广东省旅阿姆斯特丹华人毕传有先生

8 月 30 日，星期四，阴天，下午 8 时许，王晨带领我们到“海上皇宫酒楼”采访毕传有先生。

毕传有先生，广东省人，现为全荷华人社团联合总会会长。1970 年 7 月，他从香港到荷兰海牙，先在他姐姐开设的餐馆打工，长达 5 年之久，积累资金，于 1975 年到布雷达（Breda）开设一间杂菜馆，获利甚微，1978 年卖掉。1983 年到阿姆斯特丹，同该市一个副市长商量。这个副市长是分管阿姆斯特丹社会治安的，但他也懂经济。因此，毕先生对他说：拟在这里开一家“珍宝舫”。他听了很感兴趣，问道：“你为什么要在阿姆斯特丹搞香港的‘珍宝舫’呢？你筹措‘珍宝舫’资金有无办法呢？”毕先生听了这位副市长的一系列询问，思想起波浪，担心开“珍宝舫”没有生意，怎么办？后来同几位朋友商量，弄几个股东投资我的“珍宝舫”来。毕先生主意拿定后，便派两人和他去香港参观“珍宝舫”。众所周知，香港的“珍宝舫”餐厅，生意红火，闻名世界。参观后，立即绘制了一幅“珍宝舫”蓝图，宽 23 米、长 38 米。这幅蓝图草案绘就后，去台湾订货。1983 年 8 月，回香港一个月、去台湾两个星期，购来琉璃瓦，决定搞“海上皇宫”模式，不叫“珍宝舫”。毕先生请人设计“海上皇宫”的图样拿出后，搞船有困难，即用钢筋水泥船，其寿命可达 70 年之久。毕先生认为这个设计方案可行，但他又担心，如果有小船撞他们的钢筋水泥船，会出什么问题？设计人员说：“没有问题”。没有几天，一切论证可靠、扎实，他就向台湾设计公司付钱了。

“海上皇宫”的船底建造只花 2 至 3 个月就建成。1984 年 2 月初，他们举行开业典礼！荷兰邮政局反对在运河上开设“海上皇宫”餐厅，后来，荷兰报纸发布新闻，大造舆论，荷兰邮政局不敢干涉了。1984 年 9 月 3 日，“海上皇宫”就开业了，他们把中华人民共和国驻华大使请来，并升起五星红旗，遭到台湾地区公司反对。他们气焰嚣张，扬言要烧掉“海上皇宫”的酒吧。

毕传有说，他与胞弟毕传铭合股开设这家“海上皇宫”。他胞弟占股东份额的 40%。“海上皇宫”共四层：第四层（底层）做仓库；第二层做厨房、餐馆；第三层全部中餐。

毕传有先生还向我们谈了以下两件事：

第一件事：阿姆斯特丹华人社会概况。

1978 年前，80% 以上是广东人；1978 年以后，浙江人占 40%，现在，阿姆斯特丹华人 10 万人，而据荷兰政府公布：华侨华人 6 万—7 万人。这些人中有马来西亚人、越南人、高棉人、泰国人等，都是移民。

阿姆斯特丹，餐馆有 200 多家，从业人员有 12000 人，无居留证者不计算在内。

鹿特丹：餐馆业，广东人占 80%；其他城市是浙江人居多；老华侨中广东人居多，他们都是海员。广东省宝安县（区）靠近香港，他们来荷兰是亲带亲、朋友带朋友。他们出国的路线：1952 年至 1964 年，香港人去英国的有数万人。1970 年，他们从英国到荷兰、德国，其中香港人有 20 万到荷兰。华人中的经济支柱是餐馆。1980 年以后，逐步从餐馆业转向经营杂货、金银首饰品、医药、印刷、理发、保险、旅游、食品加工、礼品、工艺品、贸易（经营大米、罐头等）、服装、仓柜、房地产、宾馆等等。

阿姆斯特丹：有两个华人教堂，一个基督教堂，一个天主教堂。还有一个一贯道场。此外，还有个叫“莲盛教”，教徒有儒教、道教、基督教、天主教、伊斯兰教，总称“莲盛教”。信徒，是鹿特丹牧师陈某某，他从香港来，牧师的太太叫李香萍。他们来荷兰鹿特丹已有 30 年左右。

毕传有说，新唐人街，是块宝地，国家图书馆设在这里，股票市场也设在这里。

为什么向荷兰政府申请建设“新唐人街”呢？因为旧唐人街在“红

灯区”旁，名声不好听，而且旧唐人街比较小；侨民在这里不安定，故向荷兰政府提出申请。新唐人街选址由侨团寻找、确定后，进行设计。设计者把中国古建筑与西方古建筑融为一体，并考察伦敦、德国、美国、加拿大多伦多等唐人街的结构。除此之外，毕传有到中国北京、深圳、广州等地参观。参观这些城市后把设计照相附在其中上报荷兰政府。阿姆斯特丹新唐人街中设有文化中心、商业中心、全新唐人街，设计 2000 平方米的停车场，呈报荷兰政府后，荷兰政府看了我们的设计，非常满意，成立了卫生公司、保安公司解决卫生、治安等问题。我们拟在新唐人街建设中国城商场，明年开始拆迁，2004 年完成建筑任务，2005 年中国城商场开业。

第二件事：关于中国人加入荷兰少数民族的问题。

毕传有于 1984 年向侨团提出中国人要加入荷兰少数民族。当时，莱顿大学教授来阿姆斯特丹进行调查，说中国人不愿加入荷兰少数民族。毕传有说：他们不理解，不考虑将来老了怎么办？他们不知道自己将来老了需要荷兰国家给予劳保，中国人不加入荷兰少数民族，被荷兰视为殖民地人、政治难民、劳工。当时荷兰向外国招募的劳工很多，他们的政治地位很低，希望接受母语教育，提高在荷兰的地位。经调查，有人误解加入荷兰少数民族而被拖入十几年，说荷兰政府对劳工不照顾，不知道不做少数民族而自己吃亏。近几年又在推动中国人加入荷兰少数民族问题。1999 年 11 月调查，中国老人无人照顾，生活困难；因为中餐馆多了，有些餐馆生意亏本，生活困难，需要荷兰政府帮助解决。毕传有等侨团领导人去荷兰内政部部长、少数民族部部长听取他们的意见；另外，中厨协会也向他们反映，请他们回答我们提出的几个问题。2000 年 2 月 17 日，我们又去一趟，要求荷兰内政部、少数民族部等部长以少数民族对我们华人。今天，在海牙开会，与会的荷兰绿党、社会党等 6 个部都同意中国华人的意见，如餐馆遇到的问题，小孩子读书的问题，华人在荷兰的地位问题。

1987 年，全荷兰有 46 个社团成立，梅旭华、胡志光、毕传有、林德华等被选为全荷华人总会负责人。

2000 年 8 月，荷兰创办中文学校，荷兰政府每年拨给 7 万盾支持中文学校，培养华侨子弟，使他们不忘祖籍国文化。

我们在毕传有开设的“海上皇宫”酒楼吃中饭。

第五节　继续采访广东省旅阿姆斯特丹华人毕传有先生

8 月 31 日，星期四，阴天，下午 2 点 15 分，我们去阿姆斯特丹“海上皇宫酒楼”继续采访毕传有先生。

毕传有先生向我们介绍了鹿特丹华商会的一些情况。他说，王志明先生为鹿特丹华人商会会长。在鹿特丹加入荷兰少数民族的有以下一些国家：

土耳其，居第一位；

摩洛哥，居第二位；

苏里南，居第三位；

印尼，居第四位；

中国，居第五位；

此外，还有南斯拉夫、罗马尼亚、埃及、伊拉克、斯里兰卡、孟加拉国、巴勒斯坦等国。

旧唐人街从红灯区搬到西部之后，在新唐人街重建“中国城”。根据中国与荷兰贸易发展需要，在新唐人街拟建立办事处，为华侨办理营业执照、居留证等等。同时，在新唐人街成立清洁卫生公司、保安公司，维护治安，树立中国人的新的形象。“中国城”位于火车站附近，地处市中心，拟在这里搞一个国家图书馆、办一所中文学校；同时，还准备办一所中国厨师培训学校，培养厨师。毕传有先生说，以前中国人来荷兰，有 90% 搞餐馆业，20 世纪 60 年代至 80 年代餐馆业达到顶峰，而 90 年代餐馆业走上滑坡之时，意大利菜、泰国菜、日本菜，包括东方的餐馆等也都来了。荷兰的中国餐是不错的，但发展不平衡，中国餐馆发展，需请中国厨师出来。现有餐馆 2000 多家，没有一所中厨学校来培训厨师。荷兰劳动部出钱，请几个中国厨师来荷担任培训师。现在开办一所厨师培训班，已有七八十个学生，一期为半年，经考试合格，发给结业证书。这所中厨学校校长是毕传有。

凡参加荷兰中厨学校厨师培训的学生，不要自己付学费，学费由荷兰政府支持，它每年拨出 70 万荷兰盾给中厨学校。

中厨协会与中国皇家饮食公会不同：它与荷兰政府商讨问题，如税务问题、卫生问题等等。20 世纪 70 年代，“中国皇家饮食公会”成立后仅一年时间就解散了。1985 年又重建“中国皇家饮食公会”，会员发展到 1000 多人。如何请劳工？首先打广告、呈报荷兰劳工部批准后，再经荷兰司法部批准。这套程序，通过采访毕传有方知道。

第六节　采访广东省旅阿姆斯特丹华人文俱武先生

9 月 1 日，星期五，晴天，上午 10 时许，王晨先生带领我们去采访文俱武先生。

文俱武先生，广东省香港人，1991 年，从香港到荷兰阿姆斯特丹。他被华侨华人选为荷兰阿姆斯特丹华侨商会会长，而后又被选为荷兰国际佛光会荷兰协会会长。他担任荷兰阿姆斯特丹华侨商会会长后，与荷兰政府打交道，原想在阿姆斯特丹造个公园供人游览，但感到造公园没有经济效益，而且还要清理垃圾，相当麻烦，结果打消了造公园的念头。

文俱武先生向我们讲了一个故事：加拿大温哥华有个寺庙。一天，他驾驶飞机被人打下来，逃到一个佛堂里，躲在一块石头后面，生命保住了，他认为这是菩萨保佑。于是在 1993 年开始便筹建佛光山。这个佛光山注册批准在台湾高雄，而在台湾佛光山出家的都是女子，她们都是台湾佛光大学毕业的。1999 年，台湾佛光山的女子写信给荷兰女皇，说在阿姆斯特丹筹建一座佛光山，供人拜奉。荷兰女皇同意建立。

佛光山的佛于9月15日上午11点30分举行佛教仪式；下午4点举行舞龙、舞狮等活动，观众1万余人观看演出活动。

文俱武先生还向我们介绍了荷兰阿姆斯特丹的社会经济、人员来源及广东人的政治面貌等情况。文俱武先生说：从中国大陆来这里的有5万人左右，从香港来这里的也有5万人左右；从越南、新加坡、马来西亚及中国台湾来这里的约3万人。

阿姆斯特丹市，现有中餐馆200家，其中广东人开设的餐馆占80%，而广东菜最受欢迎，不过，最近几年香港人开设的饭店生意差一点，人手不够，工资比香港低，因此，他们把中餐馆卖给温州人开了。以前，温州人来荷兰之后，只能在阿姆斯特丹郊区开设，而且规模比较小；而广东人不问政治，只顾做生意；广东人不会讲国语（普通话），与中国驻荷兰大使馆也不相往来，因此，旅荷侨领把广东人推向台湾去了。这是值得注意的问题。

第七节　采访广东省香山县（区）旅阿姆斯特丹华人杨化根先生

9月1日，星期五，晴天，上午11点10分，王晨先生带领我们采访杨化根先生。

杨化根先生，原籍广东省香山县（今属珠海），今年52岁，父亲前几年逝世；母亲，今年87岁，在深圳；有两个姐姐、一个弟弟、一个妹妹，有个姐姐在中国河南省南阳市工作，1958年赴香港谋生；一个女儿在英国伦敦大学毕业后留在伦敦工作。

杨化根先生，1972年9月从香港到荷兰阿姆斯特丹。他从小喜爱体育活动，喜爱田径、足球，2000年7月，他在匈牙利举行一场足球比赛，荷兰华人均参加这场比赛；还有荷兰、德国、匈牙利、中国台北、中国大陆等队员参加比赛。

杨华根先生说，在荷兰开展体育活动，旨在增强华侨华人的身体素质，更好地从事各项经济事业。荷兰政府、阿姆斯特丹市政府、中国驻荷兰大使馆对他们开展体育活动都很支持。荷兰政府每年拨给体育经费不少于 10 万荷兰盾。杨华根先生说，10 多年来，开展体育活动从未中断过；不仅如此，而且还要出国参加篮球比赛。如赴美国、泰国、奥地利等国参加篮球比赛，费用比任何一个侨团大。1994 年，在荷兰举行一次运动会就耗资 50 余万荷兰盾。

杨华根先生说，1985—2000 年，在荷兰每年 10 月 23 日都举行一次运动会，运动的项目是足球、排球、篮球、网球等，而参加比赛人数最多的是足球赛，一次足球赛就有 30 对；除足球赛外，还有其他球类赛。

鉴于杨华根对体育事业的重要贡献和文俱武对佛光山活动的积极开展，2000 年 4 月 25 日，荷兰女王在阿姆斯特丹市发给他俩各一枚荣誉勋章。

杨华根先生开展业余体育活动，全欧华侨华人皆知。他从事业余体育活动影响如此之大,与他拥有一定的经济实力是分不开的。据了解，杨华根在法国巴黎十九区开设一家新国泰旅社、巴黎十三区开设一家“新国泰旅社”；在荷兰阿姆斯特丹市开设一家“海城酒楼”，座位 350 个。我们采访他结束时，他邀请我们在该酒楼吃中饭。

下午，原定去佛光山参观佛像的，因文俱武先生有要事，去佛光山计划未成，拟返回温州旅荷华侨王晨家休息的，但我们去王晨家的路不熟悉，只得请另一位温州旅荷华侨黄一伟先生驱车把我们接到他家住下。

第八节　采访浙江省温州市城区旅阿姆斯特丹华侨黄一伟先生

9 月 2 日，星期六，阴天，有时下阵雨，上午 8 时许，我们乘黄一伟的面包车到荷兰 16 号街市约旦（原为居民住宅区），考察他摆卖小商品的情况。

约旦商业区长达 40 米—50 米（眼测），大多数摆摊者是荷兰人。中国人在这里摆卖小商品只有黄一伟一人。黄一伟先生摆卖的小商品如手机套、打火机、小首饰品等等，都是从中国各地购来，用集装箱经海道运到荷兰，途中往往时间在 30 天或 40 天方到荷兰。我们站在黄一伟先生旁边观看顾客领着小孩子来看货摊上的小商品，小孩子看准哪一件东西，大人就问黄一伟这件小东西多少钱？黄一伟先生听懂荷兰语，即刻向他表示，说 10 个荷兰盾，孩子的父母不讨价还价，即刻付钱，拿去小东西。这样的生意有人不愿做，而黄一伟先生则看准摆摊赚钱多，容易致富。

黄一伟先生来荷兰创业，经历了一场艰难的历程。他来荷兰时，温州市平阳县旅荷华人梅旭华帮助他入学读荷兰语，而为瑞安市旅荷华人虞焕统为黄一伟担保，并在虞焕统开设的工艺商场打工，每周三给他打工一次，他连续四年坚持半工半读学会了荷兰语。黄一伟爱人戴慈慈，也为中餐馆洗盘碗，连续打工三四年，然后两人积累小量资金，为创业打下了基础。

黄一伟先生与荷兰艺术学院负责人关系密切，从中牵线，从中国各地引 8 名学生来荷兰艺术学校留学。其中有 5 名留学生已毕业，还有 3 名继续深造，发展前途甚好。

黄一伟先生在摆摊挈卖小商品数年获利后，进而受雇于柯思坦达（Sostacutta—BV）有限公司，负责出口中国精密机械配件，每月工资 2900 多荷兰盾。他在该公司工作两年后，于 1999 年成立马克斯威普公司（Maxwob V.o.f），黄一伟占该公司的 60% 的股金，柯思坦达有限公司的老板路尔夫科尔（Rdt・kwnC）占该公司的 40% 股金。经营出口精密机械配件，获利颇丰，成为中国旅荷著名商业经营家。

第九节　参观阿姆斯特丹“海上皇宫”与“电脑公司”

9 月 6 日，星期三，时晴时雨，上午 11 点钟，我们乘胡允央先生的小车到阿姆斯特丹参观“海上皇宫”。该皇宫分4层：底层做仓库，二层做厨房、三层设中餐馆，四层（底层）做仓库。该皇宫，毕传有与胞弟毕传铭合股开设，毕传有占股东60%，毕传铭占40%。我们参观后，在该皇宫吃中饭。

9月7日，星期四，阴天，上午10时许，王晨驱车把我们带去参观荷兰电脑中心和他与荷兰人合伙开设的“电脑公司”。参观电脑中心和他与荷兰人合伙开设的电脑公司，大开眼界，先进科学技术比我们进步，在荷兰电脑与网络普遍应用时，我们才起步不多久，许多人还不懂电脑与网络知识。差距如此之大，值得我们深思，我们不是崇洋媚外，而是学人家之长，补自己之短，迎头赶上，力争超过，这才是我们为什么要到国外调查考察欧洲华人社会的正确态度。下午2时，王晨带领我们去“麦当劳”吃中饭。

第十节 采访旅荷华人联谊会中文学校

2000年9月9日，星期六，阴天。上午10时许，由王晨先生驱车带我们去参观、考察旅荷华人联谊会中文学校。上午11时许，我们抵达该校门口。这所学校设在阿姆斯特丹中心，是当地一所小学，高三层，老式建筑，环境清幽，教室宽敞，光线透明。我们登上教学大楼，一眼望去，正巧教课结束，学生从教室走出，由家长领着他的孩子回家，走廊上人群川流不息，家长、学生、老师之间互打招呼问好。我们慢慢走进这所中文学校校长办公室，王晨先生向校长介绍了我们的来意。校长叫蔡树坚，他祖籍广东，他向我们介绍了这所中文学校创办历史、教员、班级以及入学对象、教材、教学方法等情况，我们边听、边记，形成了一个记录稿。尽管这个记录稿不很全面，但能基本反映该校的大体情况，有一定的参考价值。

一、学校规模与招生对象

旅荷华人联谊会中文学校，是荷兰30多所华校中历史最长、人数最多、规模最大、声誉最好的一所学校。

旅荷华人联谊会中文学校创办于1979年，开始只设一个中文班，一共20来人，没有教室，大家围着乒乓球台上课，教材为教师临时的手抄本。一个学期过去后，联谊会着手为学生打造了数张长台及板凳，条件还非常差。由于一时借不到大校舍，学生又一天天多起来，只好分散上课。其做法是先让学生在旅荷华人联谊会会所前集合，后由各班老师带自己的学生去指定的地点上课。如今这座三层楼大教室是最近几年经过多次打交道才借来的。由于地点适宜，交通方便，旁边不可以停车，老师和家长都很满意。

学生年龄，参差不齐，年龄最小是5岁，最大20多岁，大多是广东人，还有一些老外子女。中文学校设有幼低、幼高、1—6年级及初中部，共计18个班级有学生500多人。

荷兰华侨华人的子女，平时全部在荷兰的正规学校上课，学习当地语言文化和科学技术，也只有周末（星期六）才能到中文学校来上课。

学生一般上三节课，自上午11时至下午3时。有些家长在教室走廊等候。我们在校董会成员的陪同下，参观教室、访问老师学生，也在窗外隔窗看上课情景，学生遵守纪律，很有礼貌，课堂秩序井然，都在认真听课，回答问题时举手，十分踊跃。在教室走廊上，我们还采访了大龄女学生——王晨先生之妻。这位学生，20多岁，祖籍广东，生长在荷兰，如今是在读的大学生，只会讲几句简单的广东话，中文底子很薄，心知肚明，所以她主动利用周末来中文学校学习，以提高自己的中文的读写能力。这种自强不息、不断进取的精神，给我们留下极其深刻的印象。

二、课程和教材

旅荷华人联谊会中文学校的课程，是学习中国语言文字和中华文化，但内容丰富，包括中国史地、诗词歌赋、传统伦理道德等。文化是华夏五千年文明的精髓，是人类社会的瑰宝。因此如何在承传自己民族文化的传统，并吸收其他族裔优秀文化的同时，在荷兰教育体系内谋求华文教育的发展，是华人社会面临的严峻考验。在海外学好中文、掌握中文后就能因具有中西文化背景而使人阅历丰富，办事更加得心应手，生活更加多姿多彩，在竞争日趋激烈的商业社会中，择业的门路也更加广阔。在日常生活中，由于学习了中国传统的伦理纲常，使家庭内部更加沟通、更加和谐幸福，从而也就能增加华人社会的凝聚力和亲和力。

该校所有老师都从香港过来，普通话的听说不成问题，就是发音不够标准，因此低幼班级、1—4 年级学生，全部用广东话教学。从 5 年级开始学习汉语拼音，用普通话教学，开设的课程也更多些，除了语文之外，还学习书法、唐诗欣赏、中国文化史话等课程，以加强学生接受中国文史知识的力度。学习书法，从描红开始，字格较大，也学一些有关文房四宝的基础知识，让学生产生兴趣。六年级学生还要学习中文的繁简体字。据我们调查考察所知，在整个欧洲的华文学校中，大部分是小学，设置小学 1—6 年级课程，主要是提高识字和读写能力，很少设初中部。而旅荷华人联谊会中文学校则设初中部，从初一到初三都有班级，以训练普通话为主。该校还有 10 多名荷兰学生，有些人已坚持数年升入五年级了，其精神难能可贵。华文教育教材呈多样化，主要来自中国的香港、台湾、大陆和荷兰。小学语文一般采用香港的，初中部使用由台湾送的《初中华文》第 1—6 册，一共 3 年，每年 2 册，由台湾的侨务委员会编写。此外，《唐诗欣赏》《论语》《中英文对照》也是台港提供的。由上海复旦大学编的《今日汉语》共 4 册，主要运用于普通话教学。荷兰政府对华侨的文化教育事业也很重视，前几年荷兰政府曾拨出很多经费进行调查，对华文学校发展中的困难进行帮助，如师资培训和编写教材等。如今已编出整套教材，从幼儿班到六年级，每一年（两个学期）学一册，其他作业训练是每学期一册。我们翻阅了小学三年级的《中国语文》，确实有一定的荷兰特色，例如第 19 课中称送信者为“邮差叔叔”，第 24 课中有每年的 4 月 30 日是“女王日”，这是荷兰人民庆祝女王生日的日子。在书后半部分还有中文、汉语拼音及荷兰语的附录。这套教材与香港教材相比，各有千秋，前者比较待板，后者较为灵活、生动。

三、管理体制

在校教师18位都是华人，以中青年女性为主，对工作均尽心尽责。每星期大都放弃休息，早晨赶来学校，风雨无阻。教师都尽义务，不拿工资，每月只有很少一点交通费，连中饭也自备，其奉献精神难能可贵。那么校长蔡树坚先生也是兼职的。他祖籍广东，1985年来荷兰，台湾师范大学国文系毕业，执掌中文学校可以说是专业对口，他对自己的工作充满自信。平时他在新国泰旅行社上班。他向我们介绍了该校的历史发展和演变过程，特别谈了华人子弟学习中文的重要性，这是联合国工作语言之一。华人子女生在国外，长在国外，在外国上学，平时和外国学生接触，不懂中文实在无可厚非，也完全可以理解，但在国外如果对自己的同胞或不同语言的族裔，心里总不踏实。每当碰上需要使用母语的时刻，不仅无能为力，有时还会感到焦急、汗颜和遗憾，失去一种本该有的民族自豪感。随着中国经济的腾飞和中荷友好关系的发展，华文作为一种实用国际交流工具的作用日显重要。蔡校长说，在海外从事华文教育，是一条漫长的道路，他愿与大家携手、共同前进！

办好中文学校，是海外华人振兴的必由之路。但要办好一所成功的中文学校，必须有较好的管理机构和一套行之有效的规章制度。我们通过调查得知，旅荷华人联谊会中文学校，设有董事会，由董事会主席1人、副主席3人、常务董事10多人组成。凡学校中的重大决策和经费等问题，均由校董事会开会集体研究决定。

为了募筹办学经费，校董会还发起成立中文学校常务理事会暨基金会。据蔡校长说，办校前10年的经费，都是向学校理事“暂借”的，实际上就是捐款，因为学校无力归还。最近几年阿姆斯特丹政府每年补贴6万—7万荷兰盾，但也只能持平衡，校董们的捐款仍然不能少。现在学校向学生每月收15盾（2000年起20盾），但这只是象征性收费，因为书本、材料和低幼班的格子本等都是免费提供给学生的。

学校上课后要点名，学生们都有成绩手册，也有学生的嘉奖记录。六年级课程读完毕业，每一届都举行隆重的毕业典礼，请家长参加，发给毕业证书。学生毕业后成立校友会，让他们互相保持联系。毕业生一届又一届走出校门。20 年来，该校已培养出一大批人才，为弘扬中华文化，促进中荷人民的友谊和文化交流，增进华人社会的团结及家庭和睦，做出了很大的贡献。

（此文原标题是《甘霖哺学子　桃李满天下——访旅荷华人联谊会中文学校》，原载沈立新著：《乡情绵绵不尽——华侨华人研究文集》，第 433—437 页）

第二章　乌特勒支华侨华人社会

乌得（特）勒支（Utreeht），荷兰中部城市。阿姆斯特丹运河沿岸的重要港口。人口 24.5 万（1977）。水运中心。铁路枢纽。工业有钢铁、机械、电器、纺织、金属加工等。国际工业博览会所在地。贸易和文化中心。有古老的大教堂、大学（建于 1636 年）、天文台和博物馆[①]。

第一节　采访浙江省文成县旅乌特勒支华侨胡志光先生

2000 年 8 月 31 日，星期四，阴天，下午 6 时许，王晨先生驱车把我们开到乌特勒支采访著名侨领胡志光先生。7 点 30 分抵达乌特勒支时，即刻同胡志光先生谈。胡先生向我们介绍了荷兰餐馆业的情况：荷兰华侨华人中餐馆 2400 家，其中约 400 家餐馆亏本。另有 2000 家餐馆，其中有 1/3 的中餐馆可维持经营、保本；有 1/3 的中餐馆略有盈

① 《世界地名词典》，上海辞书出版社，1981 年 1 月版，第 177 页。

利。荷兰的餐馆业的情况大体如此。

胡志光先生说，关于荷兰侨团的情况：侨团互相之间矛盾很多，既有国内原因，也有国外原因。胡志光先生向我们谈了半个小时，便请我们吃晚餐。

晚餐后，胡志光先生送给我们许多《华侨通讯》、旅荷会刊以及他在浙江省政协会议上的讲稿。我们知道胡志光是个大忙人，采访他的人络绎不绝，他应接不暇。我们见此情况，原想了解浙江省永嘉县旅乌特勒支的华人夏俊杰先生的情况，因为他回中国老家了，于是我们与胡志光先生打个招呼，便由王晨驱车返回阿姆斯特丹王晨家中住宿。

第二节　采访浙江省永嘉县旅乌特勒支华人夏俊杰先生

2000 年 11 月 26 日，星期日，晴天，上午 9 时许，赴温州市城区夏俊杰先生家中，采访他。他记忆力很好，说自己从少年时代开始到定居荷兰乌特勒支的谋生、创业历程与中国大陆文化人的交往，一五一十地向我介绍，令我获益匪浅。

一

夏俊杰先生，1924 年农历十二月初三（阳历 12 月 24 日）出生于浙江省永嘉县七都乡（镇）樟里村（今属温州市鹿城区）。

七都乡位于瓯江下游，是泥沙淤积而成的沙洲，它被称为七都涂或七都岛，四面环水，地势平坦，海拔 3 米。七都岛上居民承受了自然环境带来的无数艰辛。岛上既无淡水，又没石头，喝水、走路都很困难。因此，瓯江两岸的百姓流传着一首民谣：“女儿勿嫁七都洋，遇水一片汪洋洋，晴天没水喝，落雨路难行。”七都居民为生计所迫，有的离岛外出经商，有的则到上海、广州等大城市受雇于英、美、法、德、日等国洋人开设的洋行或驻中国总领事馆当勤杂、厨工等。故七都人把那些为“洋人”服务的人，称之为“吃洋行饭”的人。

夏俊杰的父亲夏绍兴，是个朴实的农民，为抚养一家人的生活，终年累月扑在农业上。他养有4子1女，俊杰排行第四。20世纪20年代，其家庭尚属小康之家。然而从20世纪30年代初开始家庭经济渐趋衰落。他未满13岁，即到本邑乡村一家中药铺当徒工。3年满师后，又去为人打工及做单帮生意，来往于温、沪之间。1937年7月，日本帝国主义全面发动侵华战争。这一年，俊杰刚上小学读书，其父病逝了。大哥孔林为谋生计，曾去上海受雇于外国人开设的“洋行”工作，后来又因患肺结核病，无钱医治，年仅30岁就离开了人世。二哥孔庭、大姐林美，又英年先后夭折。接二连三的家庭惨遭不幸，加上国难临头，中华民族危机严重，天资聪颖、勤奋好学的小俊杰，自然而然地被打破了他升初中的美梦。1937年7月，他刚高小六年级毕业，就经亲友介绍到本县罗浮乡蔡桥村吴柏青开设的“回生堂”做学徒了。“回生堂”的老板吴柏青既当账房、营业员，又当医师，上门为病人诊病、摸药，是个全能的老板。俊杰既当徒弟，又拜吴柏青为师，决心从“回生堂”中药铺学到一手谋生的本领，为自己日后混口饭吃。

光阴如流水般地过去，一晃已经3年了。夏俊杰学药店满师，谢别吴柏青先生而归。七都乡老涂村有间“乾生堂”中药店的老板闻悉，即刻到樟里村聘请他去“乾生堂”工作。俊杰极为高兴，接受了“乾生堂”的聘请，走上了新的工作岗位。他在老涂村中药店工作了4年，年近弱冠，风华正茂。然而，日寇嚣张，占领我国大片河山，上海沦为日本侵略者的铁蹄之下；温州市区第三次遭日军占领，居民四处逃散。在战火弥漫的日子里，一位原籍温州、随父居住上海的姑娘陈宝玉，此时逃至七都乡樟里村，与高个子、长方脸、中等身材的夏俊杰相亲相爱，结成了一对夫妇。村里人夸赞说：“这对夫妻，真是天赐良缘！”

二

夏俊杰建立新的小家庭之后，慈母瞿氏放下了一件心事，但还有一件心事，即俊杰的弟弟碎林尚未成亲。过了几年，母亲为碎林办好亲事后，正过幸福日子的时候，她又不幸与世长辞了。

抗战胜利前后，为图谋生计，他在温州至上海跑单帮生意，经营棉纱、棉布及牙膏、肥皂、毛巾等轻工日用品，并在上海熟悉了一批温州同乡。鉴于当时温州人在外国人开设的“洋行”做勤杂受洋人欺凌的情况，方子言、缪长焕、夏俊杰等9人发起成立了“洋务职业工会”，其中温州旅沪同乡占多数。这个组织成立后，凡温州同乡遭受洋人欺凌时，“洋务职业工会”就派代表与洋人对话、交涉、评理，使洋人不敢对中国人作恶多端，必须谨慎行事。

1949年4月，温州解放前夕，夏俊杰从上海返七都乡樟里村。不久，温州地区各县相继解放。同年10月1日，中华人民共和国成立。次年，七都乡建立了中西医联合诊所，夏俊杰也被吸收到联合诊所工作。他在该所工作不到一年，因工资收入不够维持家庭生活，迫使夏俊杰不得不离开联合诊所，谋求新的生活出路。1951年，他与本县江北乡芦桥村的朋友叶寿元合股在樟里村开设一间碾米厂，本村及附近的村庄，每天都有数十人挑谷子来碾米厂排队碾米，生意兴隆，家庭经济收入增多。然而碾米厂开了一年半左右，令人痛心的事情发生了。1952年秋天，七都乡政府派人把碾米厂的马达搬走了。他们说：“乡抽水机站需要马达抽水灌溉农田，碾米厂生产暂时停停。”谁知碾米厂停产了半年多还不见马达送来，方知情况不妙。于是夏俊杰只得另作打算，他与香港及其他的亲朋戚友联系，再找谋生活出路。

三

1953年4月，阴云密布，春雨连绵，农家早已布谷种了。夏俊杰离开七都乡樟里，只身到香港寻找工作。他住在九龙土瓜湾一个亲戚家里，托他帮忙。然而，香港还处于英国殖民者的统治之下，工人失业众多，不能马上找到工作。他在亲戚家中待了半年之久，才被一个朋友介绍到英国畏姆信轮船公司当服务员。他在这家轮船公司工作3年多，就被解雇了。这样，他重返土瓜湾亲戚家中等候工作。

1957年，他被亲友介绍到另一家英国会德丰轮船公司当副管事。这家公司轮船很多，其中一只货轮经常装货物运往福建省福州、厦门等港口卸货。他在这家轮船公司工作不到一年，就被船主辞退了。怎么办呢？为了生计，他又求亲拜友，最后被友人介绍到董建华父亲经营的东方轮船公司工作。他不怕困难与艰苦，经常随货轮到世界各国，长期生活在船上。然而，他在这家轮船公司工作了一年多，又被解雇了。以后，他再经朋友介绍到澳州轮船公司的邮船当服务员。曾到过新西兰、澳大利亚、日本、新加坡、马来西亚、泰国、缅甸等国。在这家轮船公司工作也不很长，一年左右就回土瓜湾亲戚家里等候新的工作了。

1966 年 5 月中国“文化大革命”开始后，全国红卫兵开展大串联，停课闹革命，但“文化大革命”也波及香港九龙，社会动荡，有些人从深圳偷渡到香港，给香港社会增加了压力。为谋生计，他又千方百计托亲友介绍他到荷兰皇家轮船公司当管事助理。他随公司货轮到过欧洲、非洲、亚洲、大洋洲、美洲沿岸各国，游历港口、码头，饱赏世界各国的风光。他深有体会地说：“航行万里路，胜读十年书。”

在荷兰皇家轮船公司工作期间，夏俊杰把夫人陈宝玉及其次子夏宙垒先后从温州市迁往九龙土瓜湾，长子及其两个女儿仍居温州市区。1969 年，他在荷兰鹿特丹结识了南京饭店老板朱呈典，朱是浙江省青田县人，朱先生认为夏俊杰是个人才，为人耿直，又有一定的文化，遂乐意帮助他从香港申请到荷兰与他合股经营南京贸易公司。从此，夏俊杰就准备离开海船工作了。他告诉笔者，在几家轮船公司当服务员 10 多年，生活极不稳定，工作千辛万苦，还冒着许多生命危险。他列举了以下几件心惊胆寒的事：

第一件事：他到英国畏姆信轮船公司工作不久，一次随货轮到福州港口停泊，正准备卸货，突然，台湾国民党飞机来轰炸，机枪向货轮频频扫射，夏发杰等人即刻进入船舱底下，幸而老祖宗“保佑”，他安然无恙。

第二件事：约在 1959 年 11 月间的一个乌黑夜，伸手不见五指，他随英国会德丰轮船公司的货轮驶至福州港口大潭岛触礁了，船上有英国船主及中国人 30 余人，轮船发出呼救，中国人民解放军海军闻悉，随即派舰艇来救，夏俊杰等 30 余人全部被救上舰艇。随后，海军把他们送至香港英国会德丰轮船公司。这次侥幸脱险，多亏中国人民解放军海军部队的关怀与救护。不然，在这天寒地冻的黑夜天，他们的性命就难保了。

第三件事：1956 年 7 月与 1967 年 6 月先后两次发生中东战争。前一次是，埃及宣布收回苏伊士运河的管辖权后，同年 10 月末，英、法伙同以色列对埃及发动侵略战争。11 月 6 日，在阿拉伯国家和人民以及全世界人民的支持和声援下，英、法、以才被迫同意停火。后一次是，1967 年 6 月 5 日，以色列在超级大国的支持与怂勇下，向埃及、叙利亚和约旦发动突然袭击。6 月 6 日埃及宣布停止苏伊士运河航运。在上述两次中东战争期间，原从香港启航，由印度洋过红海、穿苏伊士运河、经地中海到西班牙、葡萄牙等国的货轮被禁止航行了。他们只得改经非洲南端好望角过大西洋至西南欧国家，航程比经苏伊士运河至西南欧国家多 20 余天，真是历尽艰难险恶，千辛万苦啊！

鉴于航海的艰难、曲折，工作与生活无保障的情况，夏俊杰遂横下决心，结束他的船工生涯。1970 年 1 月，他从香港申请到荷兰鹿特丹，开始走上新的创业道路。

四

万事开头难，夏俊杰到达鹿特丹，首先到朱呈典开设的“南京饭店”当秘书，跨出他的工作第一步。接着，他把夫人陈宝玉及次子夏宙垒从九龙迁至鹿特丹，并与朱星典合股开设南京贸易公司，专营东方艺术品。1972 年 6 月，夏俊杰向朱呈典辞去秘书工作，到乌特勒支找到一间店面，开设“新北京酒楼”，座位 100 多个，请来厨师 3 人、服务员 3 人。这间餐馆开张后，每天客人盈门，座无虚席，不到半年时间，营业额达到 18 万荷兰盾。

尝到经营餐馆业的甜头后，夏俊杰便进一步打算，准备再开设几间中餐馆，以求发财致富。但他知道，要拓展新的经济事业，关键是人，而且人必须要有自己的人。于是他即把在温州的长女爱莲、次女爱华及长子银昆申请到乌特勒支，参与“新北京酒楼”工作，并在充分掌握餐馆业的管理与烹饪技术的基础上，帮助子女各自开创新的中餐馆。

五

经过几年艰苦奋斗，资金积累日益增多，夏俊杰即以“新北京酒楼”为龙头，带动4个子女及其女婿在乌特勒支和其他国家发展餐馆业。1985年，夏俊杰61岁时，就主动退居二线，让其子女及女婿除管理已有的餐馆业外，扩展新的餐馆业。他把“新北京酒楼”交给宙垒管理。1986年，他的长子银昆在鹿特丹开设一间“翡翠酒楼”，座位60多个；在乌特勒支开设一间“乐富酒楼”，座位70多个。此年，长女爱莲和女婿陈贵雄也在乌特勒支开设一间“东方酒楼”，座位120个。1988年4月，爱莲又在荷兰南美小城市开设一间“您好酒楼”，座位130多个。

除在荷兰境内开设多家中餐馆外，夏俊杰的次女爱华及女婿郑洪臣到意大利威批斯圣马利广场附近开设一间“杭州酒楼”，座位100多个。这间酒楼因地处旅游胜地，故生意红火，获利颇丰。

由上可见，夏氏家族已在荷兰华人社会中占有重要的经济地位。

六

为了在国外谋生创业方便，夏俊杰加入了荷兰王国国籍，成为外籍华人。但他始终没有忘记自己是中国血统的人。他常常对人说：“中国是我的第二故乡，我爱它，支援它。”1972年以来，他与子女及女婿联合捐资，兴建温州华侨中学、温州大学教学楼、温州市广场路小学等，共捐资人民币近1万元。国家发生特大自然灾害，他协助旅荷华侨总会挨家挨户动员他们出资，支援中国灾区解决困难。夏俊杰旅居荷兰乌得勒支多年，时刻关怀华侨子弟及华裔的中文教育。他知道，中文是世界上使用人数最多的语言之一，它简洁、明快、严谨、巧妙，而汉字则融形象、声音、辞义三者于一体，其特有的魅力，几乎是独一无二的。华文教育不仅在于传承中华文化，而且在国际交往中也日益显现其独特的地位与作用，其应用价值已不断上升。因此，他自70年代担任旅荷华侨总会乌得勒支分会举办的中文学校校董以来，一直把中文教育放在重要的位置切实将它办好，受到荷兰广大侨胞的好评。

夏俊杰不仅是个教育事业家，而且也是社会活动家。1972 年他开设“新北京酒楼”时，就担任旅荷华侨总会常务理事，分管华侨总会的财务工作； 1981 年他又担任旅荷侨胞总会副会长，为侨胞排忧解难做了许多卓有成效的工作。他退居二线后，又被旅荷华侨总会选为名誉副会长、荷兰温州同乡会高级顾问。现在，他还关心与支持侨团各项工作。

七

夏俊杰，今年已 75 岁高龄，他的奋斗生涯，与其他华人及侨领既有共同之处，又有不同之点。众所周知，每个华人在国外谋生、创业，都经历了一段不平凡的岁月，但他在海外谋生、创业的不平坦道路上，则广泛交往朋友，结识文人墨客，并收藏了他们珍贵的墨宝。这里，笔者就夏俊杰与名家方介堪、张大千、谢侠逊、郑逸梅等人的密切关系，略述如下：

他与方介堪的关系。抗战胜利前后，他对方介堪的大名早已知晓，但他都没有机会前往拜访。解放后，他慕名从七都乡前往方介堪先生家中拜访。方对登门的客人满腔热情，如同旧友。从此，他与方介堪先生交往日密。他家用的私章都请方介堪先生为他刻制。“文革”期间，方介堪先生家中多次遭到抄家，印稿书籍毁失者大半。对此，他深表同情。1983 年中央文化部邀请方介堪先生到北京参加“藻鉴堂”搞创作。他从荷兰回温州闻悉后，即前往北京“藻鉴堂”拜见方先生。方见远道而来的海外老朋友，万分高兴。当即送他一张“红梅画”。这件墨宝至今尚保留在他家中。

他与张大千的关系。张大千，四川省人。中国著名画家。他与方介堪交情甚笃。他的每张画都是采用早年方介堪与郑巨来两先生为他刻制的印章。然而，夏俊杰久闻张大千的大名，就是没有人为他牵线搭桥。1983 年方介堪先生在北京“藻鉴堂”完成创作任务回温州后，夏俊杰前往方介堪先生家拜访时，方问俊杰：“张大千先生现在何处？”

俊杰说："大千先生原在巴西，现在台湾。"方说："我对张大千很想念，有点作品和东西想送给他，不知有无办法？"俊杰说："我可为你代劳，把你的作品送台湾给张大千先生。"方介堪先生非常高兴。过了几天，方把委托信和自己刻的八方印章、大风堂、古色小玉环及两听龙井茶叶托夏俊杰带给张大千先生。1985 年 1 月，俊杰与夫人陈宝玉经香港抵达台湾台北市，持方介堪的委托信和他赠送的一切珍贵物品，登门求见。张大千的住家是一座别墅，大门匾额上书写着"摩耶精舍"四个大字。进门后便是画廊和一间房舍，小泉流水，环境清幽，屋后的花园载着世界上各种梅花，有红梅、绿梅、白梅等 100 多株，其中白梅最珍贵。"摩耶精舍"里的各色各样的石头，都是从巴西空运而来的。张大千先生还养着一只金狮猴，每次张大千画画时，那只金狮猴常常在他旁边，仿佛在欣赏张大千先生的诗情画意。

夏俊杰伉俪看天色不早，起立准备与张大千先生告别，而张大千先生则兴致勃勃地说："你俩今天来此不易，给我送来方介堪先生的书信与珍贵的礼品，我很高兴！今晚你俩就留我这里吃晚饭。"

下午 6 点多钟，吃晚餐时，张大千先生谈笑风生，津津有味。他对俊杰伉俪说："来台湾前，朋友叫我回大陆，我这个人当不了官，只会画画。"接着别有风趣地说："中国有个'四人帮'，我身旁也有个'四人帮'，就是每天有四个护士轮流值班看护我。"席间，一个摄影记者来为他们拍照留念。晚饭后，张大千先生送他俩至门口，并嘱咐说："明年欢迎你们再来！"翌年，夏俊杰伉俪准备再去台湾拜谒张大千先生时，他已与世辞别了！这是多么可惜啊！他俩至今仍念念不忘这位国内外闻名的画家。

他与谢侠逊的关系。谢侠逊，1887 年生。浙江省平阳县腾蛟镇人。1984 年，为庆祝谢老百岁华诞，由温州市鹿城区教委、体委和市少年宫等单位联合举办了温州市侠逊杯两项象棋比赛。

比赛之前，温州市棋界人士陈力行曾两次赴上海登门拜谒谢老先生。第一次是在 1984 年 10 月，陈力行赴上海，向谢老说明举办"侠逊杯”的目的和意义。第二次，是 1985 年 10 月，陈力行同专程从荷兰乌得勒支赶来的夏俊杰先生一起到上海拜访谢老。请他为比赛题词，他欣然命笔，用毛笔工工整整书写了“发展棋艺，增进友谊”8 个大字。从此，夏俊杰先生与棋王谢侠逊结下了不解之缘。每次他从荷兰回国路过上海时，总到谢老府上登门拜谒，向他送点礼物，以示对他的崇敬。而他每次登门拜访谢老时，谢老都书写工整的楷书赠送给夏俊杰先生。当笔者采访夏先生时，他把百岁棋王谢侠逊赠给他的亲笔书写七律“长征”诗给笔者欣赏。这说明夏俊杰先生与谢老非一般的关系。

他与郑逸梅的关系。郑逸梅，江苏省无锡市人。夏俊杰从小酷爱书画金石及京剧，更爱文史。平时，他博览群书，见书就买。一次，他在香港九龙土瓜湾一间书店看到郑逸梅编写的上海文史资料，记载了有关上海的历史知识，立即将它买来，可惜此间书店出售的上海文史资料没有几本，于是他便写信给上海的郑逸梅先生。他收信后即刻复信给夏俊杰先生，信中说：“你如买不到此书，请随即给我回信。现在是经济挂帅，此书不复出版了，国内也买不到了，我个人只有一套，你若回中国上海，我将全套书赠送给您。”是年，郑逸梅先生已是 98 岁的古稀老人了。夏俊杰先生从香港前往上海拜谒这位知识渊博、德高望重的郑老先生。郑老即把他从 10 多岁开始至 98 岁所写的全部著作惠赠给夏俊杰先生收藏。从此，他与郑逸梅先生成为至交朋友。而郑逸梅先生去世后，其子郑汝德，大学毕业，今年 60 多岁，又成为夏俊杰先生的莫逆之交。

夏俊杰先生除与国内外社会名家交往密切外，还与不少青年书法家、象棋家等交往频繁，人们称他不仅是个致力于华侨华人事业的侨领，而且是广结海内外社会名家的文化人。

第三章　鹿特丹华侨华人社会

鹿特丹（Rotterdam），荷兰第二大城市。在莱茵河下游，距北海

18 公里。人口 60.1 万（1977）。13 世纪末建市，1600 年后，成为荷兰第二大商港。1870 年港口直接通北海后发展迅速，成为一个世界性港口。莱茵河流域的吞吐口，世界第一大港，1977 年货运量 2.8 亿吨（历史最高货运量在 1973 年，达 3 亿吨）。可泊 54.5 万的特大油轮，码头总长 37 公里，设有许多专用码头。以转口货物居多。进口原油、金属矿石和农产品等；出口以工业品为主。陆空交通枢纽，商业和金融中心。工业有炼油、石油化工、造船和钢铁等。设有大学、研究所和博物馆①。

2000 年 9 月 2 日中午至 5 日下午，我们先后采访董贤构、董世明、吴华勇、胡允央等活动。

第一节 采访浙江省瑞安市旅鹿特丹华侨董贤构先生

9 月 2 日，星期六，晴天，下午 2 点 30 分，荷兰中厨协会会长董世明把我们接到鹿特丹采访董贤构先生。

车子抵达董贤构先生开设的酒家时，董贤构先生请我们吃中饭。中饭后，于下午 4 点 25 分开始采访董贤构先生。他，瑞安（市）马屿区上郑村（今江浦乡上郑村）人，他 7 个姐妹兄弟：郑美英为老三，今年 48 岁；郑贤造为老四，今年 46 岁；郑丽英为老五，今年 44 岁；郑贤权为老六，今年 40 岁；郑爱英为老七，今年 35 岁。董贤构的父亲，郑圣才，今年 77 岁；母亲胡寿娥，今年 70 岁。董贤构的妻子，谢胡绿，今年 52 岁，江浦乡浦西村人。她高小毕业。董贤构育有两个子女：长女董琦慧，今年 27 岁；儿子董琦俊，今年 25 岁，现在荷兰经济大学就读，下半年毕业。董贤构说，除老七郑爱英未上初中外，其余都是初中文化。

董贤构于 1966 年初中毕业后，赴荷兰谋生、创业的原因：主要是他的祖父郑大富，第二次世界大战爆发前购买董尚礼的护照，便改姓

① 《世界地名词典》，上海辞书出版社，1981 年 1 月版，第 1183 页。

董。他 30 多岁出国。他，1901 年出生，先到法国以挈卖小商品为生，1939 年 9 月“二战”爆发来荷兰。“二战”期间他卖花生糖度日，“二战”后代香港人开设的中餐馆当厨师，20 世纪 50 年代自开小型餐馆。

贤构祖父在“二战”期间娶一个荷兰女子为妻，在荷兰买了一间房子。1969 年，祖父率其老伴荷兰女子回中国瑞安（市）马屿区上郑村老家探望家人。祖父患有肺结核病，1972 年 2 月在荷兰医院去世。他亡故后，荷兰的房子为其老伴所有。他去世不久，妻子荷兰女，迁中国浙江省杭州定居。祖父的长女在荷兰怀孕，回中国出生。

祖父辞世后，荷兰政府每月给其妻 1000 多个荷兰盾的抚恤金，使她安度晚年。

董贤构利用祖父这个社会关系，申请来到荷兰。他于 1968 年 8 月 15 日来到荷兰时，遇到不少的困难，主要是：一是语言不通，中国人与中国人之间也语言不通，这里有广东人、福建人、香港人、马来西亚人、新加坡人等等；二是妻子谢胡绿怀孕，房子租不到，只好把她送往中国老家分娩；三是经济困难，受雇于朋友开设的中餐馆打工，妻子谢胡绿怀孕前也在朋友开设的中餐馆打工。两夫妻替人打工多年，省吃俭用，积累了一些钱，开设一家中餐馆。董贤构说，当时开设中餐馆还不是为了赚钱，主要是为了生活，为了子女，使自己有个落脚点。董贤构坦率地说，他还想生个孩子。

1974 年 7 月 10 日，他和瑞安（市）平阳坑旅荷华侨谢金宝、胞弟郑贤权的岳父姜振栋三人合伙开设“北京酒楼”，董贤构占该酒楼的股金 50%，生意清淡，每月营业额仅 2000 荷兰盾。1975 年下半年谢金宝、姜振栋二人退股，50% 的股金卖给董贤构。1975 年以后，餐馆生意滑坡，1977 年餐馆生意稍有好转，但时间不长。董贤构思想负担很重，一直带病工作，身体渐渐瘦弱。由于餐馆业经营不理想，他欠债 15 万荷兰盾。他曾将“北京酒楼”放出出售，两年时间没有人想买。1979 年开始，他将兄弟姐妹申请出国，增强经营餐馆业的队伍。到 2000 年 8 月底止，董贤构带出全家族大小人数合计 100 余人，开设

16 家中餐馆，财源滚滚而来，全家族经济实力大大增强。董贤构热爱祖国，关怀桑梓，为家乡的各项建设事业作出重大贡献：

（一）1990 年支持家乡造水泥路 6 万元人民币；

（二）1995 年捐资 1.5 万元人民币购买自来水管，使家乡人民喝上优质自来水；

（三）2000 年 6 月捐资 30 万元人民币为家乡老人兴造“晚年宫”；

（四）每次中国发生严重水灾或地震灾害等都主动捐资支援。

“北京酒楼”雇用工人 15 个，其中仅有 1 个是表兄弟。

2000 年 7 月 6 日旅荷华侨总会进行改选，董贤构被选为总会会长助理。1998 年 3 月，旅荷华侨总会华侨教育基金会成立，董贤构被选为副会长，每年该基金会要支出 1 万荷盾以上。

采访董贤构先生结束，下午 2 时半在“北京酒楼”吃饭。

第二节　采访浙江省瑞安市旅鹿特丹华侨董世明先生

9 月 2 日，星期六，晴天，下午 8 时，我们去鹿特丹采访华侨董世明先生。

董世明（又名谢世明），浙江省瑞安县（市）荆谷乡沙垟下村人，1980 年 3 月 9 日从瑞安县（市）抵达荷兰卡特威克市“北京酒楼”当厨工、或杂工，1983 年开始做大厨，在该酒楼做了三年厨工、大厨后，到奈尔登开设“蓝天酒楼”。这家酒楼用 48 万荷盾购来，自做老板又自做大厨，共有 80 个座位，餐馆规模不大。1982 年他把妻子郑美英及侄子董公成（又名谢公成）申请出国充当帮手。1985 年 8 月又把长女董春娜（又名谢春娜）申请出国。董世明有了自己的一班帮手之后，这家“蓝天酒楼”经营起色直接上升。

董世明出国前在马屿区工具第三厂当机械工。19 岁，曾在瑞安县（市）百亨乳品厂当挤奶工，达 4 年之久。当时，瑞安县（市）新兴工业很多，他的同学蔡福进、金楷二人对他说：“你在百亨乳品厂当挤奶工没有出色，应去机械厂做工。”董世明听了这两位同学的话，去做机械工程承包。他跟随这两位同学做了三年机械工程承包后，感到收获很大。他的岳父郑圣财介绍他去江浦公社排灌站当钳工、刨工。他在该排灌站工作三年半之后又到马屿区工具三厂做机械工两年。直至 30 岁才离开工厂出国。

董世明出国前，全家有 8 个兄弟姐妹，还有父母、祖父祖母共十几口。他在兄弟中排行第四，他父亲在百亨乳品厂工作，退休后由世明二哥谢世锦顶替；世明大哥谢世标，原参军退伍后在瑞安县（市）机械厂当工人。

董世明真诚坦率地向我们谈了他出国前的一段曲折、痛哭流泪的情景。开始，他把外国看作“天堂”，拿到护照时兴高采烈，但在真正出国时可怕就产生了。他两袖空空，去闯荡天下，感到可怕、担心，躺在床上流泪 3 个小时。那么，到外国后还会碰到哪些困难和问题呢？他想想自己什么都不懂，而且又没有什么资本。1979 年 12 月，董世明赴北京试探时已碰到钉子了。他说：“我先去英国驻北京领事馆办理签证，即刻遭到英国人拒绝。”当晚住北京河沿旅馆。他在这个旅馆里听到许多人排阵搞偷渡，交头接耳，不露信息。见此情景，他觉得自己只身到外国创业会遇到什么问题？这时已经是除夕了，他从北京坐火车归来抵达家中正好是农历正月初一。他在家中待了四天，已是正月初五（阳历 1980 年 2 月 20 日）了。他即刻动身到温州，晚上住温州华侨饭店，正月初六坐温州至上海的繁新轮，途中一天一夜抵达上海。他在上海住了一夜，次日从上海乘飞机到北京。他在北京到荷兰动身前，与董贤构通了一次电话。贤构对他说：“你的劳工手续全部办好了！”董世明很高兴，他在北京待了五天，去荷兰驻中国大使馆办了赴荷兰的签证。1980 年 3 月 8 日从北京坐飞机去荷兰，9 日抵达荷兰雷廷区格脱惠克市。这天，正是星期日，中餐馆正忙，工人缺乏；贤构在餐馆当大厨，忙得不可开交。如今有了新帮手，非常高兴！

董世明还对我们说了两件意想不到的事：

第一件：贤构亲自来机场接他，正是星期日，没有告诉他什么时间来接，令他大吃一惊；

第二件：抵达贤构中餐馆时，他的内弟谢华正端菜给他吃。贤构对他说："这是您最高享受了，今后就没有这种享受了！"

董世明回顾过去说体会，说自己出国前在国内是一个工人，地位很低，不可请别人端菜给他吃，自己应该明白。

我们采访董世明以后，晚上在他开设的"蓝天酒楼"吃晚餐。我们吃罢晚餐快到深夜近 12 点钟了，我们应该去董世明家睡觉了，但今夜正是董世明家族在鹿特丹唐人街"东海酒楼"举行一年一度的年宴，他要我们陪同他去那里参加年宴，我们情意难却，只得跟他去参加年宴。宴罢，回到董世明家中住宿已是凌晨 3 点钟了。

第三节　继续采访浙江省瑞安市旅鹿特丹华侨董世明先生

9 月 3 日　星期日，晴天，上午 10 点 30 分，我们起床、洗脸、刷牙，吃了一个面包，随即采访董世明先生。

董世明先生说刚来荷兰董贤构开设的"北京酒楼"打工、做厨房等工作时，遇到了一系列困难与矛盾。他说：第一，做厨工，在国内未做过，遇到困难很多；第二，语言困难，不仅是不懂荷兰语，而且中国人语言复杂，他们讲话也不完全听懂；第三，人际之间非常复杂，一切以集体为中心，亲戚与亲戚之间的矛盾很难处理，如与内兄的关系，与董贤构内兄的关系，与兄弟之间的关系，与其他工人之间的关系等等。面临上述各种矛盾，感到精神压力很大。还有一种，是自身工作上的失误，遇到老板的批评，必须承认；再一种，其他工人的失误，作为老板的亲戚应当为老板把关，但批评他们多了，他们也会对我有意见。在此情况下，考虑到还是自己独立创业为好。然而，自己创业谈何容易？资金从哪里来？他曾想回国，想在荷兰赚到 5 万荷兰盾，回国后将荷兰盾兑换中国人民币存银行获利息，后又怕回国受家庭指责。思想徘徊数年之后才下定决心：学习荷兰语、学习餐馆经营管理业务和烹饪技术，为自己开设中餐馆奠定基础。那么，中餐馆开设何处呢？他到处寻找，最后在莱尔丹地方找到了一家出售的中餐馆——蓝天酒楼。该餐馆广东人开设的，他出售价格是 24 万荷盾，而董世明说自己和夫人打工六年多，仅积蓄 8 万荷盾，还缺额 16 万荷盾。怎么办呢？他向荷兰银行贷款 4 万荷盾，再向亲戚朋友借 12 万荷盾。先开业、后装修。

这家“蓝天酒楼”开业第一个月，营业额 4 万荷盾。开餐馆外出购买物品没有汽车不行，开始没有资本，不能购车，董世明便骑自行车去市场购货，他既做大厨，又当采购员，而且骑自行车去市场购货不适应餐馆的需求，怎么办呢？他花 2000 荷盾购买了一辆助动车，它胜于自行车。他用助动车购物达三年之久，感到它仍然不适应餐馆购物需要，于是决定买一辆汽车购物，但他未经驾驶员培训，不能去开汽车。于是，他去参加荷兰汽车司机培训班培训一年半，于 1991 年 4 月 12 日领到荷兰驾驶证。1991 年 4 月 16 日，购来一辆宝马旧车，支付 1.2 万荷盾。这辆旧宝马车开了 9 个月，出售 8000 荷盾，用 4.5 万荷盾购买了一辆日本丰田小汽车。之后，他每开两年就更换一辆新车，到 1995 年 1 月便购买一辆“奔驰”开了 2 年零 9 个月，于 1999 年 9 月花 13 万荷盾购买一辆新的“奔驰”。

“蓝天酒楼”经营第一年比广东人经营这家餐馆差一些，原因是管理水平差、经济实力不够，而从 1987 年北京派来 4 个师傅：一个做川菜的刚文斌师傅；一个做淮阴菜、广东菜的杨增成师傅；一个做冷盘艺术的郑铁生师傅；一个做点心的李某某师傅。上述 4 位北京技师担任培训班教师，培训中国旅荷中餐馆厨师，以提高他们的各类烹饪技术。当时，董世明挤出时间赴乌特勒支烹饪技术培训班学习 6 个月，获得荷兰政府承认的特级厨师结业证书。

中国北京来荷兰教学指导的刚文斌等 4 位师傅回中国后，旅荷华侨林长云先生发起成立荷兰中厨协会，董世明积极响应，经过酝酿，于 1987 年 10 月正式成立荷兰中厨协会，董世明为会员。协会成立后开头3年，董世明没有参加中厨协会活动，原因是：一是没有汽车；二是在餐馆当大厨，离不开，再说当时正处于创业阶段。1987年12月，“蓝天酒楼”的借款全部还清。到1989年10月，荷兰税务局来查账，说餐馆逃税，董世明与其妻子郑美英去荷兰一个“观音堂”拨签，妻子先拨签，说这道签很坏；董世明连拨3签，也都是下签。夫妻俩十分恐惧，只怕餐馆被荷兰税务局罚重款而倒闭。最后，“蓝天酒楼”被荷兰税务局查账后，认为逃税，罚该餐馆三四万荷盾，荷兰税务局负责人认为该餐馆刚刚创业，还有困难，给予原谅。从此，董世明对“蓝天酒楼”进行装修。装修后，每月营业额7万至8万荷盾。从1995年开始，董世明调整了经营时间，中餐不做，一律改做晚餐，食品新鲜，顾客欢迎。每月平均营业额增至12万荷盾。

1994年2月购买了房屋，占地面积386平方米，实际建筑面积164平方米，支付26.5万荷盾；去年房屋进行翻修，又投入10多万荷盾。目前，房屋价值70余万荷兰盾。

董世明先生告诉我们：他三个子侄开设3家中餐馆，两个外甥女开设两家中餐馆，他们经营餐馆业都比较顺利，每家餐馆每月营业额均达到7万—8万荷盾。

董世明在经营餐馆业经济上立足之后，荷兰中厨协会会长林长云先生请他帮忙，1993年他任荷兰中厨协会秘书长；1998年1月任荷兰中厨协会副会长；第六届荷兰中国协会换届，董世明被选为中国协会会长；周小林被选为第一副会长。他，浙江省永嘉县瓯北镇人。1997年6月，荷兰中厨协会创办1所中文学校，正式向荷兰政府注册，开设一个班，20个学生，至今已是三年级了。中文学校女教师1人，中国上海师范大学毕业；另外，在2000年3月创办一所中餐烹饪学校，校长毕传有，副校长董世明。

董世明从1980年3月8日出国至今首尾已有21年。在这21年创业道路上他经历坎坷，体会很深：一是从打工到创业，要付出许多汗水；二是一个人的创业成功，是从艰苦奋斗中磨炼出来的。

上午采访董世明结束后，到他开设的“蓝天酒楼”吃中餐。吃罢中餐，我们回到王晨家中休息。

第四节　采访福建省福州市旅鹿特丹近郊中国公民吴华勇先生

9月4日，星期一，阴天，有时有小雨，下午1点钟，我们到鹿特丹近郊中国澳门人开设的“中国城酒楼”采访一位未获居留证者和这个“中国城酒楼”的老板。

吴华勇，1995年5月，从广东省深圳罗湖到香港，从香港去柬埔寨旅游，再从柬埔寨返回香港，又从香港去新加坡，再从新加坡到荷兰，前后历时一个月。

吴华勇，中国福建省福州市连江县人，1976年1月出生。福建省交通中等学校毕业。他共花15万元人民币，通过蛇头偷渡到荷兰，一路上心惊胆战，只怕被警察抓去。他到荷兰做过好几家餐馆的黑工。1997年6月25日曾被荷兰警察抓去关了24个小时（因没有居留证）被放出来；他说和他一起被抓去的无居留证者有十几人。

吴华勇来“中国城酒楼”打工已有8个月，主要是学烹饪技术。他不懂广东话。

吴华勇说：“我有4个兄弟姐妹：一个哥哥在美国谋生；两个妹妹在国内工作，只有我到荷兰。我给蛇头15万元，到荷兰时由蛇头接我到目的地。”

吴华勇说自己为什么要出国？主要是闯外国做一番事业。他看到欧洲各国有大赦，若幸运可被大赦进入荷兰，成为有居留证者，然而，我始终轮不到，至今还没有居留证。他说自己在酒楼做工不敢出去，在荷兰打工已经5年多了，还不能融入华埠 社会，只能与华人接触，不能到荷兰中文学校学习。吴华勇说，没有居留证的人超过有居留证的人，全世界都一样。他很想获得荷兰居留证，可以同家人联系来往，现在家里有事也回不去，只能与家人通通电话，老板请工人请不到，只能用黑工。

吴华勇说，新移民都是青年人，到先进国家因没有居留证，便停留在落后的水平上，没有娱乐生活，非常单调，侨领帮不了他忙，因而，上班是“炉头”，休息是“火车头”，睡觉抱枕头，与先进社会都脱离了！

吴华勇说，侨领真正帮助华侨华人解决困难的有没有？有！例如，谢结财，广东省开平人，他父亲于1970年从澳门来荷兰当大厨。他1975年来荷兰，也被荷兰警察抓过，关了一天。经过两三年的努力才办来旅荷居留证。1997年，他父亲病逝。1998年9月，他开设“中国城酒楼”，座位150个，以粤菜为主，生意都在晚上与周末做，雇用工人8个，大厨1个，二厨1个，跑堂3个。

谢结财有两个孩子，大孩子进荷兰高等学校就读；女孩子11岁；妻子经营餐馆，结财办网络公司，最近，开办荷兰互联网，为华侨华人提供信息，充实华人的文化生活，受到华侨华人的好评。中午，我们在“中国城酒楼”吃饭。中饭后，我们从鹿特丹郊区坐火车到阿姆斯特丹拜访旅荷华侨总会会长胡永央先生。胡永央驾小汽车把我们开到鹿特丹，住在他开设的“安丰酒楼”三楼。晚上，胡永央先生驱车把我们带到莱因河畔参观景色。我们在莱茵河畔看到许多人在钓鱼，钓鱼者都用抛竿钓，只见他们左手握着抛竿、右手握着轮子收线，把不知名的鱼提上岸。从肉眼观察，一条大约一斤半至二斤。我们在莱茵畔观景一会儿后，就到胡允央先生开设的“安丰酒楼”三楼卧室休息了。

第五节　采访浙江省文成县旅鹿特丹华侨胡允央先生

9月5日，星期二，晴天，上午8点10分，我们采访胡允央先生。他是旅荷华侨总会第十一届（1999年12月28日换届选举）会长。他先带领我们去参观鹿特丹唐人街。在考察鹿特丹唐人街前，先带领我们去鹿特丹郊区参观荷兰著名的风车。

风车大约起源于13世纪，15世纪时已被广泛作为动力工具使用，到17世纪时风车数目大大增加。19世纪瓦特发明蒸汽机后，风车的功能渐渐被淘汰。风车之所以成为荷兰王国的象征，是在历史的长河中，风车确实给荷兰人民带来很大实惠，在磨粉、灌溉、排水等方面曾起过非常重要的作用。如今，风车虽然失去昔日的功能，但荷兰人对风车仍情有独钟，荷兰政府每月投入巨资修缮风车，并将每年五月第二个星期六定为“风车节”。

胡允央先生驾车带我们到一条小河畔停车。我们下车后信步来到风车底下看个明白。风车的底座很大，有木制门窗，透过窗户看到里面有床铺、冰箱、电炉、桌子、凳等，原来里面住着人家。旁边停着轿车，想必也是该居民的财产。本想通过居民了解他们的生活状况，不巧居民外出，木门紧闭，我们只得摄影留念，依依离去。

我们从鹿特丹郊区参观风车场景回来，胡允央先生带领我们考察鹿特丹唐人街，我们边走、边看、边记唐人街左右街面的商店，兹将记录的店面公示如下：

老唐人街（Atjenstruat）

左：

唐人街中心
太湖居（茶市、晚饭）
得宝装潢批发
唐人街印刷贸易公司
……

右：

东海海鲜酒家
荷兰华人基督教会
香港酒楼明珠厅
……

HOTEL PESTAURANT

左：

御园酒店
华南行
袁枢崇诊所

右：

长城酒家
新偶像发型屋
唐广旅行社

真金店	伟记
兴和影视	老友记发型屋
明明发廊	公司影录
太益食品公司	金辉餐馆
美心饼店	长江行
圣安妮食品	官茶杂货店
美丰行	……
……	

鹿特丹唐人街略记一些商店名称之后，我们返回“安丰酒楼”，继续采访胡允央先生。他首先向我们介绍鹿特丹的华人社会概况：

鹿特丹市（指2000年8月止）有人口70多万，其中华侨、华人2万—3万人；餐馆200多家，其中广东人开设的餐饮占2/3；浙江人开设的餐饮占1/3。市区的餐馆大多数是广东人开设；郊区的餐馆为浙江人开设。鹿特丹是世界著名的港口城市。

接着，胡允央先生向我们介绍了自己的籍贯、生平和来荷兰创业的过程，他谈得很详细，我们记录其大概情况：

胡允央，浙江省文成县玉壶镇外底村人，1946年农历十一月二十三日（阳历12月16日）出生。四兄弟：允央为老大，振中为老二，允华为老三，允展为老四。其父，胡志澄，母周荷绿，均已去世。允央，1959年毕业于玉壶中心小学。1961年11月赴香港，住在同乡胡遇彩家中9个月，1962年11月15日从香港乘飞机到法国。允央的祖父胡逸民1931年赴法国巴黎谋生、创业。他在法国巴黎待了两个月，再到荷兰。是年，允央仅16岁。他到艾恩德霍芬胡克林开设的“中国楼”打工，做了一年临时工，因没有居留证，又到比利时圣尼古拉斯一家餐馆打工两年，积累了一些资金，于1965年2月在圣尼古拉斯开设“上海酒楼”，座位100多个，开不到1年，于1966年1月把这家餐馆卖掉，重返艾恩德霍芬胡克林开设的“中国楼”打工。在“中国楼”打工两年后，于1968年12月返温州，与温州市城区（今鹿城区）

陈筱春姑娘结婚。陈筱春初中未毕业，仅 18 岁。1969 年 5 月返荷兰。1972 年 2 月 21 日，在艾恩德霍芬开设一家“延安酒楼”，座位 100 多个，开了 9 年。1980 年 2 月 24 日，到鹿特丹开设“安丰酒楼”，座位 150 多个，装修过两次。

1982 年 11 月，胡允央又在鹿特丹开设一家“联荣酒楼”，座位 200 多个，1986 年 11 月转卖给广东人开设。

为了在海外发展经济事业，胡允央先后把 4 个兄弟申请到荷兰创业。胡允央次弟胡振中，1979 年到荷兰鹿特丹，已开设两家中餐馆；一家开在吕蒙，叫“宝山酒楼”，座位 50 个，主要是做快卖生意；一家开在奈梅亨，叫“利口福酒楼”，座位 100 多个。

胡允央三弟胡永华，1986 年到荷兰，后赴西班牙马德里开设一家“皇宫餐馆”；1996 年开设一家进出口贸易公司，专营批发。

胡永展，1977 年到荷兰，1985 年在士方洛斯（译音）开设一家中餐馆，座位 100 多个。

胡允央 4 兄弟，身居欧洲，热爱祖国，关心桑梓。凡祖国、家乡遇到什么困难，都乐意、慷慨捐资支援家乡。胡允央次弟胡振中，1997 年捐资 25 万元人民币支援文成县玉壶镇东背小学兴建教学楼，该楼被命名为“胡振中教学楼”。

胡允央，1999 年 12 月 28 日旅荷华侨总会第十一届换届时被选当为总会会长，2000 年 7 月就职。他热心侨团工作，积极为侨胞服务。今年中秋节、中华人民共和国国庆节将到，他积极筹备庆祝中秋节、国庆节。2000 年 9 月 4 日下午召开旅荷华侨总会副会长、秘书长及有关人员会议，研究部署庆祝活动。鉴于荷兰华侨华人老人协会多年未开过会的情况，胡允央提前过中秋节，请老华侨华人吃一顿中饭，并发给每个老华侨华人一盒月饼；同时部署了迎国庆 51 周年活动。

最后，胡允央告诉我们，他已有 4 个子女：大女儿胡温容，1969 年生，30 多岁，大学毕业；长子胡立伟 27 岁，大学肄业；次女儿胡温玲，24 岁，大学毕业；次子胡立丰，12 岁读初中。

第四章　海牙华侨华人社会

我们采访胡允央先生结束后，他请我们在“安丰酒楼”吃晚餐。海牙（’S Gravenhage），位于荷兰西海岸。距北海约 3 公里。人口 47.1 万（1977）。是全国最大城市之一。王宫和政府所在地。13 世纪开始发展，18 世纪晚期，银制品和瓷器已负盛名，印刷和出版业发达。法国统治时期（1795—1813）城市衰落。法国占领结束后，重新又成为荷兰君主的驻地和行政中心。1870 年以后经济发展迅速，兴建港口。第二次世界大战期间遭严重破坏，战后重建和扩大。为商业金融中心。……国内和国际的重要交通枢纽。有 14 个博物馆，藏有繁多的现代艺术品，古老的手工艺品、乐器和印刷品等。国际法院设此[①]。

第一节　采访浙江省文成县旅海牙华侨陈光秋先生

9 月 5 日，星期二，晚间下小雨，下午 9 时许，我们吃罢晚餐，就去采访旅荷华侨总会会长助理陈光秋先生了。

陈光秋，浙江省文成县上林乡上店村人，初中肄业，今年 56 岁。1979 年 11 月，到香港待了两个月，办理出国旅游手续，先到法国巴黎。在巴黎待了三天，坐小车到荷兰海牙，住在陈小英家里。陈小英是 1975 年到荷兰海牙的。陈小英在海牙开设一家“中国酒家”，陈光秋在妹妹开设这家酒家边打工、边学厨师；与此同时，以妹妹的“中国酒家”劳工需要，向荷兰政府申请招工， 荷兰政府开始不同意，陈光秋请荷兰律师打官司，1984 年 4 月，经荷兰律师帮助、荷兰法院判决同意“中国酒家”招工，这样，荷兰政府发给陈光秋旅荷居留证。他向中国驻荷兰大使馆办来签证，赴比利时买来机票到阿姆斯特丹妹

---

① 《世界地名词典》，上海辞书出版社，1981 年 1 月版，第 1107 页。

妹开设的“中国酒家”打工、继续学习烹饪技术，达5年之久，积蓄资金，于1989年7月1日在海牙买来一家餐馆，座位70个，因生意清淡，于1995年12月1日将这家餐馆卖给他人开设，又到鹿特丹郊区一个小城镇买来一家餐馆，开设“您好酒楼”，座位50个，生意比原来那家餐馆好三倍，至今这家“您好酒楼”还在经营。

陈光秋先生经过几年的拼搏，经济立足后，于1984年4月买来一间住家，100多平方米，3室1厅。有了宽敞的住家后，他把在文成县老家的两男、两女及妻子先后迁往荷兰。他的4个子女中，女儿当大，她的名字叫陈莉莉，今年28岁，已有两个孩子：一男一女；长子陈盘盘，27岁，已有一个儿子；次女儿叫陈圆圆，22岁，荷兰大学毕业；小儿子陈巍巍，20岁，读荷兰大学，未毕业。

陈光秋先生的母亲，叫周翠梅，79岁，已有旅荷居留证；他的父亲，叫陈步考，比母亲大9岁，1974年在文成县老家逝世，享年62岁。

陈光秋先生有5个兄弟姐妹：他为老大；弟弟陈光征，今年46岁；大的妹妹陈小英，今年48岁；第二个妹妹陈小芳，今年31岁；大姐陈兰英，今年61岁。

陈光秋先生说，他全家族从文成县迁居外国。据统计：在海外创业者计42人；此外，他还把在文成的表兄、表弟、表妹等20多人申请出国。陈光秋先生现任全荷华侨华人总会会长胡允央的助理。

第二节　参观考察海牙两条街的夜景和一家商场

9月5日，星期二，阴、小雨，晚上10点30分，陈光秋先生带领我们参观海牙两条街区的夜景和一家商场。在参观途中，陈光秋先生还向我们介绍了海牙发展的历史。他说：“海牙，是全国最大的城市之一。为荷兰君主驻地和行政中心。20世纪70年代以后，经济迅速发展，兴建港口。第二次世界大战期间遭严重破坏，战后重建和扩大。现为商业和金融中心。印刷、造绒、食品加工和紫檀器具制造等工业均具有较大规模。海牙还有许多博物馆，珍藏着许多古老艺术品，我就不一一介绍了，有机会你们再去参观。”

第五章 参观荷兰人的命脉——拦海大坝

2000 年 9 月 7 日，星期四，阴天，中午，王晨先生驾车带我们去参观荷兰人的命脉——拦海大坝。事先通过口头介绍，也看过一些书面资料，对大坝已经有了一些了解，但来到大坝上身临其境后，仍然令我们惊讶不已，真的是不看不知道，一看吓一跳。

荷兰地少人多，为世界上人口密度最高的国家之一，人口将近 1400 万，土地面积却只有 37000 多平方公里，几乎在每平方公里土地上有 400 多人，所以荷兰人说他们是世界上最拥挤的国家。荷兰又是世界上著名的低洼地国家，全国将近有 27% 的土地低于海平面，还有 1/4 的土地其海拔不到 1 米，海水曾给荷兰人民带来过极大的灾难。例如 1916 年发生的大水灾，给阿姆斯特丹周围地区的人民造成很大损失。1953 年 1 月底的一场风暴兼海啸，将鹿特丹以南的一条海坝冲垮，使 1800 多人丧生，大批牲畜葬身鱼腹，几十万公顷农田和民宅毁于一旦。因此荷兰人被迫与大自然作斗争，不断围海造田，为子孙后代造福的精神闻名于世。他们修建起近 2000 千米的海坝和堤岸，以阻挡海水高涨造成的危害。与此同时也开垦良田 7000 多平方公里，相当于全国领土的 1/5，著名的拦海大坝即是其中之一。

拦海大坝位于荷兰西北部，又称须德海围垦工程。须德海的不时涨水，对人民的生命财产造成很大威胁，围海造田计划刻不容缓，后来经过许多水利专家的反复论证。荷兰政府和议会批准了在须德海围海造田的宏伟工程。工程于 1927 年正式开工，荷兰除了在南部地区有些小丘陵外，根本没有山，而拦海筑坝需要用大量土方和石块，只能将坝外的海底污泥挖出来，还从内湖挖出沙土，将两者合起来堆砌。建坝用的大石头都是从法国和葡萄牙等国进口的，当时出动数百艘船只来运输石块和建坝材料，工程是从两头向中间同时推进的，进行得非常艰苦，越到后来越困难。在一个人力、物力、财力非常有限的小国家，下决心修筑如此巨坝，差不多是全民动员了，其勇气和魄力，令人心折。经过 5 年的艰苦努力，巴里尔拦海大坝及其两端的两座水闸终于于 1932 年 5 月 28 日建成。

当我们的汽车自南端驶入大坝时，入口处有尊纪念铜像，此为修建大坝的发起者工程师莱里，不远处是 3 座水闸，共有 15 座闸门，可以排水和通航。大坝长 30 千米，宽 90 米，高 7 米。原先没有那么宽，只有一条公路，供汽车来回行驶，是在“二战”后不断填土拓宽的，如今已是 4 车道欧洲 10 号公路的一部分，是荷兰联结法、比、德和丹麦的一条重要通道。汽车行驶在 90 米宽的平坦大坝上，在蓝天白云下宛如一条玉带向前延伸，极目所视望不到尽头，其雄伟气势，确实辉煌灿烂。大坝西边是北海，远远望去，波涛汹涌，白浪翻滚，遥想其呼啸奔腾声定是惊心动魄。东边原来是须德海，现已变成内陆湖，名为伊斯尔湖（又译为艾瑟尔湖），因那里的水位比北海要低得多，一眼望去风平浪静，水草丰美，湖面水鸟穿梭低翔，水色天光相映，景色如画。

汽车在大坝合龙处中段停妥后，我们便下车参观，路边有餐厅和纪念品商店，还有纪念碑、纪念像，所塑造的是一位正弯下身去搬运石块的工人像，甚是传神逼真。还有说明大坝修筑过程的展览橱窗，由讲解员为游客仔细讲解。我们沿阶梯上去，穿过横跨大坝的栈桥，并摄下这迷人的堤坝风光。阵阵海风劈头盖脸而来，顿感丝丝凉意，荷兰的大风确实对人“不友好”，不久我们便上车赶路。

大坝修筑成以后，自 1930 年初起便开始排水，几十台抽水机经过半年时间昼夜不停抽水，抽出将近 6 亿万立方海水后，方从海底露出一块达数万公顷的新地。后来又一鼓作气，在长达 30 年时间内先后建成 3 大块新地，具体为：东北新地（1937—1943）计 4.8 万公顷；东弗列沃兰新地（5.4 万公顷）；南弗列沃兰新地（1957—1968）计 4.3 万公顷。上述将近 15 万公顷的所谓新地，开始仅是一片沼泽地，连人也不能入内，更遑论耕作，还要花费很长时间进行艰苦卓绝的改良和整治。

开始时是用飞机撒下芦苇、茅草等种子，并不停地抽水，使之在新地上遍布芦苇荡和茅草丛，经过数年时间后，待土地较干后就放火烧荒，然后开进拖拉机去进行翻耕和开沟，平均每几块地开成一条条小运河，挖出的土方建成公路，并建立抽水站，因为这些新地要低过海平面 5 米左右，一年四季中有七八个月要不停抽水。等土地完全熟化，变成良田万顷后，便可种植土豆、甜菜等块茎植物，也可种植小麦、牧草等，前后需要 10 余年时间。荷兰人这种不屈不挠改造自然的精神，实是难能可贵，历史将永远记载下荷兰人围海造田的不朽功绩。同时笔者还要告诉大家，到了荷兰一定要想办法去看看大坝。（此文原标题是《荷兰人的命脉——观拦海大坝有感》，原载沈立新著：《乡情绵绵不尽——华侨华人研究文集》，第 464—466 页。）

第六章　吕伐登华侨华人社会

吕伐登（Lecuwarden），荷兰北部城市。人口 8.5 万（1977）。12 世纪初始建。1504 年以后成为弗里斯兰省（Friesland）首府。为全省乳品工业中心，还有化学、机械、电子、塑料和冶金等工业[①]。

2000 年 9 月 7 日，星期四，阴天，我们参观荷兰的拦海大坝的大体情况后，由王晨先生驾车把我们送到荷兰的北部吕伐登叶世顺先生开设的“新亚洲酒楼”。叶世顺先生热情地接待我们，令我们感动。

9 月 7 日下午至 8 日下午，我们先后采访著名侨领叶世顺、梅旭华两位先生。

① 《世界地名词典》，上海辞书出版社，1981 年 1 月版，第 476—477 页。

第一节　采访浙江省瑞安市旅吕伐登华侨叶世顺先生

9月7日，星期四，阴天，下午6时许，我们到叶世顺先生开设的“新亚洲酒楼”时，未请他谈自己到吕伐登创业的经历，而他首先向我们介绍吕伐登市的华侨华人社会概况。他说：目前，吕伐登市有人口8万，开设中餐馆15家，华侨华人5000人开一家餐馆，可以说，吕伐登的餐馆业已处饱和状态。

在吕伐登市，叶世顺开设的“新亚洲酒楼”规模最大，有1000平方米，250个座位，1982年11月开张。目前，顾客比过去减半，但饭菜价格却比过去提高1/3，营业额比高时要低，但还可以。晚上，客人坐不满，打包回家的占40%，不打包的占50%。以前荷兰人来吃饭的是一家人，现在“家庭式”的吃饭少了，打包回去的多了。这是一大变化。另一大变化，就是西方的餐馆越来越多，而且不同的餐馆也日益多起来，如美、俄、捷、土、意、日、西等国家的各种餐馆兴起，那么老外选择餐馆吃饭的余地也就多了。这也影响中餐馆的收入。

餐馆服务员质量跟不上，高水平的好厨师请不到，洋餐馆中也找不到高水平的工人；有素质的人比较少，但由于时代不同，人的想法也不同，晚上的工、周末的工不愿意做了；现在的青年，有很多人不愿做苦工、长工，他们把钱看得很重，爱玩耍，生活讲享受；他们不为下一代着想；有70%—80%的老板不懂餐馆烹饪技术，炒饭洋人爱吃，但他们填饱肚子就走了，不讲究吃。洋人餐馆做米食的专家不多。

关于移民的问题。日本、荷兰等国均有移民，他们移居国外，当地政府都给移民者提供经费，没有遇到什么困难。而中国移民与他们不同，主要是文化素质差，不懂国外语言，困难重重；有的人没有居留证，请他打工，他要高工资，生活要求高，而本身又不愿苦干，这种人，我们很难对待和招用。

第二节　采访浙江省平阳县旅吕伐登华侨梅旭华先生

9月8日，星期五，阴天，下午12点30分，我们采访梅旭华先生。他，浙江省平阳县鳌江镇人。

梅旭华先生说：荷兰有华侨华人10多万人，其中法、英两国华侨最多；阿姆斯特丹、鹿特丹、海牙三市华人居一半，平均5000人就有1家餐馆；西部地区餐馆占一半。

全荷兰拥有餐馆2100多家。华人开设日本餐、泰国餐、印尼餐等，已出现做几国餐饮的餐馆。在荷兰出生、成长的孩子在荷兰大学读毕业后不从事餐馆业了。我有两个孩子：一个在美国工作；一个在法国工作。现在荷兰的超市、首饰、批发业、旅行社、理发店、旅馆等行业发展较快；另外，还有人搞酒批发业。荷兰社会变化很大，在10多年前荷兰政府不准中国人开设诊所，有一度不允许中国的中草药进口，可现在允许中国中草药进口了。再一个变化是：在荷兰出生长大的华侨孩子，学电脑、设计、学医的都已融入荷兰社会；华侨家长说，对孩子进行中文教育十分重要。不然，下一代就变成“香蕉人”了，外面是黄色的，而里面是白色的。毛里求斯华侨进入荷兰已有几代人了，他们完全变为荷兰人了。他们已不知道自己的祖籍毛里求斯国家了！

梅旭华先生说：1986年，旅荷华侨总会搞得很活跃，我们去荷兰政府做工作，而荷兰政府委托莱顿大学一位博士进行调查。1987年这位博士写文章对华人住房、就业、教育等方面进行了分析，向荷兰内政部报告，说荷兰的少数民族，是从殖民地过来的，如摩洛哥是荷兰的殖民地，他来荷兰是避难；越南一部分人因国内战争而逃到荷兰发展经济事业。以上这些因种种原因来到荷兰均被荷兰政府作为少数民族对待。

印度尼西亚华裔大多数是大学毕业的，他们在荷兰的为数不少。1987年旅荷华侨总会分析了荷兰的少数民族情况，荷兰政府不承认中国华人是少数民族；而荷兰政府对其他国家来荷兰的则作为荷兰少数民族的一部分，每年荷兰政府拨出25万盾、50万盾支持他们创业，后来，不知道什么原因，逐步予以取消这笔经费。

近几年荷兰华人提出加入荷兰少数民族行列的问题。现在，荷兰政府有些松动，荷兰很多议员承认中国华人为荷兰少数民族。荷兰各党派支持中国华人为侨居国的少数民族。前几年，旅荷华侨总会搞了华人参政议政的研究。

目前，荷兰华人社会存在两个大问题：一个是华文教育；一个是成人学习荷兰语。由于语言的隔阂，两代人的代沟很深。所以，我们支持多元文化。

第三节　再次采访浙江省瑞安市旅吕伐登华侨叶世顺先生

9月8日，星期五，阴天，下午3点25分，在采访梅旭华先生之后，继续采访叶世顺先生。

叶世顺先生说：最早来荷兰定居的是广东人，他们定居荷兰已有100多年的历史。在20世纪初，广东人被荷兰人聘请做船工，广东第一代华人则以海员为中心，因而，荷兰派生出一个叫水手馆，是中国人开设的。后来，为适应海员生活需要，荷兰出现了理发店、洗衣店、中餐馆……渐渐形成唐人街；同时，由帆船逐步发展为机帆船。

叶世顺先生向我们谈了他个人经历与家庭历史：

叶世顺先生，1941年出生，浙江省瑞安县（市）桐浦乡章岙村人。他父亲叫步吕；母亲孙氏，生5个子女。他排行第四，在他以上有一兄二姐；在他以下一个妹妹。世顺9岁上学，碧山中学初中毕业后，考入瑞安中学高中部。1962年瑞安高中毕业后回乡务农，农闲时跟兄长学习修理弹棉技术，后到瑞安新华书店工作。他堂兄叶世启于1937年赴荷兰莱顿谋生，开始做行商小贩多年，省吃俭用，渐积小量资金，于1950年到莱顿（Leiden）开设一家“和平酒楼”，规模不大，生意不错，但缺少帮手。1962年，叶世启把他申请到荷兰当他帮手。当时，他去澳门办理出国手续。在澳门办理出国手续时，巧遇两个同乡人也在澳门办理出国手续：一个是盲人；一个是盲人同乡程绍平先生，他准备去法国创业。当时，叶世顺见这位盲人行走不便，扶他行走，使他行走中不出意外，这是叶世顺出于对他的同情心，而那位盲人同乡程绍平却对他此举产生好感，便问他有无对象？他说自己还没有对象；程绍平先生问他几岁？他说："我今年 24 岁。"程绍平先生对他说："我有个女儿叫程洪妹，比您少 6 岁，未有嫁人，您可与她通通信。"程先生又说："我女儿中学毕业后，在一个水库工作。"程先生告诉叶世顺的通信地址。程洪妹姑娘是温州市藤桥区双潮（后改为山福乡，现属温州市鹿城区）人。

在澳门办理出国手续后，各奔赴欧洲的目的地。他到荷兰莱顿（Leiden）堂兄叶世启开设的"和平酒楼"打工，整天在厨房劳动，先是做厨房辅助工，洗洗盘碟，后被升做二厨，进而升为大厨，慢慢地学会烹饪技术和经营中餐馆的全套本领。其间，他与国内程洪妹通信，经过三四年的通信，谈情说爱，彼此了解，志同道合。

1969 年，叶世顺回国，与程洪妹姑娘结婚，原在四年前在澳门和他一起办理手续的程洪妹父亲程绍平先生，竟然成为他的岳父。

他和程洪妹结婚后，即把程洪妹申请到荷兰。她成为叶世顺在荷兰创业的得力助手和他干侨团工作的有力支持者。

在国外创业没有自己的帮手，孤军作战，或完全依靠老外，或长期请帮工，经济事业发展，往往会产生意外。因此，他急需把程洪妹申请出国充当他的可靠助手和管家。

1970 年，叶世顺在荷兰南部一个中等城市叫多德雷赫特（Dondrecn）与同乡合股开设一家"亚洲酒馆"；1973 年，又在荷兰中部的（Edew）小地方开设一家"北京餐馆"，1979 年发展成"北京餐馆有限公司"；1982 年，他又在荷兰北部一个城市叫吕伐登（Lecuwarden）独资买下原新加坡华侨开设的"新亚洲酒楼"；1984 年，将荷兰中部的（Edew）开设的"北京餐馆"出售给别人经营，但保留该餐馆的房产出租，也就是说，“北京餐馆”的房产不卖。

“新亚洲酒楼”，是荷兰弗里斯兰省规模最大的酒楼，拥有250个座位，在全荷兰2000多家中餐馆中是首屈一指的、装潢最精美的大型中餐馆。

最后，叶世顺先生向我们谈了自己从事侨团工作和对祖国家乡所做好事的一些情况：

1965年，他来荷兰莱顿堂兄叶世启开设的“和平酒楼”打工两年后，即1967年就参加“欧海华侨总会”（该会前身是“瓯海华侨总会”）活动，成为该会一名普通会员，1970年被选为旅荷华侨总会副会长兼秘书长，到1990年连任两届总会副会长；退下来之后至今，仍享有旅荷华侨总会名誉会长的荣誉。他在担任侨团职务期间，风里来雨里去，付出的代价很大，以前住在荷兰南部多德雷赫特，离阿姆斯特丹有180公里，后来家居吕伐登，离阿姆斯特丹也有140公里，每次总会活动，来回开车就是三四百公里，耗费在路上的时间起码几个小时。这些都不要紧，主要是耽误店里的营业，影响了他的健康，现在他胃病已很重，经常胃痛呀！“你千万要注意身体！”我俩插话。

叶世顺先生说：“祖国、家乡哺育我长大成人，我永远不会忘记，应该为祖国家乡做点好事，力所能及地支援祖国家乡建设。1984年到1996年，我出资1万元人民币为母校瑞安中学建立叶世顺奖学基金会，资助兴建温州大学‘爱国楼’和温州华侨中学‘科学楼’，会同叶氏亲族和同乡十几位侨胞捐资30万元人民币兴建家乡水泥路，与9位侨胞捐资15万人民币兴建陶山桐善小学‘教学楼’，会同6位侨胞捐资7.5万元建桐浦乡中学校舍，为瑞安中学百年校庆活动捐资6万元人民币，等等，不一一列举。”

叶世顺先生说：我更加难忘的是，多年来，国务院侨办邀请我赴北京参加盛大的国庆典礼活动和赴全国各地参观访问，曾受到邓小平、廖承志等中央领导人和省市领导人的接见。1997年夏，我还作为荷兰华人社团代表，应邀赴港参加了香港回归祖国这一洗雪百年国耻的重大历史性隆重仪式。这一系列荣誉，令我对祖国和人民政府感谢不尽！

9月8日，星期五，阴天，下午5点10分，王晨先生驱车把我们送到莱顿市参观市容大约40分钟后，再把我们开到荷华侨周守局先生开设的“长城酒家”。

第七章　莱顿华侨华人社会

莱顿(Leiden)，荷兰西部城市。在海牙东北16公里，人口15万(2000年9月10日，杨永生提供)。公元922年见于记载，12世纪城市环绕堡垒发展，1266年建市。14世纪纺织和印刷业发达。19世纪晚期工业迅速发展，有印刷、纺织、食品、冶金和建筑材料等部门。莱顿大学建于1525年。有民族博物馆、哥特式教堂和美术馆。附近有海滨疗养地①。

9月8日晚上10点40分，我们采访周守局先生后，他请我们吃晚餐。晚餐后，周守局先生安排：9月8日下午至10日晚上12点前，请我们采访他和胡克聪、程光飞等人。

第一节　采访浙江文成县旅莱顿华侨周守局先生

9月8日，星期五，阴天，晚上10点40分，我们采访周守局先生。

周守局先生，浙江省文成县玉壶镇坪岩村人，1952年农历六月初一(阳历7月22日)出生。1968年7月文成玉壶中学初中部毕业。1964年参加共产主义青年团；1968年在本村生产队当记工员；曾学习“赤脚医生”两年之久；又在本镇坪岩生产大队当会计；1972年7月被选为浙江省团委委员，出国时退团，并辞去省团委委员职务。

周先生的父亲叫周克信，于1966年1月到荷兰艾恩德霍芬

① 《世界地名词典》，上海辞书出版社，1981年1月版，第1050页。

（Eindnoven）一家中餐馆打工，现在国内；母亲，于 1994 年辞世。

周先生，三兄弟、两妹妹：他为老大。二弟周守潘，为意大利都灵著名侨领胡立松先生的女婿；三弟周守炮在荷兰创业；大妹周翠娥，嫁给文成县玉壶镇胡允革，胡现为旅荷华侨总会第三代领导人；小妹周翠味，未成家。

1971 年，周先生与邻县青田县水南区汤垟乡山炮村一位姑娘高莲珠结婚。她，1955 年出生，今年（指 2000 年）45 岁。她的大哥叫高泉钮，在荷兰开一家中餐馆；她的二哥高泉南，55 岁，因身体欠佳，回国住在瑞安市城关，他把一个女儿带回国；她的小弟高泉听，51 岁，在荷兰一个城市开设“熊猫酒楼”，120 个座位，生意挺好。高莲珠出生于大家庭，其家族群有 100 多人。

周先生说，邻县青田县具有光荣的革命传统，浙南游击队在这一带山区活动，很活跃，有三位老红军战士曾被国民党军队追赶，无路可走时从山崖上跳下去，壮烈牺牲。他父亲周克信年轻时也曾为老红军编织过草鞋；他本人在中学读书时，每年清明节常在老师带领下祭扫烈士墓，接受革命传统教育，养成热爱祖国、桑梓思想。1976 年 6 月 15 日到荷兰莱顿（Leiden）一家中餐馆打工。在这家中餐馆打工两年后，于 1978 年 10 月 19 日开设一家“东亚酒家”。同年 12 月，他把夫人高莲珠申请到荷兰，充当帮手。这家酒家开设 10 多年之后，分给小妹周翠味开设；1986 年 3 月，周先生又与大妹翠娥合股在荷兰哈勒姆（Haarlem）开设“孔夫子酒家”，座位 280 个，前几年已卖掉；1987 年 3 月再到荷兰的莱顿道尔（Leiderdrop）开设一家“长城酒楼”。这家酒楼位于一个交通要冲的三角地带，地理位置优越，旁边有一个大型的停车场，不收停车费。这家酒楼座位 130 个，迄今已经营 10 多年，生意一直红火。因为这家酒楼，地段优越，故老板不肯出售，而出租别人。

1988 年，周先生胞弟周守炮在哈勒母近郊开设一家“皇宫酒楼”，拥有 300 个座位。到 2000 年 8 月底止，周先生全家开设 4 家中国餐馆、5 家快餐店和 1 家经营以陶瓷器为主的杂货店。从 1976 年开始距今也不过20多年时间，一个华人家庭居然能同心协力、互帮互助，开办并支撑10家企业，其谋生创业本领、艰苦创业精神和资本扩张能力，在文成县旅荷华人华侨中是首屈一指的。

周先生的家庭是个非常团结的家庭，太太是文成县邻县青田县水南区汤垟乡山炮村人，比周先生小3岁，她育有四个子女；1978年12月，她带领长子周友杰及次女周友华来荷兰；来荷兰后所生的三女儿周友丽及小儿子周友良正在成长中。

周先生在“长城酒楼”招待我们晚餐时，我们注意到店内的几位跑堂，个个被训练、培养得很好，他们服务周到，待客热情，给我们留下深刻的印象。

周先生，全家经济事业发展与雄厚，加上大力为侨胞热情服务，在侨胞中威信很高，1976年为旅荷华侨总会会员；1987年被选为旅荷华侨总会常务理事，1993年开始，他被选为第九、十、十一旅荷华侨总会副会长。

周先生和其他华侨华人一样，热爱故土，关怀桑梓，将自己的命运和祖国的盛衰强弱紧密相连，热切希望祖国繁荣，家乡事业兴旺发达起来。在海外谋生、创业一旦成功，有所节余，就慷慨解囊和兴资捐学，不甘人后，即使是一些工薪阶层的华人华侨，也倾心捐款，时刻关心家乡的文化教育事业。周先生对故土家园也一往情深，为祖国的希望工程捐款，周先生支援资金负责50名小学生上学经费一共3年，每年捐5000荷兰盾。1994年中国华东地区发生特大洪涝灾害时，周先生以个人名义捐款1500荷兰盾，是全荷华人以个人名义捐款最多者。

周先生还支援文成家乡办了许多社会公益事业。近20年，为文成县兴建桥梁、学校、医院、公路、凉亭等100多万人民币。

旅荷华侨总会下设13个分会，周先生任莱顿中文学校校长，办了几年，学生最多时有100多人，后因生源没有，于1999年学校停办。

周先生是个热爱故土家园著名侨领，曾于1998、1999两年应邀回国参加国庆典礼，心中感到无比自豪。周先生曾于1992年2月22日《人民日报》（海外版）上发表一篇题为《人心无冬天，祖国春常在》的文章。该文说的是华侨华人虽身居海外，却心系中华，一年四季，心中热情如火，不忘祖国，并道出全体炎黄子孙的心声：“没有比祖国的强大更值得我们关心和向往的了！”

我们采访周先生完毕已是深更半夜，被安排在周府住宿。沈立新研究员年逾花甲，我年逾七旬，一个又一个城市走马灯般快速转移，疲累使我们喘不过气来。次日上午起床，周夫人已精心为我们熬了大米稀饭，还要我们先喝一大碗人参桂圆莲心汤，说喝后可以消除疲劳。她这种浓郁的乡情亲情，令我们感动得不知说什么才好。最后，我们思来想去，只有整理好周先生一家在海外创业及其热爱祖国故土的动人事迹，加以大力宣传，以示报答！

第二节　采访浙江省文成县旅莱顿华侨胡克聪先生

9 月 9 日，星期六，阴天，下午 1 点半左右，我们在采访旅荷华人联谊会中文学校后，不顾疲劳，抢时间，采访了胡克聪先生。

胡克聪先生，文成县玉壶镇东溪乡黄河村人，1930 年出生，夫人蒋春妹；克聪三兄弟：长兄胡克定，1939 年 7 月初到意大利米兰，以挈卖领带、背带、裤带、丝巾等小商品为生，1941 年第二次世界大战期间被意政府抓去关在一个海岛上，直至 1945 年 4 月 25 日，才被放出回归米兰；1945 年 8 月 15 日日本帝国主义无条件投降后，意政府才发给胡克定“摆卖撒”（地摊）的营业执照。1958 年 3 月，他开设皮革工厂；1976 年 4 月，皮革工厂规模扩大，雇用 7—8 个意大利人。胡克聪先生排行第二，出国前，他在黄河村当生产大队队长，工作能力较强；他三弟胡克赞，比他小 3 岁，今年 67 岁。

胡克聪 5 岁丧母；父亲胡体勉，于 1920 年赴日本谋生，次年回国；1957 年，他在老家逝世。

1968 年 2 月 19 日，“文化大革命”期间，胡克聪赴澳门办理出国手续，当时在澳门办理出国的人众多，胡克聪在澳门待了 14 个月才办来出国手续，1969 年 3 月，到意大利米兰，帮助长兄胡克定开设的皮革工厂做工，每月工资 100 美金。他在胡克定开设的皮革工厂做了 7 个月，便离开意大利米兰，于 1970 年 3 月到荷兰艾恩德霍芬（Findhoven）胡志敏开设的“东亚酒楼”做厨工，长达 5 年，省吃节用，略积资金，于 1975 年 12 月离开“东亚酒楼”，奔赴莱顿（Leiden）开设 “亚洲酒楼”，座位 200 个，每月租金 5.8 万荷兰盾。这家酒楼的房子是菲力浦公司的，到 2000 年 8 月，租金由 5.8 万荷兰盾降低为每月 1.36 万荷兰盾，使胡克聪有利可图。

莱顿市的中餐馆业发展较快，胡克聪先生说，他开设“亚洲酒楼”时，莱顿市中餐馆只有 28 家，生意挺好，可到了 2000 年 8 月，中餐馆已发展到 46 家，其中浙江旅荷华侨华人开设的中餐馆高达 20 多家，从事餐馆业的浙江华侨华人有 200 多人。

1979 年 5 月，胡克聪先生的次子胡绍亮来荷兰莱顿市帮助父亲经营中餐馆，他的妻子胡小英，45 岁，文成县玉壶镇龙水坑村人，初中毕业，已有 3 个孩子：长子胡永福，17 岁，在荷兰读初中；次子胡永快，16 岁，在荷兰读初中；三子胡永龙，13 岁，也在荷兰读初中。

胡绍亮 4 兄弟、3 姐妹：长兄胡绍光，1955 年出生，今年（指 2000 年）44 岁；胡绍亮为老二；三弟胡双凤，1961 年出生，今年 39 岁；四弟胡双团，1963 年出生，今年 37 岁；大姐胡梅英，1953 年出生，今年 46 岁；二妹胡碎英，1968 年出生，今年 32 岁；小妹胡兰英，1977 年出生，今年 24 岁。

胡绍亮的长兄胡绍光，厨艺高超，曾参加荷兰及中国烹饪比赛，荣获第二名。其中：1993 年 5 月在鹿特丹举行华人烹饪比赛，他荣获第一名，得金牌 1 枚。1988 年 5 月 18 日在中国大连市举行全国烹饪比赛，他应邀参加比赛，荣获第一名、获金牌 1 枚。

胡绍亮也是精明能干的好手。1985 年 8 月其父胡克聪在荷兰飞机场附近的 WFESP 开设“东亚酒楼”，座位 170 个，生意红火，获利可观。1988 年 4 月又买一家店面，300 万荷兰盾，开设“财神酒楼”，220 个座位，由胡绍亮当老板。到 2000 年 8 月，这家“财神酒楼”价值 500 万荷兰盾。随着餐馆业的发展，胡克聪父子的经济实力日益雄厚。

1993 年 5 月，胡克聪又在 Meastricnt（地名）开设一家“文华酒楼”；1995 年 8 月又在莱顿市开设一家“皇子酒楼”，有 170 个座位，开设 2 年半左右，于 1998 年 4 月卖给文成县一个同乡开设。1996 年 2 月，在莱顿市开设一家 Osaka 餐馆，专做日本餐，座位 60 多个，生意尚可，略有盈利。

胡克聪先生的家族，是文成县旅荷华侨华人中的一个庞大家族。他全家在荷兰谋生创业的就有 28 人之多；胡克聪二弟胡克赞，有 5 个儿子、2 个女儿，1980 年来荷兰谋生、经营餐馆业，全家合计 34 人。仅克聪、克赞两家就有 62 人，堪称文成县旅荷谋生、创业的大族群之一。

胡克聪先生身居荷兰，依恋故土，关怀桑梓，继承、弘扬文成县东溪乡黄河村先辈华侨爱国爱乡的优良传统。1972 年至 1998 年 16 年间，胡克聪先生支援家乡基础设施建设 13 万元人民币；文化、卫生事业建设 4.14 万元人民币；兴教育才捐资 29.5 万元人民币；赈灾扶贫 1.03 万元；乐助部门单位 7.58 万元人民币；风景名胜建设 0.02 万元人民币；捐资编纂《文成华侨志》5 万元人民币。他捐资 18 次，合计 60.27 万元人民币。

胡克聪先生，捐资范围广泛，特别重视文化教育事业。1984 年，他资助家乡建设黄河小学校舍，并设立胡克聪教育基金会；1998 年又在玉壶中学建造“胡克聪教学楼”。仅在这两所学校他就捐赠 29.5 万元。

第三节　采访浙江永嘉县旅莱顿华人杨永生先生

9 月 10 日，星期日，阴天，下午 3 时正，我们采访杨永生先生。他，原籍浙江省永嘉县瓯北镇礁头村；妻子唐玉莲，永嘉县瓯北镇塘头村人。

抗日战争后，他父亲赴新加坡做木器，自制家具自己出售。他父亲在新加坡做木器家具时，曾娶一妻子，即永生后母。她是马来西亚槟城人，讲闽南话。她有两个妹妹，一个兄弟。杨永生父亲有三兄弟：其父为老大；二叔在国内务农；小叔在中国台湾谋生、创业。

抗日战争胜利后，曾从新加坡回家一次，看望结发夫妻叶高妹。1939 年，高妹长子永恩出生；1949 年，永生出生。1951 年，2 岁的杨永生和 12 岁的杨永恩及母亲随父亲从温州到上海，从上海乘轮船到厦门，再从厦门坐轮船经七天七夜到新加坡。先住在父亲侄子家中，再到加东如切峇 153 号父亲家中。当时，新加坡经济情况不够好，言论也不自由，政治上控制很严，在新加坡谋发展，没有出路，因此，他父亲叫永生、永恩到荷兰创业。1964 年，杨永生到莱顿；1968 年 11 月，杨永恩到荷兰勃耒大（小地方）一个远亲开设的中餐馆打工，开始为餐馆洗盘碗、洗菜，再当厨工，长达 6 年。他学会烹饪技术后，自开设一家小中餐馆，叫“福贵酒楼”，46 个座位，生意尚可。

杨永生先生来荷兰时，也是先在别人的中餐馆打工，省吃俭用，积累劳钱，于 1973 年到莱顿开设一家“富贵酒楼”，100 个座位；1980 年 10 月再开设一家“孔雀酒楼”。1985 年 11 月把“孔雀酒楼”的经营权卖给周守局先生。周将该酒楼改名为“长城酒楼”。这家酒楼有停车场，杨永生先生说，他开设“富贵酒楼”时，收停车费，而周守局开设“长城酒楼”时，则不收停车费了。

杨永生先生说，他开设的“富贵酒楼”，每周五、周六两天做自助餐，也有给顾客点菜的，其他时间，自助餐不做。

1997 年 3 月，杨先生花 140 万荷兰盾购买了一块地 1000 平方米，兴建两层楼房（地址在乌特勒支的侯登），1999 年 11 月盖好房子；2000 年 1 月，与荷兰人合开“亚洲大厦”餐馆。楼上做泰餐、中餐；楼下做日本餐；顶上层房子转动，每半个小时转动一次。共投资 600 万荷兰盾。这在荷兰还是首家。

杨永生先购买的这块地皮，到 2000 年 8 月底，已升值为 210 万荷兰盾，两年中升值 70 万荷兰盾。

"亚洲大厦"餐馆，楼上，座位200个；楼下，座位80个，做铁板烧，而生鱼、龙虾则生吃。每月营业额达20万—23万荷兰盾，而今年8月（指 2000 年 8 月）份，出于意料，营业额竟达 28 万荷兰盾。

"亚洲大厦"餐馆，雇用工人 22 人，其中：中国厨师 8 人、日本厨师 3 人、跑堂接待 10 人、经理 1 人。投资大，贷款利息高。5 年之内收回成本比较困难，5 年之后可收回本钱。现在收支基本平衡。

"亚洲大厦"餐馆，请香港厨师 2 人，每人每月工资 5000 荷兰盾；日本厨师每月工资也是5000荷兰盾；中国厨师，每月工资3500千荷兰盾。

"亚洲大厦"餐馆经营用菜，有客人将菜送上门的，也有自己驱车到菜市场购买的。

莱顿市，有 15 万人，办了 3 所大学，华侨华人开设中餐馆 20 多家，其中浙江人开设的 16 家，广东人开设的只有 4 家。莱顿市有老华侨 10 多人，都是浙江、广东等地人。

莱顿市中心的中餐馆名称众多，有财神、广东、和平、中国、香港等酒楼；苏里南在这里开了一家酒楼。"亚洲酒楼"开设在火车站对面；在莱顿郊外开设的中餐馆有"长城""富贵""上海""皇宫""碧丽宫""帝苑"等酒楼。

杨永生先生说，他养两男一女：女儿杨丽凤，1973 年出生，今年 27 岁，高中毕业，当公司雇员；两个儿子在新加坡当兵，大孩子当了一年兵；小儿子当了半年兵。这两个孩子，持两个国籍，即新加坡共和国国籍和荷兰王国国籍。

第四节　继续采访浙江省永嘉县旅莱顿华人杨永生先生

9 月 10 日，星期日，阴天，下午 9 点 40 分，我们继续采访杨永生先生。

杨永生先生说，1990 年，遇到许多永嘉同乡，他们说，需要成立一个永嘉朋友会,可互相了解,遇到什么问题,可相互帮助。1990年3月,杨永生发起成立“永嘉朋友会”，未向荷兰政府注册。1992年永嘉同乡加入朋友会的人日益增多，1994年7月，便成立永嘉县同乡会，入会者113人。

永嘉县最早来荷兰的有永嘉县瓯北镇余心畴、黄成春等人，先后来荷兰的有100多人；新加坡经济好转后，侨居荷兰的华人中有100多人返回新加坡创业。目前，从新加坡来荷兰的只有30多人。

杨永生先生说，永嘉人在荷兰开设的中餐馆、打工的有300多人，其中100多人经营中餐馆业，而旅荷永嘉同乡会成立后，对永嘉同乡或多或少有些帮助，主要在以下两个方面：

一、经济方面：1998年2月，成立永嘉旅荷华侨基金会，杨永生兼任基金会会长，基金会资金存在银行里，取其利息作为永嘉同乡会活动开支。如借款数额大，需基金会理事担保。又如阿姆斯特丹一个永嘉同乡来荷兰不久,经营餐馆业资金缺额大,向荷兰银行借款有困难,基金会给予支持。这个永嘉人叫杨永杰，1998年2月开设中餐馆，开业前没有钱，向基金会要求帮忙，基金会借他2万荷兰盾。基金会规定，借款10万荷兰盾，需要基金会两个理事担保，旨在确保基金会的资金安全。基金会存银行的利息，作为旅荷永嘉同乡会活动开支。基金会存款30多万荷兰盾，以往每年举行敬老活动，都要旅荷永嘉同乡会正、副会长掏钱送给这里的老华侨。可现在，谁开设中餐馆遇到暂时困难，基金会均给予支持，但要讲诚信。

二、红白喜事方面：永嘉旅荷华人华侨做红白喜事，旅荷永嘉同乡会帮助他们办好，如遇到丧事，同乡会积极帮助同乡、家属办理；同乡侨胞中有人生孩子，同乡会理事、会长前往吃满月酒，祝福孩子在海外成长。这一活动，反映了永嘉民俗渗透到荷兰。

最后，杨永生先生向我们谈了“亚洲大厦”经营时间和“亚洲大厦”经理莫伦先生的经历：

经营时间：中午12点开门，至晚上10点半关门。

莫伦先生，在1962年困难时期，从广东省宝安县到香港谋生，那时候，莫伦小学刚毕业，文化程度低；1968年11月，他从香港到荷兰。

1996年11月，莫伦在广东省东莞县桥头与4位中国人（其中2人）合股投资200万人民币兴建一座1万平方米的工厂，其中四间厂房租给香港与中国台湾及本地人办厂。每月租金11万人民币；1994年5月，在马来西亚与5个浙江永嘉人合股购买柔佛州新山兴建一座三层楼5000平方米，其中楼下当店面，二楼作办公室，三楼作为住家。每月出租资金1万新加坡币。

1994年，全国发生严重水灾，旅荷永嘉同乡会捐资1.5万荷兰盾，其中杨永生个人捐1000荷兰盾；1998年永嘉县发生严重水灾，永嘉同乡会捐献12000荷兰盾，其中杨永生个人捐1000多荷兰盾。

第八章　荷兰东部、北部中小城市华侨华人社会

浙江省温州地区的青年人赴荷兰北部、中部和东部一些中小城市谋生、创业者为数不多，但他们的谋生、创业的道路艰难、曲折，最后，才能逐步立足，发展中餐业。

2000年9月10日至11日，我们先后采访温州地区旅荷兰东部、北部中小城市华侨程光飞、吴锦国、池浙洲、叶正志、周小林等人。

第一节　采访浙江省温州市城区旅格罗宁根华侨程光飞先生

9月10日，星期日，阴天，下午11点30分，我们在继续采访杨永生先生之后，不顾疲劳，又采访浙江省温州市鹿城区旅格罗宁根（Gronin gen）华侨程光飞先生。

程光飞，原姓黄，幼年时，其生父程绍平先生，居温州市藤桥区双潮乡（后改为山福乡，现属温州市鹿城区）人，因家庭子女多，生活困难，将光飞送给永嘉县桥头镇白沙花岩头黄方渺做养子；其养父

靠渡撑船度日；养母陈菊花，生有两子、一女，而光飞长大后仍认生父程绍平，也认养父黄方渺、养母陈菊花。

程光飞中学肄业，从永嘉县赴荷兰谋生、创业，是依靠其姐姐程洪妹和姐夫叶世顺的关系，进入荷兰社会的。1979 年冬，程光飞到荷兰吕代登（Lecowarden）叶世顺开设的“新亚洲酒楼”打工，历时 7 年之久，离开“新亚洲酒楼”；1986 年 3 月到荷兰中部一个城市开设“新亚洲酒楼”。开了四年将这家酒楼卖掉，又到格罗宁根（Growingen）开设“万兴酒楼”，1995 年下半年又将该酒楼卖掉。1996 年 6 月 1 日，又买来“长城酒楼”，有 100 多个座位，生意较好，但叫工人困难，最近两个星期叫不到工人。

程光飞先生告诉我们：他的生父程绍平于 1965 年去澳门办理出国手续，经葡萄牙再到法国创业，开设中餐馆、皮包批发公司，1992 年逝世；他的生母，阮碎柳，青田县港头区小峙村人。

程光飞的妻子叶月凤，双潮乡（今改为山福乡，现属温州市鹿城区）渡船头村人，1984 年到荷兰，她生 4 个孩子：长子程鹏，1978 年出生，今年（指 2000 年）22 岁；女儿程荷莲，1979 年出生，今年 21 岁；次子程炜，1986 年出生，今年 14 岁，在荷兰读初中；三子程欧翔，1988 年出生，今年 12 岁，在荷兰读初中。

程光飞生父程绍平是个爱国华侨，他身居国外，心系故土，慷慨解囊，支援故乡社会公益事业。1988 年捐资 30 万元人民币给双潮中学兴建“程绍平教学楼”和双潮村造桥、筑路；捐资 13 万元人民币，给故乡花岩头村造一座老人亭，供父老乡亲坐亭子闲聊、开心；1998 年程光飞捐资 1000 荷兰盾救济永嘉县灾民。

第二节　采访浙江省永嘉县旅荷兰阿根儿华侨吴锦国先生

9 月 11 日，星期一，晴天，下午 5 点 40 分，采访吴锦国先生。他，浙江省永嘉县瓯北镇蔡桥村人，1963 年出生，1986 年秋，上海财经大学金融专业毕业，分配北京国家统计局搞统计工作。1988 年 9 月，他离开岗位奔赴荷兰北部哈勒姆（Haarlem）一家中餐馆打工，从事洗碗、洗菜等杂工。1990 年 1 月 1 日，在阿根儿（Akkacm）开设一家“莲花酒楼”，座位 90 多个，还有露天的座位 40 多个，雇用临时工 11 人。

1989 年，吴锦国向北京国家统计局办了离职手续，一心在国外创业。他开设的“莲花酒楼”，生意较好，每月营业额平均 8 万荷兰盾。阿根儿是荷兰北部的一个小城镇，人口只有 4000 多人。夏天，这里是北部水上运动的中心；举行篷船比赛；冬天，有 11 个城镇在长达 150 公里长的滑冰比赛，在荷兰历史上非常著名，滑冰比赛已有 100 多年历史；阿根儿以农业、旅游业为主；而莱顿则以工业为主。

吴锦园，妻子季小英，永嘉县人。他有两个妹妹：大妹吴玲玲，1968 年生；小妹，已来荷兰，在阿根儿附近一个城镇开设“皇城酒楼”，座位 70 多个；妹夫季小泉也在“皇城酒楼”工作。“皇城酒楼”生意很好。吴锦国先生已有两个孩子：长子 11 岁，在荷兰读小学；次子 6 岁，在荷兰幼儿班接受教育。

1994 年，成立荷兰浙江永嘉会，吴锦国连续三届任副会长兼秘书长。永嘉会的宗旨是“联系同乡，发挥同乡的桥梁、纽带作用”。

吴锦国先生说：“我虽然到外国经营餐馆业，但心里还是热爱祖国的，这是我的心里话。”

第三节　采访浙江省永嘉县旅荷兰北部小城市华侨池浙洲先生

9 月 11 日，星期一，晴天，下午 7 时，采访池浙洲先生。他，浙江省永嘉县瓯北镇礁下村人，1957 年出生。他的夫人，1960 年出生，比池浙洲小 3 岁，高中毕业；他岳父做裁缝，温州十中初中未毕业，辍学。

池浙洲先生，在“文革”期间，在温州一所中学读初中，当过班长，加入共产主义青年团，初中未毕业离开学校。1980 年 6 月，池浙洲来荷兰，先在吴宝忠叔叔开设的“金龙酒楼”打工，长达10年；他妻子在“金龙酒楼”打工达5年之久。池浙洲先生在中餐馆打工期间，感到很无聊，说“白天是炉头，夜里是枕头”，做厨房更辛苦，没有什么娱乐，若要到另一家中餐馆联系工作得花20多分钟。他说：打工结束后，要去碰朋友，都要在下半夜二三点钟。

池浙洲先生说，在十多年前，这里没有什么东西吃，中国人吃大白菜；开中货店，吃中国海鲜都是冰冻的；肉也与中国不同，不好吃，但还要靠运气，运气好能买到中国货，若运气不好，中国货买不到，餐馆生意也不好。如餐馆一亏本，那就债台高筑了！

池浙洲先生说，做自助餐，是星期五、星期六、星期日三天；平时点菜，每餐25个荷兰盾。

池浙洲先生说，一年四季，餐馆生意比较平均，原来华人开设这家“金龙酒楼”没有生意，而这家餐馆轮到他开设已是第四任老板了，而三任老板总共开不到10年之久，而他开这家餐馆，已有十几年了，房子也买来了。

池浙洲先生说，他的经营路子，是薄利多销，因为这里的居民生活水平不很高，比其他城市居民的生活水平低。这个城市只有6000人，一家中餐馆。

池浙洲先生有一女一子：女儿，今年15岁，在荷兰读高中专；儿子，今年11岁，在荷兰上小学。他父亲，是海军专业干部，曾任东海舰艇艇长，系浙江省交通运输公司干部。

1994年，永嘉县同乡会成立后，池浙洲被选为永嘉县同乡会副会长。在这个小城镇开餐馆仅他一家，必须公正、公平对待这里的居民群众。买东西不许走后门，不可做坏事。

池浙洲先生热情坦率地告诉我们：这家“金龙酒楼”，每月营业额达8万荷兰盾，全家吃、住依靠这家中餐馆，买房子80平方米花了27万荷兰盾，现在，房子价值60多万荷兰盾。

池浙洲先生说，做工、开餐馆20多年了，身体也吃不消了。现在，餐馆经营调整时间，下午1点关门到下午4点半开门，像他这种经营方法，在荷兰还不多。

池浙洲先生说，吴宝忠叔叔开中餐馆开了十多年，现在已退休，拿养老金颐养天年了！

池浙洲先生说，他曾在瓯北镇做过两年阀门，1980年6月出国时还比较年轻，当时只有20岁。

池浙洲先生最后说，他的母亲逝世时，他才14岁，二妹才12岁，小妹只有7岁，家庭生活迫使他去做工，最后决定出国谋生、创业。

第四节　采访浙江省瑞安市旅荷兰达拉逊华侨叶正志先生

9月11日，星期一，晴天，下午8点30分，我们采访浙江省永嘉县旅荷华侨池浙洲先生之后，没有休息，又继续采访叶正志先生。他，瑞安市陶山桐溪村人，1968年出生。1983年7月叶正志初中毕业；同年10月，来荷兰达拉逊（地名）堂兄开设的“北京酒楼”打工，他边打工、边读书三年。替堂兄叶正银开设的“北京酒楼”打工三年多，积累劳钱，于1989年5月，在达拉逊开设“莲花酒楼”，座位100个，雇用工人6名，他夫人蒋丽丽，浙江省永嘉县瓯北镇人，已有三个孩子：两个女儿、一个儿子。

达拉逊，有人口2万，中餐馆开设3家。在这里开设中餐馆，生意比较稳定，每周六、星期日两天开自助餐，一餐23.5荷兰盾。叶正志说，自助餐在荷兰很流行，而接待顾客必须热情：顾客一进店，先送一碗味道好的清汤给他喝，使他吊味，坐下来送菜谱由他点菜，付钱。

叶正志先生开设的“莲花酒楼”，花40万荷兰盾，购买2000平方米地皮。这块地皮是1995年购来的。

叶正志先生经营中餐馆，感到生活枯燥、无味，每天是“电灯、电话，楼上楼下；不到黄河心不死，到了黄河死了心。白天炉头，夜间枕头，生活十分单调！叶正志先生还说：“没有居留证的人做黑工。”

人们问他："姓什么？"他说："姓干"，意即只有替人"干"一字。情况的确如此。

第五节 采访浙江永嘉县旅荷兰瓜尔华侨周小林先生

9月11日，星期一，晴天，下午10点25分，我们在相继采访了永嘉旅荷华侨池浙洲、瑞安旅荷华侨叶正志之后，又采访了永嘉旅荷华侨周小林先生。

周小林先生，浙江省永嘉县瓯北镇人，1980年10月到云南省昆明去缅甸、经泰国曼谷，1981年2月到法国巴黎。他在法国半工、半读，学习法语，历时一年半。之后，他又代人做皮包2年多，总计在法国待了三四年。1985年1月，由其叔父介绍到荷兰北部瓜尔（小地名），人口较少，仅有1.2万人。他在瓜尔打工时，认识一位徐素媚，她是浙江省瓯海区双潮乡（后改为山福乡，现属温州市鹿城区）潮埠村人，1986年7月同徐素媚结婚。徐素媚在她哥哥开设的"好利酒楼"打工，历时一年多。1987年12月5日，周小林在瓜尔（Goor）开设一家"皇城酒楼"，座位70个。刚开始经营餐馆无经验，即到中厨协会学习，认识一班广东人，改善餐饮，提高服务质量，生意红火。1995年在举行第五届全荷华人中厨厨艺比赛，周小林应邀参加，荣获冠军，得金牌一枚。从此，中餐馆生意好起来。周小林先生说：不是一比赛生意就好起来，而是通过中厨协会、交流厨师、改进烹饪技术，提高蔬菜质量，才好起来的。

周小林先生，既是一个文化人，又是一个厨艺高超的厨师，在旅荷华侨华人中有一定的威望，他被选为荷兰中厨协会常务副会长，连任三届副会长；同时，他还担任荷兰永嘉同乡会副会长。

周小林先生说，瓜尔（Goor）是个小城市，人口只有1.2万人，开设2家中餐馆，其中"皇城酒楼"比"文化酒楼"好。

周小林先生，还向我们谈了他经营餐馆的基本经验与体会：一是餐馆地点要好；二是服务要好；三是东西要新鲜；四是输出蔬菜价格要适当；五是餐馆管理要好；六是要有停车场。

周小林先生开设的“皇城酒楼”，每天下午 4 点开门，晚上 10 点关门。

这家“皇城酒楼”，开设自助餐，打包占营业额的 2/3，营业额每月达 10 万—14 万荷兰盾。

周小林先生说，要特别记住老外的生日，要建立老外“生日卡”，该餐馆设立 400 人的老外“生日卡”。

第九章　再次调查考察鹿特丹近郊及鹿特丹华侨华人社会

2000 年 9 月 11 日至 12 日，我们再次调查考察鹿特丹近郊和鹿特丹区华侨华人社会。

第一节　采访浙江省温州市城区旅鹿特丹华侨郭康强先生

9 月 11 日，星期一，晴天，晚上 11 点 45 分，在鹿特丹“海洋乐园”二楼 26 号房间，我们采访郭康强先生。他，浙江省温州市城区（今鹿城区）人，1952 年出生，今年 48 岁。他初中读一年级时，正逢“文化大革命”开始，他辍学在家。他父亲叫郭成裘，母亲胡银香，20 世纪 50 年代末，到香港谋生，1963 年到荷兰谋生、创业。他父亲在荷兰东部靠近德国边境的一个城市开设一家“天宫酒楼”。郭康强于 1974 年到荷兰父亲开设的酒楼打工，他连续做了 4 年杂工之后，掌握了一套烹饪技术和管理中餐馆的经验，只身到鹿特丹近郊一个小城市开设一家“天宫酒楼”，经营三年多时间后，于 1980 年又在一个小城镇开设一家“天宫酒楼”，座位 160 个，开了 20 年，生意尚可。郭康强先生说，这个城市人口有 3 万人，中餐馆有 3 家，其中 1 家是广东人开的，1家是越南华裔开的。

郭康强先生的太太叫刘荣英，香港出生，祖籍浙江省瑞安市。郭先生育有四个女儿：大女儿，23岁，在荷兰上大学已有一年；次女，9岁，在荷兰读小学；第三、第四女儿是双胞胎，6岁，在读小学一年级。

1983—1984年，郭先生参加旅荷华人总会工作，1993年第八届旅荷华侨总会换届选举，他被选为副会长；1996年被选当常务副会长。2000年7月10日成立旅荷华人总会，确定总会理事会理事79名，副会长25位，郭康强为会长。到9月为止，旅荷华人总会在北部地区成立分会，邱国光为北部分会会长；东部旅荷华人总会拟在今年10月1日成立，准备设5个分会。

郭康强先生说，朱志群、胡守锡、胡志敏等人是荷兰商界的精英。

第二节 采访浙江省青田县旅鹿特丹华侨朱志群先生

9月12日，星期二，阴天，下午2时，我们采访浙江省青田县旅鹿特丹华侨朱志群先生。他驾小车把我们带到他开设的豪华的“上海楼酒楼”，以丰盛的午餐招待我们。午餐后，他把我们安排在“海洋乐园”二楼26号房间住宿。次日下午2时许，朱志群先生向我们讲了人生奋斗历程、荷兰侨情、中餐馆经营新思路、新理念和中国大陆的改革开放、华人非法移民等等。

一

朱志群，浙江青田县油竹乡人，8岁从青田迁徙温州城区（今温州市鹿城区），初、高中都在温州一中（今温州中学）就读，1974年，他高中毕业后，在社会赋闲2年，1977—1978年进杭州商学院读工商管理，学物价专业，熟知从生产领域到商业领域的管理，所打下的扎实基础，对他出国生涯产生很大影响，对他在海外经商有很大帮助。其父是荷兰老华侨，凭着这一关系，于1979年初跨出国门，直接赴荷兰，开始了他在荷兰的闯荡。他先在荷兰南部地区父亲开设的餐馆中打工一年，其父将餐馆卖掉后，他又到荷兰人开设餐馆打工半年。然后，他利用业余时间学习荷兰语，并在一家华人餐馆做跑堂，一干就是三年半。这5年的打工生涯虽然非常艰苦，但他收获不小，为他创业打下了坚实的基础。

1984年初，朱志群迈出了创业的第一步，自己开设一家中餐馆，取名“又一村”。当时他口袋里钱不多，全部资本积累仅有2万荷兰盾，而绝大部分资金从亲友处借来的。1988年又开出第二家餐馆“丽宫”。1992年开出第三家，在荷兰与德国交界处。但仅开二年，1994年就卖掉了。“又一村”和“丽宫”都在荷兰郊区，目前由其夫人经营。朱先生说自己真正做中国生意始于1992年，去沈阳、重庆等地开珠宝店，卖钻石，生意尚可，但开设时间不长，到1994年珠宝生意就不做了。

朱志群先生，1993—1995年，每年在国内转，一年乘飞机不断，对中国国情非常了解，他畅谈了回中国大陆投资经商的若干体会：其中一点是，在家靠父母，出门靠朋友，每到一个地方，他就广交朋友，得到四面八方朋友的帮助，这是很好的无形资产。他所交的朋友来自不同层次，上至中央部长，下到工人农民和地摊小贩，只要回国，家乡的亲戚朋友甚至儿时的玩伴，他也一样去看望。他的深切体会是：我的最大财富仅“朋友”两字。

朱志群先生有一个幸福美满的家庭。妻子和自己同龄，是从小学、初中到高中的同学，一出校门就开始谈情说爱了。岳母是自己的老师，互相都很了解。朱先生的两个小孩子一男一女，都在荷兰出生，儿子19岁，女儿16岁，只要回到家，就到餐馆帮助父母做力所能及的工作，对企业产生感情；同时了解父母辛苦，赚钱不易。平时，朱先生一直鼓励孩子学中文，讲普通话。在暑假，他还送孩子去北京华侨补习学校学习中文。孩子懂5种语言。朱先生说自己教育孩子的方法，不同于中国传统家庭，却和外国人相类似。例如，他不想将自己的财富和家产，毫不保留地传给子女，也不想让孩子来接餐馆的班，一切都顺其自然，期望太高或望子成龙太迫切都不好，作为家长应该善于引导和着重教育。

朱志群先生今年43岁，其事业刚刚开始，好比建造一幢高楼大厦，今年仅仅是打好了基础开始往上搭建，至于造多高、造多少层，由自己的运气、基础情况及资本原始积累等多方面原因决定。人生的道路是漫长的，但关键处也仅是几步。朱先生说：作为男人，40—55岁这一年龄段太重要了。

二

现在，荷兰全国究竟有多少华侨华人，这是我们在调查考察中较为关心的一个问题，几乎是侨领必问，然而答案均不一样。华侨华人人数的增减处于变动之中，每天在发生变化，很难有精确数字，不过许多人的看法已超过10万人（包括非法移民在内），在欧洲列英法后占第三位。大部分华人集中在阿姆斯特丹、鹿特丹和海牙这三个城市中，几乎占10万人的一半。从中国大陆来荷兰的华人也喜欢去这三个城市落脚谋生、创业。朱志群先生说，如今的荷兰华侨华人社会，是由如下4大移民群体组成的：

（一）广府人群体。由来自中国香港、深圳以及东南亚的新加坡、马来西亚、印尼以及苏里南等地的华人组成，都讲广东话，有些人在荷兰已有好几代。荷兰早先是海上强国，航运业发达，其海员都从香港招来，荷属东印度华人早在1880年时来荷兰定居，因此鹿特丹有条荷兰最早的唐人街。也有一些广东人在五六十年代时来的，那时中国社会不开放，处于全面封闭状态，而香港或东南亚一带华人来欧洲非常方便。这些人主要分布在阿姆斯特丹、鹿特丹和海牙等大城市内，有80%左右的饭店、企业都是广东省人开的。由于上述历史的原因，如今广府人成为荷兰华侨华人中最大的群体。

（二）浙江人群体。尽管在中国解放前早有以小商小贩形式进入荷兰的浙江人，但人数较少，今日荷兰浙江人中的大多数是在中国实行改革开放国策后出来的，即从20世纪70年代末到80年代初逐渐出来的。浙江人的一大特点是：只要一人出来后，便接二连三、拖四挂五带出一大帮，加上早婚以及生育率高等原因，其人口之多居然形成气候，成为继广府人以外的第二移民群体，而这个移民群体，则以浙江省青田、温州、文成、瑞安、永嘉等县居多。

（三）由出国留学人员、中资机构等组成的知识分子移民群体。这些人的特点为学历高、学识渊博和层次高，其祖籍也不限于广东省和浙江省，而是来自中国的四面八方，这些人往往另组织社团，如校友会、联谊会、工程师协会等专业性学术团体。

（四）非法移民集团。通过各种非法途径偷渡出来的人数虽然无法精确统计，但数目一定很大，有人估计荷兰非法移民的人数大大多于合法移民（有居留证）的人数。华人非法移民听从蛇头安排，途中历尽磨难，抵达目的地后死于非命的事例，我们在意大利、比利时等国调查考察欧华社会中都有所闻，令人鼻酸。有些人通过非法途径来荷兰已十多年了，但无居留证，也许他们一辈子无法安居乐业，只能拼命打工，多攒些钱托人带回去，其处境令人同情。荷兰警察很刁猾经常拉网，搞突然袭击，去各华人餐馆抽查，无居留证做黑工的华人都被抓进去并遣送回国。但也有一些警察，为不影响自己周六、周末的休息，常采取一些简单的方法，开车将被抓的华人非法移民送到荷兰比利时边界线上，将他们放走，说“诸位先生请下车，快点离开荷兰，前往比利时，到你喜欢的地方去吧！”然而，警察还未开回警察局，这些人早就坐火车返回荷兰，再次投入见不到阳光的工作中去，过着苦难的生活。

三

在一整天的接触中，朱志群先生侃侃而谈，所涉及的内容和问题非常广泛，其中有关欧洲华人中餐馆的话题我们很感兴趣。毕竟有 20 年的经营实践，积累许多宝贵经验，平时又善于学习和总结，许多介绍不乏真知灼见。既有一定的数字资料，又带有理论色彩，这些都是我们在调查考察中很想知道的。朱先生说在欧洲国家中，荷兰的中餐业已日趋成熟，其标志有四：

（1）中餐厅在荷兰城乡各地遍地开花。荷兰总人口1600万，90年代时有中餐馆1990多家，如今有2400多家。凡有3000—4000人口以上的城镇，必定有2家或数家中餐馆。总体来说，中餐馆已处于饱和状态，近年来新开的餐馆已经不多了。中餐馆的市场占有率较高，从一次统计资料中获知，荷兰人中有62%的去西餐馆或别的餐馆用餐，有38%的人去中餐馆用餐。华人不但开中餐馆，也开日本、印尼、泰国餐馆，特别是印尼餐馆尚在发展之中。

（2）荷兰本身没有传统的饮食文化，人民的日常饭菜比较简单粗放，不成系统，而对中国源远流长、富于独特民族风格的饮食文化甚为仰慕。

（3）荷兰人心胸开阔，是个热情友好的民族，不排外，与华人一直友好相处。

（4）荷兰中餐馆自身的品质、味道、价格和服务等占有一定优势，具有较强的竞争力。据一项市场调查得知，荷兰人去西餐馆用餐的平均消费为60—65荷兰盾，到中餐馆用餐的平均消费为40—45荷兰盾，比前几年有很大提高，两者之间的差距不大，还呈缩小的发展趋势，特别是新一代华人中的中餐业经营者，对自身要求很高，同行中恶性竞争的时代已经过去，无论是服务水准还是饭菜质量，荷兰中餐馆的整体水平在欧洲是最高的。

任何一个国家和民族的饮食文化，是指这个国家和民族的饮食的加工技艺（烹饪方法）以及饮食为基础的思想和哲学（饮食美学、保健养生）等，法国美食闻名世界，一些外国人常称赞道，在西方世界吃东西，还得进法国餐馆。法国人也认为烹饪是一种艺术，是一种文明的表现，而且据统计，一般法国人用于吃喝的费用，竟占收入的40%左右，真是一个讲究尽情享受的民族。许多法国人还认为，世界上只有中国饮食文化才可与法国美食媲美。朱志群先生认为，尽管目前中餐业在欧洲一统天下的局面已被打破，东方国家的菜系，如日本菜、中东菜、泰国菜、印度菜、韩国菜等已“兵临城下”，遍地开花，发展迅猛，对中餐馆形成一定冲击，但毕竟起步较晚，历史较短，一时难以形成合力，直接与中餐馆匹敌，就烹饪来说，中国饮食文化是国粹，历史悠久，在世界饮食业中的综合水平较高，只要全体同仁自强不息，精益求精，欧洲的中国菜不会输给法国菜。

四

朱先生学过工商管理专业，又有在荷兰从打工、经营中餐业的多年实践，经营理念日臻成熟完善。朱先生 1990 年第一次回中国时，此时的中国吸收外资非常有限，有些外资还想撤回，他却果断决定进入，特别对上海浦东的土地发生兴趣，1992 年时朱先生和上海新亚的首次合作，地点选在苏州开发区，搞了一个中外合资的“新亚快餐有限公司”，自己选点买地盖房，总部计有 6000 多平方米的建筑，专做快餐和冷冻设备，作为一个中心点，向四处辐射，在苏州周围各个旅游点设分店，朱先生一方属外资方，但不派代表，全权由新亚管理，所以看上去还像全民制企业。苦苦经营 5 年后出售，只拿回本钱，亏损很多，朱先生一声叹息说，这是自己在商战中的首次失败。

我们用餐的“上海城酒楼”也是朱先生和上海新亚集团的合作项目，该酒楼自 1995 年起规划，1997 年底开张，无论是酒楼的装饰布置，还是饭菜质量及服务规范，都可看出这是一家管理有序、能上等级的酒楼，朱先生在介绍管理酒楼的经验时说，一家餐馆管理不好、饭菜质量差，员工服务不到位，其责任在于老板，因为你没有给下属讲清楚，没有对员工实行高标准严要求，朱先生在每一家餐馆中，都设有 2 名经理（厨房和餐厅各 1 名），一律实行经理负责制。老总如有事召开经理会，全体员工大会一年只开 2 次，经理也不是摆样子，而是有职有权，让他们大胆全面去管理，例如凡买进来的东西在 200 元以下者，一律由经理签字认可。“上海城酒楼”因规模大，座位多，故设立 4 名经理。

朱先生告诉我们，不久这里将办上海点心周，各项准备工作已就绪，时间从 9 月 18—23 日（周一至周六），每天中午 12 时至下午 4 时，特聘请特级点心师朱伟明为首的三位上海点心名厨，在酒楼当场示范表演，以让各界人士前来品尝美食，感受传统沪派点心风味。其点心午宴的品种有鲜肉干菜包、月牙饺、上海小笼包、葱油香酥饼、奶黄如意卷、三葱鲜鱿饼、虾蟹西施宝、上海果仁酥、太白软拉糕、美味状元饺和皱纱虾肉馄饨等数十种。我们同时也在荷兰的一些报纸上，看到许多有关上海点心周的大幅广告，声势很大，宣传广泛，想必届时一定热闹非凡，谁不想去品尝一下上海的特式点心呢？

“上海城酒楼”分楼上楼下中餐厅，楼上日本餐厅，中饭以后，朱先生带我们上楼去参观日本餐厅。该餐厅规模很大，有大小餐室 10 余间，同时能容纳几百人用餐，其装饰和布置也是正宗日本风格，例如各种木制用具，所挂灯笼和旗幡也用日式。餐厅管理人员和服务员也全部雇佣日本人，如无人陪同，我们真有疑为身在日本的感觉。我们穿梭于欧洲国家的许多城市，发现近几年日本餐发展很快，也许这时是一种时尚，毕竟人们的口味需要经常变换和调整。

下午 4 时许离开酒楼，朱先生开车送我们去“海洋乐园”，下榻于 2 楼的 26 号房间，并继续讲他和新亚集团合作的事。“无心插柳柳成荫”，和新亚集团的合作一发而不可收，接着一起开始在温州搞“王朝大酒店”。自中国大陆实行改革开放国策后，温州经济腾飞，人民生活提高，城市面貌也日新月异。因为温州是全国著名侨乡，是经济发展迅速，前去投资经商、旅游观光、探亲访友和寻根问祖的人越来越多，建设豪华型大酒店的时机日趋成熟。从 1993 年起开始筹划，1994 年初报批，同年 5 月开工奠基，至 1998 年 5 月开张营业，前后历时 4 年正，有意思的是“奠基”和“开张营业”同是 5 月 18 日（温州俗语云“八”“发”，指发财之意），择此两个 18 之日，是指开工奠基和开张营业都很吉利。

酒店由三家合资，其股本分配为朱志群先生 45%，温州当地巽山村 40%，新亚 15% 是带资管理。这座富丽堂皇的 4 星级酒店共 23 层，计有客房 345 间，员工 600 人，将国外酒店管理的先进经验带到温州去，使温州的酒店管理上了一个新台阶，起领头羊作用。例如酒店总经理从香港聘用过来，月薪 5.5 万港元。管理人员也从意大利、澳大利亚和加拿大等国引进不少老外，接待人员能力和水平也规范化，达到国际水平。凡是曾在王朝服务过的员工，人家都抢着要。酒店开张 2 年多来，经营状况良好，1999 年营业额达 8600 万人民币，第一年就开始盈利。

与此同时，王朝的品牌效益也开始显现出来，许多来到温州的企业家、老板和富有者，均选择住王朝，许多人家的婚礼也选择在王朝举行，因为在那里大宴宾客，上等级和档次，脸上有光彩，最多时一天竟接待 6 对新人。外宾到温州，自然也进王朝，例如汤加王国议长到温州访问就住王朝，如今的温州，又有了数家与王朝同等级的宾馆，但总体上似乎不如王朝。我们为朱先生的事业兴旺发达与新亚集团合作成功而感到由衷的高兴！

（此文原标题是《锐意进取永不停顿——记荷兰华人朱志群的创业历程》，原载沈立新著：《乡情绵绵不尽——华侨华人研究文集》，第 532—538 页。转载此文时，略作补充、订正。）

第十章　艾恩德霍芬华侨华人社会

艾恩德霍芬（Eindhoven），荷兰南部城市。在多梅尔河（Dommel）畔。人口 19.3 万（1977）。铁路枢纽。市西 3 公里韦尔斯查普（Welschap）有飞机场。工业中心，有纺织、电器和电子、机械、汽车等工业。原子能研究中心。有现代艺术博物馆。①

2000 年 9 月 12 日，星期二，阴天。上午 9 点 25 分，由莱顿市“财神饭店”派人把我们送到荷兰南部艾恩德霍芬时，正是上午 10 点 30 分，下车后，林德华先生领我们到“绿宫酒楼”吃中饭。午餐后，林德华

① 《世界地名词典》，上海辞书出版社，1981 年 1 月版，第 235 页。

先生与旅馆联系，叫我们先住在一家旅馆休息，下午6时许，他把我们安排在一家五星级旅馆住宿。

9月13日，星期三，阴天，上午8点20分，我们采访林德华先生。他向我们介绍了家庭出身、祖父经历、为祖国所做好事及与荷兰国家上层的关系等等。

林德华，浙江温州市近郊藤桥区周岙乡陈岙村人，1940年4月30日出生。曾祖父是清代进士，太平天国革命时期（1851—1864年）从福建省莆田迁徙藤桥区周岙乡；他祖父于1897年去日本、中国台湾，挈卖鸦片；父亲叫林寿杲，1939年到荷兰；母亲，今年89岁，荷兰人。外祖父家里很有钱。父亲生得很英俊，1946年2月，父亲5岁及其弟4岁（即林德华的叔父）全家都回国。祖父说，他不回来是不孝之子。所以，他父亲、叔父全家都回藤桥区周岙乡陈岙村。

林德华先生生于荷兰，四兄弟，1949年5月7日，温州解放时，怕人民解放军来抓他们，其祖父把他们隐藏起来。林先生说，他的家族也有人参加中国共产党，林氏家族是个思想进步的家族。

1980年，林德华先生在艾恩德霍芬开设一家旅馆，共有105个房间，国家领导人江泽民访问荷兰王国时，住过他的旅馆。除江泽民同志外，还有一些中央领导干部住过他的旅馆。

林德华先生说，艾恩德霍芬市的市长与他是好朋友，菲力浦总部设在这里。有一次，林先生回国到南京市，碰到这个市的市长，叫他帮忙，把菲力浦公司的项目引进中国，把华辉公司建立起来。林先生从中牵线，请菲力浦公司总裁来吃饭，1984年，南京市与艾恩德霍芬市缔结友好城市。林先生荷兰出身，荷兰语讲得很好，他为艾恩德霍芬市做了一年好事，于1996年获荷兰王国勋章一枚。

林德华先生说，因他虽出身荷兰，从小在荷兰长大，回中国住过几年，尚未拿到荷兰王国护照；其弟在意大利米兰多年，尚未有意大利共和国国籍护照。

林德华先生建立中国饮食公会，1982年组建美食集团，帮20多家最好的餐饮店打广告，当上中国饮食公会主席达 10 年之久。

林德华先生还成立烹饪学校，请中国北京饭店特级厨师出来，指导烹饪技术，以提高厨师的烹饪水平。现在，这个美食集团仍然存在。烹饪技术学校设在乌特勒支。他曾经带荷兰饮食业的厨师去中国学习，荷兰人说：中国好客，至今难忘。

林德华先生被选为欧华联会第一届主席，连当两届多。他过去很会吸烟，一天抽 4 包烟，1995 年 5 月，他在荷兰一家医院动过手术，身体虚弱。

林德华先生为我们国家做了许多有益的贡献：

（一）西安交通大学、南京大学与荷兰艾恩德霍芬工业大学合作；并帮助中国 20 多名学生于 1984—1989 年到荷兰免费留学，即由荷兰国家支付经费。

（二）南京市与荷兰艾恩德霍芬市缔结兄弟城市，是林先生从中牵线帮助而成的。艾恩德霍芬市市长是南京的荣誉市民，每年两个城市交流一次。

（三）荷兰女王父亲到中国四川考察，林先生说荷兰女王的父亲也是他的好友。他是世界野生动物保护委员会主席，他到中国四川考察熊猫，也是林德华先生牵线施行的。

林先生还说，荷兰有阿埠（阿姆斯特丹）、海埠（海牙）等 6 处皇宫酒楼，和许多企业开张，请荷兰亲王去剪彩等活动，都是通过林先生牵线施行的。

为了增强荷中两国的相互了解，林先生热心参与荷兰王国同中国的经济文化交流活动。他曾带领由荷兰各界人士组成的 60 多人的考察团到中国旅游，为后来的投资合作创造了条件。他一年有几次往返于中国与荷兰之间，以促成各种合作。几十年来，他为中荷友好而奔波，受到了荷兰朋友至高的尊重。1995 年 10 月，林先生获得了荷兰女皇授予的“奥兰治拿骚皇家勋章”。他是唯一获得过这一荣誉的华人。女王授予他这枚勋章，是表彰他为振兴荷兰中餐业和增进中荷友好关系所作出的杰出贡献。

林德华先生还被荷兰菲力浦公司请当顾问。他的动人事迹颇多，这里就不赘述了。

第六篇　比利时王国[1]

比利时王国，位于欧洲西部，与英国隔海相望。面积 30528 平方千米。

人口 1020 万。人口密度每平方千米约 324 人，为欧洲人口最稠密的国家之一。有弗拉芒族（约占人口 60%）、瓦隆族（40%）和日耳曼族等民族。弗拉芒语（荷兰语）和法语为官方语言，90% 的居民信奉天主教。

首都布鲁塞尔，人口 97 万。全国政治、经济、文化中心。有许多国际机构，有“欧洲首都”之称。

比利时，是个发达的工业国家，主要工业有钢铁、有色冶金、机械、化工、纺织、能源等。农业以畜牧业为主。

重要城市安特卫普：人口 47 万。海港，国际钻石贸易地之一。

布鲁日：古城。市内保持着浓郁的中世纪风貌。

1971 年 10 月 25 日，与中华人民共和国建立外交关系。

2000 年 9 月 14 日，星期四，阴天。上午 11 时，林德华先生驱车把我们送到荷兰中心火车站。下午 1 点 30 分，青田旅比利时华侨华人联谊总会副会长季松然二人驱车来到荷兰中心火车站，把我们接到比利时首都布鲁塞尔潮州人开设的宾馆先住下，并请我们吃中饭。中餐后，我们在宾馆休息。下午 6 时许，陈建平先生驾车把我们送到比利时西

① 《世界地图集》，中国地图出版社，2000 年 1 月版，第 31—32 页。

南部靠近法国边界的一个城市蒙斯（Mons）他开设的中餐馆进行采访。

第一章　蒙斯华侨华人社会

蒙斯（Mons），比利时西南城市。邻近比法边界。人口6.2万（1976）。公元前642年建立城堡。历史上多次为法国占领。有运河通海尔德河和桑布尔河。附近是比利时的重要煤区。采煤工业同与煤有关的工业发达，并有机械、钢铁和水泥工业。有采矿学院、综合科技大学和原子能研究中心[①]。

2000年9月14日，星期四，阴天，下午7点20分，采访陈建平先生。

陈建平先生向我们介绍了他从浙江省青田县来比利时创业的艰辛历程和创业成就的概况：

陈建平，浙江省青田县人，1954年出生，今年46岁；太太徐红花，青田县人。1979年2月，建平到比利时布鲁塞尔岳父徐正明开设的“大中国酒楼”打工，学习烹饪技术。1980年9月，把妻子及孩子申请到布鲁塞尔。1981年5月，他离开岳父的中餐馆，到比利时西南靠近法国边界的雷曼碧（Jemappes）开设一家中国饭店。这家饭店规模很小，只有24个座位，但生意不错，便进行装修。建平说，装修自己搞的，晚上10点开始装修，晚上只睡眠2个小时。当时，他有两个想法：餐馆业做成功，争取做高档次餐馆；另一个想法，餐馆业做不成功，就回青田县化工厂工作。经过10年的努力，终于经济上去了，他买来280平方米的店面，但房子破烂不堪，得花一笔钱进行装修，总共支付10个米里红，相当于中国人民币250万元。

这间店面买来之后，经过装修，盆碗高档次，座位78个，生意红火，他想餐饮业经济发展后，再买这间店面后面的房子进行扩建。1991年5月，建平又买了300平方米的房子，装修一个高档次的餐馆。

---

① 《世界地名词典》，上海辞书出版社，1981年1月版，第1325页。

房子扩大后，餐位增至158个，每周五六两天，生意兴隆，客人说：“到陈建平先生餐馆吃饭，是一种享受！”

20世纪90年代开始，比利时餐馆业逐步向高水平发展，经营一家好餐馆，都要到老外开设的餐馆学习他们的烹饪技术，提高自己餐饮的烹饪水平。

餐馆业发展越快，生意越好做。建平先生的餐馆开始做花样，比如，用萝卜雕桃花，吸引客人来本餐馆用餐。他经营餐馆业的指导思想非常明确，是坚持薄利多销；中餐馆过去是低水平的，他为中国人争一口气，着力提高烹饪技术水平。

陈建平先生说，华侨是依靠艰苦奋斗、赚得一些钱，他原来不会喝酒的，因为外国人喜欢喝酒，所以他也学会喝点酒，旨在提高厨师技术水平，以应付客人进店喝酒。他开设的中餐馆，出售的酒均存放5年以上，陈酒价格高。

陈建平先生说，老外把餐馆视作填肚子的东西，因此，就要把餐馆改造好，适应老外填肚子的需要。蒙斯市市长曾来陈建平开设的中餐馆吃饭，说他的菜是正宗的；蒙斯省省长来他开设的中餐馆吃饭，饭后评价云：他的菜是正宗的；过了一年，这个省省长来他的餐馆吃饭，仍说他的菜是正宗的。

陈建平先生在蒙斯省一个城市经营中餐馆获利颇丰，他除了购买中餐馆外，还购买了一幢别墅1800平方米。别墅前设假山、水池；别墅后面也设假山，并在国内订购一个六角亭，该别墅一层楼有地下室。陈先生经营餐馆业已获得成功。

陈建平先生已有两男、三女。他的大孩子非常能干，可以帮助父亲处理华侨与华侨之间的矛盾，并获得侨胞的好评。比如，比利时华侨向华侨朋友借一个米里红，或两个米里红（一个米里红相当中国人民币16万—17万元）都不打借条，时间长了有的华侨不还借款，这样借款的华侨与被借款的华侨之间便产生了矛盾。对此，陈建平先生的大儿子出面调查了解处理华侨中借款的矛盾，促进华侨之间团结友好，获得侨胞的好评。

最后，陈建平先生还向我们介绍了蒙斯省的华侨华人社会情况。他说，比利时蒙斯省有 24 万人口，华侨华人 500 余人，开中餐馆 60 家以上。其中：蒙斯市开设中餐馆 25 家，华侨华人 200 多人。餐馆与餐馆之间竞争激烈，为应付餐馆竞争，陈建平先生动脑筋，推出新花样，他用白萝卜雕成龙虾、尖塔、菊花、玫瑰、山茶花等多种多样，以吸引客人来他餐馆用餐。因此，他的中餐馆生意红火，获利颇丰。他家中拥有别墅、几间店面，发财致富，购来高档汽车——奔驰。

我们与陈建平先生座谈至夜晚近 10 点钟，陈先生请我们吃晚餐。晚餐后休息片刻，他和季松然先生驾驶“奔驰”新车把我们从蒙斯市近郊一个小城市送回比利时首都一家旅馆里。我们登记好旅馆的房间，出来向陈建平、季松然两先生告诉之际，两名持枪劫贼，要陈建平先生放下手中钥匙，陈、季两先生见事不妙，只得把钥匙丢在地上，两名持枪劫贼把“奔驰”开去。陈建平先生说：“好汉不吃眼前亏！”事后，他俩立即报案，大约 10 分钟，布鲁塞尔来两名警察，询问他俩“奔驰”被持枪劫贼劫走的情况后，立即通知各交通要道、关口堵贼，缉拿归案。事发后，我们心里非常不安，询问陈建平先生：“奔驰”有否保险？他说：“已有保险！”当晚，我们睡得不安，见到持枪劫贼劫车还是第一次！

陈建平先生是第二届旅比浙江华人工商联谊会会长，季松然为第二届旅比浙江华人工商联谊会常务副会长。该会章程共十三条。第一条“总旨”是：“本会以增强旅比浙江华人工商界的联系、互通信息、沟通感情、增进友谊、服务侨胞、维护华人正当权益、团结广大华人工商界人士、开展互助合作拓宽经济渠道、发展华侨经济为宗旨。”章程第十一条：本会章程于 1997 年 11 月 25 日依法登记备案、具有合法性。会址：设在比利时蒙斯（Mons）市。

第二章　布鲁塞尔华侨华人社会

布鲁塞尔（Bruxelles,Brussel），比利时首都和政治、经济、文化、交通中心。位于国境中部。在斯海尔德河的支流桑纳河（Senne）畔，有运河与斯海尔德河和桑布尔河相通。连郊区人口 104 万（1976）。初建于城堡。中世纪发展了呢绒制造工业，艺术繁荣。18 世纪起建立近代化的城区。1830 年成为比利时首都。机械制造、汽车、电器、化学等工业发达，服装、地毯、花边业亦有名。有科学院、大学、博物馆等文化机构。欧洲经济共同体和北大西洋公约组织总部所在地。国际航空枢纽[①]。

2000 年 9 月 15 日上午至 17 日下午，我们先后参观布鲁塞尔市容、广场、凭吊滑铁卢古战场、登狮子山等活动，并穿插采访张冀翔、季松然两位侨领。

第一节　参观比利时国王驻地——布鲁塞尔市容

9 月 15 日，星期五，阴天，上午 10 时许，旅比浙江华人工商联合会常务副会长季松然先生带领我们参观布鲁塞尔广场、名胜，拍下了几张照片。中午，季松然先生请我们到一家“中华料理”（饭店）吃中饭。中饭后，休息片刻，季先生又带领我们继续参观“小孩撒尿”“电子球”等景点，令我们饱览异国风光。

布鲁塞尔是比利时王国的首都和王宫所在地。我们在全市各处参观时，所见各种肤色、操各种方言，身着不同服饰的各国人士之多，实在令人大开眼界。

我们在繁华的路易大街走时，曾看到很多来自世界各地的修女、

---

① 《世界地名词典》，上海辞书出版社，1981 年 1 月版，第 260 页。

牧师、道士、和尚、尼姑等，其中有些人的打扮和装束令人忍俊不禁，在考察欧华社会中尚属首见。布鲁塞尔又是“欧共体”，各国驻“欧共体”、北大西洋公约等组织的使团有近百个；每年在此举行大小不等的国际学术研讨会数以百计，也吸引大批人前来。各国通讯社、报纸、杂志、电台和电视台机构有近200家，各国新闻记者800多人，这个数字超过美国纽约，成为世界各国常驻外国记者最多的城市。

布鲁塞尔市内的绿化搞得非常好，它给我们留下深刻的印象。那里不但有多个公园和数以百计的街心公园，还有茂密的城市森林，在市区行走时不时能见到两旁古树参天、浓荫蔽日的街道，也能见到草地，著名旅游景点原子球博物馆前的大型绿地，好几个球场那么大。如今布鲁塞尔市内计有5片大森林、十几个公园和100个街心公园。那么多的树林和草地，又使这一繁华的现代化城市显得特别和谐、宁静。

（此文原标题是《古老而又现代的国际都市——布鲁塞尔的迷人风光》，原载沈立新著：《乡情绵绵不尽——华侨华人研究文集》，第448—452页。）

第二节　参观布鲁塞尔“撒尿小孩”塑像

9月15日，星期五，阴天，下午2时左右，季松然先生又带领我们从大广场一端折入一条埃杜弗小巷，缓缓向前走去。但见街巷两边密布旅游纪念品店，虽然店铺规模不大，但琳琅满目的商品颇为诱人，我们不时驻足观览。不一会儿，走到莱堤玛街的交叉路口，见不少游客手举照相机，咔嚓咔嚓争着摄影留念，我们知道目的地已到了。这位名叫“小于连”（又名马纳根比）的青铜塑像，站立在一个约1.5米高的淡灰色大理石雕花基础上，像高53米，位于90度墙角落中，周围以黑色花式铁杆作为护栏。举世闻名的英雄像，铁栏内的占地如此窄小，布局过于挤迫，乍见一下，真有点令人失望。但这位比利时人民心目中的传奇人物是英雄，并有布鲁塞尔“第一公民”的美誉。

小英雄的脸胖胖的，一头卷发，鼻子微翘。那天不知是什么节日，“小于连”穿上了一套白色短衫裤，其实平时是不穿衣服的，全身赤裸，挺起肚皮，任凭“小麻雀”内的尿水涓涓流淌下来（体内安装了自来水），洒在底下小水池里。其动作自然逼真，表情憨厚可爱。塑像由雕塑家热罗姆·杜格斯诺于 1619 年塑造，现已成为一件不朽的艺术作品。

关于小于连英勇事迹的传说，传说颇多，但主要说法有如下三种：一说，当地有位富商，在民间的喜庆集会中，走失了仅二三岁的独生子，四处寻找不着，直至 5 天后在一街巷墙角找到了正在撒尿的孩子，就此成为雕塑的原型；二说，是 17 世纪初，西班牙人入侵布鲁塞尔，全城大火，一光屁股的小男孩对一段正在燃烧的木头撒尿，浇灭了火焰；三说，有一次，布鲁塞尔人民正在中心广场庆贺击退入侵者胜利时，潜伏下来的敌人搞破坏，点燃了埋藏炸药的导火线，企图破坏城市，一个叫于连的小孩见状后无论喊人和找水都已来不及，于是急中生智，撒尿浇灭了导火线，挽救了全城，挫败了敌人的阴谋。从中也反映出小男孩热爱和平、机智勇敢和不畏强敌的可贵品质。人民爱好和平，英雄不分国界，如今从世界各地来此与小于连合影留念的游客络绎不绝。

值得我们欣赏的是，每当雪花纷飞、气候严寒时，许多好心人怕赤身露体的小于连受冻“感冒”，于是量体裁衣，给他穿上合身的衣服。谁知这一举动引起人们极大兴趣，每逢节日期间，各社会团体都给小孩捐赠衣服。有个名叫比利时“撒尿小孩”之友协会的组织称，世界上任何国家和任何团体，都可以给“撒尿小孩”送衣服，唯一的规定是严禁将衣服用于商业目的。巴伐利亚帝后兼荷兰总督因为是外来统治者，非常注意笼络人心。为了取悦布鲁塞尔人民，当 1698 年 5 月 1 日庆祝布鲁塞尔重建时，将一件蓝色的大衣送给了尿童，相传这是小于连拥有的第一件衣服。捐赠衣服的做法就此也被保留下来。此后各国捐赠的衣服越来越多，连法王路易十五等都送过衣服。1979 年 9 月，北京市一代表团应邀前往参加布鲁塞尔建城 1000 周年庆典时，出席庆典的北京市前副市长白介夫亦给这“第一公民”送去一件红缎子开襟的汉族服饰。据说清王朝驻外使节也曾送过衣服，如此说来小于连也许穿过长袍马褂。如今，小于连已拥有近700套漂亮衣服，包括贵族服装、军装、民间服装、狂欢节穿的奇装异服等，而且还在不断增加中，要求送衣服的申请纷至沓来。所有的衣服都收藏在铜像附近的市立博物馆里。每年7月，还要举办一次小于连服装展。

（此文原标题是《古老而又现代的国际都市——布鲁塞尔的迷人风光》，原载沈立新著：《乡情绵绵不尽——华侨华人研究文集》，第448—452页。）

第三节 参观布鲁塞尔老城中心大广场

9月15日，星期五，阴天，下午4点10分，旅比浙江华人工商联谊会第一副会长季松然先生、上海同乡青年画家陆惟华带领我们参观布鲁塞尔老城中心的大广场。这个老城中心大广场，又名中心广场和市政厅广场，这是布鲁塞尔的精华部分，地处人潮汹涌的繁华闹市区。大广场呈长方形，长约110米，宽约68米，它建于12世纪，四周皆为美轮美奂的中世纪建筑物，终年游人络绎不绝。大广场被法国大文豪维克多·雨果誉为“世界最美的广场”。来到广场脚下的四方石块被踩磨得光光的，这是行人所留下的岁月之痕，加上周围和谐的中世纪建筑群，其苍凉古朴的历史烟云扑面而来。广场上最引人注目的是90米高的市政厅尖塔，这是纯粹哥特式建筑。它建于15世纪，正面柱子上雕刻着形形色色的人像。市政厅对面的王宫，又称国王之家，但国王从未在此住过，现已改为市立博物馆。大广场周围的其他建筑物都是当年各个行会的会址。这些古老的楼宇，如今都已成为餐馆、咖啡馆或旅馆。我们在大广场上缓缓绕了两圈，能有机会饱览如此多姿多彩的古建筑，实在非常难得。鉴于大广场及其周围地区的文化特色，在人类文化史上的地位及其所做的贡献，1998年联合国教科文组织将这一被誉为“欧洲最美广场之一”的大广场列为世界文化遗产，载入《世界遗产名录》。

陆惟华先生指着大广场东北面一幢古朴的白天鹅旅馆说，革命导师马克思曾在那里住过，这立即引起我们的关注。那是一座一扇门两扇窗的4层楼小旅馆，上方竖着一只白色的天鹅，并有“建于1698年”字样。1845年2月3日，马克思被驱逐出巴黎后迁到布鲁塞尔，从此在那里住了3年。稍后恩格斯亦来到布鲁塞尔，两人在一起起草了《共产党宣言》。他们还在一起写作了《神圣家族》和《德意志意识形态》等著作。这机会实在难得，我们在建筑物前摄影留念。

接着，季松然先生向我们介绍：每个星期六大广场上都有集市，商贩云集，热闹非凡。这一传统始于958年，迄今已有1000多年历史。季松然先生对我们说，可惜你们来晚了一步，要是8月中旬来，可以看到大广场上的“鲜花地毯”，那实在是美不胜收啊！这一庆祝活动，每两年都举行一次，凡逢双年的8月14—16日三天，在广场上，我们看到正在拆下一座临时搭建的大舞台，大概一个月前的庆祝活动，定是人如潮涌，热闹得很。

大广场周围的老街，街道狭窄，两旁店铺鳞次栉比，布满诸如巧克力店、书店、礼品店和旅游纪念品店，其中小尿童的雕塑像、钥匙链和开启酒瓶的扳手最多。广场一角还停放着数辆制造工艺特别精致的古董马车，专供游客乘坐游览附近的旧街道。马夫在前面高高的座椅上悠闲地拉着缰绳驾马。两人乘坐，花3美元或100比法郎便可潇洒走一回。马蹄在石块路上所发出的“嘀嗒”“嘀嗒”的清脆响声，使人发思古之幽情，仿佛时光倒流，又回到了中古时代。

（此文原标题是《古老而又现代的国际都市——布鲁塞尔的迷人风光》，原载沈立新著：《乡情绵绵不尽——华侨华人研究文集》，第448—452页。）

第四节　采访上海旅布鲁塞尔华人张冀翔先生

9月15日，星期五，阴天，下午6时许，我们乘地铁到布鲁塞尔广场上海酒楼吃晚餐。

晚餐后，我们请张冀翔先生谈这家上海酒家的变化过程，张先生云：上海酒家是布鲁塞尔第一家，开在广场边，它是美食街。这家酒家原是法国里尔人詹鹏柏于1956年开设。1976年，出售给来自上海的张冀翔先生。下个月，布鲁塞尔市长选举定这家酒家吃饭。

张冀翔先生，1963年从香港到德国法兰克福，与人合伙开设中餐饮。是年，他56岁。1976年从德国到布鲁塞尔开设“上海酒楼”。这家酒楼刚装修好两年，现拥有座位100多个。到这里吃饭的中国人很少，而外国人居多。此街，已成为旅游街。

张冀翔先生说，旅比华侨上海联谊会成立于1991年2月，会员300人左右。第一任会长周国信，他于1997年2月，突发突发心脏病去世。第二任会长张绍唐。

张冀翔先生说，从1995年开始，每年旅比华侨上海联谊会都举行庆祝春节活动。春节活动期间，联谊会规定：会员免费借书及录像；会员到外国旅游，1年到2年，自己支付费用；2000年春节举行四次出国旅游活动：第一次到法国巴黎；第二次，到法国南部摩纳哥；第三次到荷兰；第四次到德国科隆。

春节活动，会员基本到齐，联谊会请中国一流歌唱家来唱，如果歌唱手档次低，华侨会员是不来的。收费容易控制人数；联谊会搞抽奖活动；联谊会购买了两三百张票：一张票100比币，摸头奖，得汽车一辆；摸二等奖，得比利时到上海来回机票一张；同时，联谊会还搞法律咨询、办法语班、中文班，组织夏令营、艺术讲座、佛教主持讲佛经等活动。

除上述活动外，在春节期间，还采访旅比老华侨等。

张冀翔先生说，中国吉林市侨办、全国人大要员和上海市领导等人都来过这家酒楼用膳。

张冀翔先生精通几国语言，他的岳父学问很好，为社会公益事业做了许多好事，如引进劳工、支援中国灾民、台湾地区地震、对联谊会员经济困难援助等等，贴在广告栏上，供他们去找；对新产品引进，也将它贴在广告栏上，让他们去看。

联谊会会长作了明确分工：正会长负责全面工作，副会长杨化强主要联系国内艺术团来比演出，帮助华侨办丧事，看望华侨病人；联谊会理事孙林海患癌症，正会长张冀翔经常去看望他，张会长的太太也十分关心孙林海先生。

春节期间，联谊会组织会员聚餐，庆祝香港澳门回归祖国等活动。

中国驻比利时大使宋明江都写信给联谊会予以表扬。联谊会还组办"比中侨声"刊物，阐述侨务理论，它既有政治高度，又有侨胞活动的实际栏目，很有可读性；同时，对侨团活动，侨刊加以报道；把欧洲大世界加以介绍，增加侨胞知识，1991 年创刊，一季度出一本。

比利时，2000 年有中餐馆 2800 家，其中比利时布鲁塞尔有 1000 家，安德卫普 800 家，布鲁塞尔总人口 1000 万，流动人口有 1500 万，华侨 30000 人（据中国驻比大使馆统计）。

联谊会花 140 万比法郎，做 12 条龙石柱、4 个石狮子，每人捐资 5 万比法郎，其名字均刻在石狮子下面。

我们采访张冀翔先生后已是深夜 11 点钟了。季松然先生驱车把我们带到他家中住下。

第五节　采访浙江省青田县旅布鲁塞尔华侨季松然先生

9 月 16 日，星期六，阴天，有时有小雨，上午 10 时起床，11 点吃早餐。早餐后，我们在他家中剪些旧报，搜集华侨在比利时布鲁塞尔的工作生活情况。2000 年 8 月 29 日《欧洲晚报》第 8 版载："浙江省著名侨乡青田县，利用其在海外的关系，大做外贸生意，每天都有好几个集装箱的国内产品源源不断地输往欧洲、北美、南美、非洲等地。据青田县政府统计，去年（指 1999 年），青田华侨向世界各地销售了近 31 亿美元的中国产品。

近年来，遍及世界 76 个国家和地区的 15 万海外青田人调整了投资结构，从过去单一经营餐馆业向多元化投资转轨。其中 3 万青田华侨凭其熟悉国内外市场行情、信息、灵通等优势，做了国际贸易，发挥了国内产品与国际市场的“桥梁”与“纽带”作用。

看了这张《欧洲晚报》第 8 版的报道，使我们了解到青田华侨在海外经营经济事业的重大变化，从经营餐馆业转向经营海外贸易，足迹遍及世界五大洲。可惜，我们采访旅比华侨中还未涉及这方面的内容。

下午 4 点 30 分，我们在他家中采访季松然先生来比利时布鲁塞尔创业的历程：

季松然先生，浙江省青田县章旦乡桥头村人，夫人金翠群，1945 年出生，青田县阜山乡周山村人。

季松然先生的父亲季文，是个旅比老华侨，曾与人合股在比利时的列日市开设“中国饭店”。1977 年 8 月，季松然从北京抵达罗马尼亚，再从罗马尼亚转机到比利时布鲁塞尔。开始他到列日市父亲与人合伙的“中国饭店”打工。一连打工六年之久。1985 年 4 月，季松然离开“中国饭店”，在布鲁塞尔开设一家“长城酒家”，座位 50 多个。1993 年他这家酒家被封掉，与广东人打官司。因为这家酒家生意红火，广东人眼红，把店收回。这对季松然先生来说是个沉重打击，因季先生把这家原来破烂的店面装修得很漂亮，要求广东人把租期延长，广东人不肯，并将这家收回的酒家租给老外开设，这无疑是中国人害中国人，当然，季先生忍无可忍，便与广东人打官司，而官司谁胜谁负？季先生没有谈下去。

季先生在与广东人打官司的同时，他到塞麻批斯（Semones）买了一家中餐馆，经装修后于 1992 年 7 月开业，仍叫“长城酒家”，但生意一般。

季先生的夫人金翠群，1979 年从浙江省青田县直接到比利时布鲁塞尔，她做大厨，雇用一个老外，季先生做跑堂，生意不错，我们曾在季先生开设的“长城酒家”吃饭。

金翠群在中国生了三女、一子：大女儿叫季天真，读饮食管理；次女儿叫季丽珍，今年 26 岁，已同老外同居，生了一孩子，这个老外跑掉了；小女儿叫季丽平，今年 19 岁，读摄影中专；儿子叫什么名字，季松然先生未告诉我们。

季松然先生是旅比浙江华人工商联谊会常务副会长，他分管旅比青田同乡会举办的中文学校，该校每周三下午、周六上午上课，学校从低年级到初中班，学生已有 100 人。

第六节　凭吊滑铁卢古战场

2000 年 9 月 17 日，星期日，阴天，上午 11 时，我们在季松然先生开设的“长城酒家”吃早餐。早餐后休息一会儿，季松然父子驱车把我们先带到布鲁塞尔附近参观一个天主教堂，然后，再带领我们去滑铁卢（Waterllo）参观拿破仑一世被打败的遗迹。小车驶过楼宇连片、商店鳞次栉比的繁华商业大街，转入南郊的棠瓦尼森林后，沿着参天的大树和芳草萋萋的绿地，约 30 分钟抵达目的地，在森林下停好车后开始参观。滑铁卢是著名的古战场。1815 年 6 月 18 日，叱咤风云的拿破仑一世就是在此被欧洲第七次反法国盟军打败的。

滑铁卢是布鲁塞尔 30 公里以外南郊的一个村镇，小镇四周是一片开阔平原沃野。英国统帅威灵顿（Wellington,1769—1852）所以选择小站南部的蒙·圣尚高地为阵地，主要是那里地势开阔，易守难攻，并能充分利用高地周围的许多石砌建筑，构建起坚固的工事和堡垒。当时拿破仑军队有 7.2 万人， 威灵顿统率的反法联盟军 7 万人，双方兵力相当，而且法军的骑兵和大炮略多于对方。6 月 17 日晚上下了一场大雨，松软而泥泞的道路使法军的大炮无法移动，骑兵也很难奔驰，因此法军的进攻推迟至6月18日的上午11时半开始，但激战8小时，到晚上6时半双方仍相持不下。黄昏时分，普鲁士统帅柏鲁赫尔率领的3万援军赶到，而拿破仑指望的援军迟迟未到，于是威灵顿发动总攻击，法军寡不敌众，全线溃退，战斗结束时双方死伤6万人之众。拿破仑一世被迫第二次退位后被流放到南大西洋的圣赫勒拿岛。拿破仑帝国从此覆灭。

油画上的鏖战场面

参观滑铁卢，最重要和吸引人的是要去纪念馆。每人花140比法郎，即买票入内，进入一个圆形大棚内，有点像球形电影厅。进门后先下地道，然后登上楼梯，来到一个圆厅的中心圆台。圆台离墙七八米，圆厅的环型墙壁即是一幅巨型全景油画，高12米，周围长110米，这是法国著名画家路易·杜梅兰的作品，生动地再现了当年滑铁卢之役的激战场面。为增加身临其境的真实效果，在油画前面，还特别布置了一些实物塑像，如被摧毁的草房、破碎的军旗、丢弃的头盔和靴子、散落的枪支和马鞍、血肉模糊的尸体等。

油画画面上所反映的正是威灵顿统帅转入反攻时的激战场面，但见远处布成方块阵的军队在进行中，近处骑兵在发起冲锋，千军万马在浴血奋战中，战马在嘶声，战车在冲撞，炮火四起，硝烟弥漫，杀声震天，尸横遍野，血流成渠，散落的军刀、头盔和弹药，一片狼藉，强烈的真实感令人仿佛也置身于这场鏖战之中。在画面上我们也见到了那位拿破仑的身影，身着白翻领绿军装、系灰色披肩，骑在白马上在远处紧张地指挥战斗。法国著名作家维克多·雨果在《悲惨世界》中，对滑铁卢战役的描写更为精彩“每一个方阵都是一座受着乌云侵袭的火山；熔岩和雷霆交战……那已不是骚乱，而是一阵旋风，一种狂怒，是灵魂和勇气的一种触目惊心的搏斗，是一阵剑光与闪电交驰的风景……军队溃散，有如江河解冻，一切都摧折、分类、崩决、飘荡、奔腾，相互冲撞，相互拥挤……尸堆比活人队伍还多，战胜者面对这些坚贞卓绝、毅然就死的人们，也不免如见神明，骇然起敬……”滑铁卢战役失败后，6 月 22 日拿破仑第二次宣布退位，从而结束了从 3 月初开始的“百日政变”，也结束了拿破仑的政治生命。滑铁卢战役的失败原因，直至今天仍是欧洲历史学家和军事学家争论的话题，人们见仁见智，但不要忘了维多克 · 雨果的评论：“这是一次离奇的败战……然而，败者的光辉没有因而磨灭，胜者的光环没有因此而增加。”

登上狮子山

我们看完棚内的油画战争图出来，便去参观狮子山，又得另外买票，每人 45 比法郎。然后依次进门走向小山丘。小山丘呈圆锥形，高约 45 米，方圆 300 米左右，共有 226 石阶通向平台。石阶和铁栏杆过于狭窄，只能容两人并排上去，如遇下山者彼此只能侧身而过。我们拾级缓缓上去时，见旁边施工者在另筑一条山路，据云将安装电动梯，便于游客上下。幸好我们去时是星期日的下午，又是阴天，游人不多。山顶是一个大平台，上面用砖块垒起一个高约两米的基座，基座上站立着一头长 45 米、高 4.45 米硕大的铸铁大狮子，前爪在舞弄铁球而仰首苍天，粗大的尾巴作卷曲状，形象逼真生动。雄狮正虎视眈眈地遥望着西南方向的法国，有给拿破仑一世“震慑”之意，也有人认为这是象征拿破仑出师未捷，遗憾终身而在长年沉思。平台基座上用罗马字镌刻着“1815 年 6 月 18 日”字样。平台前的一块小石板上镌刻着两军兵力部署的平面图，以颜色来区分，如蓝色代表法军，淡灰色代表普鲁士，紫色代表英国等。这一隆起的土丘因有狮子而得名“狮子山”，而山丘和铁狮也是今天游客们所能见到古战场的主要遗迹了。我们居高临下，和风扑面而来，但见四周高低不平的丘陵种着牧草和燕麦，一派田园风光。为了保持古战场原貌，战后政府禁止在周围拆除旧屋，也禁止高层建筑。

据说这座小山丘的位置是当年双方血战的古战场中心。狮子山是 1826 年由英军强迫比利时人修建的，还是由妇女背土逐渐垒成的，这不知是不是反法盟军对当地人民参加拿破仑军队的一种报复行动。那只8吨重的大铁狮也是用战场周围散落的废铁铸成的。我们在狮子山顶极目四顾，凭栏远眺，不由遐想万千。也许气数已尽，在一个泥泞的夏日，雄心勃勃的拿破仑一世惨败于此。拿破仑用兵一向是踌躇满志，胸有成竹，往往是拂晓进攻，中午得手，但这次改为中午进攻而成为千古遗恨？是那场暴雨而没有掌握好战役时机？是什么原因使他的精锐铁骑弃尸荒野而自己沦为阶下囚？近两个世纪以来，人们不仅时常记起这个因拿破仑兵败而名声显赫的古战场，而且滑铁卢也已成为一个失败的代名词，星移斗转，沧海桑田，这场残酷战争中的角色，如今早已灰飞烟灭，多少英雄豪杰身后的是非功过，后人自有评说。展眼望去，比利时王国的山河依旧，人民，只有人民才是推动历史发展的主角。

（此文原标题是《凭吊滑铁卢古战场》，原载沈立新著：《乡情绵绵不尽——华侨华人研究文集》第453—455页。）

第三章　安特卫普华侨华人社会

安特卫普（Antwerpen），比利时港市。在斯海尔德河下游，距北海88公里，城市跨斯海尔德河两岸，有运河通马斯河。人口47万[①]。13世纪建市。1460年成为欧洲第一个商业城市，并为欧洲北部的商业和交通中心。16世纪是欧洲最繁荣的商业城市和艺术城市。全国第二大工业中心，有炼油、化学、有色冶金、汽车、钢铁、机械、造船、医药等工业。欧洲北部贸易中心，世界大港之一，港内高水位时水深18.5米，年吞吐量7.200万吨（1978）。有皇家美术博物馆和建于中世纪的教堂。[②]

2000年9月18日，星期一，阴天，上午8时许，我们离布鲁塞

① 《世界地图集》，中国地图出版社，2000年1月版，第32页。
② 《世界地名词典》，上海辞书出版社，1981年1月版，第549页。

尔赴比利时安特卫普调查考察华侨华人社会。

9 月 18 日下午至 19 日下午，我们先后采访安特卫普侨团、理发师彭先生、梁兆滔、何碎凤、张逸民、唐大林、余本绪等人。

第一节　安特卫普侨团组织与活动

9 月 18 日，星期一，阴天，下午 2 点 10 分，我们调查考察安特卫普华侨社团。1972 年，成立旅比华侨联合总会，会员大部分是广东人，其次是青田人。该总会第一任会长是金先芳，副会长是白植通、朱焕光、夏廷元。当时，国家对国外侨胞十分关心。

1983 年，中华人民共和国国务院邀请旅比华侨联合总会唐大林、黄绍甫（泰国华侨）、何铭 3 人，到北京参加庆祝国庆活动。国庆节后，他们应邀赴桂林、杭州等地参观。参观回来在南京住 3 天，再返北京。接着国家又组织他们去承德、西安两市参观活动，最后，他们经广州、香港返回安特卫普。

以上 3 位侨团负责人回安特卫普后，积极性很高。他们在当地筹办中文学校，招收四个班，100 多人，由旅比华侨联合总会会长伍炳顺负责主办。

旅比华侨联合总会造四层楼房，最底层是第四层，供华侨联合会活动用。当时，安特卫普华侨只有 20 多人，安特卫普省也只有华侨 5000 多人，开设新华、大昌、福荣、亚洲 4 家超级市场。

1997 年 12 月成立旅比华侨老人中心，入会会员 200 多人，1998 年 1 月开始活动。

1999 年 11 月由 500 多位华侨捐资购买房子 65 平方米，每周一至周四，老华侨到老年中心活动。该中心还组织老华侨到德国旅游活动；12 月 28 日，荷兰华侨妇女会有 50 人来旅比老华侨中心访问活动。

第二节 采访广东省宝安县（区）旅安特卫普华侨彭先生

9 月 18 日，星期一，阴天，我们调查旅比华侨联合总会、旅比华侨老人中心等社团成立的年份及其会长的任职时间后，采访理发师彭先生。他，广东宝安县人，在香港出生，今年 50 岁，在安特卫普开设理发店，至今已有 15 年。近三年彭先生不做理发生意了。他说，安特卫普大部分是广东人，每星期日在华侨老人中心楼上，由彭先生教唱广东粤剧，为老华侨开开心。

第三节 采访广东省旅安特卫普华侨梁兆滔先生

9 月 18 日，星期一，阴天，下午 4 点 20 分，我们在采访广东旅比利时安特卫普的理发师彭先生之后，采访梁兆滔先生。梁的父亲，1961 年来比利时安特卫普，他有两个男孩、两个女孩，而头、尾两个是男孩，中间两个是女孩。梁兆滔先生于 1969 年来安特卫普，他原在轮船上当轮机手，第二次世界大战前，梁兆滔先生的一个同乡叫梁卓贤留居英国；他还有一个深圳朋友叫蔡遇春，是老革命，1927 年蒋介石发动“四一二”反革命政变后，他逃到安特卫普；“二战”后梁卓贤先生到荷兰，再从荷兰到安特卫普。欧洲“共同体”形成后，浙江青田人来安特卫普谋生、创业的渐渐增多。

梁卓贤在安特卫普港口曾开过饭店，为海员服务，但他与国民党驻比利时使馆关系比较密切。1971 年 10 月 25 日比利时与中华人民共和国建交后，梁卓贤投向中国共产党。

安特卫普是个港口城市，1959 年拥有 400 多个码头，现在发展为 800 多个码头（指 2000 年 9 月 18 日），有人口 47 万，是海港，国际钻石贸易地之一。

最后，梁兆滔先生向我们谈了蔡遇春与梁卓贤的关系，并说，蔡遇春是1928年或1929年左右来安特卫普谋生创业最早的老华侨；接着，浙江青田人渐来这里。

梁兆滔先生，还向我们谈了下一代融入当地社会有三种人：一是中国人娶老外女人为妻，其子女生于国外；二是中国人娶中国人女子为妻，其子在国外出生；三是中国人娶中国人女子为妻，其子出生于国内，带到海外尚很年幼的。上述三种人，会通中国故乡语言，如讲温州话、瑞安话、文成话、青田话，但他们不会讲普通话，而会讲荷、意、西、葡、德、法等语，接受西方文化教育后，这些人可融入当地社会。

为了使第四代华人不忘祖籍国、第二故乡，不少有远见的侨团领导十分重视华文教育，创办中文学校，请中国教师来比利时安特卫普任教。

第四节　采访浙江温州市城区旅安特卫普华侨何碎凤女士

9月18日，星期一，阴天，我们在采访梁兆滔先生之后，马不停蹄，连续作战，采访了何碎凤女士。

何碎凤，浙江省温州市城区（今温州市鹿城区文书巷26号）人。1948年10月10日出生，其父高弟；母美英，今年79岁。

何碎凤三兄弟、六姐妹：

长兄，何克芬，45岁，原在北京印染厂当工人，患肝癌而亡。

次弟，系双胞胎，45岁，一个叫何志荣，在法国巴黎开外卖店；一个叫何志雷，在奥地利格拉茨（Graz）开设中餐馆。

大姐：何芬妹，56岁，住法国巴黎19区。

二姐：何碎奶，54岁，在安特卫普领孩子。

老三：何碎凤，52岁，在安特卫普。

四妹：何月凤，今年49岁。

五妹：何莲莲，今年47岁。

六妹：何小凤，今年41岁。

何碎凤的未婚夫叶伟增，浙江省青田县大林后村人，曾在安特卫普开设“龙头酒楼”，碎凤在该酒楼打工，每月工资24000比法郎。1965年，叶伟增应国务院邀请回国参加国庆典礼。10月15日，何碎凤与叶伟增结婚。

何碎凤，是个大胆、泼辣的女人，社会活动能力很强。她出国带出二姐何碎奶的女儿陈秀微到比利时；随后陈秀微把她母亲何碎奶、父亲陈廷华及其兄弟陈武先后带到比利时；何碎凤又把她的大哥何志芬两个儿子（何金荣、何光军）先带到比利时，然后，再把他俩分别送到法国巴黎与西班牙马德里谋生、创业。同时，何碎凤又把其丈夫叶伟增的养子叶仙吉带到比利时后，转赴西班牙马拉加开设饭店。

难能可贵的是，何碎凤又把第四个妹妹何月凤及其女儿阿晶先带到比利时，后再把她俩送法国巴黎做裁缝、开设餐馆；同时，何碎凤又把双胞胎的一个弟弟何志雷以劳工方式带出国；把其双胞胎的哥哥何志荣以旅游方式带出国。总计，何碎凤在比利时安特卫普27年间，共带出亲属44人在欧洲谋生、创业。华侨评论：何碎凤女士确实是个十分了不起的女强人。

第五节　采访广东省旅安特卫普华侨张逸民先生

9月18日，星期一，阴天，我们在采访何碎凤女士之后，抢时间，不顾疲劳，又采访了张逸民先生。

张逸民先生，1930年9月24日出生，广东省宝安县黄贝岭村人，1959年10月从香港到比利时安特卫普。是年，他28岁，有两个女儿，来安特卫普时，先在他堂兄开设的中餐馆打工。在该餐馆打工4年后，于1963年在德幼（地名译音）开设“葵花楼”，座位60多个，1983年，张逸民先生卖掉“葵花楼”。

张逸民先生生有两个女儿：长女张国勋，今年41岁，现在比利时刚儿德大学读书，懂荷语、法语、英语、中文等四个语言；次女，张国英，37 岁，在安特卫普开设西餐馆。

张逸民先生的堂兄于 1926 年参加毛泽东同志在广州举办的农民讲习所学习，大革命时期，他来到比利时安特卫普，比张逸民先生早。

张逸民先生患糖尿病，血糖高，服中药，人瘦弱，已经退休，每月退休金 23000 比法郎，相当于中国人民币 3500 元。张逸民先生告诉我；在酒楼打工，每月 8 万比法郎；没有居留证做黑工者，每月只有 2000 多比法郎。

张逸民先生还向我们谈了做餐馆大厨师及做点心厨师的工资问题，他说做餐馆大厨师每月工资 7 万比法郎，做点心的大厨比做餐馆大厨的工资还要高。张逸民先生说，来安特卫普的越南后裔在这里开餐馆，做潮州菜。

最后，张逸民先生向我们谈了北非摩洛哥人来比利时抢劫之事，他们被比利时政府驱逐出境，房子空下来的很多，张先生乘机把这空房买来。

张逸民先生说，东欧人没有饭吃，抢、偷之事时常发生；还有阿尔巴尼亚亡命之徒很凶，经常杀人，影响安特卫普社会治安。

第六节　采访广东省旅安特卫普华人唐大林先生

9 月 19 日，星期二，阴天，有时有小雨，下午 1 点 45 分，我们采访唐大林先生。他向我们谈了自己从故乡来安特卫普的经历和现在安特卫普华侨华人社会的概况。

唐大林，1921 年出生，今年 79 岁，中国广东人，1947 年 3 月到比利时安特卫普。当时，这里华侨只有 20 多人。现在，安特卫普华侨也只有 5000 多人，全省只有新华、大昌、福荣、亚洲等 4 家中餐馆。

唐大林先生说，他的夫人是比利时王国人，已于 1993 年辞世了。他有 2 个男孩、2 个女孩，开设一家中餐馆。他们白天出去，晚上回到中餐馆。

唐大林先生懂四个国家语言，是侨界中威望较高的旅比侨领。

唐大林先生说，第二次世界大战（以下简称“二战”）前，广东人刘贵最有钱，他没有回中国，原因是中国已被日军侵入，故意在安特卫普开设一家“中华楼”，专做海员生意；还有余翕（即余本绪之父）于 1946 年开设一家“华侨饭店”，也专做海员生意。

刘贵有 3 个女孩、1 个男孩。而他的男孩娶荷兰女子为妻，生一个蓝眼睛的女孩，他的母亲把媳妇赶出去了；刘贵的大女儿嫁给一个跛脚的印度人，后来她与印度人离婚了。离婚后，她再嫁给一个上海人；刘贵的次女儿嫁给一个浙江人，生了 4 个儿子、1 个女儿。

唐大林先生还向我们介绍了其他情况：

余本绪继承其父余翕的事业，而其子余兆简继承余本绪的事业，代代相传，经济事业兴旺发达。

安特卫普是欧洲著名的港口城市。这里有 20 多人在一家轮船公司工作，每只轮船都配 3 个中国人（广东省四邑人）；还有两只轮船驶往南美洲的，每只船配 2 个中国人（广东省台山县人）。欧洲建立“共同体”后，香港人可自由到比利时安特卫普，因此，他们的亲戚朋友来比利时安特卫普谋生、创业的渐渐增多了，并形成社会群体。

第七节　采访广东省台山县（市）旅安特卫普华人余本绪先生

9 月 19 日，星期二，阴天。下午 2 点 45 分，我们采访旅比利时安特卫普余本绪先生。

余本绪先生，今年 82 岁；他的太太陈如金，今年 80 岁，广东省台山县人。他的父亲余翕，今年 106 岁，原是小学教师、新闻记者，原先其父去加拿大的，因去不了，便即刻到比利时安特卫普。1926 年北伐战争时，他就出国了。1928 年，他曾想去美国，没有去成，便到了荷兰，因为不懂荷兰语，便当海员，到了安特卫普。他在船上当洗衣工。1945 年前，该船遭德军潜水艇炸毁，他被法国海军救起，被带到法国巴黎。他有个老乡在巴黎开设一家“金龙饭店”，便叫他在饭店当工人。他把做工拿来的工资，先寄美国，再由美国转寄到广东省台山，经过一年时间，钱才汇到家中。余本绪先生，有3兄弟、1个妹妹。1945年，余本绪的父亲余翕从巴黎来到比利时安特卫普，并购买了一家“华侨饭店”。余本绪的母亲，于1942年患霍乱病不幸逝世；他的弟弟于1944年因病亡故。余本绪先生在卖旧衣赚来一些钱维持家庭生活。

“二战”后，余本绪先生把钱寄回家，家庭生活才逐渐好转。他在香港买了房子，他的弟弟到中山大学读书，1957年，从香港到安特卫普，1958年8月14日因病逝世。为继承父业，余本绪先生把“华侨饭店”卖掉，供几个子女读大学。

余本绪先生的父亲余翕德高望重，他担任旅比华侨联谊会第七届主席，担任过旅比华侨联合总会两届副会长。本来旅比华侨联合总会第一届会长也是他当的，但他风格很高，让给别人当。

旅比华侨联合总会会员大部分是广东人，而少部分是浙江省青田县人。该总会第一任会长是金先芳，名誉会长是朱焕光。

第四章　列日市华侨华人社会

列日（Liege），比利时东部城市，在马斯河和乌尔特河（Ourthe）交汇处。人口13.5万（1976），建于公元7世纪。居煤矿区。有钢铁、有色冶金、机械、化学、水晶玻璃、军火等工业。经运河可通北海。国际公路枢纽。许多中世纪的建筑和艺术遗迹。有大学、美术研究所、博物馆等[①]。

9月14日至9月19日，我们在比利时西南部靠近比法边界的蒙斯（Mons）开始，到比利时首都布鲁塞尔，再到比利时的东北部的港

---

① 《世界地名词典》，上海辞书出版社，1981年1月版，第424页。

市——安特卫普（Antwerpen）调查考察华侨华人社会，但来不及去比利时东部列日市调查考察华侨华人社会。回国后，我们通过各种途径、电话采访补上浙江省青田县旅列日市华侨白植通先生的家人，记录了白植通及其儿子白品洲、白品芳等人的谋生、创业历程，作为补白。

第一节　采访浙江省青田县旅列日市华侨白植通先生

白植通先生，浙江省青田县油竹乡小口叶山村人，1924 年 11 月 1 日出生。他俩兄弟、四姊妹，父白洪亮是个旅荷华侨，母亲林保仙是个家庭妇女。白植通 6 岁发蒙，就读于私塾，7 岁时，因本村没有学堂，母亲把小白送到本邑外祖父家乡——山口镇小学读书，小白读了半年就辍学了。

1937 年“七七”卢沟桥事变发生前夕，白植通先生父亲白洪亮赴荷兰谋生。他出国后，家中失去主要劳动力，老祖宗留下来的几亩梯田和数丘山坡地由谁耕种呢？自然耕种的重担要落在母亲肩上。年幼懂事的小白帮助母亲耕种家中的几亩梯田和山坡地，因而小白从小就养成劳动习惯。

随着年龄的增长，生产劳动的实践，小白学会了干农活的本领，逐渐成为本村闻名的种山田的能手，独当一面，让母亲放下干农活的重担。

“天有不测之风云。”小白母亲的一个堂弟夫妇突发重病，先后亡故。堂弟家中一个 8 岁的孩子成了孤儿，无人抚养，由他母亲收养。这个孤儿稍长，母亲托植通带他下田干辅助农活，即帮助田间耘田、拔草，有时帮助植通放牛、砍柴，勤劳苦干，乡里皆知。

1947 年，植通 23 岁时，经亲友介绍，与本邑山口镇大安村一位姑娘夏春兰结婚。成家后，一切农活由植通夫妇承担，而他的表弟仍然帮他做一些辅助农活。

1949 年 5 月 13 日，青田县解放。解放后，青田山村发生了翻天覆地的变化，贫下中农在政治上、经济上得到了翻身，植通一家也不例外。他家中经济得到了好转，生活上得到了温饱。

然而，油竹乡小口叶山村少田、少地的贫苦农民，依然是衣不蔽体，食不果腹，仍处于贫困的状况。1950 年，被收养的那个表弟年已 13 岁，成为植通干农活的好帮手。同年冬，油竹乡开展土地改革，一些贫苦农民说植通家中有雇工剥削，要土改工作队定植通家庭成分为地主，而土改工作队认为他全家都参加劳动没有不劳而获，定其家庭成分为地主不符合中央政务院制定的土改政策，而有的贫农认为，植通雇用表弟为他干农活，要求土改工作队改定其家庭成分为“富农”，没收他部分粮食和农具分给本村贫农。从此，植通的母亲便成为“富农分子”。植通父亲白洪亮是旅荷华侨，不能把“富农分子”的帽子送荷兰给他戴上，因而，每次政治运动来了，植通的母亲都被作为地、富、反、坏等“四类分子”，接受批斗。1957 年反右运动后，她又被作为“地、富、反、坏、右”等“五类分子”，接受农民监督或批判，搞得植通一家抬不起头。植通埋怨母亲收养这个表弟为善心，反而害了全家。而植通母亲认为是做好事，无怨无恨，忍受精神上的一切痛苦。

1957 年，植通与在荷兰谋生的父亲洪亮取得联系后，将土改时家庭成分划为“富农”、母亲在每次政治运动中挨批斗等情况告诉父亲后，招来了一幕悲剧。白洪亮到荷兰做行商小贩多年，仍无多大经济积累，深感对不起妻儿，如今看到植通的来信诉说的一切，更刺激了他的心灵，激起了他的愤慨。他突然精神恍惚，思绪突变，感到自己不该出国，不该收养他人之子。一连串的问题在白洪亮脑海里回绕……他越想越不通，意志消沉，健康恶化。1957 年客死荷兰，成为白氏家中的大不幸。

白洪亮亡故后，噩耗传来，植通和他的母亲号啕大哭，后悔莫及。植通想，如果不把家庭在土改时定为富农成分、母亲常受挨斗的事告诉父亲，父亲是不会死的。但事情既已发生，悲伤也无济于事，应积极设法改变自己的家庭现状，植通左思右想，毅然决定赴比利时谋生、创业。

1958 年 4 月，植通到青田县政府有关部门办来了出境护照，不告诉任何人，原因怕别人暗算他，使他难以成行。于是，他不声不响地偷偷启程。

植通信仰佛教。他出境之前，只身到浙江省永康县（市）方岩一所寺院拜菩萨，请佛祖保佑他平平安安抵达目的地。植通在方岩拜菩萨后，到金华乘火车先去广州，后抵澳门，再从澳门去香港。住在二婶表弟家中。植通在这里待了 3 个月，办来一本中华民国护照，从香港乘外国货轮启程，途经 28 天海道，抵达法国马赛上岸，再转乘火车到比利时布鲁塞尔市。

布鲁塞尔，是比利时的首都，植通到了一个远房亲戚詹鹏轩表舅开设的饭店当厨工。他出身农民，能吃苦耐劳，闷声不响，从不向老板提任何要求，足足干了四年厨房劳动。在这四年中，植通像在家中一样，勤俭节约，认真学习烹饪技术，以便离开饭店后能独自经营餐馆业。

1962 年，中国正逢严重自然灾害，粮食紧缺，农村生活条件很差，家人不得温饱。植通的表舅詹鹏轩帮他将在青田油竹乡老家的妻子夏春兰申请到比利时。植通有了妻子作帮手后，离开布鲁塞尔去比利时的列日市，购买了一间小饭店。这间小饭店开在别人楼上，顾客上楼就餐，寥寥无几。植通与夏春兰惨淡经营了三年，获利甚微，还不如以往打工时所收入的工资。他和春兰担心继续经营下去会把资本亏光，难以在国外生存。

植通在比利时生了两个孩子，由于顾不上对这两个孩子的照料，结果导致这两个孩子成为智力障碍者儿童。植通与夏春兰夫妇深感内疚，对不起这两个孩子。

1966 年“文革”期间，植通把在青田老家的长子白品洲申请出国，作为中餐馆的帮手。白植通一边让品洲上学读书，一边让他在课余时间来店里做工，熟悉餐馆业务。与此同时，植通夫妇总结餐馆不能获利的原因与教训，逐步改善餐馆经营条件与经营方法，使餐馆的生意逐步得到好转，盈利随之增多。这样，植通与夏春兰的心情渐渐好转，餐馆经营逐步走上正规化。

这家夫妻小餐馆，一直是植通做跑堂，招呼顾客；夏春兰站炉台炒菜。一前一后，紧密配合，使生意日益红火，营业收入不断增加，为他俩在列日市进一步发展中餐业奠定了坚实的基础。

1979 年，植通开设的中餐馆迁到列日市中心，顾客来饭店吃饭的渐渐增多，生活平稳，获利颇丰，曾被比利时饮食行业评为“优秀饭店”。

植通与夏春兰从事中餐业，从早到晚，工作十分劳累，经常疲劳过度，植通便患上了糖尿病；夏春兰因久站炉头炒菜，长期受油烟熏染，患了严重肺气肿病，最后医治无效，于 1987 年 6 月 14 日离开了人世，终年 60 岁。

植通与夏春兰结婚 40 年来，夫妻恩爱，志同道合，艰苦奋斗，勤俭节约，共同养育了 4 男 3 女，为家庭在海外创业、发展经济作出了杰出贡献。

夏春兰去世后，植通经同乡介绍，认识了郑素英女士。并于次年在中国驻比使馆登记结婚。植通为她和她的两个子女办好了比利时的长期居留。郑氏也一直细心地照料植通，一直到生命最后一刻。

白先生在海外艰苦奋斗了半个多世纪，经历了风风雨雨，道路曲折，但他终生无怨，永记自己是中国人，热爱祖国，关怀桑梓，慷慨解囊，捐资为青田县油竹乡兴办小学、建设水电站、修桥铺路等社会公益事业；同时，白先生还帮助青田县亲戚朋友等近 100 人申请到欧洲各国创业、发展经济事业。他所做的一切好事，受到国内外侨界乡亲的好评。

白先生身居异国他乡，十分关心侨团工作，曾被选为比利时、卢森堡青田同乡联谊会副会长，成为比利时华侨中的著名侨领之一。

第二节　采访浙江省青田县旅列日市华人白品洲及其夫人陈爱媚

白品洲，是白植通先生的长子，1950 年 4 月 1 日出生，浙江省青田县油竹乡小口叶山村人。他在山口乡中心小学读三年级时，举家搬迁至青田县鹤城镇。

1966 年 7 月，品洲初中毕业时，正逢“文化大革命”掀起，青田县侨务部门尚未处于瘫痪之际，其父母为在比利时列日市发展中餐业，遂将品洲申请出国，幸而得到县侨务部门、县公安局迅速批准，于同年 9 月抵达比利时列日市。品洲到列日市后，首先去列日市一所学校学习法语，在课余时间到饭店帮忙。他初步掌握法语知识与会话后，于 1970 年 9 月，考入列日市比利时“皇家美术学院”学习油画。他在该院攻读六年美术学后，又赴美国加州美术学院进修了 6 个月。

“上海楼饭店”是白氏大家庭的支柱，白品洲在多年半工半读的岁月里，发现服务业也是一门艺术，把它做好，带给人们的愉悦可能比一幅画要实在的多。所以他一点也不后悔毕业后就地把所有的精力投入到了餐馆。他觉得餐厅就像一部交响乐，其中，厨艺、服务、酒水、环境，都要达到同样的水平，才能演绎一部好的作品。由于家族里并没有餐饮业的专业，他和大多数华人一样，在异国他乡开餐馆都是因为生活所迫。为了成为一个专业的餐饮人，白品洲深知不容易，他花了几年的时间和家人一有机会就到处品尝其他好的餐厅餐点，点点滴滴地去积累经验，并不断创新，使“上海楼饭店”发生了质的变化。他精简了传统的菜单，吸收了很多中餐西吃的服务方式，丰富了中餐的短板——甜品。他在列日市餐厅里第一个装上空调；在比利时的中餐业，第一个培养品酒师，第一个采用电脑结账。为了让员工有较好的工作状态，第一个缩短员工的工作时间，第一个在餐馆采用每年两个假期工作制。他还每隔五六年就给餐厅进行升级改造，让顾客继续不断地对餐厅保持着新鲜感。

现在，“上海楼饭店”蜚声列日市乃至全比利时，已成为在比利时开设的最好中餐馆之一。

由于以这个餐馆做后盾，“文革”之后，品洲之父申请了很多亲戚到欧洲创业，改变了很多家庭的命运。有一段很长的时间，白品洲为办理亲戚繁复的移民手续，付出了大量的精力和时间。

白品洲经营“上海楼饭店”获得成功后，为进一步发展经济事业，于 1998 年 5 月，与孙旭先生合伙，在布鲁塞尔近郊购买了一块地皮，建造了一幢三层约 1500 平方米的楼房，开设了一家从中国进口古家具和工艺品的公司。多年后，他们又在北京开了一家更大的店，经营从欧洲进口的古家具、艺术品及红酒。

也因为白品洲是学美术的缘故，他受同乡之约去设计一个店面而踏入了洗衣行业。他对品牌的形象设计、每个洗衣店内的空间利用、工作区的实用性、功能性的优化、一直充满着激情，并取得多项专利。

由于洗衣和餐馆同属服务业，有很多共通之处。根据他多年积累的经营理念，知道每天为顾客的愿望做事，一步一个台阶地往前走，慢慢地你就会发现你与别人拉开了距离，你已赢得了顾客。

今天，他这个理念也成为“福奈特”的座右铭；经过整个团队持之以恒地认真做事，“福奈特”慢慢取得了顾客的信任和同行的尊重；2008 年，国家授予福奈特“中国商业服务业改革开放三十年功勋企业”的称号; 2015 年,上海迪士尼乐园把近万名员工的工服和演出服交给“福奈特”洗涤；2016 年、2018 年，连续两届获得国际纺织品护理委员会客衣洗涤领域最高荣誉“全球最佳综合实践奖”。2020 年，继上海后又在天津建立了一个高度自动化的洗衣工厂，承受了北京环球影城员工工服和酒店的洗涤服务，并在西安、上海、北京、重庆创办了四家专门洗护高级时装的品牌升级特洗店。2022 年，在荷兰阿姆斯特丹开设了第一家品牌境外洗衣店。

截至 2022 年 9 月底，“福奈特”在全国 300 多个城市共有 1800

多家洗衣店，在国际洗衣行业中产生了一定的影响。

有阳光的地方就有华侨华人，有华侨华人的地方就一定流传拼搏、奋斗、奉献的故事。喜欢创新、追求完美，还有家人默默支持，是白品洲创业成功的关键，从经营“上海楼饭店”到经营洗衣服务业，白品洲书写了浙江侨商的传奇。

白品洲先生继承父业，从经营“上海楼饭店”到“福奈特公司”的成功业绩，与他的贤内助陈爱媚的勤劳与支持更是分不开的。陈爱媚，1956 年 4 月 27 日出生于青田县鹤城镇中坊埠，1973 年 7 月，青田中学高中部毕业，1974 年被她父母申请到比利时列日市，1977 年与白品洲结婚。1981 年，白品洲让妻子进“比利时皇家会计专科学校”读书，1984 年毕业。她非常能干，从主厨到餐厅主管，能胜任每个岗位。2007 年曾获得比利时餐厅指南最佳异国金牌厨师的荣誉。在“福奈特”艰苦创业的前期，她一直默默守着这个大后方。

白品洲育有一女、一子：女儿白若云，1979 年 12 月 18 日生于比利时列日市，毕业于列日大学工商管理学院。现在她已有两个女儿，一个儿子。若云丈夫是比利时人。他们在巴斯托尼市经营一个有机农场；儿子白磊，1980 年 11 月 14 日生于比利时列日市，也毕业于比利时列日大学工商管理学院。现在，他在中国上海管理洗衣工厂。

第三节　采访浙江省青田县旅列日市华人白品芳及其夫人吴长影

炳芳，名品芳，1958 年（戊戌）五月十二日（阳历 6 月 28 日），生于浙江省青田县油竹乡小口叶山村。他是白植通先生的三子，1968 年，随祖母从青田县鹤城镇迁居温州市信河街珠冠巷居住。品芳到温州后，入温州市前进小学读书。他回忆自己年幼时，是个顽童，喜与同学开玩笑，惹同学恼火，以致与他发生小斗殴。品芳长大成人后，回忆往事，说自己幼年不懂事。他说小时的一位“冤家”李某，如今却成为知心朋友，他事业有成，已成为一个大老板。

1975 年 9 月，即粉碎“四人帮”的前一年，品芳来到比利时，协助父母料理店务。他在上海楼饭店干了 15 年。在这 15 年间，他没有浪费青春，而是学会了一套中餐馆的管理方法与烹饪技艺，为自己开创新的餐馆业奠定了基础。

1989 年，品芳和很小就从国内出来在荷兰长大的吴长影女士结婚。婚后不久，他们就离开了白家的大家庭去独立创业。

他们把第一家餐馆开在比利时的大学城鲁汶市。当时鲁汶市的中餐馆大部分是对着学生的廉价餐厅。当品芳选择了昂贵的中心广场，计划做一个高端餐厅时，很多人都说不好。品芳是一个对厨艺很感兴趣的人，当年在上海楼工作期间，就很爱创新，并广结餐饮界资深前辈，到处学艺。在鲁汶做这个餐厅时就独树一格，装修高雅，菜品精致，服务周全，很快就征服了这个城市中的食客，让很多外国人对中餐有了新的认识。他们发现原来中餐是也可以和法国、意大利媲美的一种厨艺。20 多年过去了，这个餐厅还是门庭若市，久盛不衰。

欧洲金融危机发生后，自助亚洲餐厅在这种大环境中崛起。品芳夫妇敏锐嗅到这种商机。他们把大量的精力投入到了自助餐厅的拓展上。和很多中式餐厅不同，他们聘用了著名的本地设计师，以一个外国人的思维，用他们喜欢的中国元素去设计餐厅。这种不很像中式的中餐厅深受本地人的喜爱，加上品芳夫妇对食物选材的负责和对质量的高要求，使他们每一家餐馆的经营都不错。因为这些年，中国的高速发展，家乡也越来越少的人愿意出国打工。在比利时招聘厨师变得越来越困难。所以品芳夫妇首先采用了合伙经营的方式。因为有了一个规范和成功的模式，加上合伙人的切身利益，他们的餐馆经营得十分理想。品芳的夫人长影十分善于和人沟通。并也十分懂得理财。他们每次以成熟的餐厅做抵押，向银行贷款买地盖房开餐馆，所以每个餐厅的经营场所一劳永逸。同时又积累了不小的房产。

今天，他们创建的“明珠”集团是比利时最大的中餐连锁企业。

2016 年白品芳获得中餐艺术全球联盟颁发的“中餐艺术传播大使奖”；2017 年被世界中餐业联合会授予“烽火杯——最具影响力餐馆品牌”称号。2019 年获得了“比利时弗拉芒大区成长最快公司”大奖。这是第一次华人公司获此荣誉。

品芳夫妇俩还给超市提供中餐的半成品，还一起出版了三本中餐厨艺的书。“明珠餐厅”也越来越有影响力。

现在品芳也能抽时间做他喜欢的古董收藏生活。

品芳在旅比侨界颇有威望，他被侨胞们选为比利时青田同乡会副会长。他关心青田旅比侨胞，支持兴办社会公益事业。2009 年，品芳担任了比利时布鲁塞尔中文学校董事长，热心华文教育，解决华侨子女学中文的困难。他担任学校董事长以来，每年为中文学校贴补费用；同时，他还发动侨胞捐资，支援中文学校，解决办学经费的困难。目前，布鲁塞尔中文学校已开设七个班，在校学生达 200 余人，办学经费可基本自给了。

品芳和爱人吴长影育有三个孩子。老大一直在餐馆帮忙，老二是个学霸，现在在牛顿大学学习金融管理。老三和他父亲一样，十分喜欢厨艺。从厨艺学校毕业后还一直在不同的星级餐厅里实习，也许有一天能接他父母的班。

第七篇　法兰西共和国①

法兰西共和国，位于欧洲西部。面积551602平方千米。

人口：5850万。有法兰西人（占总人口90%）、布列塔尼人、巴斯克人和科西嘉人等。通用法语。90%的居民信奉天主教。

首都巴黎，人口218万。全国政治、经济、文化中心。世界著名美城。

自然：海岸线长约3000千米。境内东南高西北低，80%的土地是海拔500米以下的丘陵和平原。西南部边境有比利牛斯山脉，东部边境有阿尔卑斯山脉。位于法、意边境的勃朗峰海拔4807米，为两国最高点。河流众多，水量丰富。卢瓦尔河长1010千米，罗讷河长812千米，还有塞纳河、加龙河、莱茵河等。

铁、铀、铝土矿储量丰富。水力资源和地热的开发利用较充分。森林约占全国面积30%。

法国，是个以工业为主导、工农业都很发达的先进国家，国民生产总值居世界前列。工业部门齐全，机械、冶金、电子电器、纺织、服装、化妆品和食品等部门著名，核能、石化、海洋开发、军火、航空和宇航事业发展迅速并位居世界前列。法国是世界著名的农产品出口大国。

重要城市：马赛：人口81万。第二大城市和最大海港。

里昂：人口42万。纺织业发达。

---

①　《法兰西共和国》，《世界地图集》，中国地图出版社，2000年1月版，第30—31页。

波尔多：人口 21 万。西南地区经济中心。

1964 年 1 月 27 日，与中华人民共和国建立外交关系。

第一章　巴黎华侨华人社会

巴黎（Paris），法国首都。在北部巴黎盆地中央，跨塞纳河两岸。市区面积 105 平方公里。人口 218 万[①]；包括七个省在内的大巴黎，面积约 1800 平方公里，人口约 900 万。公元 508 年起为法兰克王国首都。18 世纪末叶，以此为中心开展了法国资产阶级革命。1871 年 3 月 18 日，法国工人阶级在此建立了世界上第一个无产阶级政权——巴黎公社。国内和国际的重要铁路、航空枢纽，塞纳河河港。最大的工业中心。工业职工人数与工业产值约占全国的四分之一。工厂大多在郊区，汽车、飞机、电子、金属冶炼与化学工业最重要，次有机械、纺织、化妆品等部门。右岸是商业区。左岸（拉丁区）集中了科学研究机关和巴黎大学（建于 1253 年）等高等学校。有国立图书馆等数个全国最大的图书馆。旅游胜地，有革命纪念地公社社员墙以及巴黎圣母院、国立美术博物馆——卢浮宫、埃菲尔铁塔、凯旋门等名胜古迹[②]。

2000 年 9 月 21 日上午至 29 日上午，我们先后采访胡克哲、胡忠演、胡绍麻、王庆亮、胡浦忠、叶星球、严志照、孙协发等 8 人，在采访上述 8 人中间，穿插参观、考察巴黎拉雪芝公墓、周恩来在法国求学时故居和法国西北部亚眠省“一战”华工墓园，最后参观巴黎十三区“陈氏商场”与“一战华工纪念碑”。

① 《世界地图集》，中国地图出版社，2000 年 1 月版，第 30—31 页。

② 《世界地名词典》，上海辞书出版社，1981 年 1 月版，第 190 页。

第一节 采访浙江省文成县旅巴黎华侨胡克哲先生

9月21日，星期四，晴天，下午5时，我们采访浙江省文成县旅巴黎华侨胡克哲先生。克哲的舅父杨树庭先生，是旅法老华侨。胡克哲依靠舅父的关系，从文成县来到法国巴黎。他来巴黎后两个星期，他的舅父杨树庭被人谋害了。巴黎迄今尚未破案，令亲朋戚友无比痛心！

胡克哲先生，是浙江省文成县玉壶镇上林乡人，今年45岁；胡克哲先生妻子林红梅，今年45岁，文成县人，高中毕业。胡克哲先生父亲胡从陆，1998年辞世，享年80岁。

胡克哲先生的母亲杨金兰，今年79岁，中华人民共和国成立前曾当过塾师。胡克哲先生有两个女儿：大女儿胡静雯，1984年5月23日出生；小女儿胡振华，1985年7月14日出生。

胡克哲先生刚来法国巴黎时，先在瑞安县（市）旅法华侨刘友煌开设的家具厂做油漆工，积蓄了一些钱，1985年2月，胡克哲先生到巴黎九区开设一家“南洋酒家”；1987年，他将这家酒家转卖给弟弟胡克强；同年11月，胡克哲先生又到巴黎十八区开设“南洋酒家”。这家酒家，后转给内侄女胡玲玲。1996年6月，胡克哲先生再开设“金龙楼”，座位130个，规模较大，营业收入尚可。“金龙楼”每月租金2万法郎，雇用8个职工。

胡克哲先生既是一个企业家，又是一个领导侨团的好会长。为了联系文成县同乡，有利于在法国谋生、创业，1991年11月3日，在巴黎成立旅法华侨浙江文成县联谊会，首届会长朱体载，第二届会长洪才虎，第三届会长胡绍査，第四届会长程延梳，第五届会长胡克哲。

该会从1991年11月3日成立到2000年9月17日止，联谊会会员达10000人；而早在1992年春就购买了会址180平方米，为会员活动提供了方便。

浙江文成县联谊会成立以来，做了大量工作：一、庆祝香港、澳门回归祖国活动；二、发动联谊会会员救灾抗灾活动；第一次捐资25万法郎；第二次捐资22.445万法郎；第三次捐资25万法郎。

以上几笔捐资，系胡克哲先生当选旅法华侨浙江文成县联谊会第五届会长时居多，受到祖国和人民的好评。

晚上，胡克哲先生请我们去他开设的“金龙楼”吃晚餐。晚餐后，我们被安排在《欧洲时报》对面的一家小旅馆住宿。

第二节　采访浙江省文成县旅巴黎华侨胡忠演先生

9月21日，星期四，晴天，晚上8时许，我们采访浙江省文成县联谊会第一副会长胡忠演先生。他，浙江省文成县朱雅乡朱寮村人，今年54岁，初中肄业；妻子朱秀英，52岁。胡忠演先生于1980年9月从文成县来到法国巴黎，先在文成县一个同乡朱体载开设的“大庆酒楼”打工，当时他未有居留证。次年，法国政府实行“大赦”政策，他办了旅法居留证。胡先生有了居留证后便离开“大庆酒楼”，到上海人在巴黎开设的家具厂做油漆工，做了一年油漆工后，又去一家餐馆打工两年。1989年9月到巴黎91区开设一家“春园酒楼”，座位100多个，生意红火。

胡忠演先生已有4个子女：大女儿胡莉莉，33岁，法国职业高中毕业；次女胡玲玲，27岁，法国普高毕业；长子胡国胜，30岁，法国普高毕业；次子胡瑞胜，23岁，法国普高毕业。这四个子女都具有高中文化，而且都懂得法语，但她（他）们都未升至大学毕业，融入法国当地社会仍有一些困难。

胡忠演先生来自文成县农村，不懂法语，经营餐馆业有些困难。1999年，胡忠演先生把“春园酒楼”交给子女管理。胡忠演先生还有个胞弟叫胡忠亮，今年49岁，于1996年在意大利米兰开设“杏花村酒楼”。

胡忠演先生说，文成县旅居法国的约有1万人，其中开设中餐馆

200多家；开设百货、皮包、服装等厂店50多家，其中最大的杂货店面积有1000多平方米。

第三节　续访浙江省文成县旅巴黎华侨胡克哲先生

9月22日，星期五，小雨。下午4点55分，我们继续采访胡克哲先生。他向我们介绍了文成县联谊会活动的情况。我们听了胡先生的介绍，认为该联谊会最突出的业绩是两条：

第一，每年举行春节联欢活动。文成县联谊会与陈氏兄弟公司联合举办春节联欢活动。活动内容广泛，有唐僧取经、舞龙舞狮、扮演财神、古装剧等多种多样。

第二，帮助会员解决实际困难。如会员遇到创业困难，联谊会召开会员座谈会，动员会员发扬互助精神，创业成功者出资1万或2万法郎供给困难的会员创业，如开设中餐馆或从事其他行业。而借款者创业获利后，只还本金而不支付利息，真正做到无私的帮助。

第四节　采访浙江省文成县旅巴黎华侨胡绍麻先生

9月23日，星期六，晴天，上午9点30分，胡绍麻先生驱车把我们接到他家居住后，请我们去他经营的“岳阳楼酒家”吃饭。在就餐时间，胡绍麻先生对我们说：他，1941年7月19日出生，浙江省文成县周壤乡新岭村人。他六兄弟，他排行第三，早年就读于本邑大南小学、温州华侨中学、文成中学、瑞安师范学校。1962年参加教育工作，曾任教于文成县大南、玉壶、朱雅、黄坦、金星、上林、周南等小学、中学教师，历经17年教龄。

1979年11月，胡绍麻先生毅然离开教师队伍，只身赴法国巴黎创业。他开始在文成县同乡开设的“万龙酒家”做洗碗工9个月，1981年法国实行“大赦”政策，他办了旅法居留证。有了居留证之后，他到巴黎“鸿华酒家”当大厨，工资较高。他勤俭节约，积聚资金，于 1984 年，得到文成县同乡的帮助，始开“国荣酒家”，生意兴隆，获利颇丰。经营该酒家一年后，他将这家酒家转让给他人。1985 年自开“缝衣工厂”，经营一年，再开设“皇宫大酒家”。1991 年 7 月 26 日开设“岳阳楼酒家”；1997 年开设“欧华百货公司”，公司面积 1200 平方米；1999 年 10 月又在巴黎 92 区开设第二家“欧华百货公司”，公司面积 600 平方米。

胡绍麻先生是浙江省文成县旅法华侨中的文化人之一，他不仅文化知识高，而且能团结文成县旅法广大同乡，因而，他于 1991 年 11 月 3 日被选为首届旅法华侨文成县联谊会秘书长；1993 年 11 月第二届联谊会换届当选为副会长兼秘书长；1996 年 6 月第三届联谊会换届当选为副会长兼秘书长，现任（指 2000 年 9 月）该联谊会顾问，兼任旅法华侨经贸协会副会长。

胡绍麻先生说，1979 年 11 月，他来法国巴黎时，这里文成县人只有 62 人，而且大部分人未获得居留证。后来，随着法国经济的发展，文成县人来法国的不断增多。目前，文成县人在法国谋生、创业的约有 1 万人。

胡绍麻先生是位爱国爱乡的侨领之一，他为文成县兴建“胡绍麻教学楼”支付 29 万元，筑水泥路支付 1.2 万元，受到旅法侨胞及家乡父老乡亲的好评。1994 年与 1999 年江泽民主席访问法国期间，胡绍麻先生与其他侨领受到接见，并和江泽民主席合影留念。

胡绍麻先生来巴黎经营经济事业获得成功，主要经验有三条：一是靠勤劳、苦干、节俭；二是靠家庭团结，老婆儿子都要听话；三是靠文成县旅法同乡、友人的支持与帮助；四是还得靠有经营头脑。

第五节　参观考察法国巴黎拉雪兹公墓

9 月 23 日，星期六，晴天，我们在采访胡绍麻先生之后，于当天下午，我们在旅法华人经贸学会名誉会长金永钊先生安排陪同下，由该会会长胡浦忠先生开车，慕名前往拉雪兹神父公墓寻访巴黎公社墙。该公墓原属路易十四（1638—1715）时期拉雪兹神父的产业。拿破仑1803年买下这块土地后，将它辟为公墓，用于埋葬著名艺术家、政治家、发明家等名流，让那些不朽的灵魂有个集中归宿之地。从那时起，凡有名望和地位的人死后，就葬入此地，或从别处迁入，久而久之，愈积愈多，终于形成规模惊人的大墓地。法国许多著名艺术家如巴尔扎克、拉封丹、莫里哀、都德、雨果家族、肖邦、比才的墓地也在那里。该墓位于巴黎城东丁香门，占地40多公顷，在世界上闻名遐迩，是巴黎对外开放的最著名的旅游景点之一，每年慕名前往的游客近百万之众。泊好车后，我们4人沿着一条名为Rue De Sronoe Aux的街道，从北门进入。该墓地，由于规模过大，划分为近百个街区，每个街区，又有大街小巷，道路纵横交叉，密如蛛网，像迷宫一样难找。

我们入门后往左一拐，沿着一条延伸很长的林荫大道走去，沿途树木夹道，芳草如茵，一片宁静。各墓碑的设计造型、形状颜色、布局和风格，或别致或粗劣，或含蓄或张扬，或巍峨或低矮，或典雅高贵，或平淡无奇，构成千姿百态的墓园文化。我们在观览中，不时遇到三五成群的游人，还见到数个20来人的参观团，导游人员正在墓前作声情并茂的讲解。

我们不时问路，约走20来分钟后便是尽头，见到一个约2米开外的斜坡下，有座普通的围墙，墙外是大街，还有一座四五米高的民房。在砖墙上贴有一块约2米、宽约1.5米的灰色大理石，上面镌刻着三排法文金字为：

AUX　NORTS

DELACOMMUNE

21—28Mai　1871

终于找到巴黎公社墙了，心里一阵高兴。碑文内容为“献给巴黎公社死难者，1871年5月21日至28日”。碑前地上有多束已凋谢的鲜花，说明不时有人来凭吊祭扫。墙一侧挂有几束干花，另一侧悬吊着一串人造玫瑰和樱花，似乎是要永远留住这鲜艳的红色，以象征革命的热烈跃动。听人介绍说每年5月时，前来凭吊者络绎不绝，墙前摆满鲜花，巴黎公社的深远影响不会因岁月的流逝而湮灭。岁月不居，人世茫茫，巴黎公社战士的英灵已渺，但巴黎公社墙保留本身，就是昭示人们不应忘记这段历史。面对大理石碑，我们在公社墙前陷入沉思，自己青年时代读过的《世界近代史》，油然跃上脑际，久久难以平静……

1871年3月18日，巴黎人民举行武装起义，并掌握了巴黎市政权，以梯也尔为首的法国政府军逃往凡尔赛。但这新生政权的历史却很短暂，同年5月21日，被凡尔赛军队追赶的巴黎公社社员，被迫退守拉雪兹公墓，进行最后艰苦顽强的抵抗。5月27日晚，凡尔赛军队潜入墓园内，双方摆开阵线决一死战。次日凌晨，公社战士弹尽粮绝，最后剩下的147名公社战士背靠围墙被血腥枪杀，壮烈牺牲。这一世界历史上第一个无产阶级执政的政权，只存在72天就夭折了。后人为纪念这段历史，也为了向这些为人类生存权利、公理正义献出生命的人表示敬意，这段墙就被称为“巴黎公社墙”。

在离公社墙不远处，有座造型奇特别致、朴实大方的石墓，那是《国际歌》歌词的作者欧仁·鲍狄埃之墓。设计者构思巧妙，匠心独运，将一块长方形巨石雕琢成一本石书，石书斜置呈开卷状，上下装饰花束。墓碑上的碑文是：

献给巴黎公社社员、歌词作者

欧仁·鲍狄埃 1816—1887

他的朋友和仰慕者于1905年

我们站在墓前，耳际不由回响起他的不朽诗篇：“起来，饥寒交迫的奴隶，起来，全世界受苦的人，满腔的热血已经沸腾，要为真理而斗争！……英特纳耐尔，就一定要实现。”每当人们高唱这首雄壮的无产阶级战歌时，常常是激情满怀，平添无限战胜困难的勇气和力量！

我们在墓园各处参观时，还看到许多华人墓碑，每一墓基的占地不小，墓碑的设计装饰精巧雅致，其豪华和气派，与其他墓碑相比毫不逊色，这是何等华人？沈立新先生和我分析，肯定这些华人是殷实之家。陪同我们参观的金永钊先生告诉我们，有一个迄今健在的双亲在该处预购了一个墓穴，花费五六十万法郎，相当于当地一套住房的价格。华侨华人在当地公墓日益增多，据我们分析原因有二：其一是一些华侨华人移居法国多年，拖儿带女，沾亲带故，已形成一个大家族，因而故乡亲友反而不多，回乡安葬已无必要；其二是变落叶归根为落地生根，“青山到处埋忠骨”，就地安葬，入土为安。陪同我们参观墓园的金永钊先生，是浙江省瑞安市梓岙乡五社上金村（今属温州市瓯海区丽岙街道）人，金永钊之父金者银，者银之父金岩海。永钊先生参观了林永迪（林加者之父）、林炳炎及其子林昌横、任岩松先生伉俪之寿域与温州市永嘉县徐伯祥等墓葬。

林永迪之墓：墓穴上横匾写着“松柏长青”四个大字。墓穴两旁对联是：异国他乡创世业；友邦故土瞑黄泉。在墓正中写着：中国浙江瑞安，UNG YANG TIEN（1920—1883）。查林永迪先生的卒年有误，林公卒年应是 1983 年。

在林永迪之墓左边是林炳炎、横昌横墓，此墓没有写横篇，而在“林炳炎之墓”下写着：原籍浙江瑞安。左联：松柏长青万年存；右联：异域风水千秋传。

在林炳炎、林昌横附近是瑞安市丽岙镇任宅村人任岩松先生伉俪之寿域，该寿域用英文书写：“FAIMILES”。在英文字母之下：写着：“PANG TOULLIER”任岩松先生伉俪之寿域，原籍中国浙江瑞安。左联写着：羡青山自永存；右联写着：惟苍松能长翠。在左右联下写着（1911—1978）。查任岩松先生的卒年刻错，任公是卒于 2000 年 3 月 23 日。

此外，还见到浙江省永嘉县菇溪人旅法华侨徐公伯祥之墓（1905—1994）：右联：松柏长青万年存；右联：徐胡两家千秋业。

上述几座旅法华侨华人之墓，充分证明：在融入主流社会过程中华侨华人丧葬观念已发生新的变化。

第六节　参观周恩来巴黎求学时故居

9 月 24 日，星期日，晴、阴，早晨，我们由旅法华人经贸协会副会长兼秘书长胡绍麻先生驱车抵巴黎 13 区唐人街进行考察。这次是专程考察，我们思想上早有充分准备，务使这次考察能取得圆满成功。

沈立新（原上海社科院研究员）先生说：1995 年 8 月曾来此广场考察过，时隔 5 年是旧地重游，但未有见到周恩来来巴黎留学时的故居。我对他说：1998 年 8 月至 9 月，我和老伴杨媚媚赴法国、荷兰、比利时、卢森堡、西班牙等 5 国考察时，也曾想到巴黎意大利广场参观周恩来留法时的故居，但因考察时间安排太紧凑而未有成行。此次，我与沈先生不谋而合，一定要使这次考察有所收获。

下午 4 时左右，我们在意大利广场一角休息片刻后，前往寻访周恩来在巴黎的故居，但广场面积很大，他的故居在何处呢？沈先生说，周恩来故居紧挨巴黎警察局，但不知道具体方位，更不清楚它的路名和门牌号码，只能靠多问路了。众所周知，意大利广场是个交通要冲，一年四季各色人群络绎不绝，热闹非凡。由于它紧挨 13 区唐人街，所以在周围街道的行人中，华人华侨随处可见，问路更加方便。我们边走边问，接连问了三四位侨胞，他们的回答几乎差不多，都说自己没有去过周恩来留学时的故居。

正当我们的寻访决心有所动摇时，遇上了一位来自中国东北的女留学生，她从超市出来，买了许多菜拎着走回住处。她说虽然不知周恩来故居的具体方位，但知道区警察局地址，并愿意带我们前去。不一会儿便来到警察局门口，先问两位女警察，回答说不知道。后再问一位男警察也说不知道。为使我们不致太失望，他让我们再等片刻，入内去问同事。大约四五分钟，里面走出两位身材高大的警官，为我们带路的女留学生以流利的法语说明我们的来意后，其中一位警官大声说“邓小平，OK”，旋即让我们坐上警车去寻找。这友好举动实在出人意料，我们都有受宠若惊之感。坐在开车者旁边的一位中年警官可能去过中国，也可能长期与华侨华人打交道，居然会说中文，其时灰蒙蒙的天空开始飘洒起雨丝，他说：“下雨了，车子开快点！”我们听罢热烈鼓掌表示感谢。警车熟练地东拐西转，不久就到达目的地，打开车门请我们下车，并指着外墙上的周恩来纪念碑，说生硬的中国话“邓小平，OK”。警察先生只字不提周恩来，却两次说邓小平，其原因可能有二：其一，邓小平是中国实行改革开放国策的总设计师，声名大震，在国际上具有崇高威望；其二，邓小平当年也曾在巴黎勤工俭学，而且也与纪念碑上的“周恩来”三个中文字中邓小平亲笔书写有关。巴黎警察和蔼可亲，热情助人为乐的精神实令人感动。当我们握手告别，望着那渐渐远去的警车时，心中无限感慨。巴黎警察这种国际主义精神实在了不起，他们面对不同年龄、种族和肤色的群体，将人们每一个寻求帮助的愿望，化为忠于职守真诚相助的热烈行动，令人久久难忘。

周恩来于1920年底至1924年夏，先后在欧洲的法、德等国居留约三年半时间，是赴法勤工俭学1500多名学生之一。在1922—1924年间，周恩来在巴黎勤工俭学和从事革命活动，如宣传马列主义和革命真理，团结华工和勤工俭学学生进行革命斗争。1921年还在巴黎组建第一个中国特色社会主义青年组织，该组织后来成为1922年8月建立的中国共产党旅欧总支部的基础。在这以后的半个多世纪里，周恩来又为中国人民的解放和共产主义事业，为争取世界和平和人类进步呕心沥血，奋斗终身，死而后已，赢得世界各国人民的敬仰和推崇。为了缅怀周恩来的高尚品格以及纪念他在巴黎的革命活动，在法国政府的倡议下，巴黎市政府决定在意大利广场附近戈德弗鲁瓦街（Rue Godefroy）周恩来曾居住过的一家小旅馆墙上，竖立一块纪念牌以表达中法人民之间的友好情谊。

戈德弗鲁瓦街是条小街，全长约150米，几乎没有商店，在街中段的门牌 19 号处（以前是 17 号），有家名为托尔斯门的二星级小旅馆（HOTEL Tourisme）门外沿街的墙上，镶嵌着一块高约 90 厘米、宽约 60 厘米的墨绿色大理石，上有周恩来半身纪念铜像，下面的“周恩来”三个中文金字出自邓小平先生手笔，再下面是周恩来的法文名，还有生卒年代，最后是法文“他于 1922—1924 年在法国期间住在这所房子里”字样，具体内容为：

纪念牌的揭幕仪式于 1979 年 10 月 16 日举行，这一隆重的仪式由巴黎市市长希拉克（今法国总统）主持，中华人民共和国国务院前总理华国锋和法国总统德斯坦出席揭幕仪式。

我们默默肃立在一代伟人周恩来纪念牌前，思绪起伏，浮想联翩，久久不忍离去。老一辈无产阶级革命家所开创的伟业，如今在中华大地上后继有人，发扬光大，并不断取得新胜利。以史为鉴，可知兴替，只有不断温习历史，才能使人们记忆保持常新。最后我们在纪念碑前摄影留作纪念。

在这座普通小旅馆二楼，迄今还保留着周恩来的一间卧室，这就是周恩来当时在巴黎的故居，亦是中共旅欧总支部的办公室。我们很想入内上去参观一下，只因事先没有登记预约过，加上时近下午 5 时，任凭女留学生当翻译费尽口舌交涉，仍未能如愿，这是很大的遗憾。事后听曾去参观过的华侨华人介绍说，这间小卧室面积很小，大约只有 5 平方米，室内一张单人床、一张桌子和一把椅子。一扇小窗可俯视下面的小院，房门外有一自来水龙头，平时可直接食用自来水。为尊重历史，室内外的景物均尽量保持原貌，给每个参观者留下难忘的印象。中共旅欧总支部曾编印过《少年》和《赤光》等油印刊物，周恩来在这间小屋内曾以“伍蒙”“恩来”“飞飞”“翔宇”等笔名，写过 10 多篇革命文章，发表在油印刊物上，为宣传马列主义和革命真理，为发展党组织和培养教育党员干部做出重要贡献。

有“花都”之称的巴黎是个富有光荣革命传统的城市，1789 年的法国大革命、1871 年的巴黎公社等都在这里发生，革命导师马克思、恩格斯和列宁等都在巴黎居住和从事过革命活动。这块竖立在异国的小小纪念牌，宛如一座不朽的历史丰碑，将铭刻在中法人民心中，融入天地的永恒。

第七节　采访浙江省瑞安市旅巴黎华侨王庆亮先生

9月25日，星期一，阴天，有时晴，下午5时许，我们采访浙江省瑞安市白门乡王宅村（今属温州市瓯海区丽岙街道王宅社区）人王庆亮先生。他，1961年出生，今年41岁，其父王家国1937年出生，今年62岁；其母黄碎媛，1943年出生，今年57岁，瓯海区茶山人。

王庆亮父亲王家国于1981年来巴黎。他父立足后，他母亲及两个弟弟于1983年9月来巴黎；1985年5月，王庆亮以旅游名义先到荷兰，1987年1月从荷兰到巴黎，办了居留证。

1996年前，王庆亮先生在巴黎开设一家服装批发公司，生意兴隆，获利颇丰。如今，他在巴黎郊区拥有服装仓库1000平方米，另一个工厂面积4000平方米，有自动裁衣机2台，分别从意大利与日本进口。他的服装批发公司，雇用10多人，其中黑人（非洲人）1名，每月工资10000法郎，法国政府规定：雇一个工人得每月上交法国政府50%，即公司等于每月支付5000多法郎。

巴黎11区有4条服装街，其中98%的商店都经营服装批发。据不完全统计，温州人在这里开设的服装批发公司有250家；四条服装街总计，服装批发公司约350家。

王庆亮先生说，各家服装批发公司是自己设计、自己裁剪，出售给温州人加工；小的服装批发公司都有2个加工厂；大的服装批发公司有七八个加工厂，全巴黎有服装加工厂1000多个（大小加工厂计算在内），原来巴黎11区服装批发公司是犹太人开设的，现在大多数服装加工厂是中国人开设了，而犹太人开设的服装加工厂只有20多家了。

巴黎11区服装街，温州人开设服装批发公司最早的是华人服装商业总会副会长郑建良先生，在Aulida（亚利达）开设服装批发公司；1992年后服装行业发展迅猛。SEDAINE,CHEMIN VERY, POPINCORT,BVOLTAIRE（伏尔泰街）等街，服装批发公司挨家挨户，鳞次栉比，把老外开设的理发店、花店、肉店、餐馆、咖啡馆等挤出去，使老外怀恨在心。1999年3—4月开始，这四条服装街的居民区集会游行抗议服装行业发展影响他们的环境卫生，阻塞交通，垃圾堆积成山，公共汽车来往频繁，影响他们的睡眠与身体健康。当地居民向11区政府反映，11区区长来服装街调查，要为经营服装行业解决这些问题。

为了解决服装行业发展中出现的新问题，王庆亮先生牵头、于1999年9月18日成立法国华人服装业总会，参加该会组织的有170家服装批发店。会议选举王庆亮为会长、郑建良等为副会长。

服装业总会成立后做了哪些工作呢？王庆亮先生告诉我们：其一，改善服装街的环境卫生；其二，每周六、周日停业，不经营。经过与居民协调，多方做工作，目前居民与服装业者之间的矛盾基本趋于缓和。

王庆亮先生说，1999年每月服装批发商店增加五六家，如今服装批发商店越开越多，竞争日益激烈，过去是犹太人与温州人之间的竞争，而犹太人的服装批发商店减少之后，出现了温州人与温州人之间的矛盾。这个矛盾如何破解急待研究。

巴黎市服装批发店很多，但巴黎市11区这4条服装街是主街，最大的服装批发公司有10多家，店面最大的拥有1000—2000平方米，营业额全年有1000多万法郎，实际上有三四千万法郎。服装销售市场广阔，它销售到法国境内、德国、比利时、荷兰、瑞士、西班牙、葡萄牙等国。

除服装批发外，现在服装开始零售了。

第八节　采访浙江省文成县旅巴黎华侨胡浦忠先生

9月26日，星期二，晴天，下午7时，采访浙江省文成县旅巴黎华侨胡浦忠先生。他，1951 年 7 月出生，玉壶区李林乡叶坪村人。16 岁开始任农村民兵连连长、贫农协会主席，1970 年 1 月参军，当海军兵，驻地上海吴淞口。他说本属于提干对象，说他有海外关系，没有被提干。1974 年 2 月复员后，到李林乡胡光绍父亲胡越任校长的小学任教员。在该小学任教 5 年。

1980 年 5 月，胡浦忠先生离开小学，赴荷兰乌特勒支谋生，不久赴荷兰海牙附近一家浙江省瑞安市人开设的中餐馆“大东楼”打工一年。因法国政府实行“大赦”政策，胡先生于 1981 年 8 月从荷兰到法国巴黎。他先在林昌横开设的皮革工厂做工。当时该工厂有工人 100 多人。1982 年下半年，胡浦忠先生自开皮革工厂，规模较小。

胡浦忠先生出身农村，小学读了一年多，就学会写文章、写发言稿，现在文化程度相当于高中文化。胡先生说，最近他写了一篇《胶州湾纪行》，投寄《欧洲日报》。

胡浦忠先生的夫人叫董红英，已从文成县迁到法国，叫儿子协助父亲开设皮包工厂。1986 年在巴黎 93 区开设一家皮包工厂和一家零售商店，生意尚好。1989 年 12 月开设“华丰酒楼”。1998 年 5 月卖掉皮包工厂。

胡浦忠先生说，在荷兰乌特勒支开设中餐馆的胡志光是他的表叔，说从中国青岛购买 500 亩土地；另有 500 亩出售给胡浦忠先生，但合同尚未签订。购买 500 亩地，不到 1500 万人民币，是非常合算的。

胡浦忠先生向我们介绍了其父母和子女的情况：其父胡遇西，浦忠 5 岁丧父；其母，朱乃丁，今年 84 岁，尚住在文成县玉壶镇；他有 4 个姐妹兄弟，后父生 1 男 1 女，共有 6 个姐妹兄弟。浦忠先生有 4 个儿女：大女儿：胡春香，1975 年生，大学毕业；次女儿：胡彩香，1977 年生，大学毕业；长子：胡建欧，1981 年生，在大学就读；次子：胡建华，1986 年生，正在读高中。

胡浦忠先生还说：1996 年 12 月 15 日成立旅法华人经贸协会，首任会长是金永钊，胡浦忠任副会长。1999 年 3 月 28 日，经贸协会换届，胡浦忠先生任会长。他当会长之后，于 1999 年 7 月与 2000 年 7 月两次应青岛市人民政府的邀请，回青岛市进行经贸考察活动；江苏省人民政府在青岛市召开第十七届经济贸易洽谈会，省、市主要负责同志出席洽谈会。会后，胡浦忠先生组团到青岛考察。

第九节　采访浙江省乐清市旅巴黎华侨叶星球先生

9 月 27 日，星期三，晴天，下午 2 点 35 分，我们采访叶星球先生。

叶星球，笔名一叶、星球。我原先不认识他，也不知他的大名，更不知他和我是相距不甚远的温州同乡。我初认识他，是在 2000 年 8 月 19—22 日，第八届欧华联会在奥地利维也纳举行。上海社会科学院欧亚所研究员沈立新和我自意大利乌迪宜赴维也纳，应邀参加第八届欧华联会换届会议，住维也纳著名的洲际饭店。我们在 20 日上午参加了大会开幕式，下午西班牙著名侨领徐松华先生安排，让我们去二楼参加一个会中之会——“欧洲华人传媒协会第四届研讨会”。巧得很，叶星球先生与我们的座位挨近。沈立新先生一见如故，可我对他非常陌生。由于在会场中，沈立新先生与他交谈不多，我不便插话。研讨会结束时，他得知我们在访问德国、荷兰、比利时后还要去法国采访华侨华人时，便与我们相约在巴黎与他会晤。

叶星球，1953 年 4 月 19 日，出生于浙江省乐清县（市）磐石镇西新城村的一个雕塑世家。他外祖父王小石，清光绪二十四年（1898）农历十月初四日（阳历 11 月 7 日）出生于乐清县（市）磐石镇西新城村，是著名的雕塑老师，是黄杨木雕的创始人之一。1922 年，他赴新加坡经营雕塑业，1976 年在新加坡逝世，终年 79 岁。

一

叶星球的父亲叶崇德，1932 年 9 月 13 日出生于乐清县（市）北白象镇高岙村（今为北白象镇高东村），1948 年北白象镇高小毕业，在家务农；叶星球的母亲王竹兰，1934 年 2 月 21 日出生于乐清县（市）

磐石镇西新城村。私塾读了四年，粗识文字。1950年1月，与叶崇德结婚。是年，叶崇德19岁，她17岁。1956年12月末，从北白象高岙村（今为高东村），迁至磐石镇西新城村，仍在家务农。1957年，王竹兰到温州华侨针织厂做工，1961年被精简回家，1962年她被厂返聘做工，1963年再次被精简回农村。

叶星球，三兄弟、一个妹妹。星球为老大；次弟叶星宽，1956年9月4月出生，少年当学徒，拜老师学细木家具，曾在本村当过村长；小妹，叶碧，1961年10月28日出生，温州第八中学高中部毕业后，未直接升大学，次年考入温州广播电视大学（今改称温州城市大学）读电子工业专业，毕业后，被分配到温州市财政局工作；三弟，叶星千，1963年11月26日出生，曾考入南京艺术学院中国画系读了四年（肄业），即赴法国当职业画家，现为清华大学美术学院客座教授。

叶星球夫人，郑雪玲，1956年2月13日，出生于上海市，现住上海市卢湾区淡水路214弄92号。1980年2月，叶星球与郑雪玲在温州市城区（今鹿城区）结婚。

二

叶星球，于本邑磐石镇中学“六七”届初中毕业后，没有升高中。15岁开始拜师学雕塑，从事浮雕、黄杨木雕及画帘、仿古画等民间艺术品的学习、创作，天赋加上勤奋，进步很快。他21岁至22岁时，已经成为师傅，带几个徒弟了。为了圆他的艺术梦，也为了获得更大的发展，叶星球于1980年8月5日，只身来到巴黎。当时，他没有居留证，遇到不少困难。1981年法国社会党的密特朗当选总统后颁布“大赦令”，叶星球获得了合法居留证。1981年5月19日，他夫人郑雪玲赴法国。为了谋生，力求将来在法国创业，叶星球曾先在一家家具厂当杂工，后与人合伙开饭店等，度过一段艰难的岁月。经过多年打拼后，便逐渐站稳脚跟，用自己省吃俭用积累起来的少量资金，开设一家旅游批发店——星球艺术品公司。星球母亲王竹兰于1983年8月赵法国巴黎；1985年9月，星球父亲叶崇德赴法国巴黎。1982年8月

2日，长子叶文森在巴黎出生；1983年8月16日次子叶文龙在巴黎出生。全家六口靠这家星球艺术品公司经营收入维持生活。

这家公司位于巴黎四区的庙街（Rue Demple）43号，这是一条弯弯曲曲的老街，谈不上什么豪华宽大，但属于闹市区中心的一个繁华地段。街道的一面是共和国广场，另一面则是巴黎市政府，离巴黎市政厅和蓬皮杜文化中心很近，街上行人川流不息，旅游公司、旅游纪念品商店林立。据说高卢人当年来法国后，最先在这里落脚，因此庙街可谓是法国文化发祥地之一。后来一直是犹太人经营的商业街区，随着大批浙江温州人陆续来到法国后，在激烈的商业竞争中，犹太人逐渐被挤走，在庙街总数的200多号门牌中，粗略估计，温州人开设的大小商店就有40余家，如皮革店、服装店、首饰店、旅游纪念品和饮食店等，其中皮革店居多。

沈立新先生和我从荷兰到比利时调查欧华社会来到巴黎访问调查时，叶星球闻悉，说自己早在公司里等待我们了。我们走进他的公司，一眼望去，知道他的公司面积不大，只有30多平方米，但各个货架上的旅游纪念品却琳琅满目，如埃菲尔小铁塔、各种香水、蓝瓷水晶、工艺礼品、锁匙圈、玩具等，除了从法国工厂批发进货外，凭着他在国内工艺美术方面的扎实基础，还自行设计和创作了很多纪念品，如美术瓷盆、精美邮卡、贺卡、生日卡等。由于品种很多，式样新颖别致，加上价廉物美，生意红火，在我们的交谈中，前来购物的黑人接连不断，他们手提肩扛，买了就走；有些人一天要来公司好几趟购货。

我们沿着梯子上楼观看叶星球的办公室，只见里面堆满各种书籍、报刊、画轴，还有他收藏的各种艺术品。办公桌上还堆满了书信和文房四宝，在如此狭小和局促的空间，如此艰难的环境之下，叶星球居然能成就一番大业，实令人敬佩！

三

叶星球一边经营公司小商品，一边通过调查研究，积累起很多有关华人的史料，后经梳理，取其精华，编纂成《欧华侨志》（以下简称《侨志》）。《侨志》由叶星球、叶俊（浙江省青田县人）两人发起，在巴黎市政府有关机构注册登记后，于 1995 年 9 月 1 日出试刊号，正式创立于 1996 年 1 月 1 日，是一份八开四版的中文小报，不定期出版。刊物主要介绍欧洲华侨华人历史，它的宗旨是“缅怀先贤，昭示后人，凝聚侨心，弘扬中华”。我们在星球艺术公司里只拿到 4、5、6 三期，因印数有限，要的人多，故试刊号及头 3 期已告罄。

我们拜读《侨志》上的一些文章，觉得它的资料翔实，言之有理有据，其人名、地名、商号、工厂、学校等，均标法文。在法国华侨文史考证文章中，有不少“第一”与“最早”等。诸如，最早于 1702 年到达法国的中国人为福建省莆田县人黄嘉略；法国最早的中餐馆——中华饭店，是由河北人李石曾于 1914 年创办的，地址在巴黎六区的蒙巴拿斯大街；巴黎第一个华人聚居区于巴黎第十二区，里昂火车站附近的夏隆街一带。

难能可贵的是，叶星球还亲自去考察法国多处历史遗迹，并将它写成文章。如，他去巴黎意大利广场附近的周恩来故居考察后，撰写了《周恩来故居和雕像》一文； 1997 年清明节，他去凭吊“一战”华工墓园后，撰写了《浩气长存化彩虹》一文。这些具有真实的、富于时代意义的文章，均在《侨志》上发表，供读者或研究者拜读与应用。

四

叶星球不断推出华侨史新著。1999 年 2 月由欧洲龙吟诗社编印《龙吟诗词选集》（第三辑）。此前，叶星球任龙吟诗社副社长，并已出过《龙吟诗词选集》（第一集）（第二集），可惜上两集我们没有拿到。我们在他开设的星球艺术公司里仅拿到第三集。在第三集中刊登了叶星球撰写的农事三首、四季诗七首、雁荡山十四咏、处处山河皆可归三首、题薛理茂词长自塑盆景四首、赠秉洲、贺、友谊珍、万里情、喜向前、咏竹、咏山、咏梅、柳和花竞红等十首。在上述 41 首诗中，仅有一首《处处山河皆可归》是七言律诗，其余 40 首都是七言绝句。总观叶星球所作的七言绝句或七言律诗，都写得非常好。试举雁荡山十四咏中的三首：

夫妻岩

相伴相依千百年，风霜雨雪总相连。

人间但愿皆如此，一帆云海望乡中。

三折瀑

飞流三折总奔前，喷玉跳珠水色妍。

异彩迷蒙映烈日，欢心赏景胜天仙。

羞女峰

婀娜体态呈风流，何必自怜自个羞。

开发潜能闯世界，清泉伴我下龙湫。

从上述三首七言绝句中可看出，叶星球的想象力非常丰富，把自然景观通过自己的形象思维，使静态景物转变成动态景物，感人肺腑。

五

叶星球，在法国寻觅、搜集华侨华人历史资料的过程极其艰难，付出很多代价。为了能有更多的时间投入其中，便卖掉了餐馆，让妻子来接替自己经营旅游纪念品公司。查询多种资料要办理出入博物馆、图书馆及报社的证件，还要复印资料和翻拍照片。有些单位在远郊或外省、市，要坐火车去。有些地方一次去不行，要连续去多次才能解决问题。根据粗略统计，这些年来为搜集史料先后访问过的专家学者已超过百人，其人力物力之大当可想见。

在巴黎四区的旅游纪念品公司里，叶星球告诉我们，为了让法国华人曾遭受苦难和团结奋斗的历史不致被湮没，让今日法国华侨华人中的青年一代不忘自己先辈的历史，他已经将所有采集的资料进行梳理，准备编辑出版。2002 年 2 月，这本凝聚叶星球多年心血的《法国华人寻踪》(以下简称《寻踪》，共 22 万字，已由中国华侨出版社出版。该书共有 103 篇文章。论述时间跨度近 300 年(1702—1999)。涉及面广，内容丰富，有关人物、历史建筑、商号和社团等附有照片。每篇文章、每一张照片、每一个故事，全面展示旅法华侨华人艰苦创业团结奋斗的发展过程，历史烟云扑面而来。

中国驻法国大使馆参赞侯湘华女士于1999年12月30日为《寻踪》撰写的《儒商叶星球（代前言）》中指出：“多年来，他不辞劳苦收集研究旅法华侨史，从追踪十八世纪初叶的先驱至二十世纪初期的一战华工的足迹，到描述今天颇具影响的华人社会，每一篇文章、每一幅照片，都记载着一段历史，都讲述着一个故事。我没有问过他为什么要写这本书，但我想，他是想告诉国人：在遥远的他乡，有无数游子，他们奋斗、探索、辛勤耕耘，无论失败成功，都没有忘记自己是中国人；他是想告诉后人：今日的事业和美好的人生，是前辈的血汗凝聚而成，不能忘记历史，不能丢掉中华民族艰苦创业的精神。浏览群目，不乏熟悉之人，但总感到缺一位，那就是本书的一个作者、巴黎华人社团中小有名气的才子叶星球。”①

北京大学教授、《华侨华人百科全书》欧洲人物卷主编杨保筠于2000年1月5日在《读〈法兰西华人寻踪〉随感》中说：“叶先生在选题时突出的是个‘最’字。字里行间，可以感受到‘最早’‘最大’、‘最著名’……他向读者介绍了有据可查的最早旅居法国的华人黄嘉略，最大的华人企业‘陈氏兄弟公司’，最著名的巴黎‘中国城’。他强调了一个‘广’字。所收入内容非常广泛，单就人物而言，就包括学者、华商、画家、雕塑家、记者、音乐家、武术家、集邮家，可谓各行各业，面面俱到。”②

《人民日报·海外版》高级记者张何平在《立足“庙街”著文章——访法国〈欧华侨志〉主编叶星球》一文中云：“在巴黎，在法团侨界、文化界，叶星球是一个颇有名气、口碑甚好的儒商和才子，在巴黎文艺界有‘小旋风柴进’之称。凡接触过他的人，都会感到他是一个知心朋友，是一个随时能给你关爱的人。久而久之，那片坐落于巴黎老

---

① 叶星球著：《法国华人寻踪》，中国华侨出版社，2002年2月版。

② 叶星球著：《法国华人寻踪》，中国华侨出版社，2002年2月版。

城的叶氏小店竟成了许多华人难以忘怀的温暖之家。他对文化的热爱，以及他为此作出的努力和种种贡献，赢得了人们的尊敬和信赖。”[①]

叶星球在出版《法国华人寻踪》后，赴中国南京艺术学院攻读在职研究生，师从该院副院长、教授、博士导师阮荣春。经过三年的刻苦学习，于2006年6月24日，他的学术论文，经过答辩，全票通过，获得美术学硕士学位。

叶星球的《论东西方美术基因个性化的重组》硕士论文，提出了“现代艺术是信息时代的产物”这个新的概念，指出了现代艺术多元而又迅速变化的观点，正反映了信息社会的本质。当代艺术家的价值就在于他能在信息共享化的条件下，从东西方的大量艺术基因中提取个人所需，进行个性化的重组。面对世界经济一体化的洪流，强势文化对弱势文化的影响，覆盖面越来越大，艺术家只有坚持自己的个性，才会有全球文化艺术的群星璀璨。这是星球多年身处巴黎的思考。星球的论文，正是这种思考的结晶，虽然是一家之言，但在当前仍有其积极的意义。

《叶星球美术文集》于2006年出版后，叶星球于2008年9月18日从上海寄给我，非常难得，他还在扉页亲笔题签、盖上私章给我永久留存。

叶星球在出版《叶星球美术文集》之后，又于2009年出版他的力作《法国华人三百年》（1702—2002）。该书以历史事件的先后为主线，从开启中法文明对话交流开始，再有“一战”华人、勤工俭学华人和“二战”华人等，分门别类，详细叙述今天法国华人不同祖籍构成、社团、创业简史、华侨华人交流、宗教信仰、华文教育、行业精华、华人精英等，并附有法国华侨华人三百年大事年表、中国留法美术家简表及主要参考书。

六

2000年9月27日下午，我们在巴黎四区采访叶星球迄今已22年，

① 叶星球著:《法国华人寻踪》，中国华侨出版社，2002年2月版。

梦想不到会在温州与叶星球相逢，而且叶星球的家就在我家的附近——新城，更没有想到的是，叶星球的胞妹叶碧竟是我小女儿章戈高中（温州第八中学）同班同学。十分难得的是，我与叶星球通电话后，准备前往他家采访他，而他非常客气，一定要来我家看望我，并说我年纪比他大，他与章戈早相识。2022 年 4 月 23 日下午 3 时许，星球和他胞妹叶碧来寒舍会晤，并送给我他的新著《杨咸寅太极哲学要义》一书和他主编的《欧洲龙吟诗社成立 30 周年纪念特刊》一本。

叶星球还与我拉了家常：1995 年 10 月，他父母亲从法国巴黎回温州新城定居，2021 年 9 月 21 日，慈父辞世，享年 90。叶星球是长子，是孝子，他从法国回温州为其奔丧。他的两个孩子都很出色：长子叶文森，法国国际贸易大学毕业，曾在广州工作七年，已成家。他妻子是外国人，现在巴黎 4 区开设一家烟草店。次子叶文龙，法国拿破仑技校毕业，已成家。他妻子是温州市瓯海区丽岙街道（原属瑞安县（市）丽岙镇）黄品松先生的孙女，现在巴黎四区开设一家奶茶店。

现在，叶星球的孩子已在法国立足，未来他们的经济发展前景将越来越好！

第十节 采访浙江省青田县旅巴黎华侨严志照先生

9 月 27 日，星期三，晴天，下午 2 点 35 分，我们在采访浙江乐清县（市）旅法华人叶星球先生之后，于当晚 7 时许采访浙江青田同乡会会长严志照先生。

严志照，1939 年出生于浙江省青田县一个贫困的山区，他的村庄距离阜山 15 华里。他村小毕业后，考入青田县城的人民小学就读，在班级里学习成绩名列前茅。1960 年 7 月考入浙江大学电机系就读。在他读大学期间，国家正遇到严重自然灾害，他从青田山区到杭州读书，路费只需要 5 元，家中也都有困难。严志照全家八口，往往是饱一顿、饿一顿地度过困难日子。

1965 年 6 月，严志照未参加浙大电机系毕业考试就赴法国谋生、创业了。他的太太陈民花，1951 年出生，烈军属家庭出身，曾当过教师，是严志照得力的贤内助。他俩在法国经过 10 多年的艰苦奋斗，白手起家，1982 年 11 月才在巴黎 3 区开设一家"大中楼"，开了 16 年之久卖掉，到巴黎近郊 92 区开设一家"赐恩楼"，座位 80 多个，生意红火，获利不错。他认为，巴黎市区餐馆业已经饱和，而在巴黎郊区餐馆业还比较少，有发展余地。

严志照先生调查，青田县同乡在法国有 10000 多人，行业分布大致是：餐馆、外卖店 300 多家；成衣店 30 多家；服装批发公司有许多家；皮包 10 多家；金银首饰 3 家；进出口贸易公司 10 多家；房地产介绍所 10 多家。

严志照先生说，在法国生意做得最大的是原柬埔寨金边人，他们在金边就已做生意，在上代已有经济基础。他们从金边移居法国巴黎之后，集中在 4 区，开设超市，最著名的是陈氏兄弟，陈氏与法国、中国关系都很好，温州旅法华人会侨领杨明先生与陈氏兄弟关系比较密切，他们互相支持。

为了联络青田同乡，有利于海外创业与经济发展，严志照先生发起于 1994 年 9 月 15 日成立法国青田同乡会，章程规定每 4 年一届，严志照当选为法国青田同乡会首届会长；1998 年 9 月 15 日开始，青田同乡会改为两年一届。该同乡会成立以来，会务工作搞得有声有色，每年春节，邀请国内著名艺术团来巴黎演出，如"九七"香港回归祖国，邀请浙江艺术团来巴黎演出、庆贺；严志照先生还被国务院邀请去香港参加"九七"香港回归隆重仪式。

法国青田同乡会成立以来，宗旨明确，主要为同乡服务，为同乡在海外创业与经济发展。严志照、麻长生，荷兰严荷凯，西班牙陈迪光，意大利陈军榕，比利时夏廷元等发起，于 1996 年 3 月 4 日成立欧洲青田同乡会。当时，县级跨国侨团组织还没有，青田属于首创。

跨国县级侨团组织，活动比较困难。近两年来，欧洲青田同乡会活动很少。欧华联会也是跨国侨团，青田同乡参加人数占“欧华联会”成员总数的 67%。

法国青田同乡会成立以来，会长严志照都带头参加活动，凡法国青田同乡会举行什么活动，他是法国华侨华人会副会长，认为法国青田同乡会应该支持华侨华人会，积极参与活动。

严志照先生，以身作则，胸怀开阔，支持同乡在海外创业，发展经济。他向我们介绍了一位青田旅法同乡经营餐馆业、道路曲折、最后获得成功的华侨，他就是青田县山口区下陈村人，名叫陈逢清，1951 年出生。他的太太 45 岁，1972 年从香港来巴黎。现在，她有 3 个小孩，一男、两女。陈逢清的祖父陈祥是阿根廷的一位老华侨。1970 年初，陈逢清送其祖父经香港去南美洲，由于当时中国与阿根廷未建立外交关系，使他不能随祖父去阿根廷，而留在香港学烹饪技术。当时香港餐馆业均用信用卡，现金很少。1972 年，陈逢清来巴黎 15 区，开设一家“紫宸宫”餐馆。这家餐馆原是意大利人开设的，陈逢清将这家餐馆接过来后经过装潢，店貌焕然一新。他做中国正宗的菜，开了一段时间，生意萧条，“紫宸宫”将处于破产，但陈逢清有个信念，一定要做高档的中国菜，结果生意兴隆，经营获得成功，法国饮食业协会评“紫宸宫”一颗星。严志照先生带我们去“紫宸宫”参观，一到“紫宸宫”门口，便看一副对联，其横额是：“紫宸宫酒宴”；上联：“宸腾紫气招财广”；下联：“宫聚红霞进宝丰”。

这家“紫宸宫”餐馆，由于做中国高档菜，如鱼刺、鲍鱼、燕窝、海鲜等都是鲜的，因此社会名流、外国专家、官员都来“紫宸宫”品尝味道。据严志照先生介绍：全国政协副主席吴阶平、中国驻法国大使蔡方白，日本丰田汽车公司董事长，法国高级官员等都来过“紫宸宫”用膳，他们每顿花费都要 600 法郎，甚至 1 万到 1.4 万法郎。实践证明，经营正宗的高档酒菜，方向对头，获利颇多。

严志照先生说，“紫宸宫”经营曾遇到困难曲折时，也离不开法国青田同乡会一批侨领的支持与帮助。陈逢清先生，心知肚明，十分感谢青田同乡会对他的支持与帮助。

我们和严志照先生的交谈中获悉：法国青田同乡会为同乡做了几件突出而卓有成效的好事：

第一件：购买会址，创办中文学校。法国青田同乡会成立不到半年之久，就筹资购买了会址，既当同乡会办公之用，又借此会办公用地，创办中文学校。严志照会长感到这些孩子在国外出生，而他们的父母文化程度又不高，创办中文学校很有必要。目前，这所中文学校开设 5 个班；学习 68 人，其中年龄最小的是 8 岁，最大的超过 20 岁，每星期六下午半天上课，星期日全天上课，先请一位女教师，祖籍上海，北京大学博士生到该校任教，受到学生家长及老外学生家长的好评。

第二件：为同乡贫困华侨呈会，帮助困难的同乡早日开业。青田同乡在法国谋生、创业的有 10000 多人，其中不少是困难户，他们迟迟不能开业，主要是缺乏资金。面对此种情况，青田同乡会会长严志照，组织同乡会会员呈会，每人出资 2000 法郎，帮助有困难的同乡早日开设餐馆或皮夹工厂或成衣店等，严志照先生功德无量，受到侨界和青田同乡的一致好评。

第三件：积极捐资为家乡赈灾、造水电站、建碾米厂及安装有线广播喇叭等，解决同乡村民的一些困难，改善了家乡村民的生活需求。

第四件：帮助没有居留证的中国人拿到居留证。1980 年法国政府实行“大赦”政策，严志照先生趁机为无居留证的 100 多名中国人办了居留证，使他们立足法国创办中餐馆、皮革工厂及成衣业等。

综观法国青田同乡会会长严志照先生为青田同乡及非青田同乡所做的一切，很值得国人学习与赞颂！

第十一节　赴法国西北部亚眠省考察“一战”华工墓园

9 月 28 日，星期四，阴天，有时下蒙蒙细雨。下午 1 时 30 分，在“正阳楼”餐馆吃了一碗汤面，于下午 2 时整，由法国青田同乡会会长严志照、副会长留冠言、胡浦忠带领我俩一行 5 人，由留冠言副会长驾驶小汽车，从巴黎出发，到距巴黎市区 200 公里的亚眠省（Amiens）考察“一战”时的华工墓园。

华工墓园在法国西北部亚眠省一个名为诺埃尔·细尔·麦尔（Noyelles Surmer）的小镇上。车子在蒙蒙细雨中行驶，进入亚眠省后一路时停时问，后经多个警察指点后，方知是在一个名为阿贝维拉（Abbeville）的地方。费很大劲才找到这个小镇。当车子沿着小路驶入墓园门口时，已是下午 4 点半钟了。

华工墓园位于大片田地中央，占地 300—400 平方米，地势平坦，视野开阔，园外农田中的牧草甘肥鲜嫩，黑白相同的奶牛在安详地啃着青绿的鲜草，一派安详和平景象。墓园四周是低矮的石头围墙，仅有中央一门入内。大门用水泥浇灌而成，既不是牌坊，又不像佛寺的山门，有点不伦不类，且简陋粗糙。门楣上方刻着圆形“千古”两字。两边有门联云：

我欲多植松楸生长远为东土荫

是亦同赓袍泽勋劳宜媲国殇名

门里的左侧一面落款为“中华民国驻英全权公使施肇基撰，中华民国前任司法总长林长民书”；右侧一面中记述“千九百一十四年至十八年世界大战中华工死于战地或积劳殉生者，七千九百余人，遗骸业藏于法境诺埃尔勒石彰之”。进门后的两边围墙上有一块金属牌，用英法两种文字介绍“一战”情况，并附有法国北部和比利时战争形势图一幅。此外，还注明该墓园的旧址是华工军团的医院，墓园由英联邦的战争公墓委员会建造并负责日常维护。

墓碑高 80 厘米，宽 40 厘米，普通大理石质地，上刻烈士的中文姓名、籍贯、逝世年月日和编号。每一墓碑上的颂词有“流芳百世”“鞠躬尽瘁”“勇往直前”和“虽死犹生”等。墓碑周围地上植以低矮的小花。这里长眠着 884 名华工，其中 842 人有名有姓，42 人没有中文姓名和祖籍，只有编号，如 NO.3917 等。华工的祖籍来自山东、直隶（河北）、天津、江苏、河南、湖北、福建、甘肃和四川等省市，其中山东人最多，占 80% 以上。此墓园中找不到一个浙江华工的名字。

夜幕降临，凉风阵阵，在华工墓园门外久等近 2 个小时的严志照、留冠言、胡浦忠等人急待我俩返程了。我俩走出墓园出口处，连连向他们说："抱歉！抱歉！让你们久等了！"我们钻进汽车小门，一坐下，留冠言先生就开车了。小车坐着 5 人，沿着稀疏的路灯慢慢行驶，当由小道转向高速公路时，留冠言加速行驶，不到 2 个小时，车子就抵达巴黎市 19 区了。留冠言先生把我们送到一位青田同乡孙协发开设的"东京饭店"吃日本餐，以高档食品热情招待我们，可惜我不会吃生鱼，只是吃一些其他海鲜。

第十二节　采访浙江省青田县旅巴黎华侨孙协发先生

9 月 28 日，星期四，小雨，晚上 9 点 15 分，我们采访旅法青田同乡会副会长孙协发先生。

孙协发先生，1956 年 9 月 25 日出生，浙江省青田县阜山乡安店村人。他的太太张爱珠，1956 年 7 月 1 日出生，系同乡。他俩都是阜山中学同学，高中毕业。他俩有两个孩子：女儿孙崇君，1978 年 3 月 8 日在中国出生；儿子孙崇敬，1979 年 12 月 4 日在中国出生。现在崇君、崇敬均在法国读大学，崇君已读大学三年级；崇敬已读大学二年级。

1979 年 10 月，孙协发先生到荷兰西北部哈勒姆（Haarlem）一家中餐馆打工。他的父亲，孙义连，今年 78 岁（2000 年时）；他的母亲徐康香，今年 70 岁（2000 年时），他俩目不识丁。孙协发的外祖父徐成忠，在康香出生 3 个月时，即 1931 年就赴荷兰经营小商品为生，一直侨居荷兰未回国。1939 年 9 月，第二次世界大战爆发时，徐成忠给家中写了一封信，说德军飞机轰炸波兰，回不了家，不知家中情况如何？十分挂念！

"二战"期间，徐成忠一直在荷兰谋生，没有与家人联系。1945

年“二战”结束后，徐成忠写信给家中，询问母女是否活着？家中给外祖父徐成忠回信说，他们还活着。这样，他便寄钱给家中。

1956 年 9 月，孙协发先生的外祖父徐成忠把他的外祖母周珠娟申请到荷兰，与家人团聚，并与孙协发先生的外祖父徐成忠经营“香港楼”；1963 年，孙协发先生的外祖母周珠娟一人经营“香港楼”，生意红火，个人经营忙不过来，急需把孙协发的父亲孙义连申请到荷兰当助手。但此时正逢“文化大革命”，出国护照难办，一直拖到 1972 年才办来出国护照。孙义连出国前曾在青田华侨饭店打工，身强力壮，来“香港楼”是个好帮手。孙协发先生的外祖母周珠娟经营 5 年“香港楼”后便将该“香港楼”卖给他人。1975 年，孙协发先生外祖母徐康香患胃癌，他父亲孙义连把她送回青田医治。1978 年 5 月，医治无效，他外祖母不幸逝世。

孙协发先生的外祖父徐成忠和他外祖母周珠娟在荷兰经营中餐馆，经济收入较高。他外祖母徐康香病故后，孙协发先生从荷兰来到法国巴黎，他父亲孙义连仍在荷兰一家餐馆打工。他从荷兰到法国巴黎车费需要 1000 多荷兰盾。他来法国无亲无戚，没有依靠。同乡严志照先生把他安排在一家旅馆住宿，他只住两天就离开这家旅馆了。原因是旅馆费负担不起。后来，他跑到里昂拉奇诺同乡那里住宿，一个月房租 300 法郎，但找不到工作，房租也付不起，幸好找到一个中国江苏省扬州老板开设的“天下乐园”酒店打工。这家酒店老板很好，帮助他办来了居留证，并答应并担保他的太太从青田申请到法国“天下乐园”做酒吧。

孙协发和他太太在“天下乐园”打工一段时间后，积蓄了一些钱，但仅靠自己积累这些资金还不够，于是他呈了一个会：集资 40 万法郎，在巴黎 19 区开设一家“宏发酒楼”。

孙协发是成立青田同乡会的发起人之一，1994 年 9 月 15 日成立法国青田同乡会时他被选当副会长；1996 年 3 月 4 日成立欧洲青田同乡会时，他被选为欧洲青田同乡会副会长。

孙协发侨居海外，关怀祖国，热爱桑梓，他从经营餐馆业获利后，慷慨解囊，支援祖国家乡建设。他捐资 1 万法郎支援青田阜山乡兴建阜山乡医院；捐资 1 万法郎给青田建造“青田瓯江大桥”；捐资 1 万法郎给家乡办程控电话；捐资 1 万法郎给阜山中学作学生奖学金；捐资 50 万人民币给青田县建造青田县城至阜山乡公路。此外，他还捐资数万法郎支援祖国灾区人民，度过难关。

第十三节　参观巴黎十三区“陈氏百货商场”和“一战华工纪念碑”

9 月 29 日，星期五，小雨，上午 8 时许，我们坐地铁赴巴黎十三区参观、考察法国著名的陈氏兄弟百货商场和商场对面公园近年刚建立的一块“一战华工纪念碑”。

所谓“陈氏兄弟”，即指陈克威、陈克光，其祖籍中国广东潮州普宁县，陈克威的父亲陈仲卿，14 岁漂洋过海，先赴泰国谋生，后转赴柬埔寨谋生、创业，定居柬埔寨。陈仲卿的长子陈克威，1934 年诞生于柬埔寨，小学就读于柬埔寨华侨学校，小学毕业后考入越南西贡的“中法学堂”就读中法文。

陈克威高中肄业，因家庭兄妹众多，生活开支紧张，迫使他走向社会，自力更生。他曾开过杂货店、木器工厂、碾米工厂等，20 世纪 70 年代中期，举家从柬埔寨迁居法国巴黎，开始谋生、创业。因此，有人称陈克威、陈克光是柬埔寨的移民。

陈克威的胞弟陈克光，比兄小 17 岁，天资聪颖，勤奋好学，1970 年以优异的成绩，获得柬埔寨政府奖学金，来法国里昂一所工学院，攻读工程专业，1975 年毕业，获硕士学位。

陈氏兄弟在巴黎会合后，决定在法国拼搏一番。1976 年，陈氏兄弟先在巴黎十三区选中一条不显眼的街道，租下一个近 30 平方米的铺位，创办“陈氏兄弟公司”，这是他们在法国创业的起点。

20 世纪 70 年代末，东南亚大批难民逃奔欧洲各国，其中一批来到法国，巴黎 13 区的“华人区”人数猛增，亚洲的食品供不应求，应运而生的食品店、中餐馆等行业，生意红火。

陈氏兄弟认为新的商机已经来临，他们在巴黎十二区经营了半年后，把商店迁到巴黎十一区。他们在该区经营，感到不很理想，即刻从十一区迁到巴黎十三区华人云集的地域。1981 年，陈氏兄弟再租下 2000 多平方米的仓库，辟为“陈氏百货商场”。这个商场从中国大陆、中国台湾、泰国、日本、韩国及新加坡等地直接进口货物,多达二三千种。顾客来此购物，满脸笑容，想购的货物，应有尽有。

如今，陈氏兄弟公司在巴黎市区和近郊拥有多家超级市场，营业面积达 2000 平方米，还有 6000 平方米的停车场和 1 万平方米左右的大车库，令华人感到自豪。

值得人们赞扬的是，陈氏兄弟投资数百万法郎，购置 IBIV 电脑系统，使用电脑管理企业，不仅可节省人力、物力，而且还很快传递信息和商业情报。

近年，陈氏兄弟公司还在经营区域兴建一座“一战华工纪念碑”，值得一看。我们从华南公司右边向前走去，在公园中找到了一块“一战华工纪念碑”。这块纪念碑用中文写着“纪念在第一次世界大战中为法国捐躯的中国劳工和战士”。落款书写：2・11、1997 年立。

这块“一战华工纪念碑”还用法文金字书写。原文如下：

AIA　ME’MOIRE

DES　TRAV　AILLEVRS

ET　COMBATTANTS　CHINOIS

“MORTS　POUR　LA　FRANCE”

PENDANT　LA　CRANDE　CUERRE

1914——1918

参观“一战华工纪念碑”后，我们在纪念碑前摄影留念。

中午，我们到巴黎九区我小女儿开设的百年皮包店参观，我向女儿要来一只旅行袋，并在该区温州人开设的一家中餐馆吃了一碗面条。下午，我们坐地铁到巴黎94区小女儿家中再吃中饭。饭后，我们与文成县旅法华侨胡绍麻、胡浦忠等两位先生通电话告别，再次感谢他们接受我们的采访和感谢他们对我们的热情接待。

下午3时许，检点行李，并与我的两个外甥孙合影留念。

第十四节 采访浙江省温州市鹿城区旅巴黎北郊欧贝维利耶市华商夏尚忠先生

我们在法国调查考察采访浙江省旅法华侨华人人物中，因夏尚忠先生常常回国赴上海或去南洋新加坡旅游，很难联系到此人。故我们只得在完成欧洲8国调查考察欧华社会任务后，再寻机会采访，补上这一华商的动人事迹。

一直等到2009年8月27日、11月3日、12月25日和2010年8月14日—9月2日，共5次，采访了夏尚忠先生。

一

夏尚忠，1953年12月19日出生，浙江省温州市鹿城区临江镇前盈村人。他出身于国民党军官家庭，其父夏景禹，曾在中国国民党南京联勤学校任教官，1949年南京解放前夕回家；同年5月7日温州解放后，他在当地小学任教师。1984年3月病故。

夏尚忠母亲姓叶，1926年农历八月初十日（阳历9月16日）出生，比其父小10岁。由此推算，其父于1916年出生。

夏尚忠，于1966年7月藤桥区外垟小学高小毕业；他妻子诸云华，1954年10月15日出生，系同村——前盈村人。

夏尚忠，四兄弟：长兄夏作华62岁；次兄夏九洲，59岁；他为老三，57岁；小弟夏小军，52岁。

二

夏尚忠，小学毕业后，为家庭生活所迫，于1968年2月，跟随永嘉县桥头镇弹棉老师侯振国学弹棉，曾到过广东省新会、江门、台山等县（市）弹棉；同年 7 月至 12 月，从广东省返江苏省南京、溧阳、溧水、高淳等县弹棉；再到安徽省郎溪、宣城等地弹棉，历时一年多。

从 1970 年开始，夏尚忠跟他大哥夏作华种蘑菇、白木耳等，历时一年多。

从 1972 年春开始，夏尚忠养蜜蜂，开始拥有三箱蜂桶，到浙江省内青田、丽水、乐清、文成等县（市）放养；1973 年蜂箱增至 10 多箱，其中意大利蜂三箱；1974 年春，又去上海郊区南汇、江苏省常熟、山东省临沂、内蒙古鄂尔多斯等地养蜂，一直养到 1979 年 9 月，才结束养蜂的生涯。

从 1979 年 10 月开始，夏尚忠又到永嘉县桥头镇挈卖纽扣、表件等产品，经营两年，赚来一笔钱。

1983 年春，夏尚忠与其大哥夏作华合股在温州市城关五仑头创办前盈四氟制品厂，雇用工人 10 多人，生产的产品销售包头钢铁厂，赚来 15 万人民币，到温州市区河头买来新房 150 平方米，后又在温州市城区西郊双桂巷购买新房 100 平方米，供其岳母居住。

夏尚忠有 3 个子女：长子夏日升，温州十中初中毕业；长女夏彬彬，温州十中初中二年级肄业；小女儿夏青泉，温州市百里小学读二年级。

三

1987 年 4 月 14 日，夏尚忠跨出国门，先后经罗马尼亚、匈牙利、奥地利、意大利等国；同年 6 月，再到法国巴黎三区，代浙江省瑞安市老板开设的皮革、服装工厂做皮件、服装等产品两年多；1992 年 4 月，赴巴黎北郊 93 区欧贝维利耶市（Aubervilliers）开设力达国际贸易有限公司，销售打火机、眼镜等产品。产品以销售法国为主，部分眼镜销售德国、比利时、荷兰、西班牙、葡萄牙、奥地利等国；进出口贸易有限公司，每月经海运或空运眼镜等产品到法国。

夏尚忠在法国北郊欧贝维利耶市经营打火机、眼镜等小商品立足之后，便将其妻子诸云华申请出国。1994 年 10 月 9 日，诸云华率一男两女赴法国北郊欧贝维利耶市定居，实现全家团聚。

夏尚忠说，为什么要选择巴黎北郊欧贝维利耶市开设力达贸易有限公司，经营眼镜等产品呢？第一，这里交通运输场地大；第二，巴黎是法国的政治、经济、文化、旅游中心，在这里开设批发市场影响市区环境，迟早要你离开这里；第三，欧贝维利耶市适应华人在国外谋生、发展的环境。因此，夏尚忠在经营实践中认识到，华人在海外经商，要给当地社会一点优惠：一是向当地政府交税；二是要使当地社会失业人员获利、受业；三是在文化上不能搞小团体，既要保护中华文化，同时又要学习当地文化，知道当地法律；四是融入当地社会，先要为当地社会做一些慈善工作，买中文书送给当地图书馆；五是要自我保护，争取当地社会支持华商。

夏尚忠，于 1992 年 4 月赴巴黎北郊欧贝维利耶市开设力达国际贸易公司。

2006 年 9 月，夏尚忠被选为法国华人进出口商会会长，他向会员提出四点意见：

一是做好市区卫生工作；

二是配合当地政府疏通道路阻塞；

三是向当地政府要求提供 200 个学生学习中文；

四是做好中法文化交流。

2007 年 9 月 5 日，夏尚忠在当地做了“我爱我家”的活动：做好街区前面的卫生活动；2007 年 9 月至 2009 年 3 月，商会派人拉走工业区的垃圾、废纸拍等，清洁街区，大受当地政府欢迎。

夏尚忠说，据他对法国市场调查：在海外销售产品，融入当地社会，华人不能同当地政府闹矛盾：而有的企业不正规，偷税漏税，当地政府不是不知道，他睁一只眼、闭一只眼；但当企业在国外立足了，就要走向正规，对当地政府负责；可是有的华人从未认识到这一点。我们一定要遵守法国的法律。

夏尚忠，全家定居法国北郊欧贝维利耶市后，其 3 个子女个个都很出色：长子夏日升，1979 年 1 月 6 日生，在法国一所大学读经济管理系 5 年制毕业；长女儿夏彬彬，1980 年 9 月生，在法国巴黎工商学院读 4 年；次女儿夏清泉，1984 年 8 月生，在英国伦敦大学读房地产专业，系英国皇家测量师学会会员。

10 月 1 日，星期日，晴天，上午 9 时，我们从巴黎乘火车赴西班牙马德里，途中行驶两个小时左右，抵达马德里。西班牙华侨华人协会会长叶碎友派其儿子叶世昭驱车到马德里火车站把我们接到他开设的“东方城酒家”吃中饭。中餐后，叶世昭又把我们送到他家中休息。晚上，他又把我们从他家中送到他开设的“东方城酒家”吃晚餐。他非常客气，招待热情，在桌子上摆着一碗西红柿鸡蛋汤、一盘虾仁、一盘香菇炒笋片、一盘生菜，一个人一碗米饭。令我们吃得很饱、很舒服，感激不尽！晚间，仍住在他家中。

10 月 2 日晚上自马德里坐火车去里斯本。这次去欧洲考察，走马灯般从一个国家到另外一个国家，除了偶尔几次坐飞机和长途汽车外，大部分坐夜班火车，其好处是能节省时间，晚上又能睡觉，舒适方便，我们所上的卧铺车厢，依国内标准算是软卧了，因为 4 人一间、二张上下铺，虽不很宽敞，但也清静舒服，里面有洗漱池，免费供应茶杯、毛巾等，厕所也在隔壁。行车 9 小时，于 3 日早晨 8 点半准时抵达。根据事先联系由浙籍华人青年企业家占永巧先生来接待，他驱车把我们驶进市区，沿途车窗外葡国的旖旎风情令人难忘。

第八篇　葡萄牙共和国[①]

葡萄牙共和国，位于伊比利亚半岛西部，领土包括大西洋上的海外领地亚速尔群岛和马德拉群岛。面积 92072 平方千米。

人口：992 万。99% 以上的居民为葡萄牙人，葡萄牙语为官方语言。居民多信奉天主教。

首都里斯本，人口 67.8 万。全国最大城市和政治、经济、文化中心。

海岸线长 832 千米。地势自东北向西南和东南倾斜。北为高原，中为山地，南为丘陵，西部沿海为平原。最高点埃什特雷拉山海拔 1993 米。河网稠密，主要河流是杜罗河、特茹河、瓜迪亚纳河等。

有钨、锡、铁、铀等矿物。森林占总面积的 1/3。

葡萄牙，是个现代化工业——农业国家，工业主要部门有纺织、食品、钢铁、电力、化工、造船、汽车等。农业在国民经济中所占比重位居欧洲前列，以谷物种植业和果品园艺业为主。盛产葡萄、橄榄油和无花果等。捕鱼在经济中占重要地位。

重要城市：波尔图：人口 31 万。第二大城市：科英布拉：人口 10 万，文化城市。

吉马良斯：著名古城，被称为“葡萄牙民族的摇篮”。

1979 年 2 月 8 日，与中华人民共和国建立外交关系。

---

① 李绍明主编：《世界地图集》，中国地图出版社，2000 年 1 月版，第 33 页。

第一章　里斯本华侨华人社会

里斯本（Lisboa），是葡萄牙共和国的首都。欧洲大陆最西端城市，是个丘陵地区，由7个小山丘组成，故又名“七丘城”，全城错落有致的建筑群，伸展在特茹河右岸的7个山丘上。欧洲的大河之一塔古斯河（Tagus River）为伊比利亚半岛最长的河流，全长1000余千米，有785千米在西班牙境内，葡萄牙境内179千米称为特茹河，并流经城市注入大西洋，故里斯本又是个海滨城市。现有人口67.8万。是全国最大城市和政治、经济、文化中心。

2000年10月3日上午至6日上午，我们先后采访占永巧、王恋、占志林、王二平、王存玉等先生。在采访上述诸位先生中间，我们应邀参观、考察了“天涯海角”“悬索大桥”等胜景。

第一节　采访浙江省青田县旅里斯本华人占永巧先生

10月3日，星期二，晴天，上午11时，我们采访占永巧先生。他，浙江省青田县人，1980年到葡萄牙共和国首都里斯本创业，先后开设两家俱乐部；一家叫葡萄牙华侨华人俱乐部；另一家叫美来福俱乐部。

第一家华侨华人俱乐部的编制与项目设置：

首家俱乐部：50多人，其中老外40多人，中国人10多人。俱乐部设桑拿浴、保健按摩、健身房、游泳池、酒吧、表演台、网球场等。该俱乐部设停车场：场内可停小汽车100多辆。

第二家美来福俱乐部：占地5000平方米。拥有会员300多人，其中部长级委员6人。

俱乐部中每只包厢可坐20多人，食客吃特别餐，价格昂贵，需持有相当中国人民币500元方可进餐馆；俱乐部用车子接送。

俱乐部每个月进货2—4个集装箱；女人用品，尚在法国、德国设有代理商。

俱乐部经济发展后，占永巧先生开始经营房地产。他与老外合作，生意红火，获利颇多，占先生闻名遐迩，成为欧洲青年中一颗企业明星。

占永巧除经营房地产外，主要经营俱乐部。他的“美来福俱乐部”设置在里斯本，算是最高档的一家。占先生说：里斯本居民或其他人的生日或订婚的酒宴都要向俱乐部预订。俱乐部只认钱，不认人。

俱乐部的装饰十分豪华：地上铺两层厚的地毯，而地毯全部是特制的；桌子都是红木制作，从外国进口，订一桌酒席需花 5 万到 6 万葡币。

俱乐部安 3 台过滤器，需支付 10 多万美金。过滤器一天 24 个小时开着不停歇。

迪斯科跳舞配音乐；游泳池建筑花 10 万美金；俱乐部还设有啤酒房，坐喝的啤酒平式长廊；另外，还设儿童房，供小孩游玩，不收钱。

按摩房，共有 4 间；办公室 1 间；医务室若干间。每间 6 平方米，请中国东北医生治病；在卫生间、游泳池边上设男女更衣室。

健身房：配备现代健身设备。这些设备从意大利进口，花数十万美金；还有一个大仓库，放垫被；一个拥有百人的餐馆，仅供 20 人吃饭；用两个蒙古包设计，供 20 个人吃的酒吧。

俱乐部大厅摆着一台钢琴，大厅上装有 2000 个小灯泡，普照大厅。

俱乐部，设日本餐 50 多个座位；葡萄牙餐 200 多个座位；中国餐 100 多个座位。

俱乐部装饰十分讲究，在墙壁上贴着美女画面；在厨房边设一个大冰库；用机器处理油脂。像这样的俱乐部，我们在历时近三个半月考察欧洲七个国家中均未看到像美来福俱乐部那样的设置和壮观。

占永巧的太太及其弟弟在葡萄牙南部管理餐馆；并与老外合资开设进出口贸易公司。

第二节　采访浙江省青田县旅里斯本华侨王恋先生

10月3日，星期二，晴天，中午时分，我们离开占永巧先生的“美来福俱乐部”，由郭新建先生带我们去吃午餐，在一条大街上见到不少华人餐馆，中文店招牌很醒目，装潢布置也很讲究，我们进了一家龙华餐馆，郭先生与女店员主因是同乡而相当熟悉，通过彼此介绍后得知，这位年轻美丽的女老板叫王恋，浙江省青田县人，1965年生，初中毕业后因母亲关系于1983年来里斯本。“龙华餐馆”92个座位，由其母亲和妹妹王晶管理。王恋待我们如上宾，关照厨房烧出特色菜，还特地回家取来鲜活海蟹款待我们。“龙华餐馆”生意一直很好，天天座无虚席，她本人仍是里外兼顾，异常忙碌。

下午3时半餐馆午餐供应结束打烊，王恋带我们去南部一个名为司徒宝（Setu Ba）的城市，去参观她所开的两家餐馆及一家服装店。王恋所穿名牌衬衫和牛仔裤，为她更添几分女性妩媚和成熟美，坐在旁边看她开车，其轻松自如，娴熟的驾车技术，小车由北向南，不一会儿，悬索大桥已近在眼前，我们静听王恋介绍：

1966年以前，特茹河上没有建桥，南北之间的交通全靠渡船，十分不便。为此，于1962年起开始建造悬索桥。该工程历时4年，于1966年8月通车，名为“萨拉萨尔悬索桥”。该桥最大跨度1013米，全长2278米，为欧洲最长的悬索桥。两座桥塔高190米，桥离水面高70米；可顺利通过巨轮。南面的一个桥墩为建筑在基础岩石上，深入水下达80米，据说此为世界纪录。车至桥上，我们要王恋放慢车速，缓缓行驶，以一睹大桥的“庐山真面目”。大桥为4车道，过桥车辆繁忙有序。大桥建成通车已34个年头，故给人以略显陈旧之感。

我们抵达里斯本南岸后去司徒宝（Setu Ba），人口20多万，中餐馆6家，其中王恋开设两家。参观了王恋开设的两家中餐馆：一家叫鸿运酒家（一），座位70多个，于1994年4月开设；一家叫鸿运酒家（二），座位70多个，于1999年8月8日开设。除上述两家酒家外，王恋又在司徒宝开设一家服装商店，面积60平方米。这家服装店是别人于2000年3月租给她开设的，每月租金65000葡币，王恋拥有永久使用权。

司徒宝，葡萄牙人失业率占36%，近年来，随着餐馆业的发展，雇用葡萄牙人增加，使这个城市的失业率有所下降。

王恋的父亲王加时，今年59岁（2000年时），是浙江省东阳县（市）人，是个医生，因而他在司徒宝又开设一家诊所，为华侨华人治病；王恋的母亲付钱花，1944年出生，今年57岁（2000年时），浙江省青田县山口乡人，1980年到葡萄牙。王恋已有两个孩子：长子8岁，女儿6岁。

第三节　参观里斯本的“天涯海角”

10月4日，星期三，晴天，下午3时许，里斯本华人企业家占永巧先生热情安排，带我们去参观著名的旅游景观。我们坐上由美国制造的JEEP小车出发，占永巧先生边开车边说，凡中国大陆有朋友来，必带他们去看“天涯海角”，看后过目不忘。

“天涯海角”，又称“罗卡角”，也有人叫天尽头，它在里斯本的西部辛特拉山脉与大西洋交汇处，因位于欧洲大陆的最西端，故又称为“欧洲之角”，闻名遐迩，凡外国人到葡萄牙必到此一游。“天涯海角”并不很远，是在近郊一僻静处，车子离开市区后，开始有一种驶上乡村公路的感觉，尽是蜿蜒曲折的丘陵。随着接近目的地，车子以S形环着山道向高处行驶，约半个小时即到达。“罗卡角”的正式名字为CABODAROCA，时值傍晚，海风很大，停车场车子很少，游人也稀稀拉拉。

车子停妥后，占先生带我们在入口的售票处“办证”，并要出示护照。开始我们不很理解，后方知是为办一张到此一游的证明书作留念。服务小组熟练地打开我们的护照后，在一张现成的证书上用古罗马文字填上姓名和护照号码；在另一张申请卡上让我们亲笔签名，表示慎重和真实，以防假冒。作为一种“生意经”，每人交费 1000 葡币（约合 40 元人民币）。办好证后旋即去看欧洲之角。沿着高低不平的山路只走几分钟，便豁然开朗，但见在山顶的一处开阔地中，矗立着一块高高的花岗石纪念碑，顶端为一十字架。石碑正面镌刻着葡萄牙著名诗人卡蒙斯（Luizde Camoes，1521—1580）的诗句：大陆到此结束，大海从此开始。碑文下的几行小字是北纬 38.47 度，西经 9.30 度，海拔 140 米。游人到此，都会摄影留作纪念。再往前走几步，更是悬崖峭壁，三面环海，地势险峻。岩崖前垒起一道齐胸的石头墙，这对游人的安全至关重要。悬崖底下便是浩瀚的大西洋，我们凭墙远眺，无边无际的大西洋，随风发出天崩地裂的咆哮，巨浪堆雪，眼前的景物令人确实有一种置身于天尽头的感觉。

第四节　采访浙江省青田县旅里斯本华侨占志林先生

10 月 5 日，星期四，晴天，下午 6 点 40 分，采访占志林先生。他，是占永巧的父亲，浙江省青田县鹤城镇人，1933 年出生；他妻子程春杏，1939 年出生。占志林先生说，他与胡锡珍（意大利米兰著名侨领、企业家），是表兄弟，关系密切，他的父亲叫占宝廷，是胡锡珍先生的小舅父。占志林育有四个儿子：长子占永毅、次子占永巧、三子占永泉和季子占永进。因为占志林孩子多、家庭经济负担重，胡锡珍帮助他们办理护照，申请到葡萄牙创业。

占志林，1989 年在青田县交通局退休后，于 1990 年 4 月，与老伴程春杏一起到葡萄牙里斯本。

占志林还向我们介绍了次子占永巧在葡萄牙整顿、研究俱乐部花了三年时间的情况。现在他经营两家餐馆：一家竹园酒楼；1985 年 8 月开业；一家上海酒楼，1990 年 8 月 3 日开业，另外还买了房地产。他的小儿子占永进帮他经营，1999 年 1 月开始，他交给占永巧与儿子管理。

1983 年，在格鲁外罗，以占永巧名义购买一家“长城酒楼”，座位 80 多个，位于地中海畔，由其小弟占永进经营，生意红火。1998 年 6 月，占志林长子占永毅在 ALVOK（阿旁拉）开设一家“长城酒楼”，座位 90 多个。

占志林说，现在，上海酒楼雇用跑堂 5 人，其中老外 4 人，中国北京人 1 人；竹园酒楼跑堂 4 人，都是中国山东籍的女人。

占志林先生还说，有的酒楼归他指挥，每两年去一次看看；淡季，他回中国青田县鹤城镇老家休息。

第五节　采访浙江省温州市城区旅里斯本华侨王二平先生

10 月 5 日，星期四，晴天，下午 7 点 10 分，我们采访浙江省温州市城区（今鹿城区）王二平先生。

王二平先生，老家居温州市城区（今鹿城区）麻行水窟头 18 弄 3 号。1954 年 7 月出生，今年 46 岁；妻子赵晓静，1964 年出生，今年 39 岁。女儿王蓓蕾，15 岁。1990 年 11 月，王二平先生只身到葡萄牙共和国首都里斯本近郊王建华开设的“富豪酒家”当大厨，历时三年，积累了一些资金，在 ABS（地名）开设一家“友园餐馆”，座位 100 多个，开设两年后转卖给一个中国人开设。

1998 年 11 月，王二平先生把妻子赵晓静及女儿王蓓蕾申请到里斯本。1999 年 11 月，把里斯本一家“双龙酒家”租来开设“龙祥阁”，座位 150 多个，专卖海鲜。自己当大厨，雇用跑堂 4 人。周末，座无虚席，生意红火，收入颇丰。

第六节　采访浙江省青田县旅里斯本华侨王存玉先生

10 月 5 日，星期四，晴天，下午 7 点 35 分左右，我们到里斯本葡萄牙华侨华人协会副会长王存玉先生家中与他商议采访他在葡萄牙谋生、创业情况。王存玉先生看一看手表，即刻请我们去他家吃中饭。中饭后，休息一会儿，王存玉先生驾车把我们送到里斯本中国货行、中国城，参观温州人、瑞安人和青田人在这里开设的服装批发店、小商品店。参观后已近黄昏，王存玉先生把我们送到温州人开设的“国泰酒家”吃晚餐。晚餐后，他又把我们送到他家中，休息片刻，向我们倾谈自己在葡萄牙谋生、创业的情况。

他父亲王仕高，是个老华侨。第一次世界大战（1914—1918）后，东渡日本做行商小贩，1923年9月1日上午，日本关东地区发生里氏7.9级大地震，连震八天。关东大地震中，日本死了好几万人。温州、处州（丽水）两地旅日华工被杀害的众多，他幸运未被谋害。关东大地震后，王仕高回到青田家中。他在家待不多久，即转赴欧洲谋生，最后定居葡萄牙。1997年5月，王仕高在葡萄牙逝世，享年103岁；他的母亲应秀莲，系家庭妇女，1999年9月在葡萄牙逝世，享年100岁。

王存玉先生出国前，曾在青田县港头中学任教，是一名中学教师。1979年到葡萄牙里斯本创业。1983年12月，他在葡萄牙北部比拉格（Braqa）开设一家“华北饭店”，座位200多个；1995年又在里斯本开设一家“华北饭店”，饭店楼上、楼下各设座位70多个，总计座位150个，雇用跑堂、厨师等11人。

随着经济事业的发展，经济实力日益雄厚，王存玉先生又在葡萄牙北部波尔图市购买一家中餐馆，现正在装修，侨界同人称王存玉先生是个企业大老板。

第二章 阿布沸拉市华侨华人社会

10月5日，星期四，晴天，根据占永巧先生的安排，晚上8点钟我们乘公交车赴葡萄牙南部一个叫阿布沸拉的城市，采访葡萄牙华侨华人协会会长郭永辉先生。从里斯本到阿布沸拉的路程约280

公里，汽车抵达该市时，已是子夜 1 点了。郭永辉先生接待我们去一家“龙门酒家”吃火锅菜，吃毕，正好是凌晨 4 点钟。在吃火锅菜期间，郭永辉先生向我们介绍了这座南部城市阿布沸拉华侨华人社会状况：

阿布沸拉是一座旅游城市，每年 4 月 15 日至 10 月 15 日，是旅游旺季，游客川流不息，餐馆业生意兴隆，每天座无虚席，但一到淡季，餐馆业的生意就萧条了。

阿布沸拉有中餐馆 60 多家，华侨华人 500 多人。商店有 11 家，其中郭永辉占了 3 家。

6 日，星期五，晴天，下午 4 时许，我们正式采访郭永辉先生。他身为葡萄牙华侨华人协会会长，对葡萄牙全国的各行各业比较了解。他说：全葡萄牙有华侨华人 10000 人，其中里斯本有 6000 人；北部波尔图有华侨华人 2500 人左右；其他城市 1500 人左右；还有 2000 多人未获葡萄牙共和国居留证。

葡萄牙北部城市要造地铁，需要劳动力 12 万人，因葡萄牙政府经济跟不上，只能接收劳工 3000 多人。

郭永辉先生说，他与中国驻葡萄牙共和国大使馆联系，请中国大使支持：凡中国人能出来到葡萄牙创业的请给予支持。目前葡萄牙正缺人，正是一个好机遇。

我们采访郭永辉先生后，返回里斯本，已是晚上 7 点 45 分了。我们到浙江省温州人王存玉开设的“国泰酒家”吃晚餐，晚上住在王存玉先生家中。

第三章　波尔图华侨华人社会

波尔图（Porto），葡萄牙第二大城市，波尔图区首府。重要海港。位于西北部的杜罗河口北岸，西距大西洋约 5 公里。人口 33.6 万（1975）。该城始建于公元 5 世纪。旧城筑于丘陵的坡面上。城市以东为杜罗河峡谷，上架桥三座，其一为进城的铁路桥。葡萄牙北部经济中心。工业以棉纺织、皮革、炼铁、玻璃、陶瓷与食品为主。铁路公路枢纽。输出葡萄酒、橄榄油与水果等。有大学、中世纪教堂与葡萄牙最高的钟楼（建于 18 世纪）。[①]

2000 年 10 月 7 日，星期六，晴天，上午 8 点钟，里斯本葡萄牙华侨华人协会副会长王存玉先生叫他餐馆的一位老外驾车，把我们送到葡萄牙北部一个中等城市波尔图（Porto）——浙江省青田县旅波尔图华侨周洪泽先生开设的“金龙酒家”吃中饭。因周洪泽先生出差不在家，便请其长子周一平接待我们，他待客非常热情。中饭后，周一平驾车陪同我们先参观浙江省温州人在波尔图开设的服装批发商店，后再把我们送到波尔图西部观览大西洋海面及码头、沙滩。参观这些自然景观后，把我们送到一家旅馆住下，再与我们商量在波尔图的调查考察活动。

10 月 7 日，我们在波尔图先后采访浙江省青田县旅波尔图华人厉松标夫妇、朱浙蒙等人。

第一节 采访浙江省青田县旅波尔图华人厉松标及其夫人王银兰

10 月 7 日，星期六，晴天，傍晚，我们采访两位旅波尔图老华人。

厉松标先生，浙江省青田县港头彭括村人，1902 年出生，1922 年东渡日本挈卖青田石货、纸伞等小商品，1923 年 9 月 1 日至 8 日，关东地区发生 7.9 级大地震。震灾过后，厉松标先生返回家中务农。1928 年，他 26 岁，与同乡一个姑娘王银兰结婚。他比银兰大 7 岁。1932 年，他长子宝兴出世七个月后，从上海乘轮船到葡萄牙，开始挈卖小百货，积累了少量资金，在波尔图开设一家百货批发公司。1939 年 9 月，第

① 《世界地名词典》，上海辞书出版社，1981 年 1 月版，第 868 页。

二次世界大战爆发后，他在葡萄牙以挈卖小商品为生。他女儿冬香成人后，嫁给青田县同乡周洪泽。1957年，他把妻子王银兰申请到葡萄牙。当时因葡萄牙共和国未与中华人民共和国建立外交关系，他只得经澳门到葡萄牙波尔图。1958年，厉松标又把女婿周洪泽申请出国。同样，周洪泽也是经澳门到葡萄牙波尔图。1962年，厉松标再把女儿厉冬香申请出国，她经香港时正逢除夕。她在香港过了大年之后，再到澳门，1963年初春，从澳门到葡萄牙波尔图。

周洪泽先生有三个子女：长子周一平，1957年出生，今年43岁，他在香港读高小毕业后，经澳门赴葡萄牙波尔图；周洪泽的大女儿周秀英，1968年出生，今年32岁，她在中国高中毕业后到葡萄牙波尔图，再在波尔图医科大学读麻醉专业，获博士学位；周洪泽的小女儿周玉英，1970年出生，在中国高中肄业，到葡萄牙波尔图后，再读高中、医科大学，获医学博士学位，现为胸科医师；周洪泽的小女儿，正在葡萄牙读大学。

周洪泽先生的岳父厉松标，今年99岁（2000年时）；他岳母王银兰，今年93岁（2000年时）。

周洪泽先生，一家大小十几口，在葡萄牙北部城市波尔图，事业兴旺发达。1964年，他在波尔图开设一家“中国酒家”；1974年，在波尔图开设一家“金龙酒楼”，规模较大，设座位150个，雇佣3个老外。周洪泽先生的长子周一平妻子在波尔图开设“中国货行”。

周洪泽先生子孙满堂，全家老小十几口，在波尔图创业获得成功，侨界称他是波尔图一户较富裕的企业家。

第二节　采访浙江省青田县旅波尔图华侨朱浙蒙先生

10月7日，星期六，晴天，晚上8时许，我们采访朱浙蒙先生。

朱浙蒙，今年42岁，青田县阜山乡人。他妻子赵珍，今年40岁，已有3个孩子。1983年7月下旬，朱浙蒙从中国到葡萄牙波尔图，先到周洪泽先生开设的“金龙酒家”打工长达5年，积蓄了一些劳钱，开设一家成衣加工厂，为老外加工，雇用40多个女工，每个女工每月工资1000美元，成衣产品由老外代销，用外国名片服装样式，以中国棉料制作，特别美观，逗人喜爱。在成衣厂打工的，中国青岛来的女工占60%，她们做服装很内行，好的车工每月工资1100美元，论件计算，制作最快的女工，每月工资达1400美元。平均每个工人1000美元。工厂包吃、包住，而这些从国内青岛来的工人，都是青壮年，年龄在30岁左右。

朱浙蒙已有3个子女：长女，17岁；次女14岁；儿子7岁。

朱浙蒙先生说，葡萄牙波尔图的皮鞋业、服装加工业，生意很好。服装批发公司有30多家，而服装加工厂仅有两家：一家是1991年开设的，一家是1996年开设的。这两家服装加工厂都为老外加工的，有10多位工人都是浙江省青田人。

成衣加工厂的裁缝机，有的从日本进口，有的从意大利进口，非常先进，每台机需900美元。1992年，葡萄牙共和国政府实行“大赦”政策，青岛女工获葡萄牙居留证后，老外逐渐退出成衣加工厂。

朱浙蒙先生的父亲朱高仕（又名朱焕斌），今年65岁，浙江省青田县阜山乡人；母亲，陈宛云，今年63岁。朱浙蒙还开设两家服装加工厂，厂房200平方米，住房200平方米，全部向老外租来，每月租金1000美元；另一家服装批发零售店，店面200平方米，1997年3月开设。

朱浙蒙先生在葡萄牙波尔图的经济实力日益雄厚，朱氏全家在波尔图的威望日益提高。朱浙蒙先生被选为葡萄牙华侨华人工商联合会副会长。

第九篇　西班牙王国补遗

2000 年 10 月 8 日，星期日，晴天，上午 9 时，我们从葡萄牙波尔图乘大卡车出发，到西班牙马德里南站时，是下午 6 时 10 分。途中四次停车休息。我们抵达马德里南站时，西班牙华侨华人协会会长叶碎友，派其长子叶世昭把我们接到他开设的“东方城酒家”吃晚餐。晚餐后，叶世昭又把我们送到他家中住宿。

10 月 9 日，星期一，晴天，我们在叶世昭家中休整一天，整理采访笔记及阅读报刊资料，做好日记，并与西班牙北部一个大城市毕尔巴鄂（Bilbao）叶凡先生联系。

10 月 10 日，星期二，晴天，上午 7 点 30 分，我们从马德里乘公交大卡车出发，下午 5 点 40 分抵达毕尔巴鄂公交车站头。叶凡先生早在那里等候我们了。他见到我们来这里调查考察华侨华人社会，非常高兴，把我们接到他家中住下，再领我们去他开设的“天河饭店”吃晚餐。晚餐后，休息片刻，叶凡先生向我们介绍毕尔巴鄂这座城市华侨华人社会的状况。

第一章　毕尔巴鄂华侨华人社会

毕尔巴鄂，西班牙北部城市，位于内尔维翁河（Nervion）口，北距比斯开湾 12 公里。次于巴塞罗那的全国第二大港。连郊区人口 47.2 万（1975）。原为航海人聚落，以出口铁矿石和制造铁器闻名。莎士比亚剧中的“毕尔巴鄂利剑”即指本地钢铁制成的剑。14 世纪起为羊毛出口中心。18 世纪通过同西班牙在美洲的殖民地贸易，城市繁荣。铁路枢纽。位于铁矿区中，为全国最大钢铁和化学工业中心之一，还有造船、电工器材、纺织等部门。海洋捕鱼业发达。[①]

2000 年 10 月 10 日下午 8 时至 12 日下午 10 时，我们先后采访叶凡、朱小荣、包伟雄、许文广、陈永海及暂无居留证者，共 6 人。

第一节　采访浙江省温州市城区旅毕尔巴鄂华侨叶凡先生

10 月 10 日，星期二，晴天，下午 8 点左右，我们采访叶凡先生。他，浙江省温州市城区（今鹿城区）人。他向我们介绍毕尔巴鄂市华侨华人社会的情况：

毕尔巴鄂位于法国南部。全市人口 40 万，有华侨华人 300 多人。1989 年，有中餐馆 6 家，其中浙江省青田县人开设的一家“长城饭店”比较早，生意兴隆。到 1990 年，中餐馆增至 20 多家，2000 年又开设中餐馆六七家，到目前为止，全毕尔巴鄂市有中餐馆 40 多家、服装批发店、礼品店等 10 多家。

在毕尔巴鄂市谋生、创业的有中国台湾人，浙江省温州人、青田人，而其中温州地区旅毕尔巴鄂的华侨华人占 85% 左右。中国台湾人来这里的较早，已有 20 多年。

叶凡先生向我们介绍毕尔巴鄂市华侨华人社会的各行各业的大体情况后，也谈了他个人来毕尔巴鄂市创业前的一段历程：

1986 年 6 月，他先到马德里叶玉兰开设的“明峰酒家”打工，主要是做厨工。在这家酒家做了半年厨工后赴瓦伦西亚叶玉兰开设的“南京饭店”做厨工半年，再到马德里东部的萨拉戈萨（Zargozo）青田人开设的一家中餐馆做厨工两个月；此后，又到王熙丽开设的一家“乐

① 《世界地名词典》，上海辞书出版社，1981 年 1 月版，第 415 页。

园酒家”做厨工一年多。总计，打工做二厨、一厨达3年之久。在打工、做二厨、一厨的三年多中，积蓄了一笔钱，于1989年8月到毕尔巴鄂市青田人开设的“长城饭店”打工1个多月，于同年11月在毕尔巴鄂市开设一家“东方酒家”，座位60多个，经营5年多，赚了一些钱，即将该酒家卖给他人开设，自己开设礼品店，开了一年多又卖给他人开设，再到老外开设的一家模具公司当中文翻译1年多，日积月累，有了一笔资金之后，于1999年10月开设“天河饭店”，座位150多个，生意尚可。叶凡先生最后说，到西班牙已经14年了，总的说来，工作还是比较顺利的，没有吃过大的苦头。这家“天河饭店”，老外来吃的比较多。饭店经营时间：下午2点钟，客人就来了，开始就餐的有20多人，以后，陆续增多，高达50多人。可以说，这家“天河饭店”经营比较顺利，有点盈利。叶凡先生说：“天河饭店”，大厨1人、助手1人、跑堂2人。

第二节 采访浙江省青田县旅毕尔巴鄂朱小荣先生

10月11日，星期三，晴天，下午2时许，我们采访浙江省青田县旅毕尔巴鄂华侨朱小荣先生。他首先向我们介绍西班牙巴斯克华侨华人协会的组织情况：毕尔巴鄂“华园饭店”老板李志俊当选西班牙巴斯克华侨华人协会会长，包伟雄当选西班牙巴斯克华侨华人协会第一副会长（协会副会长共9位），朱小荣当选西班牙巴斯克华侨华人协会秘书长。现在，西班牙巴斯克华侨华人协会有会员200多人。

朱小荣，浙江省青田县章旦乡人。他三兄弟、两个姐姐：小荣为老三，长兄朱晓林，1984年到北欧瑞典谋生、创业；次兄在青田鹤城镇照顾父母亲。他父亲朱永平，今年72岁，是一个小学教师，已退休；他母亲，周体花，1987年在青田县鹤城镇家中逝世。小荣的大姐朱小梅，1976年去北欧挪威谋生、创业；二姐朱苏梅，1985年去北欧挪威创业。朱小荣妻子黄淑芳，今年33岁，已育有3个女儿：长女朱倩倩、二女朱露露、三女朱欣欣。

朱小荣，1981 年 12 月下旬，到北欧挪威姐姐经营的餐馆中待了一年多时间，再到北欧瑞典长兄朱晓林开设的餐馆打工几个月，于 1983 年 12 月 23 日从瑞典到西班牙马德里过圣诞节。圣诞节后，到马德里李桂新开设的“西子湖酒楼”打工，在该酒楼里里外外干了一年多，摸索了经营餐馆业的门路，但自己开设中餐馆条件还不具备。于是，在 1985 年初，他再到瓦伦西亚“丰盛饭店”做厨工 8 个月之后，办了西班牙居留证，到塞维利亚（Sevilla）南部一个城市韦尔瓦（Huelva）帮助一个朋友创业打工 8 个月之久，再返回塞维利亚开设一家“长城酒家”，生意兴隆。该城市是他首开的一家酒家。1988 年 6 月，朱小荣到西班牙北部毕尔巴鄂市；同年 8 月，他开设“长城饭店”。那时，毕尔巴鄂只有饭店而没有酒楼。以后，毕尔巴鄂先后开设了“中国长城饭店”“华园饭店”“北京酒楼”“大千饭店”“香港酒楼”和“长城饭店”6 家；同年，连开了“京城饭店”“杭州饭店”和“上海楼”（老外开设）3 家，共计 9 家饭店、酒楼。

1990 年 4 月，朱小荣与青田人在毕尔巴鄂合开“天安门饭店”；同年，又有华侨在毕尔巴鄂开设“皇城酒楼”“香港酒楼二”；1991 年，毕尔巴鄂开设一家“香港酒楼三”；中国台湾人与“华园饭店”老板合开一家“华阳酒楼”；另有华侨在此开设“金狮饭店”“亚洲饭店”；1992 年，有人在毕尔巴鄂开设一家“红叶饭店”，一家“友谊饭店”（该饭店开一年左右即关闭了）；1994 年，有人在毕尔巴鄂开设一家“北京酒家”和一家“东城饭店”。

1995 年 7 月，朱小荣与其岳父在大西洋海滩旁开设一家“中国城酒楼”（一）。次年，朱小荣退出“天安门饭店”股东。

1996 年，朱小荣又在大西洋海滩旁开设一家“东方长城酒楼”；中国福建人在这里开设一家“榕城饭店”。

1998 年 9 月 25 日，朱小荣在大西洋旅游区开设一家“长城饭店”。这家饭店规模较大：设置舞厅、电影院（可容纳 3000 人）；他还在该旅游区开设一家“东城饭店”和一家“夜酒吧”。共计3家高档餐馆。在餐馆前面是码头，常有钓客驾车子到海上钓鱼。人们称这几家高级餐馆是“世外桃源”。

1997年，又有人在大西洋沙滩旁开设一家“珍宝饭店”和“中国城酒楼”（二）2家。

1998年9月1日，朱小荣一位朋友在大西洋海滩旁开设一家百货商店。

1999年，毕尔巴鄂饭店、酒楼一哄而起，究其原因是：毕尔巴鄂政府对饭店、酒楼放宽政策。这一年，在毕尔巴鄂开设的酒家、饭店有“美好酒楼”“天河饭店”“大统园饭店”“大西洋饭店”“福美酒楼”等5家。

2000年2月，青田人开设一家“竹园酒楼”；同年9月26日，朱小荣开设一家“红宝石商店”，面积300平方米，贩卖手表、花瓶、首饰、家用电器等。截至2000年10月10日，毕尔巴鄂市内共有29家饭店、酒楼；在毕尔巴鄂市近郊开设的饭店、酒楼有“熊猫”“中国城”“杭州二”“麒麟”“京城”“乐园”“长城”“大世界”“荣华”“新世界”“长城”“长城”“花园”“中国饭店”“中国”“长城”“中国城（越南人开设）”“北京”“亚洲”“中国”等23家。毕尔巴鄂市区和近郊区合计有饭店、酒楼等52家。

此外，毕尔巴鄂市内开设百货商店3家，市郊区5家，合计8家；在市区还有皮包店1家、服装商店3家。

第三节 采访浙江省青田县旅毕尔巴鄂华侨包伟雄先生

10月11日，星期三，晴天，下午5点45分，我们采访浙江省青田县旅毕尔巴鄂华侨包伟雄先生。

包伟雄先生说，西班牙巴斯克华侨华人协会成立于1995年2月，李志俊当选协会首届会长，他为第一副会长（副会长共9个），1999

年 8 月，协会改选后，李志俊仍当选协会会长，包伟雄仍当选第一副会长。包伟雄先生说，现有会员 700 多人，其中有 30 个协会会员依靠卖鲜花赚钱。这些卖花的协会会员比较年轻，其中 20 岁至 30 岁的居多。他们去马德里将鲜花购来，送给各餐馆、酒楼、迪士尼、舞厅等挈卖，每束花卖 500 西班牙币，一个月可赚 2000 美元。

包伟雄副会长说，中国人来西班牙巴斯克地区谋生、创业，大部分人是赤手空拳而来的，近几年来，新移民借钱还不了的，主要是中国东北人、福建人。据说，他们出国时，每人花 1 万多元买护照来这里的。

巴斯克地区的警察同中国人很友好，知道中国人到这里谋生、创业很艰苦。他们帮助中国人摆地摊出售小商品，当地政府官员来抓摆地摊的人时，即刻告诉摆地摊者卷席快走，避免被当地政府官员抓去，造成经济损失。

包伟雄副会长说，巴斯克地区的华侨华人素质都很好，没有人同“黑社会”人员来往。他们遵照中国人传统习惯，每一年，都举行一次游乐会，放烟火，达两星期之久，热闹非凡，如同中国人欢度春节一样。

最后，包伟雄副会长向我们讲述了自己的谋生、创业经历和父母、弟妹的创业历程：

包伟雄，浙江省青田县人，1963 年 1 月出生，今年 37 岁，初中肄业；妻子朱雪丽，1963 年出生，今年 37 岁。他两个女儿，一个儿子：长女包苏珊，今年 13 岁；次女儿包星星，今年 11 岁；儿子包美格，今年 10 岁。

包伟雄两兄弟、一个妹妹：她为老大，伟良为老二。妹妹伟君。

包伟雄的父亲包林美，今年 63 岁，原在青田华侨中学当教师，未退休前出国谋生、创业；母亲朱爱娥，今年 50 岁，家庭妇女。他父亲，桃李满天下。1980 年，包林美老师未退休前出国，先去非洲直布罗陀海峡西班牙殖民地一个小岛叫休达，开设一家“长城饭店”，赚来一笔钱转到西班牙首都马德里开设一家“包家饭店”。1982 年，包林美老师把夫人朱爱娥和次子包伟良二人申请到西班牙；1983 年 12 月下旬包伟雄出国，1984 年到西班牙马德里父亲开设的“包家饭店”工作半年，便独自去西班牙海滨城市马拉加（Malaga）开设一家“长城饭店”。这与他的工作经历是分不开的。包伟雄说，他 16 岁至 19 岁时，就赴中国东北各地和山东省推销太阳帽、漆纸等产品已经有了丰富的经营经验。包伟雄出国时身无分文，全靠自己双手和亲朋戚友的帮助，敢于开拓、不畏困难与艰苦。他在马拉加开设的“长城饭店”，经营几年赚了一笔钱后，于 1992 年开始停歇，1993 年 9 月又在马拉加开设一家“包家饭店”，请青田人装修，尚未开业。

包伟雄在马拉加开设“长城饭店”的同时，包伟雄的父亲又赴毕尔巴鄂开设一家“包家饭店”，座位 130 多个，雇用工人 7 个，大厨、二厨及辅助工 3 个。这家“包家饭店”，生意兴隆，财源茂盛，包林美成为毕尔巴鄂市的一位富商。

包伟雄先生，还告诉我们 4 件事：

第一件：西班牙巴斯克华侨华人协会很团结，没有分派别，每个西班牙华侨华人协会会长都可担任巴斯克少数民族协会会长。少数民族协会的会员有黑人、阿拉伯人、东欧人、南美洲人等等，他们都推选李志俊为会长，包伟雄为协会第一副会长。

巴斯克华侨华人协会还参加西班牙国家工会组织，而且巴斯克地区政府还拨款供协会活动经费。

第二件：巴斯克华侨华人协会创办中文学校。协会程报当地政府批准。该校已办了两年多，当地政府说将拨款给协会办学，目前，经费尚未到手。估计当地政府表态是算数的。

第三件：巴斯克地区华侨已融入当地社会。1999 年，巴斯克地区劳工部招工劳工 120 名，其中有 60 多名中国人被招收。

第四件：全家几家餐馆已分给子女经营。包伟雄先生的父亲，已年迈，他半年在毕尔巴鄂，半年在中国浙江省青田县老家。

最后，包伟雄先生说。其父母念念不忘，说在海岛开设餐馆，顾客天天排队。1986 年、1987 年生意红火，顾客排队不退，本来晚上 7—

8 点关门的，但顾客仍在排队，营业时间只得延长，满足顾客的要求。在海岛开设餐馆，投资不大，但赚钱很快。1984 年，包伟雄的父亲在马德里开设一家中餐，从星期三开始到星期天止，顾客天天排队，营业收入可观。近几年来，马德里餐馆开多了，竞争激烈，生意差了些。

包伟雄先生说，他父亲为华侨做了许多好事，值得大家学习。他举了一个生动的例子：1992 年 7 月间，一位青田人从非洲摩洛哥偷渡到海峡休达岛，住在一家旅馆中，因头部被撞伤有大血块，压迫脑神经，昏迷过去，有生命危险。但休达岛没有治脑伤的医院，情况危急，怎么办？包伟雄的父亲当机立断，请军用直升机，将他送到塞维利亚医院脑外科治疗，终于挽救了这位青田人的生命。

包伟雄先生还说，他父亲帮助青田同乡及亲戚朋友申请出国创业的有 100 多人。

第四节　采访中国东北及山东旅毕尔巴鄂市打工者

10 月 12 日，星期四，晴天，下午 6 时 25 分，我们调查了解中国东北地区及山东来西班牙毕尔巴鄂市打工的人：他们是怎样来毕尔巴鄂的？为什么要来毕尔巴尔打工？他们在这里的工作生活状况如何？他们向我们谈了难以想象的情况：

从中国大连、吉林丹东和山东烟台等地来毕尔巴鄂时，先坐中国货轮到西班牙海岛码头，有船员、厨师等 20 多人上岸不回国；还有一些人在货船上当水手也不愿回国，往往搞得货轮开不回国。东北丹东货船开到西班牙巴拉卡尔多，两位老板向乘船者收取劳务费 14 万美元，两人分掉做资本，向西班牙政府办来居留证，到毕尔巴鄂与马德里开设中餐馆。这是上海旅西班牙华人李谋说的。

李谋还对我们说，中国东北各地和山东一带的人，在未取得西班牙居留证前，都在服装厂做黑工

。

第五节 采访浙江省青田县旅毕尔巴鄂市华侨许文广先生

10月12日，星期四，晴天，下午10时许，采访“天安门饭店”老板许文广先生。

许文广，浙江省青田县鹤城镇人。1984年10月，他先到瓦伦西亚一个亲戚开设的一家饭店打工一年，之后到西班牙南部一个同乡人开设的一家饭店打工近5年之久，积累了一些钱，于1990年12月到西班牙北部一个城市——毕尔巴鄂开设一家“天安门饭店”，设座位60多个，雇用跑堂、厨师、辅助工等4人。许文广的夫人林彩华，浙江省青田县人，1992年到毕尔巴鄂协助许文广经营“天安门饭店”。

许文广的姐姐，于1995年到毕尔巴鄂市开设一家“富源饭店”；许文广的父亲60多岁、母亲陈氏也60多岁，他俩来毕尔巴鄂开设饭店。许文广全家在毕尔巴鄂市开设两三家饭店，经济收入可观。

第六节 采访浙江青田县旅巴斯克华侨陈永海先生

10月12日，星期四，晴天，下午11时许，我们采访巴斯克华侨华人协会副会长陈永海先生。他，浙江省青田县鹤城镇人。1985年，他先到比利时布鲁塞尔姐姐开设的饭店打工一个月后，来到西班牙马德里阮松林先生开设的饭店打工10个月，再到马德里郊区他哥哥陈永华开设的饭店打工两年，积累了一些钱，掌握了经营饭店的经验，奔赴西班牙北部萨拉曼卡（Salamanca）与小弟老五、老六3人合伙开设一家餐馆。1995年2月，西班牙巴斯克华侨华人协会成立时，陈永海被选当协会副会长。他说，自己有8个姐妹兄弟，大部分人在西班牙各地开设中餐馆，而西班牙有四分之三的饭店、酒家是浙江省青田人开设的，足见青田人来西班牙谋生、创业者之多。

第二章　续考马德里华侨华人社会

我们对毕尔巴鄂华侨华人社会调查考察任务完成后，于 10 月 13 日上午 7 点钟，由“天河饭店”老板叶凡先生驱车把我们送到毕尔巴鄂公交车站头，我们向他们挥手告别，乘毕尔巴鄂到马德里的公交大卡车返回马德里，住在马德里中文学校校长叶玉兰家中。

2000 年 10 月 14 日下午至 17 日下午，我们采访叶玉兰、白植崇、林承国、干怀青、干怀君、徐松华及寻踪欧华联会创始人肖继銮和王军等人的活动。

第一节　参观浙江省青田县旅马德里华人叶玉兰女士创办的中文学校

10 月 14 日，星期六，晴天，午后 12 点 30 分，我们参观马德里中文学校。该校校长叶玉兰介绍：马德里中文学校共有 14 个班级，学生 340 多人，今天星期六，有 9 个班级上课；明天星期日，有 5 个班级上课。

本校学生年龄最大的是 18 岁，全校有 15 名教师、1 名校长，1 名教导主任。校长叶玉兰，教导主任黄小捷。原来是一星期上一天课的，由于报名读中文的学生人数猛增，只得改为星期六、星期日两天上课。

中文学校的特点是：学生年龄参差不齐，学生中有老外 10 多人，年龄都比较大。

校长、教导主任都是温州市城区（今鹿城区）人。

本学期开学至今已有 4 个星期。

由于时间紧迫，不能采访叶玉兰及其夫人白植崇和他儿子白峰的谋生、创业历程，容笔者回国后，通过各种途径登其家门或通过电话采访，进行补白。

第二节　采访上海旅马德里华侨林承国先生

10月14日，星期六，晴天，下午7时，我们采访西班牙上海联谊会正副会长、秘书长和上海人在西班牙创业情况。

1992年12月，成立西班牙上海联谊会，选举林承国为联谊会常务会长、钱济龙为联谊会常务副会长。1996年11月，换届选举，叶济盛为西班牙上海联谊会会长，姜继训为联谊会秘书长。

林承国，上海复旦大学新闻系毕业，出国前曾任上海“新民晚报”记者。1994年，他来到西班牙马德里后创办《南欧华人报》。

现在，西班牙上海联谊会会员有300多人。上海人在西班牙开设餐馆及经营其他行业的达3000余人。

第三节　采访浙江省青田县旅西班牙华侨干怀青、干怀君两位先生

10月15日，星期日，晴天，上午8时许，我们采访干怀青、干怀君二人。

干怀清，浙江省青田县鹤城镇人，今年32岁，初中毕业，1985年9月，到西班牙瓦伦尼亚“南京饭店”做跑堂，时间一年多；到沙特摩纳哥（译音）一家饭店打工6年；再到塞维利亚姐姐开设的饭店做跑堂三年。接着，他去西班牙一所理发学校学习两年，其中：一年学习美容；一年学习理发。理发学校毕业后，到老外开设的理发店做理发工一年。1999年初，自开设理发店，当理发师。

干怀君，女，浙江省青田县鹤城镇人，今年36岁。1981年7月，浙江省丽水卫生学校毕业；同年9月，她被分配青田县人民医院当护士。1989年1月出国，先到西班牙马拉加公公开设的“欧亚酒楼”打工一年。1990年，她到塞维利亚开设一家小餐馆，开设一年多，将它

卖掉。1992 年 10 月，她到德国柏林郊区一个小城市开设一家中餐馆，开了三年，因为居留证办不起来，便卖掉这家中餐馆，重返西班牙马拉加公公开设的“欧亚酒楼”打工。1995 年，她离开“欧亚酒楼”返回青田老家一年左右，又返回西班牙马德里找餐馆，直到 1999 年初，在马德里找到一家餐馆，于同年 4 月开业。

第四节 采访浙江省青田县旅西班牙华侨华人协会副会长徐松华先生

10 月 15 日，星期日，晴天，下午 6 时，我们采访西班牙华侨华人协会副会长徐松华先生。

徐松华，浙江省青田县港头乡人。1948 年 11 月 7 日出生，解放后土改时，家庭成分被划为中农。他祖父徐岳武，是个身强力壮的农民，农忙时务农，农闲时撑船，家庭经济生活是：年成好，生活尚能温饱；遇到歉年，生活欠佳。他父亲徐钦洲，私塾读过四年，继承祖业，农忙务农，农闲撑船，但他体力不如祖父，1937 年“七七”卢沟桥事变发生后，日本帝国主义全面发动侵华战争，中华民族危机空前严重。在战乱年代，家庭生活日趋贫困，1943 年，他被国民党抽去当兵，奔赴抗日前线，与日军作战。在一次恶战中，全连战士除他和 3 位战友外，都牺牲于日军的激烈炮火之下。他在战友的遗体下苏醒过来，经过敌人包围圈，爬山越岭逃出来，以后，幸运回到家乡。从此，他生了一场大病，治疗 5 年之久，直到解放后才下床从事轻微劳动，被村民们选为土检干部；农业合作化时，担任副村长。1956 年 5 月，徐钦洲参加中国共产党。1930 年赴荷兰谋生的徐松华大伯徐永钦于 1950 年寄给家里一封信，说自己到异国他乡，生活艰难困苦，不敢告诉家人，以后“二战”爆发，战火纷飞，断绝了通信，直到现在才给家里写一封平安信，并寄给家里 5 英镑。1958 年，他父亲徐永洲应胞兄徐永钦的要求，申请批准，经香港前往荷兰。因他伯父与松华父亲相见不相投，不愿其父留自己身边，松华父亲离开荷兰到西班牙谋生。1960年，松华伯父徐永钦患病逝世，因其嫂子和乡亲们的共同要求，徐永洲离开西班牙回到荷兰恩斯奇特市接管经营了“大东酒店”，开始拥有了属于自己的一份产业。1968年，徐永洲本想回国探亲，因国内正处于“文化大革命”动乱之中，他不了解“文革”情况，心存惧怕，未敢动身启程，不料于1969年11月12日患脑溢血而突然去世。徐松华曾多次申请出国继承父亲遗产，但在“文革”动乱年代里，他伯父和父亲多年苦心经营的两家中餐馆和全部资产，损失殆尽，何等痛惜！

徐松华，10岁时送父亲出国谋生、创业后，在慈母的严教下成长，考入青田华侨中学后，勤奋学习，尊敬老师，品学兼优，被选当班长。1968年，他高中毕业后，回家务农，并负责村里建设小型水电站的筹建工作。1970年，他作为第一批工农兵学员代表被推荐上大学。他进浙江美术学院（即今中国美术学院）就读。美术学院毕业后被分配青田县文化馆担任美术干部，县领导曾有意提拔他担任县文化局局长，徐松华不愿当官，坚持从事美术专业工作，热情辅导培养少年儿童的绘画活动，带出了一支全国闻名的“画童队”，在《人民画报》《中国建设报》等刊物上介绍有关事迹。他的长子徐晓冬学美术很有才气。小晓冬的作品曾在杭州聚景园展售，并被日本报纸作过报道引起轰动，受到奖励，由别人代表赴杭州领取了一只手表，遭到当时青田县委书记点名批评，并取消了徐晓冬去杭州、上海、广州三地参加已经筹备好的画展资格。这件事不但对徐晓冬是个沉重的打击，也对徐松华及其妻子是个打击。从此，徐松华萌发了到海外谋求发展的念头。

到海外谋求发展也不是很容易的事。1984年12月17日，他经申请批准，来到已移居葡萄牙的外甥、侄子和弟弟家中。他见到他们在这里做行商小贩，疲惫不堪，感到寒酸，在中国是个美术干部，而来葡萄牙又无居留证，怎么办呢？他面对现实，跟他的外甥、侄子和弟弟一样，放下架子，跟着他们先做行商小贩。不多久，他和外甥到葡萄牙与西班牙两国边境交界处的一个小城镇摆地摊。由于没有居留证被当地警察抓去审讯，幸亏持有居留证的外甥把他担保释放出来。同乡亲友劝他在未获得葡萄牙居留证前，待在家中不要上街。他在家待了几天，每天只吃一顿餐饭，迫使他再动脑筋，觉得长此待下去，总不是个办法。他向亲友们建议，不如合伙开个中餐馆，开始他的弟弟不同意，说哪里来的钱开餐馆，还是死了这条心吧！他不顾寄人篱下吃饭，便向荷兰和德国朋友借钱，得到他们的支持，贷到400万西币（含人民币20多万元），外甥从其他地方借来100万西币；再加上弟弟与外甥多年辛苦干的积蓄也有100万西币，合计600万西币，于1985年7月，与弟弟、外甥合开了一家“京园饭店”。这家饭店开业后，他弟弟徐松平当大厨，外甥林越斌当二厨，徐松华当洗碗工，一家齐心合力，生意红火，并领到了葡萄牙营业执照。正当三人合伙开设的“京园饭店”有起色之时，徐松华又被当地警察叫了去，以他没有葡萄牙居留证，限他15天离开葡萄牙。徐松华无比愤慨。刚巧，他获悉西班牙正处于经济腾飞的20世纪80年代后期，需要大量劳动力，对外来移民比较放松，于是，他就于1986年10月下旬来到西班牙，在那里办了居留证，经过几年艰苦奋斗，积蓄了一些资金，于1989年在马德里开设了一家“京园酒家”；接着，他又开设了一家“中贸公司”、下设“东方商场”，专营东方食品（主要是中国食品，也有菲律宾、泰国、日本、朝鲜等亚洲国家的食品）；并从西班牙华侨华人协会会长萧继銮先生手里接办了“东方书店”，专营中国图书，向欧洲传播中华文化，使更多的欧洲人了解东方的中国。

1988年，徐松华参加了当时西班牙唯一的社团——华侨华人协会，由于他热心为侨团服务，当年就当了协会理事。1991年任副秘书长；1993年起连任副会长、兼秘书长，1998年出任首席副会长。他根据西班牙华人社会的实际情况，提出了应把“维护华人社会的安定团结，维护华侨的合法权益”作为协会的主要工作。他提出的“两个维护”得到了老会长萧继銮和现任会长叶碎友以及全体理事的认同和支持，也得到欧洲各国兄弟侨团和中国驻西班牙大使馆的肯定和支持。

最后，徐松华向我们谈了两件大事：

一件是：1994年与1995年，西班牙政府遣返在西犯罪的华侨回国，国际警察局同西班牙华侨华人协会联系，并请协会协助犯罪华侨回国。

浙江省外办来电，由浙江省公安厅组织今年春节联欢会，会上提出：7月6日华商会成立时，把西班牙警官请了6人，确定这6位警察来中国。

胡绍枢领导的商会、华侨工商会和华侨华人协会各拿出两个半里米红（货币单位）买飞机票，请西班牙6位国际警察来中国参观。

北京市侨办、公安部两个单位迎接西班牙警察局委员。西班牙警察一行到中国参观后，知道中国北京是现代化城市，深受感触。接见后，西班牙警官到中南海参观。次日，他们游玩长城、皇帝陵墓。参观后，西班牙警察感叹不已。在他们游览的当天，国务院侨办宴请西班牙警察。宴会上，国务院侨办领导说，我们国务院侨办是为侨胞服务的，希望侨胞早日融入当地社会，搞好中西关系；据西班牙侨团领导说，西班牙警察同侨胞关系很好。西班牙警察说，西班牙是欢迎移民的国家，西班牙华侨是勤劳的、遵纪守法的移民群体。近几年来，华侨内部发生凶杀案，只是华侨内部，对西班牙社会没有产生影响。维护侨胞利益，是我们的责任。

10月7日早晨，从北京到上海虹桥机场，从浦西看浦东，高楼大厦林立，中国条件那么好，你们为什么要出国？西班牙华侨社团负责人回答：一、青田、温州一带有移民的历史，他们的长辈很早漂洋过海，历尽艰辛，来到欧洲谋生、创业；二、欧洲国家对中国人民比较友好；三、中国实行改革开放政策后，世界变小了，人们的眼界大了，他们认为在中国可以发展，为什么在外国不能发展呢？作为山区的农民、手工业者也想到国外创业，谋求发展。

西班牙警察觉得我们说的有道理。

西班牙警察从上海到浙江省杭州后，省侨办副主任、省公安厅副厅长在西湖国宾馆设宴欢迎他们。省公安厅副厅长说：“我们刚到西班牙，你们那里山美水好，国际警察的任务是一致的，我们的侨胞在那里有数万人，需要你们关照。”西班牙警察回答：西子湖很美呀！我们邀请你们到西班牙看看。次日早晨，双方警察举行业务交流，交换意见，并就如何遣返中国侨民犯罪问题交换了意见。当天下午，组织游园活动，请他们坐高级游艇在西湖游了半天。当晚，省侨办领导高度评价了侨团与警方的关系，并说把它作为良好的开端。

9 日，西班牙警察参观丝绸、茶叶博物馆，使他们认识中国文化的博大精深。

10 日，从杭州到温州，温州市市长宴请西班牙警察，并请温州市侨办、市公安局有关人员出席，西班牙的侨团负责人李汝龙、胡绍枢、徐居平、叶碎友、徐松华、徐孟斌等应邀赴宴。

13 日，从温州到瑞安市，瑞安市接待工作做得非常好，徐松华说，我不再赘述了。

另一件事，关于西班牙“黄泉”电影诬蔑中国人的问题。1998 年 4 月，西班牙拍摄的一部电影叫“黄泉”，诽谤诬蔑中国是黄色蚂蚁，把中国移民到欧洲的人，看作华人黑社会，中国在欧洲的“混血儿”等等，我们劝西班牙电影公司不要放映，他们不听劝告，我们请律师打官司，并由徐松华起草印发公开信，经中国驻西班牙大使馆通过。西班牙电影公司说中国干涉他们的文化新闻自由。我们通过欧华电影公司，要他们停止放映。后来，他们秘密拍摄，放映“黄泉”影片就没有人看了，“黄泉”电影公司元气大伤。“黄泉”电影公司愿同西班牙侨团签订合同，徐松华拒签，充分反映了以徐松华为代表的侨胞的爱国思想。

第五节　寻访山东省旅马德里华人肖继銮先生的行踪

10 月 16 日，星期一，晴天，中午 11 时 45 分，由西班牙华侨华人协会（以下简称协会）副会长徐松华驾车、肖继銮夫人陈月萍陪同，赴西班牙中部一个叫纳瓦萨提达（Nava cerrada）参观协会首任会长肖继銮先生捐赠给该市文化中心图书馆。

小车从马德里出发，经过约一个小时的行程，来到纳瓦萨提达的小城。车子停泊后，在该市文化中心工作人员带领下入室登楼，到图书馆专门为肖继銮先生捐赠所开辟的一间图书室。我们围坐在图书室的椅子上，首先倾听肖夫人陈月萍介绍肖继銮先生的家庭出身及其来西班牙的经历：

肖继銮，中国山东省青岛崂山人，1934 年农历三月初九（阳历 4 月 22 日）出生，8 岁在青岛上小学，他父亲是国民党军人、抗战中的将领，1946 年 7 月内战爆发后，政治形势发生急剧变化，他抛下妻子和女儿，于 1949 年带走高小毕业，年仅 15 岁的肖继銮离开中国大陆到台湾。他到台湾后，又娶了一个老婆。肖继銮背井离乡、置身于一个完全陌生的环境中，生活困难，使他失去欢乐，性格也变得深沉起来。他发奋苦读，成绩优异。中学毕业后，又在淡江大学上学一年。1955 年对 21 岁的肖继銮来说是时来运转的一年。中西文化协会向台湾地区提供西班牙政府公费奖学金的 50 名留学生名额，由于各种原因，学生并未全部报到，后有 40 多名留学生分批去西班牙，肖继銮即是其中之一。他坐船到西班牙的盘缠（川资）也是由台湾的山东同乡凑集的。当年 10 月肖继銮顺利进入马德里中央大学医学院，由于他对医学不感兴趣，后转入该校文哲学院教育系就读。

面对语言和经济拮据的双重压力，肖继銮迎难而上，刻苦钻研，以勤工俭学克服困难，终于在 1962 年获得教育学硕士学位，次年又在文哲学院博士班毕业。告别学校的肖继銮于 1963 年 12 月 18 日与陈月萍女士结婚。

陈月萍，香港人，1937 年农历九月十七日（阳历 10 月 22 日）出生。1957 年秋，从香港到西班牙马德里，入马德里皇家音乐专科学校学钢琴，后入马德里大学外国文学系就读毕业。她是肖继銮先生的贤内助。这两位高才，志同道合，共同走谋生、创业之路。1965 年在马德里开设第一家中餐馆，1969 年创办东方食品商店。1970 年时又与在故乡大陆的母亲和弟妹取得联系，心中万分激动。1973 年 3 月 9 日，中西建交。肖继銮第一个到中国驻西班牙大使馆申请回国探亲，终于回到了梦寐以求的神州故国，见到了阔别 20 多年的亲人。通过短暂的探亲和访问，使他对当地政府有了更多的了解，在浓浓乡情、亲情的激励下，身为华人使他萌发出要发挥桥梁作用的想法，为祖籍国故乡和侨居国做点贡献的冲动。

中西两国相距万里，平时少有交流，西班牙人民对中国非常陌生。自中西建交后，中国人陆续来西班牙这么多城市开设中餐馆，但与欧洲其他国家相比，数量不多。如何使更多的西班牙人了解中国，熟悉中国，如何为祖籍国多做些有益的事情，肖继銮先生一直在心中思索着。1974 年，他接受了中国国际书店在西班牙的代理业务，并在次年于马德里开设第一家中国书店——东方书店。当时是弗朗哥右派执政，对来自中国的书籍检查很严，促进中西文化交流谈何容易！在开办书店的同时，肖先生也从不放过宣传、介绍中国的机会，如他每年积极参加了马德里公园举办的书展，坚持不懈，用主动灵活的宣传、介绍中国，其精神深受西班牙国王卡洛斯和王后索菲娅的赞赏。

为了使更多西班牙人认识中国，肖继銮先生用自己的渊博知识，精通西班牙语言的优点，把中国传统文化翻译成西班牙文在西班牙出版，先后译成多种书籍，如《中国菜谱》《东方茶叶——人参》《道》《中国民间谚语》《孙子兵法》《健身球手册》和鲁迅先生的著作《呐喊》等，直至病故前，他还在积极筹备出版《孔子及其主要学说》《庄子》《中国茶》等书。为此西班牙华侨华人一致认为，若论为中西文化交流所做出的贡献，肖继銮数侨界第一人。

在中西建交后的头两年间，两国关系仍较冷漠，直至 1975 年底弗朗哥逝世，卡洛斯国王执政后，中西关系才逐渐步入正常轨道，这也为肖继銮先生久埋心中为国做点贡献的愿望提供了机遇。1976 年中国外交部副部长章文晋访西时，肖先生作为翻译参与接待。接着伍修权副总理访西，肖先生作为西班牙国防部翻译参与会谈。1982 年中国外长黄华访西时，肖先生被任命为西班牙官方翻译，同时被特聘为卡洛斯皇家翻译。1984 年国家主席李先念访西时，肖先生在没有打字机的情况下，硬是用工笔抄写国王讲稿，同时也为首相苏德劳做翻译，从而为李先念主席的访西取得圆满成功做出贡献。

1985 年，肖继銮先生作为冈萨雷斯首相的翻译官访问中国，由他给党和国家领导人做翻译，特别是邓小平同志会见西班牙首相时，肖先生久握邓小平的手不放，祝他健康快乐。

当中国驻西班牙大使介绍肖先生说是西班牙华侨华人协会会长时，小平同志嘱咐肖先生："多为中国和西班牙邦交作贡献"，肖先生激动得热泪盈眶。这次肖先生还随代表团拜见了当时的上海市委书记江泽民。在此期间，肖先生还为西班牙副首相、经济部长和商业部长担任过翻译。直至 1991 年时，由于肖先生高血压、难以适应这过于紧张疲劳的翻译工作，才辞去特聘译员。在这 10 多年间，肖先生为发展中西两国友好关系，为促进中西文化交流做出的杰出贡献，有目共睹，人们永远不会忘记。

20 世纪 80 年代末 90 年代初，随着欧洲各国华侨华人的不断增多，新的华人社团也如雨后春笋般涌现，并且朝气蓬勃，相当活跃。此时，华侨华人均有一个设想，能否团结一致，成立一个欧华联合会的大社团。其实，早在 1984 年 6 月，正值西班牙华侨华人协会成立一周年庆典时，来自英、法、荷、比、意、丹麦、瑞典等国的华人代表在马德里聚会时，就欧华联会的筹建工作展开深入的讨论，并且选出英国文良生、荷兰胡志光、法国刘友煌、比利时黄朝普等 5 人为筹委会常委，肖继銮先生为召集人。自此后肖先生一直为此到处奔波，不断通过书信、电话、电传与欧洲各国侨团联系。1990 年秋在杭州参加浙江海外知名人士会议期间，肖先生和胡志光先生两次商讨欧华联会的具体事宜。经过多年坚持不懈的筹备，1991 年 8 月 27 日，在荷兰召开欧华联会筹办大会，与会的 10 个欧洲国家 26 个侨团经协商确定了欧华联会成立的具体日期及有关事项。1992 年 5 月 8 日，欧华联会在荷兰正式成立，荷兰的林德华先生出任主席，肖继銮先生当选为常务副主席。在激动兴奋之余，肖先生便把更多的时间精力投入欧华联会，他不辞辛劳，亲赴英、法、荷等各国，还特地赴北欧各国访问侨团，相互沟通，安排工作，联络感情，其忘我的工作精神令人感动。由此可见，肖先生是欧华联会主要创始人之一，他所尽的努力和做出的贡献，人们会永远记心中。

肖继銮先生在侨界做出的另一贡献就是参与创建一小一大两个华人社团组织。中西两国合作友好关系的发展，中西文化交流活动的增强，西班牙华侨华人与祖国的联系更加紧密，这与中国经济持续增长，综合国力进一步增强和国际威望不断提高有关，也与旅西华侨不断增多有关。1982年时，西班牙几位热心的华侨开始筹建一个较小的华侨社团，由于华侨人数较少，财力单薄，加上语言不通，困难重重。肖先生因见多识广，学识渊博，加上又有崇高威望，便被推选为协会的临时会长。肖先生旅居国外多年，更深深体会到侨团的重要性，华侨只有团结一致，组织起自己的社团，才能显示自己的力量，才能更好地维护合法权益，并有利于保存自己的文化传统，更好地融入主流社会。为此他积极为草拟协会章程，会所和申报等事忙碌奔波。1983 年 6 月 6 日，西班牙华侨华人协会在马德里宣告成立，肖先生众望所归被推选为会长。作为创会会长，肖先生在任职期间任劳任怨，为维护华侨华人的整体利益，为协会的不断成长壮大，倾注很大心力，博得大家的尊敬，直到 1995 年 7 月 24 日逝世，他连续被推选为会长。前人栽树，后人乘凉，可以这样说，西班牙华侨华人协会所以能成为规模最大，最具代表性和影响力的社团，这与肖先生苦心经营打下的基础有关，也与他的崇高威望分不开。

进入 20 世纪 90 年代以后，西班牙随着非法移民的剧增，整个侨社未免鱼龙混杂，泥沙俱下，华人社会的犯罪活动也是呈增加趋势，形势变得非常严峻。一方面是当地社会的媒体，抓住华人社会的个别犯罪案例，小题大做，大肆渲染，进行攻击；另一方面极少数华人犯罪分子拿自己同胞开刀，上门收取保护费，敲诈勒索，进而杀人越货，弄得人心惶惶。面对内外交困局面，肖先生以协会为核心，坚定地提出必须维护华人社会安定团结，必须保护华人的生命财产安全。协会先后发放宣传资料，召开大小座谈会，利用一切机会发扬正气，制止邪恶。同时协会配合警方和中国驻西使馆，共同制止流氓犯罪活动，有力地打击犯罪活动气焰。待华人协会内部秩序稳定，人心安定以后，便腾出手来，反击西班牙极少数种族歧视行为。协会组织人力起草抗议信，呈送西班牙首相、马德里警察局、ABC 报社和马拉加市市长等，信中谴责西班牙少数人的排外情绪，表明自己的原则立场以及维护正当合法权益的决心，得到西班牙正义力量的同情和支持。

华侨华人人数增加后，协会内部出现摩擦和纷争也在所难免。有些人对肖先生冷嘲热讽，甚至撰文攻击，1990 年发生了协会内的正常选举不能开票的争斗。1994 年又有人攻击肖先生对来自大陆的侨胞“没感情”，搞地方主义等。但熟悉的人都了解肖先生性格刚正不阿，其秉公办事和无私奉献的精神令人敬佩。肖先生在协会内处处以大局为重，以宽广的胸怀去团结与自己意见不同的人，为此 1995 年春协会改选时，肖先生又以高票蝉联会长。肖先生心脏欠佳，又有高血压，体质本来就较差，加上生意的事和协会的工作，常常是超负荷运转，终日奔波操劳。本来他和太太陈月萍已预定好机票，于 1995 年 8 月 13 日去加拿大多伦多探望女儿和 4 岁的外甥的，不幸于 7 月 24 日夜因劳累过度，心脏病急性发作而病逝于巴塞罗那，享年 61 岁。噩耗突如其来，肖先生绷得太紧的生命之弦，戛然断裂，西班牙华侨华人一夜间失去自己的领袖，悲痛万分。肖先生是留学生，学识渊博，聪明能干，且和西班牙政府高层有良好的关系，他的地位无可替代。痛哉！痛哉！

肖继銮先生的太太陈月萍，与肖先生结婚后，生有二女一子，均已结婚成家。大女儿定居法国巴黎，二女儿定居加拿大多伦多，小儿子定居美国奥兰多。年逾花甲的肖太太，身体欠佳，面容憔悴，因神经系统有病，于 1999 年 2 月 10 日做手术，取出后脑长出的两块血瘤，其右耳受影响，手握笔写字很慢，雇一个西班牙女人照顾，每天早晨

6 点至晚上 6 点为肖太太务理，佣人的工资由肖太太自己支付。

陈月萍说，在巴塞罗那的那家老店已卖给外甥女；在山东的肖先生母亲坟墓有变动，已为婆婆坟墓买好并安葬完毕了。

陈月萍说，家中藏书很多，根据肖先生生前的遗愿，将肖先生生前所藏的 7000 册图书，捐赠给西班牙中部城市纳瓦萨提达市文化中心图书馆。捐赠仪式于 2000 年 5 月 16 日举行，该市市长巴勃罗・豪尔赫出席捐赠仪式，他们在讲话中一致赞扬陈女士的这一义举，称这一行动是中西两国人民友好的象征，也是两国人民文化交流日益加强的体现。

我们对几个大书架上排列整齐的图书留下极为深刻印象。精装的外文图书英文、法文和西班牙文等，中文图书最多，如中国古典文学四大名著，《金瓶梅词话》（上中下）、《鲁迅全集》20 册，《全唐诗》、《太平广记选》，还有中国绘画和中国盆景等。

岁月如流，转瞬间，肖继銮先生离开人世已是 8 个年头了，但斯人已逝，音容宛在。图书馆一长桌上还放着肖先生的青铜头像，与照片相比，线条流畅，形象逼真生动，非常精神，上面镌刻着他的名字和生卒年代。我们作为来自中华本土的学者，满怀对这位西班牙侨领的无限敬仰之情，立即在像前摄影留念。如今肖先生一生所收藏的珍贵书籍，他为中西文化交流所做的杰出贡献，连同他的塑像，已留在西班牙土地上，遗爱在人间，并将不为流逝岁月所湮灭。

（此文原标题是《怀念西班牙侨领肖继銮先生》，原载沈立新著：《乡情绵绵不尽——华侨华人研究文集》，第 319—324 页。）

第六节　采访上海旅马德里华侨王军先生

10 月 17 日，星期二，阴天，下午 5 点 45 分，我们采访上海联谊会法人代表王军先生。

王军，上海人，1943 年出生，今年 57 岁；他的太太王锺燕，东北辽宁人，1944 年出生。

王军来西班牙的经过：1978 年 12 月，到泰国曼谷经商；以后，又到澳门、香港和斯里兰卡、新加坡等地经商，1987 年 12 月 22 日，抵达西班牙马德里谋生、创业。1992 年，西班牙发生抢劫、绑架等事件，王军认为，应尽快把上海联谊会成立起来，对付此事。直至 1997 年 2 月，马德里上海联谊会才成立，叶际盛任会长，王军为联谊会法人代表。1999 年 11 月，巴塞罗那上海联谊会成立。现有会员 500 余人。

最近，上海联谊会接待了上海市有关人士，还先后接待了李瑞环、朱镕基、李岚清等中央领导人。

上海人在西班牙各地创业的大体情况是：开设中餐馆 18 家、百货店 4 家、照相馆 4 家、旅行社（神州旅行社）1 家、翻译中心 1 家、洗衣店 2 家、服装加工厂 1 家、服装批发商店 2 家、装修公司 2 家、蔬菜批发店 1 家、酒家 9 家、书店 1 家、进出口贸易公司 11 家。此外，摆地摊有 20 人

王军先生说，上海人在西班牙谋生、创业的大约 2500 人，最近又有从各国进入西班牙的 127 人办居留证，其中有 2 人被西班牙当局拒绝，估计有 100 人可获西班牙居留证。

上海人最早来西班牙的是林立水。他于 1953 年在马德里开设第一家中餐馆。他的女婿在马德里开设一家百货批发公司。林立水是西班牙华侨华人协会的常务理事。

王军先生说：“上海人最大的毛病，是不团结，每个人都认为自己最聪明，别人是傻瓜”他举了一个例子：1996 年在马德里开设一家葡萄酒公司，生意红火，因公司中 8 个人不团结，使这个葡萄酒公司瓦解了。王先生说：“从第一届上海联谊会成立至现在（指 2000 年 10 月 17 日前），凡是有矛盾的活动，我不参加；凡是有利的活动，我参加”。

由于上海人不团结，使坏人乘虚而入。近几年来，上海人在西班牙被杀的恶性事件发生好几件：1996 年一个上海女子被杀；1997 年 3

月一个上海人被杀；1999年4月又有一个上海人在西班牙一个海岛被杀。

作为建立上海联谊会发起人之一的王军，上海人应加强自身团结，团结就是力量，他表示，今后一定要做好上海联谊会委员的团结工作，为上海人在西班牙发展经济事业做贡献。

第七节　续访浙江省青田县旅马德里华人叶玉兰女士

叶玉兰，1942年4月15日，出生于浙江省永嘉县梧埏乡（镇）大堡底村（今属瓯海区梧埏街道）。她祖籍青田县水南区小岭乡。父亲叶留才，母亲陈留杏。留才六兄弟，他为老大，正才为老二，连才为老三，丁标为老四，洪标为老五，勋标为老六。20世纪30年代初，留才赴法国做行商小贩，赚了一笔钱，到永嘉县梧埏（乡）镇大堡底村购买了房屋和几亩水田，以务农、理发为生。叶玉兰的外祖父陈桂斋，绰号马坑土，青田县水南区小岭乡马坑村人，是个旅法老华侨。

梧埏镇位于瓯江下游南岸，距离温州市城区（今鹿城区）约6公里。1942年7月上旬，日军从金华南侵，陷丽水、攻青田，至永嘉境内，分兵两路进犯温州。11日，温州城第二次沦陷。在日军入侵永嘉境内时，当地百姓四处逃奔。是年7月，温州永嘉正逢罕见的大旱，叶留才窥见日军进犯梧埏镇境内，十分惊慌，遂躲进自己的柑橘园中。不料，留才被日军发现，惨遭枪杀。当时，叶玉兰诞生仅3个月，母亲陈留杏闻悉丈夫被日军枪杀，号啕大哭，束手无策。姨母陈聪杏抱着小玉兰和她的大姐玉英沿着崎岖山道逃到青田县老家水南区小岭乡马坑村。8月15日，日军撤退，姨母又抱着玉兰和玉英回到了永嘉县梧埏乡大堡底家中。这时，玉兰父亲的尸体已被戚友入棺，安放在他自己的柑橘园中。为使棺材不被风吹、雨淋、太阳晒，随后在其“棺材”外砌了一座小棺材屋加以保护。这座小棺材屋直至中华人民共和国成立后60年代初才被移葬在墓穴中。

叶玉兰的父亲是家中的正栋梁、正劳动力，且说玉兰又很年幼，其大姐玉英也只有九岁，生活来源仅靠几亩水稻及柑橘园收入，难以维持生活。陈氏无奈，只得把小玉兰送给胞姐陈聪杏抚养。玉英和母亲待在大堡底村的老家中。母女俩相依为命，起早摸黑，纺纱织布，下田干农活，到农忙季节，无力及时插秧或收割，便雇人帮忙。平时，母女纺织、农耕，经济收入有限，加上人情支出，家庭生活日趋困难，长此下去，不是办法，加上陈留杏还很年轻，她反复考虑着自己的今后生活。后经邻居劝说，思想开导，陈留杏终于嫁给了当地姓吴的一个农民为妻。年幼的叶玉英，也随母亲到了后叔家中。玉兰 8 岁时，入青田石砻小学读书。她在该校读了 3 年后，又重返永嘉梧埏，寄居后叔家中，入梧埏区中心小学读书。她高小毕业后，于 1956 年 7 月考入温州三中。这是一所初级中学。玉兰学习勤奋，成绩优异，初中毕业后，她被保送温州一中（今温州中学）高中部就读。1962 年 7 月，高中毕业后，因家庭经济困难，没有升大学，而去温州市朔门小学代课，代课金每月 24 元人民币。叶玉兰在该校代课一段时间后，被学区派到温州市万岁里小学当负责人，而后再到温州市瓦市小学代课。“文化大革命”期间，万岁里小学并入温州市四营小学，玉兰被任命为四营小学“文革”小组副组长。“文革”后她被转为正式教师。

叶玉兰在小学执教期间，经朋友介绍，认识一位青田同乡白植崇先生。他，青田县油竹乡小口叶山村人，1961 年 7 月，浙江大学土木系河川水利专业毕业，被分配到温州地区水利局水电设计室（今为温州市水利局水电勘测设计院）工作。玉兰认识白植崇后，感到他为人随和，待人诚恳，情投意合，毅然决定把他作为自己终身伴侣。1966 年“文化大革命”爆发前夕，叶玉兰与白植崇先生结婚。人们称他俩是“天配良缘”。

“文革”开始后，叶玉兰任温州市四营小学“文革”小组副组长、瓦市小学辅导区“文革”小组成员。1976 年 10 月，粉碎“四人帮”后，她被任命为市四营小学副校长、共青团温州市东城区教师总支书记、少先队总大队辅导员。每一个岗位，都留下了她成功的足迹，均受到同事和上级领导的好评，多次被评为温州市先进教育工作者。1979 年获浙江省优秀少先队辅导员的光荣称号，被誉为温州市教坛上的一名新秀。

1979 年 12 月，中共十一届三中全会后，全党把工作重心转移到经济建设上来，实行对外开放政策。全国著名的侨乡——青田、温州，掀起了一股新的移民高潮。她与丈夫白植崇在新的移民潮的驱动下，心里也浮动起来，夜不能寐，反复考虑，决定顺应时代潮流，利用海外关系，出国创一番大事业。于是，她与丈夫从公安部门办来了出境护照，于 1980 年 1 月 18 日，率领长女白桦、次女白明四人以出国旅游为名，从温州启程，抵达西班牙瓦伦西亚（Valencia）市。该市位于西班牙东南部，是个海滨城市，气候宜人，环境舒服。为了在这里创业，她与丈夫先到一个青田同乡金光奎先生开设的中餐馆做临时工：叶玉兰做酒吧侍应生；丈夫做洗碗工；两个女儿送瓦伦西亚一所公办学校学习西班牙语。语言是交际的工具，要在西班牙立足，首先要过好语言关。刚来瓦伦西亚的叶玉兰等四口人，都住在这家中餐馆楼上，生活相当艰苦。当时，叶玉兰与白植崇每月工资每人 18000 西币；她俩在温州还有 3 口人：姨母、三女儿白平和小儿子白峰。叶玉兰与丈夫依靠这些微薄的工资收入，只能勉勉强强维持国内外一家 7 口人的生活。

叶玉兰与白植崇在金光奎的中餐馆打工 10 个月，虽然十分劳累，但收获不小，学习了烹饪技艺、经营管理方法，为自己在西班牙创业、发展经济事业创造了有利条件。叶玉兰和白植崇感到，仅靠目前积累的这些资金，创办中餐业是不够的。1980 年 11 月，白植崇向在比利时列日市开设中餐馆的胞兄白植通借来了 2 万美金做资本，与其外甥朱冠琴等合伙在瓦伦西亚开设一家“南京饭店”，饭店面积 143 平方米，座位 74 个。这家饭店开业后，生意红火，每天座无虚席，头个月营业额就达 90 万西币。第二个月，上升为 150 万西币。以后，每月营业额均达 200 万至 300 万西币，相当于中国人民币 10 万至 15 万元。

叶玉兰与白植崇经营中餐馆尝到甜头后，信心更足，劲头更大。为在西班牙创大业，发展更大的经济事业，她与丈夫勤俭节约，积累资金。1981 年 5 月，以 85 万西币（相当 10 万美元）购买了“南京饭店”的全部股份，并将座位由 74 个增加到 130 个，营业额最佳时期（1 月份）达 1000 万西币。

1982 年 8 月，叶玉兰与白植崇把在国内尚在温州一中（今温州中学）读初中一年级的长子白峰和尚在温州四中读初中的三女儿白平申请到西班牙瓦伦西亚。叶玉兰教子甚严，白峰与白平刚到瓦伦西亚，就把他俩送到一所公办学校读西班牙语，而且要他俩在每天课余时间和周末来饭店洗盘碗、下厨房洗菜、打扫地下等劳动，使孩子从小便养成劳动习惯，树立艰苦奋斗的思想。

1983 年 2 月，叶玉兰与白植崇在积累大量资金的基础上，到西班牙首都马德里购买了一家酒家，220 平方米，开设“明峰酒家”，座位 140 个。这家酒家买来后经过 1 年多时间的装修，于 1984 年 11 月正式开业。

随着经济事业的发展，叶玉兰与丈夫白植崇又到马德里郊区莱格纳斯购买了一家店面，240 平方米，开设“南园饭店”，座位 160 个，经装潢后由三女儿白平独自经营。

叶玉兰与丈夫把经营中餐业的重心从瓦伦西亚转移到马德里后，即把“南京饭店”转让给一个亲戚开设。2002 年，叶玉兰与丈夫和女儿白桦、白平合伙，又在马德里购买了一间店面，300 平方米，经过一年时间的装修，开设“东方鼎酒家”，座位 120 个。由于家中人手太少，便将这家酒家租给西班牙老外经营。

创业获得成功、家庭经济实力增强后，叶玉兰与丈夫在马德里购买了住房，并资助长女白桦、次女白明发展经济事业：长女和其丈夫崔永勇开设一家饭盒工厂；次女白明开设一家儿童服装批发商店。

叶玉兰在创业上不断取得成功后，受到西班牙侨界与旅西妇女同胞的爱戴。1984 年，她参加西班牙华侨华人协会，而后被选为协会常务副主席，1995 年 7 月，西班牙华侨华人妇女联合会在马德里成立时，她被选为妇女联合会会长，成为华侨姐妹们的领头人。她德高望重，连任西班牙华侨华人妇女联合会四届会长。

2008 年 8 月，叶玉兰被选为第十四届西班牙华侨华人协会主席。2010 年 10 月，协会换届时，她又以高票连任第十五届西班牙华侨华人协会主席。2014 年 1 月，叶玉兰当选第五届欧洲华人华侨妇女联合会主席。

叶玉兰在西班牙创业 35 年来，不但为侨团做了大量的工作，而且在创办中文学校、维护侨胞权益、促进祖国和平统一、捍卫国家主权、抗灾救灾等方面作出了重要贡献。

1996 年 10 月，叶玉兰在西班牙华侨华人协会同仁和热心中文教育的侨胞共同努力下，在西班牙首都马德里租用老外办的学校教室创办一所中文学校，出任该校副校长，第二年 10 月升任正校长。

这所中文学校，规模不断扩大，从办学初期的学生 70 余人、4 个班级、4 位教师，发展到如今的 700 余人、27 个班级和 30 位教师。学校规模之大，居西班牙中文学校之首。据统计，2001 年至 2012 年，参加各类作文比赛的 334 名学生中，有 215 名学生获奖；2011 年 5 月在上海市侨办举办的海外青少年“鲁迅杯”作文比赛中获奖的四名学生中，西班牙马德里中文学校学生占三名，拿到了一等奖、二等奖和三等奖。同年 6 月，由中国国家汉语办举办的“HSK”考试中马德里中文学校学生的成绩也很突出。《人民日报·海外版》先后 18 次载文介绍了该校的教学经验。

在国外创办中文学校中，最困难的是侨胞没有自己的中文学校。为解决这个难题，叶玉兰与协会同仁奔走了 16 年之久，方得以解决。2011 年 6 月 9 日，以 400 万欧元购买了马德里中文学校新教学大楼 6800 平方米。这笔巨款，叶玉兰一家捐资 22 万欧元，其中：叶玉兰长女白桦与女婿崔永勇捐资 10 万欧元，儿子白峰捐资 10 万欧元，玉兰与丈夫白植崇先生捐资 2 万欧元；西班牙华侨华人协会理事以及其他侨胞捐资 308 万欧元；西班牙政府贷款 180 万欧元。实现了叶玉兰多年购校的梦想。

叶玉兰在海外创业中，坚决维护侨胞的权益。1996 年，侨胞陈永强被歹徒杀害，叶玉兰无比愤慨，她领导的西班牙华侨华人妇女联合会与西班牙华侨华人协会，联合举行旅西华侨华人集会抗议，要求西班牙政府尽快捉拿凶手，严惩罪犯。声势浩大的抗议活动，震动了侨居国，西班牙电台、电视台纷纷报道，有力地维护了华侨华人的权益。一位旅西侨胞池全华，因患严重肾病，需要做换肾手术，而这位侨胞是名打工者，无法承担巨大的手术费，叶玉兰则带头发起“为池全华捐款”的活动，在短短的几天里，有 300 多人参加捐献，共捐资 200 万西币，为池全华解决了部分经济困难。

叶玉兰出国多年，始终情系中华，装着一颗中国心。1998 年，中国发生特大自然灾害，她在西班牙马德里闻悉，主动捐资 5 万西币、西班牙华侨华人协会捐资 10 万西币支援灾区人民，重建家园；2008 年春节，中国遭遇严重雪灾，叶玉兰召开协会理事会，动员理事共捐 3000 欧元支援灾区；同年 5 月，中国四川省汶川大地震，协会理事慷慨解囊，首次捐出 1 万欧元送交中国驻西班牙大使馆。之后，又发动协会理事及侨胞第二次、第三次捐款，共捐 20 万欧元，支援灾区人民；2009 年 8 月中国台湾因遭遇台风袭击导致严重水灾，协会捐款 16000 欧元赈济灾民；2010 年 4 月，中国青海省玉树发生地震，协会捐款 10400 欧元。

叶玉兰热爱祖国，坚决反对分裂祖国领土的活动。她立场坚定，旗帜鲜明，曾多次参加在世界各地召开海峡两岸和平统一大会，反对“台独”、“藏独”、“疆独”分子图谋分裂的卑劣行径，坚决维护祖国主权和领土的完整。如 2010 年 2 月，美国政府宣布向台湾军售和美国总统奥巴马会见达赖喇嘛，叶玉兰坚决反对，她和旅西其他侨领一起，将西班牙华侨华人坚决反对美国政府向台湾军售和美国总统会见达赖喇嘛的公开信，直接呈送美国驻西班牙大使馆，表示强烈抗议。

叶玉兰是个多子女的母亲，她有一子、三女，都已长大成人，独立创业了。他们个个都很出色，事业有成，这与叶玉兰和其丈夫白植崇从严教育子女是分不开的。

叶玉兰身居异国他乡，为祖籍国、为所在国所作的一切重要贡献，受到侨界、侨胞的赞扬，受到国家高层领导的重视。2012 年 3 月，她作为西班牙侨界代表参加全国政协会议的海外列席代表。同年 5 月，她荣获 2011 世界温州人年度人物奖。2015 年 9 月，中国抗日战争、反法西斯侵略 70 周年，她应国务院侨办的邀请赴北京天安门城楼观看三军阅兵式。

叶玉兰是个大忙人，除在海外身兼多职外，在国内还兼有中国侨联海外委员、北京市侨联海外顾问、浙江省侨联顾问、浙江省海外联谊会顾问、江西省海外联谊会顾问、江苏省侨联顾问、上海市海外交流协会理事等职。

第八节　采访浙江省青田县旅马德里华人白植崇先生

白植崇，1936 年 9 月 30 日出生，浙江省青田县油竹乡小口叶山村人。他降生前的 10 多天，邻居不慎失火，殃及了他家。他家中粮食和一切衣物都被付之一炬。小白来到这个世界，父母又喜又悲。所喜的是，家中又添了一个小宝贝；所悲的是，小宝贝身上一丝不挂，像个大冬瓜，躺在母亲的脚盆里哇哇地哭着。母亲看着这个白嫩嫩的男婴，露出了一丝微笑，喃喃地对小宝贝说：“你要不是个男儿，我就把你扔到马桶里去了！”在中国旧社会，重男轻女的现象非常普遍，可小白的母亲林保仙却不是这样的人。

小白出世八个月后，因家中子女多、土地少、生活困难，其父白洪亮为摆脱家庭贫困，遂于 1937 年“七七”卢沟桥事变前一个月，离乡背井，只身经香港，转赴欧洲荷兰谋生去了。

小白的父亲赴荷兰谋生后，家庭的生活重担便落在其母亲林保仙身上。他家中拥有10多亩梯田和几丘坡地，而小白的大哥和两个姐姐又很年轻。为养活一班男女，林保仙除料理家务外，经常下田干农活，养猪、种菜，上山砍柴；他的大哥白植通帮助母亲做辅助工。到了农忙季节，因劳动力不足，便向本村雇用几个临时工帮忙，如插秧、割稻等。

小白8岁时，林保仙把他送到本邑山口镇姨母家中，让小白上小学。1950年，小白在山口镇中心小学毕业后，考入青田县石门中学就读。他在该校读了一年，便转学到青田中学就读。小白学习勤奋，热爱劳动，他不仅各门功课成绩优良，而且政治表现也很好，要求进步。因而，他在初中将毕业时，即被吸收为中国新民主主义青年团团员。

1953年秋，白植崇考入浙江省立丽水中学高中部，其母十分高兴，把未来的希望寄托在白植崇身上。

1956年7月，白植崇高中毕业后，考入了浙江大学土木系河川水利专业。白植崇入学就读后，第一个学期即被班级同学选为班长、劳动委员。他读了两个学期后，家庭经济日益困难。长兄植通，为改变家庭经济条件，支援弟弟读完大学，便向青田县侨务部门申请出国谋生。1958年春，白植通办来了出国护照，先到澳门，后经香港，乘外国货轮启程，海上历时28天，抵达法国马赛上岸，再从马赛乘火车到比利时布鲁塞尔市，历时八个小时。

长兄植通赴比利时谋生后，家中仅有母亲一人从事农业生产，经济来源断绝了。白植崇知道，一定要勒紧裤带，勤俭省用，不然，依靠人民助学全是不够用的。他艰苦奋斗，刻苦学习，终于念完五年大学专业课程。1961年7月，白植崇自浙江大学毕业后，被分配到温州地区水利局水电设计室（现为温州市水电勘测设计院）工作。当时，正逢国家发生严重自然灾害，生活条件较差，而从事水利工作，经常下乡，走山路，睡地板，工作相当艰苦。白植崇一不怕苦，二不怕累，犹如在大学读书一样，克服工作上、生活上的一切困难，不忘山村劳动者的固有本色，全心全意为水利建设事业服务。

在温州工作期间，白植崇经友人介绍，结识了一位青田同乡、温州市瓦市小学教师叶玉兰女士，白植崇与她多次接触、交流思想后，感到情投意合，双方满意。1966 年“文化大革命”爆发前夕，白植崇与叶玉兰结成了终身伴侣。他结婚时，水利局水电设计室仅分给他一个 12.5 平方米的小房间。当时，叶玉兰女士不讲条件，只讲夫妻恩爱。他俩结婚后当年年底，其大女儿白桦降生了！

“文化大革命”期间，旅居比利时的长兄白植通筹集了一笔比币，相当中国人民币 2 万元左右，在温州市信河街珠冠巷购建了一座两间三层的侨房，把他在青田县鹤城镇的母亲及其子女迁到信河街侨房居住；他和叶玉兰及其女儿也迁入新房，使青田一家和温州一家同住在一座新房，过着团聚、美好的城市生活。

“文革”期间，温州是全国的“重灾区”，机关瘫痪，学校停课，中国向何处去？温州何时拨开乌云见青天？大家都在默默地思索着这个问题。

1976 年 10 月，历时十年的“文革”终于宣告结束了。浙江著名侨乡——温州地区掀起了出国创业与海外亲人团聚的热潮。在这股出国热潮的影响下，白植崇和夫人叶玉兰遂产生了闯荡世界的思想。他俩都出身于华侨家庭，而且白氏家庭已有多人在欧洲谋生、创业。由于他俩在国外有了联系点、支撑点，因而他俩敢于出国进行创业的尝试。他俩经过三年的多方奔走和不懈的努力，终于办来了出国护照。1981 年 1 月，他俩率长女白桦、次女白明从温州启程抵上海，乘飞机去西班牙东南部一个海滨城市——瓦伦西亚（Valencia）。这里，气候宜人，空气新鲜，是适合人们居住的优良城市。刚到这个城市的白植崇一共四口，身边携带的美金不多了。为了眼前的四口人生活，白植崇夫妇先到青田旅瓦伦西亚的同乡金光奎先生开设的中餐馆打工。他俩在国内都是有身份的人，白植崇先生是个工程师，叶玉兰女士是个小学教师。他俩面对现实，放下知识分子的架子，当一个普通劳动者，接受老板分配他俩的工作任务。白植崇当洗碗工，叶玉兰当中餐馆前台服务员；两个女儿到瓦伦西亚一所公立学校读书。一家4口人都住在中餐馆的楼上。每月工资，每人18000西币，相当于美金200多元。而且，他俩在国内还有3口人。依靠这些微薄的劳动收入，只能勉强维持国内外7口人的低标准生活。

白植崇与叶玉兰夫妇，在中餐馆学习与锻炼10个月之后，初步掌握了中餐馆的烹饪技术与经营方法，为自己在西班牙经营餐馆业打下了初步基础。为了尽快地使自己在西班牙立足，谋求经济发展，白植崇向在比利时列日市开设中餐馆的大哥白植通借来了一笔钱，与外甥合伙在瓦伦西亚开设一家“南京饭店”，座位不多，但生意却很红火，天天座无虚席，当年就略有盈利。翌年，白植崇支付80万西币（约合1万美元）购买了这家饭店的全部股份。这样，“南京饭店”便成为白植崇夫妇独有了。

白植崇夫妇独自经营“南京饭店”后，心里乐滋滋的说不出的快乐，也表不尽自己的辛苦。他俩每天起早摸黑，干了一天活也捞不到一点休息时间。白植崇与叶玉兰，与以往在金光奎先生开设的中餐馆打工一样，白先生当洗碗工，叶女士当服务员；两个女儿在每天课余时间和周末，都来饭店做辅助工。由于全家同心协力，服务态度好，接待顾客热情，饭店的生意兴隆，营业额不断上升，资金积累日益增多，为进一步在西班牙发展经济事业创造了良好条件。

1982年，白植崇到西班牙首都马德里购买了一家店面。这家饭店买下来，先预付一部分款项，余下部分，10年内分期还清。这家新购的饭店，取名“明峰饭店”。经营几年后，白植崇与叶玉兰又在马德里郊区莱格纳斯购买了一家“南园饭店”。接着，再在马德里购买了一家“东方鼎饭店”。

以上几家饭店，经营了数年，积蓄了一笔资金，即在马德里市中心购买了住房。这是白植崇夫妇在西南欧创业的一大成就。

白植崇身居异国他乡，全力投入创业之中。为适应在西班牙创业、发展经济事业的需要，白植崇与叶玉兰加入了西班牙王国国籍，成为外籍华人。但他俩始终没有忘记自己的“根”在中国。白植崇在西班牙经营餐馆业的30余年中，热爱祖籍国，关怀第二故乡——中国青田、温州，为祖籍国和故乡及其所在国的社会公益事业作出了有益的贡献。

——协助家乡亲戚朋友申请办理出国手续。近30年来，白植崇帮助浙江青田、温州的亲戚朋友的子女出国创业或留学深造者达30余人。这些人在海外创业获得成功者颇多，其中有的创业成功者，其经济实力大大超过白植崇先生餐馆业的经济实力，成为华侨华人经济事业中的佼佼者。

——筹建欧洲浙江大学同学会。1998年，白植崇退休后，仍继续发挥余热，他知道，从母校——浙江大学毕业后赴欧洲各国创业的校友众多，但他们分散在欧洲各国创业，平时相互间缺乏联系。为加强与在欧洲各国的浙大同学、校友的联络，白植崇倡议筹建欧洲浙江大学同学会。他的倡议，立即得到在欧洲各国创业的浙大同学的热烈响应，并开始筹备本会工作。2004年夏，欧洲浙江大学同学会在荷兰成立，白植崇先生被推选为该会常务副会长；2006年，白植崇先生发起筹建旅西班牙浙江大学同学会，2007年2月，西班牙浙江大学同学会成立，白植崇先生被选为该会名誉会长。

2009年，白植崇先生建议：浙江大学同学为母校做一件好事，每人资助一个在浙大就读的贫困学生。这个建议，得到了旅西班牙浙大同学会的一致赞同。当年，该同学会共帮助16个浙大贫困生解决经济困难。

——资助祖籍国第二故乡——青田县的修桥、铺路等社会公益事业。白植崇先生以其胞兄白植通为榜样，凡祖籍国家乡修桥、铺路、修建寺庙等社会公益事业，都乐意赞助，以表自己的爱乡之情。

——赞助购买马德里中文学校校舍。为解决购买西班牙马德里中文学校校舍的经济困难，2010年，白植崇先生资助2万欧元，并动员儿子白峰、大女儿白桦夫妇各赞助10万欧元。

由上可见，白植崇先生身居西班牙，团结海外侨胞，热爱华文教育，发起筹建浙江大学同学会，发动海外浙大同学资助在浙大读书的贫困生，资助家乡修桥铺路等社会公益事业，受到海内外侨界和故乡人民的好评。2015 年 7 月 14 日 17 时 56 分，白植崇先生不幸病逝于西班牙马德里，终年 80 岁。

第九节　采访浙江省温州市城区旅马德里华人白峰先生

白峰，1970 年 8 月 20 日，生于浙江省温州市城区（今鹿城区）。1976 年 9 月，入温州市 57 小学读书，1980 年春，转学到金华市中山小学读书；同年秋，返回温州市，入瓦市小学读书。1981 年 9 月，入温州一中（今温州中学）初中部就读。1982 年 8 月，他奉父之命，初中辍学，随其三姐白平赴西班牙瓦伦西亚（Valencia）与家人团聚。他与三姐抵达瓦伦西亚后，其父母，一方面让他俩入 Claret 神父学校读书，另一方面，要他俩在课余时间和周末来饭店做辅助劳动，如洗盒碗、洗菜、布置桌子餐巾等活，旨在使子女从小养成劳动习惯。

白峰是个聪明、勤奋、好学的孩子。为了把他培养成为国家有用的人才，父母利用放暑假的时间，将他送到英国伦敦或美国纽约学习英语。年轻、聪明、好学的白峰，不但学会了西班牙语，而且还学会了英语。他一人掌握汉语、西班牙语和英语 3 种语言后，攻读外国名校学位和将来自己独立创业就拥有雄厚的本钱。1985 年 7 月，白峰入瓦伦西亚教皇庇护 12 世学校高中部就读。1989 年 7 月，他高中毕业后，考入瓦伦西亚大学经济学院就读。他读了 2 个星期后，转入西班牙马德里美国圣路易斯大学读工商管理专业。

白峰在马德里美国路易斯大学攻读 1 年工商管理专业后，于 1990 年 1 月，转到美国麻省百森大学读书。由于他学习勤奋，学校规定 3 年半完成的课程，他只花 2 年时间就读完了全部课程。他在读书期间，除对别人进行电脑指导外，还利用星期天去他人公司打工，每小时获 6 个美元。1992 年 12 月，他在百森大学读工商管理专业毕业时，撰写一篇关于工商管理的论文《西班牙中国快餐公司》，共63页，计18000字，参加1992年举行的“百森大学商业计划书”大赛。参加这次大赛的论文有50篇，作者都上台演讲，介绍自己的论文内容，并请著名的企业管理公司教授进行点评。经与会教授、专家裁判决定，共有4篇论文获奖，而白峰的论文是其中一篇，且排名第一，荣获大赛一等奖，得到奖金5000美元，被学校授予国际工商管理和金融投资学士学位。

白峰自美国麻省百森大学工商管理专业毕业后，返回马德里。1993年2月，他和二姐白明联合开设一家快餐公司，称之为“中华餐馆”（MANDARIV　EXPRESS），并在该快餐公司下设两家快餐分店。这两家快餐分店开业后，生意红火，每月营业额达50万美元。这两家快餐分店，生意之所以兴隆，主要是它的炒饭、牛肉、猪肉、春卷等食品，价廉物美，符合大众口味，深受顾客欢迎。

白峰是个非常有志气的孩子，他不是着眼于眼前的经济利益，而是考虑未来创业、发展经济的长远利益。这家快餐公司经营了1年10个月就停止了。1994年12月，他申请赴美国继续攻读工商管理专业硕士学位。1995年1月，他参加美国招收企业管理专业硕士学位的考试（在西班牙马德里参加考试）。考试后自我感觉成绩不错。于是便将自己要求攻读工商管理或金融管理专业硕士学位的申请书，寄到美国麻省理工大学、哈佛大学等八所大学。不多久，他收到了麻省理工大学、哈佛大学、芝加哥大学、哥伦比亚大学、密西根湖大学、西北大学（芝加哥）等六所大学的录取通知书，真是喜从天降，全家无比快乐，旅西班牙侨胞也为他快乐，表示祝贺！

白峰被美国多所大学录取，究竟选择哪所大学就读好，白峰思想犹豫难决，后经其父亲反复商量，最后决定，让白峰赴美国哈佛大学工商学院攻读工商管理与金融专业硕士学位。1995年9月，白峰入哈佛大学工商学就读后，刻苦学习，以争分夺秒的精神，学好专业课。1996年5月，放暑假期间，他被该校派往圣地约哥电脑软件公司实习。

当时，该校只派他一人去公司实习。这表明，他的学习成绩非常优异，为校方器重。他在电脑软件公司实习了 3 个半月之后返回学校。1996 年下半年，他升为大学 2 年级。这个学期曾被同学选为亚洲学生会副主席。1996 年，哈佛大学举行商业计划书大赛，白峰提交的论文荣获大赛二等奖。1997 年 5 月，他学完了各门课程，获得了哈佛大学工商管理与金融专业硕士学位。在当年 5 月学校举行毕业典礼那天，哈佛大学邀请白峰的父母参加毕业典礼，使他父母感到培养人才无上光荣。

白峰获得哈佛大学工商学院管理与金融专业硕士学位（系哈佛大学最高学位）回到西班牙马德里后，受到西班牙政府的高度重视与西班牙金融界、侨界的青睐。1996 年 6 月 6 日，白峰即被西班牙国际银行集团投资公司录用，并任命他为该公司副总裁，主管亚洲部投行业务。该行在香港和新加坡、菲律宾、日本等国设立分行；在中国北京、上海及台湾省设立分行办事处，白峰常奔波于上述各国和中国京、沪之间，指导分行业务、联系工作。

白峰任西班牙国际银行集团投资公司副总裁、主管亚洲部投行业务工作 1 年 9 个月后，于 1998 年 3 月，被调任西班牙烟草公司亚洲烟草分公司（驻香港）董事长兼总经理，在中国大陆独家销售古巴雪茄。白峰在工作期间，经朋友介绍，认识了杨磊女士。

杨磊，杭州市人，1975 年 5 月 4 日出生，比白峰少 5 岁，1997 年 7 月毕业于浙江大学计算机软件专业。杨磊在浙江大学学习期间，思想进步，求进心强，加入了中国共产党，曾任该校学生会文艺部部长，为全校“三好生”，浙江省优秀毕业生，还获浙江省大学生歌咏比赛冠军。这一大堆的光荣称号，说明杨磊女士，是个多才多艺的杰出人才。她自浙江大学毕业后，被分配在中国工商银行浙江工商支行工作。

杨磊的父亲杨启帆先生，是浙江大学数学系教授、博士生导师；杨磊的母亲赵淑云，是浙江大学艺术系教授、系主任，国家一级演员。

白峰了解杨磊女士和她父母的履历后感到杨女士和她的家庭挺不错，便征求父母意见，而白峰的父亲和母亲，也感到杨磊女士和她的父母都是知识分子，如果这门亲事做成功，是儿子一生的幸福。

白峰与杨磊女士及其父母多次接触、交流思想，双方都认为是“门当户对、天配良缘”，于是，双方长辈议定，于 1998 年 7 月 9 日，白峰与杨磊在杭州登记结婚，10 日在杭城举行婚礼。同年 12 月，白峰和杨磊赴西班牙马德里举行婚礼。

白峰成家后，为独自开拓、发展经济事业，在跨世纪后离开了西班牙国际银行集团投资银行。2002 年，他担任香港星光国际顾问有限公司董事、总经理，并设立咨询公司，帮助大型跨国公司进入中国市场。2005 年至 2007 年，白峰为华岩对冲基金合伙人之一，在香港为美国上百亿对冲基金设立分公司，其主要业务，为风险和股票投资。其间，白峰还为耀峰投资咨询有限公司创立咨询公司，服务世界知名的对冲基金、私募基金和大型投资银行；并帮助他们在中国投资优秀企业而设立投资基金，做风险投资。在这方面，白峰投过几家成功而在美国上市的公司。不仅如此，白峰还担任过美国纳市达克和纽约交易所上市公司的董事。

由上可见，白峰是当代西班牙华裔中富有工商与金融头脑的佼佼者。

白峰的爱人杨磊，也是个“才艺双全”的人才，2000 年至 2001 年，杨磊在香港银行学会中国部工作；2003 年开始，她在香港开设一家日欣国际贸易公司，经营进出口贸易。

白峰，今年 43 岁，已有了一男一女：儿子叫白浩霖，女儿叫白艾琳。他是个风华正茂、大有作为的国际工商管理、金融专家。他经济事业取得成就后，不忘祖籍国，不忘故乡——温州，他无论在西班牙或是在香港，都始终积极支持父母主办的马德里中文学校。2012 年，他独自捐资 10 万欧元，帮助父母购买马德里中文学校校舍，为弘扬和传承中华民族优秀文化作出有益的贡献。

第十节　顺利完成调查考察和访问欧洲八国华侨华人社会任务

2000 年 10 月 17 日，星期三，阴天，晚上 8 时许，西班牙华侨华人协会副会长徐松华和他夫人赵氏在马德里近郊他俩开设的“南园饭店”设宴欢送我们回国。宴会上，徐松华和夫人赵氏频频举杯，热烈庆祝我们顺利完成这次调查考察访问欧洲八国华侨华人社会的各项任务。我们也连连举杯感谢西班牙华侨华人协会各位正副会长和秘书长对我们这次调查考察访问欧洲八国华侨华人社会的大力支持与帮助。宴请后，徐松华副会长驾车把我们送到协会会长叶碎友的长子叶世昭家中住宿。

第二天上午 11 时，叶世昭和徐松华副会长驾车把我们送到马德里机场，并帮助我们办好行李托运，购好从西班牙至中国上海浦东机场的飞机票；下午 8 点钟我们乘中国东方航空飞机返回中国，途中坐了 11 个小时。10 月 20 日早晨，上海市控江路 1455 弄 5 号楼的邻居华萍金和一位司机开面包车从浦东机场把我们接回沈立新先生家中。

10 月 22 日，我们从上海乘飞机回到温州家中。

丹心照欧洲　足迹遍八国

——深切怀念沈立新先生

2021 年 7 月 17 日早晨，上海社会科学院欧亚所研究员、《华侨华人百科全书》编委沈立新先生在上海医院不幸逝世，噩耗传来，我无比悲痛。

沈立新先生死得非常悲惨，据沈立新先生的老邻居华萍金女士来电说，他患肺部病时，其妻子及两个女儿均在美国加利福尼亚旧金山谋生、创业，仅他一人居上海市浦东新区康桥半岛城中花园 80 号 801 室家中。发病前，身边无一亲人，他只得打电话给原住上海市杨浦区中山北 2 路 99 弄 57 号的老邻居华萍金女士，请她相助，并把自己的手机也交给她。华萍金女士，一直到医院照顾，直至他病逝为止，实令人感动！

沈立新先生，是上海社会科学院欧亚所（现改为国际关系研究所）研究员。我认识沈立新先生是在 1989 年 11 月 6 日至 7 日"华侨华人问题学术讨论会暨姚楠教授从事东南亚研究 60 周年纪念"的会议在上海华东师大校园里召开，新加坡、泰国、菲律宾、俄罗斯、中国台湾和中国香港等国家和地区的学者与会，上海以外的国内外学者 30 余人参加。沈立新先生和我应邀与会。大会期间，热情好客的沈立新先生邀请我和王亚南先生到控江路他家做客——吃晚餐。我情意难却，也跟随王亚男先生去他家吃了一顿佳餐。从此以后，沈立新先生经常与我联系，渐渐使我成为他的知心朋友。

2000 年 6 月中旬，我和沈立新先生应欧洲西班牙华侨华人协会及其他协会的邀请，赴欧洲调查考察西班牙、意大利、奥地利、德国、荷兰、比利时、法国、葡萄牙等 8 国、45 座大中城市和采访 244 位华侨华人及无居留证者，历时 4 个月。

在调查、考察和采访欧华社会华侨、华人中，我与沈立新先生寸步不离，同吃同住，有时在侨领家中睡沙发，有时睡地板，有时两人睡在一张大床；乘火车，或乘公交大客车，或坐飞机等均在一起；在采访欧华社会华侨华人中，各自做记录，沈立新先生记其重点、要点，而不记其细节；而我则记其出生年月日、全家人口及其家庭成员分布与经济状况，等等。

沈立新先生，1938 年 11 月出生，北京大学历史系毕业。他和《华侨华人百科全书》主编周南京教授是校友。他离校后到上海社会科学院工作，先后在国际问题研究所、历史所和欧亚所任职。1998 年 11 月退休。曾任上海社会科学院华侨华人研究中心主任，中国华侨历史学会理事、中国东南亚研究会理事，2008 年元月被聘为荷兰中国总商会高级顾问。

沈立新先生研究的专业方向为华侨华人史、东南亚史和中外关系史，曾正式出版过 8 本编著，依次为：合编《重要国际问题探源》；主编《中外文化交流史话》；主编《海外上海名人录》；著作：《世界各国唐人街纪实》；合著《华侨华人百科全书》十二卷之一《社区民俗卷》；著作《乡情绵绵不尽——华侨华人研究文集》。

沈立新先生是我一生中相处、共同为调查考察访问欧华社会中，时间最长的朋友之一。他的不幸辞世，是我国侨界中一大损失，也使我失去了一位侨界、学术界的知心朋友。他学术成果累累，蜚声国内乃至国外，是侨界、学术界难得的人才。但他经常向我吐露，说家中无人继承他苦心经营的侨史事业，在伤心之下，把自己毕生积累的侨史著作，全部廉价卖掉，十分可惜！

“丹心照欧洲，足迹遍八国。”他参加调查考察访问上述欧洲8国，风里来，雨里去，不辞辛劳，自始至终，完成了欧华社会各个侨团侨领交给我们的任务，为国家的侨史事业做出了卓越的贡献，对得起党和国家，对得起侨界、学术界同人，问心无愧！

沈立新先生，您安息吧！

章志诚　泣　告

2023年12月30日

后 记

光阴如箭，日月如梭。从 21 世纪初，我们赴欧洲调查考察访问欧华社会迄今，已经有 24 个年头了，尚未将《欧华社会调查考察访谈录》以下简称《访谈录》整理出来，实在对不起邀请我们赴欧洲调查考察欧华社会的侨领们。我们之所以没有及时将它整理出版的原因，并不是我们主观不努力，而是客观因素制约我们无法去实现自己的愿望。尤其是我（章志诚），2000 年 10 月下旬，我从欧洲返温州后，温州市人民代表大会常务委员会副主任、秘书长来找我，要我担任《温州市人民代表大会志》主编，把市人大志编写出来。他对我说："你是在市人大工作过的老同志，过去你为市委、市政府主编过《温州市志》，而对自己人大编志应出把力。"我再三推却，而市人大领导同志再三劝说，令我情意难却，只得把撰写《访谈录》暂搁在一边，全力以赴，把《温州市人大志》编写出来。我承担这一任务，共花费近四年时间。继之，额外的任务一个接着一个，连续不断，如主编《林环岛文集》（校注）、审阅《温州市盐业志》、审改《泰顺县人民代表大会志》《龙湾区人民代表大会志》，主编《白氏家族侨谱》《不平凡一生——纪念王忠眉同志逝世十八周年文集》，等等。明知自己《访谈录》未起动，应该把其他额外任务推掉才是。然而，都被"人情""面情""感情"等所困扰，只得舍己为人，把"私事"搁在一边，其实也不是"私事"，完全是一种"公事"。如今，看看自己的人生时间表，岁月不饶人，必须抓紧时间完成《访谈录》一书，不然，就无法向欧洲 8 国侨领们及一切华侨华人朋友交“账”，遗憾终生！因此，我找出20多年前赴欧洲8国调查考察及采访华侨华人的记录本和日记本，拟定梳理提纲，按8国采访先后顺序，立一国一篇，每篇分章、节排列，经过近三年的努力，终于完成了《访谈录》书稿，合计近30万字。

这部《访谈录》书稿的形成，凝聚着侨界、学术界及欧洲8国侨团和侨胞们的心血：在中国华侨华人历史研究所所长张春旺专家的热情支持与帮助下，在中国华侨华人历史研究所编辑室主任、编审、《华侨华人历史研究》主编张秀明专家的长期关爱下，在浙江省侨联副主席张维仁先生的鼓励下，令我完稿的信心更足。难能可贵的是，厦门大学公共事务学院李明欢教授身兼多职，走南闯北，马不停蹄，在百忙之中审阅拙稿《访谈录》，并为该录撰写序言；温州市侨办、侨联和市社科联关怀与支持《访谈录》的出版；温州大学华侨学院包含丽研究员、温州大学外国语学院郑乐静副教授，大力支持《访谈录》出版，他们曾多次与本校有关领导联系出版经费等问题，虽未落实，但她们这种助人为乐的精神，令我十分感动；第十四届、十五届西班牙华侨华人协会主席和第五届欧洲华人华侨妇女联合会主席叶玉兰女士和浙江省青田县旅比利时列日市经营“上海楼饭店”“福奈特公司”的著名企业家白品洲先生审阅《访谈录》部分书稿，并关心《访谈录》出版经费困难等情况；温州市鹿城区旅法国巴黎北郊欧贝维利耶市的侨领夏尚忠先生关心《访谈录》出版经费困难等问题；《访谈录》作者之一的沈立新（已亡故）先生的夫人汤慧珠从美国加利福尼亚州旧金山市多次来电话，询问《访谈录》撰写与出版等情况。

这部《访谈录》的顺利出版，离不开中国文史出版社和温州市北大方印务有限公司有关同人，包括吴学贤、吴伟军等先生的鼎力相助；也离不开多年与我合作的老朋友蔡麒麟同志，他听从我的招呼，不厌其烦，三番五次，始终至终，打印这部《访谈录》书稿。

值此《访谈录》出版之际，我们向上述所有的专家、学者，侨界、学界同人、朋友和一切为本著作付出辛勤劳动的人士，致以崇高的敬意和衷心感谢!

“金无足赤，人无完人。”21 世纪初，我们在欧洲调查考察访问 8 国的欧华社会过程中，所记录的有些地名、尤其是小地名，而《世界地图集》《世界地名词典》都查不到的，仅据接受我们采访的华侨华人和侨领们的口述书写，可能与原地名对照有误在所难免，敬请欧华社会侨界、国内专家学者、知情者更正!

2024 年 9 月 30 日

作者　章志诚